두들낙서의
C/C++
한꺼번에 배우기

두들낙서의 C/C++
한꺼번에 배우기

지은이 최지훈
펴낸이 박찬규　**엮은이** 이대엽　**디자인** 북누리　**표지디자인** Arowa & Arowana

펴낸곳 위키북스　**전화** 031-955-3658, 3659　**팩스** 031-955-3660
주소 경기도 파주시 문발로 115, 311호 (파주출판도시, 세종출판벤처타운)

가격 27,000　**페이지** 600　**책규격** 188 x 240mm

1쇄 발행 2021년 06월 04일
2쇄 발행 2023년 01월 27일
ISBN 979-11-5839-258-1 (93000)

등록번호 제406-2006-000036호　**등록일자** 2006년 05월 19일
홈페이지 wikibook.co.kr　**전자우편** wikibook@wikibook.co.kr

Copyright © 2021 by 최지훈
All rights reserved.
Printed & published in Korea by WIKIBOOKS

이 책의 한국어판 저작권은 저작권자 및 독점 계약한 위키아카데미에 있습니다.
신저작권법에 의해 한국 내에서 보호를 받는 저작물이므로 무단 전재와 복제를 금합니다.
이 책의 내용에 대한 추가 지원과 문의는 위키북스 출판사 홈페이지 wikibook.co.kr이나
이메일 wikibook@wikibook.co.kr을 이용해 주세요.

두들낙서의
C/C++ 한꺼번에 배우기

최고의 명강의를 한 권에 담은

최지훈 지음

위키북스

서·문

사람들이 우스갯소리로 이런 말을 많이 합니다. "요즘은 최소 3개국어는 해야 한다. 한국어, 영어, 그리고 코딩." 이렇듯 코딩은 이미 우리 사회에서 많은 사람들의 관심을 받는 주제가 되었고, 또 하나의 중요한 능력으로 자리잡았습니다.

물론 코딩이라는 것 자체가 언어는 아닙니다. 코딩은 컴퓨터에게 내가 원하는 명령을 잘 전달하는 것을 말하며, 그 수단으로 프로그래밍 언어를 사용합니다. 프로그래밍 언어에도 어마어마하게 많은 종류가 있습니다. 이쪽 분야에 조금이라도 관심이 있다면 한 번쯤은 모두 들어보았을 이름인 파이썬, 자바, C, C++ 등이 그것입니다. 저자는 이 네 언어에 모두 꽤 능통하지만, 그중에서도 C와 C++라는 언어를 가장 아끼고 사랑합니다. C나 C++를 사용하면 다른 대중적인 언어들에 비해 컴퓨터와 좀 더 흥미롭고 깊은 대화를 할 수 있기 때문입니다.

그래서 저자는 운이 좋은 사람이라고 생각합니다. 초등학교 때 우연히 C언어라는 세계를 발견했기 때문입니다. 나중에 C++를 배웠을 때도 그보다 더 놀라운 신세계를 맛보았습니다. 다른 여러 가지 언어를 배웠을 때도 나름대로 매력적으로 다가온 점들이 많았지만, 아직도 C와 C++, 그중에서도 특히 C++보다 매력적인 언어는 아직까지 발견하지 못했습니다. 이 책을 통해 여러분에게도 그 세계의 매력이 전달되었으면 좋겠습니다. 그런 면에서 이 책은 저에게 특별한 의미를 안겨줄 것 같습니다.

이런 특별한 책이 완성되기까지 도움을 주신 분들께 감사를 드리고 싶습니다. 지훈이라는 평범한 아이가 C/C++ 입문서 저자가 되기까지 무수한 가르침을 베풀어주신 선생님들과, 크고 작은 도움을 준 수많은 친구들, 언제나 응원해주시는 두들낙서 유튜브 채널의 구독자 분들, 그리고 평소에 바람이었던 책 출판을 현실로 만들어 주신 위키북스 관계자 분들께 감사를 표합니다. 그리고 무엇보다도, 하고 싶은 일을 꾸준히, 그리고 즐겁게 할 수 있도록 항상 사랑으로 전폭적인 응원과 지지를 해주신, 세상에서 가장 사랑하는 부모님께 한없는 감사를 드립니다. 만약 이 책에 부족한 점이 있다면 저의 잘못이고, 잘 된 점은 모두 이 분들 덕입니다.

책·사·용·설·명·서

본문 내용을 시작하기에 앞서 이 책의 도서 홈페이지 및 동영상 강좌, 예제 코드를 소개하고, 이 책에서 사용된 편집 서식에 대해 알아보겠습니다.

도서 홈페이지

이 책의 홈페이지 URL은 다음과 같습니다.

- 책 홈페이지: https://wikibook.co.kr/doodle-ccpp/

이 책을 읽는 과정에서 내용상 궁금한 점이나 잘못된 내용, 오탈자가 있다면 홈페이지 우측의 [도서 관련 문의]를 통해 문의해 주시면 빠른 시간 내에 안내해 드리겠습니다.

동영상 강좌

책의 내용만으로 이해되지 않는다면 저자의 유튜브 강좌를 참고하실 수 있습니다.

- 두들낙서 유튜브 채널: https://www.youtube.com/c/두들낙서

책에서는 각 단원별로 관련 유튜브 강좌로 연결되는 QR 코드와 URL을 제공합니다. QR 코드를 스캔하거나 웹 브라우저에서 URL을 입력해 강의 영상을 곧바로 확인하실 수 있습니다.

1.1 Hello, world!

이번 절에서는 Visual Studio로 프로젝트를 만든 후, "Hello, world!"라는 문장을 출력해 보겠습니다.

그림 1 유튜브 강좌로 연결되는 QR 코드와 URL

책 사용 설명서 | V

예제 코드

이 책의 예제 코드는 깃허브 저장소에서 관리됩니다. 아래 깃허브 저장소에서 예제 코드를 확인하고 내려받을 수 있습니다.

- **깃허브 저장소:** https://github.com/wikibook/doodle-ccpp

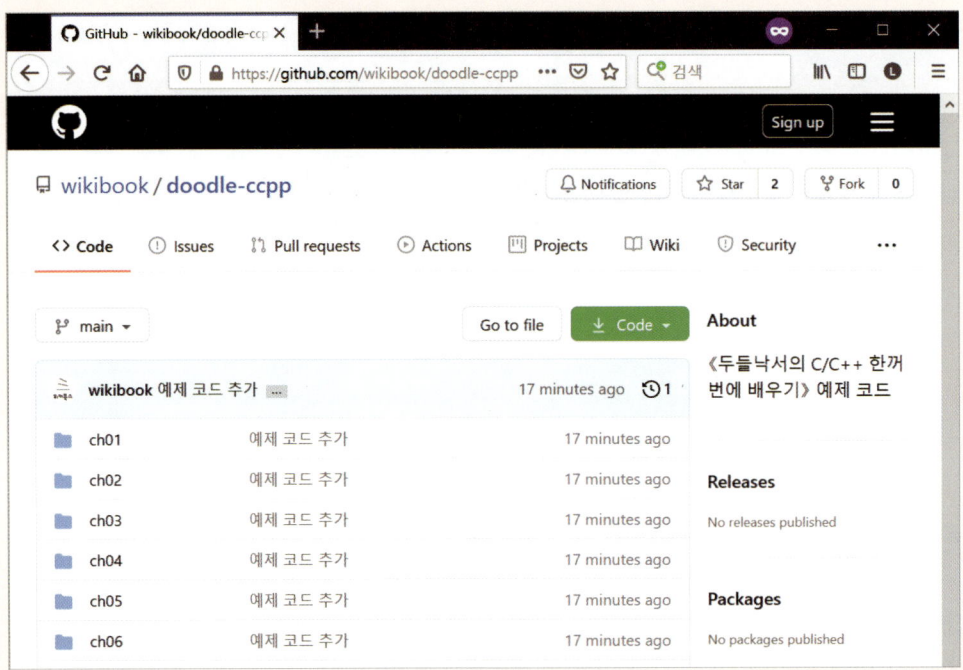

그림 2 예제 코드가 담긴 깃허브 저장소

예제 코드가 변경될 경우 위 깃허브 저장소에 반영됩니다.

예제 코드 다운로드

이 책의 예제 코드를 다운로드하고 작업 폴더를 생성하는 방법을 알아보겠습니다.

01. 웹 브라우저로 깃허브 저장소(https://github.com/wikibook/doodle-ccpp)에 접속해 우측 상단의 [Code]를 클릭한 후 [Download ZIP]을 클릭합니다.

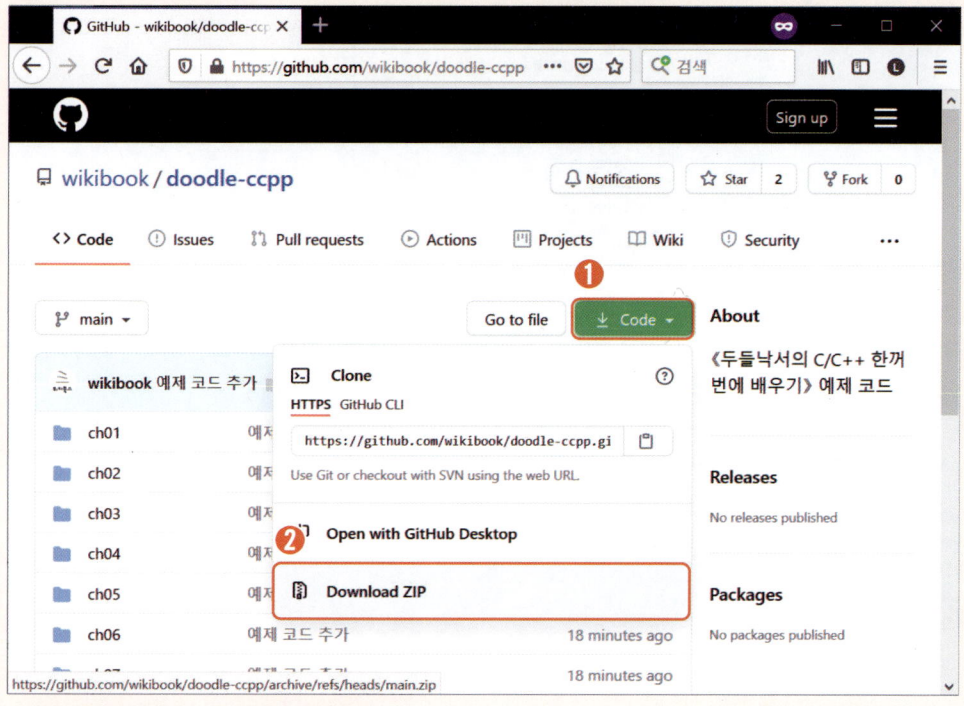

그림 3 깃허브 저장소에서 예제 코드 다운로드

02. 다운로드할 폴더를 지정해 압축 파일(ZIP 파일)을 내려받습니다. 특별히 다운로드 폴더를 지정하지 않으면 다운로드 폴더에 내려받습니다.

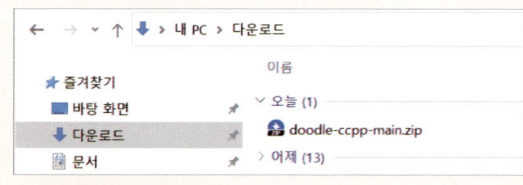

그림 4 내려받은 압축 파일

03. 다운로드한 압축 파일(doodle-ccpp-main.zip)의 압축을 풉니다. 이때 압축 해제된 파일이 위치할 대상 폴더를 지정하거나 현재 디렉터리에 압축을 해제한 후 대상 폴더로 옮길 수 있습니다.

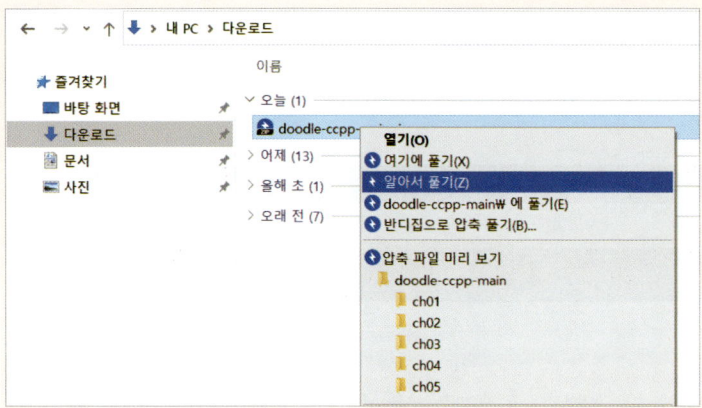

그림 5 압축 파일 해제

04. 압축을 해제한 폴더로 이동하면 폴더 구성을 확인할 수 있습니다. 각 장마다 그에 해당하는 폴더가 하나씩 있고, 폴더마다 솔루션 파일이 하나씩 들어있습니다.

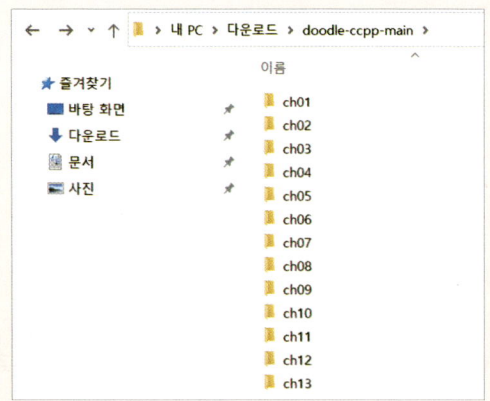

그림 6 압축 해제된 폴더

05. Visual Studio 2019에서 특정 프로젝트를 불러오려면 Visual Studio 2019의 메뉴에서 [파일] → [열기] → [프로젝트/솔루션]을 차례로 선택하고 앞에서 압축을 푼 폴더로 이동합니다.

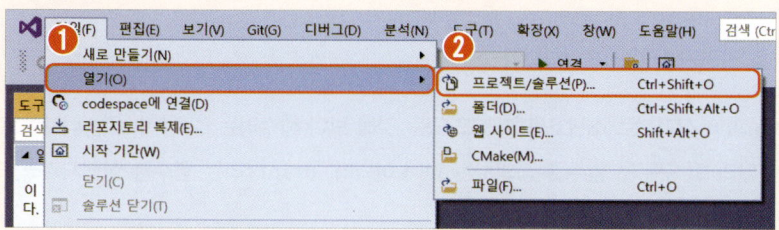

그림 7 프로젝트/솔루션 불러오기

06. 특정 프로젝트를 선택해 Visual Studio 2019로 불러옵니다.

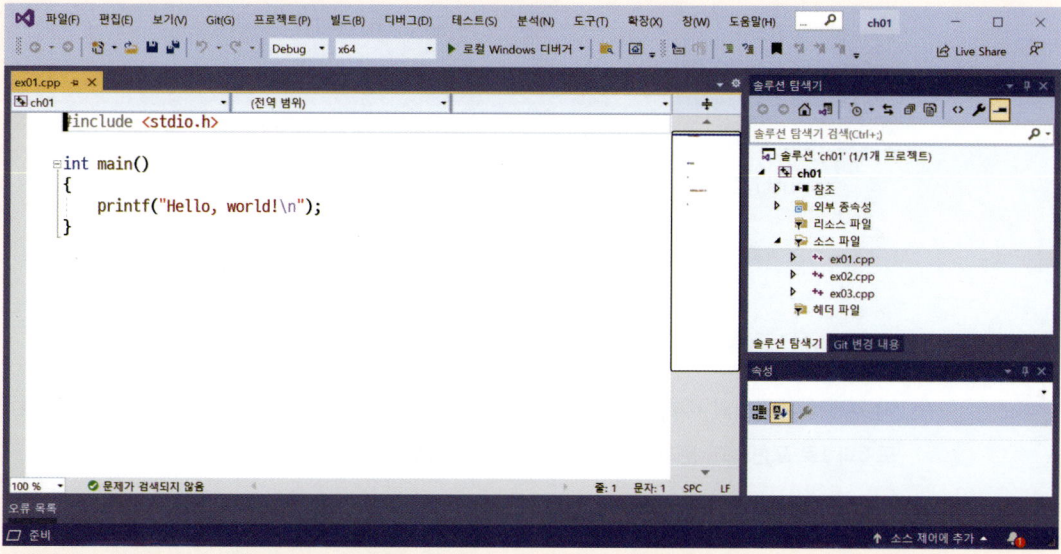

그림 8 Visual Studio 2019로 불러온 프로젝트/솔루션

편집 서식

이 책의 본문에 사용된 서식에 대해 알아보겠습니다.

본문 코드 본문에서 코드와 관련된 사항을 표기합니다.

printf도 main과 마찬가지로 소괄호를 가지고 있는 것을 보아 함수라는 걸 알 수 있습니다. 그런데 main에서와는 달리 이 구문은 함수를 정의하는 것이 아니라 "printf라는 함수를 실행시켜라."라는 구문입니다.

코드 블록 예제 코드를 나타냅니다.

예제 1.1 Hello, world! 프로그램
```c
#include <stdio.h>
int main()
{
    printf("Hello, world!\n");
}
```

볼드체 본문의 특정 내용을 강조할 때는 해당 부분을 굵게 표시합니다.

이 책에서 이 규칙의 세부적인 내용까지는 다루지 않지만, 중요한 것은 **정수도 0과 1로 표현되고, 실수도 0과 1로 표현되고, 문자도 0과 1로 표현된다**는 것입니다.

Tip, 주의, 참고 본문 내용과 관련해서 참고할 만한 내용을 나타냅니다.

> TIP
> **bool 자료형**
> bool 자료형은 C++에 새로 추가된 문법입니다. C에서는 원래 진릿값 저장용 자료형이 기본 제공되지 않았지만 1999년에 _Bool 자료형이 추가되어 사용할 수 있게 되었습니다. 하지만 편의상 이 책에서는 _Bool을 따로 다루지 않고 C++ 문법인 bool을 사용하겠습니다.

서문	IV
책 사용 설명서	VI

시작하기 전에

누구를 위한 책인가?	1
왜 C/C++를 배워야 하는가?	2
이 책의 범위	3
이 책에서 다루는 내용	3
이 책에서 자세히 다루지 않는 내용	4
이 책에서 다루지 않는 내용	4
먼저 알아두면 도움되는 지식	4
C와 C++의 차이점	4
소스 코드가 프로그램이 되기까지	5
개발 환경 준비	6
Visual Studio 개발 환경 설치하기	6
에디터 설정하기	10

01장 출력하기

1.1 Hello, world!	13
1.1.1 프로젝트 만들기	13
1.1.2 첫 프로그램 만들기	18
1.2 Hello, world! 해석하기	21
1.3 printf로 다양한 데이터 출력하기	23
1.3.1 소스 파일 추가하기	23
1.3.2 정수의 덧셈 결과 출력하기: 2 + 3 = 5	25
1.3.3 서식 지정자	26

02장 변수와 연산자

2.1 변수 사용하기	29
2.1.1 변수의 선언과 대입	29
2.1.2 변수의 초기화	32
2.1.3 변수의 이름	33
2.2 자료형	34
2.2.1 int와 float	34
2.2.2 비트와 바이트	36
2.2.3 이진법과 정수 자료형	37
2.2.4 여러 가지 자료형	39
2.2.5 sizeof 연산자	41
2.3 형변환	41
2.4 char형과 ASCII 코드	43
2.4.1 문자끼리의 덧셈: '2' + '3' = 'e'	44
2.4.2 문자형으로서의 char형	45

2.5	**변수로 연산하기**	46
	2.5.1 대입 연산자와 복합 대입 연산자	46
	2.5.2 증감 연산자	48
	2.5.3 비교 연산자와 진릿값	50
	2.5.4 논리 연산자	51
	2.5.5 연산자의 우선순위	52

03장 입력받기

3.1	**scanf 사용하기**	55
3.2	**scanf의 서식 지정자**	56
3.3	**scanf 함수 관련 보안 문제**	57

04장 제어문

4.1	**if문으로 경우 나누기**	59
	4.1.1 if문	59
	4.1.2 if-else	62
	4.1.3 else if	63
4.2	**if문 심화**	67
	4.2.1 중첩 if문	67
	4.2.2 중첩 if문의 관점으로 본 else if	69
	4.2.3 if문과 여러 가지 코딩 스타일	71
4.3	**switch문**	72

4.4 goto문		76
4.5 while문으로 반복하기		78
4.5.1 while문		78
4.5.2 do-while문		81
4.6 for문으로 반복하기		83
4.7 for문 심화		86
4.7.1 조건 생략하기		86
4.7.2 두 개 이상의 조건 사용하기		87
4.7.3 break와 continue: 반복문 조작하기		89
4.7.4 중첩 for문		91

05장 배열과 포인터

5.1 배열	96
5.1.1 배열의 선언과 사용	97
5.1.2 배열의 초기화	101
5.2 배열 활용	102
5.2.1 거꾸로 출력하기	102
5.2.2 최대, 최소 구하기	104
5.2.3 짝수의 개수 구하기	107
5.3 다차원 배열	108
5.3.1 이차원 배열	108
5.3.2 다차원 배열	111

5.4 문자열	112
5.4.1 문자열의 초기화와 출력	112
5.4.2 문자열 입력받기	115
5.4.3 문자열 관련 함수	116
5.5 변수 가리키기 - 포인터	122
5.5.1 포인터의 사용	124
5.5.2 널 포인터	128
5.5.3 더블 포인터	129
5.6 배열과 포인터와의 관계	131
5.7 배열 가리키기 - 배열 포인터	137
5.8 이차원 배열과 배열 포인터	140
5.9 포인터 배열	145

06장 함수

6.1 함수의 정의와 호출	152
6.2 함수를 만들어 보자!	153
6.3 변수의 스코프, 지역 변수와 전역 변수	162
6.3.1 블록 스코프	162
6.3.2 함수 스코프	164
6.4 함수의 반환	165
6.5 Call-by-value, Call-by-address, Call-by-reference	171

6.6	프로토타입(함수 원형)	179
6.7	재귀 함수	184
6.8	배열을 매개변수로 넘기기	191
	6.8.1 일차원 배열 매개변수	191
	6.8.2 이차원 배열 매개변수	195

07장 구조체

7.1	typedef	199
7.2	구조체 만들기	203
	7.2.1 구조체 만들기	203
	7.2.2 구조체 타입 정의하기	205
	7.2.3 구조체 활용	206
7.3	구조체와 메모리	208
7.4	구조체 변수 가리키기	210
7.5	구조체와 함수	214
	7.5.1 구조체 매개변수의 Call-by-value와 Call-by-address	214
	7.5.2 구조체에 함수 집어넣기	216

08장 C언어 고급 기능

8.1 상수 만들기	219
8.1.1 const 키워드	220
8.1.2 매크로	222
8.1.3 enum	223
8.2 매크로 자세히 알아보기	226
8.3 비트 연산	230
8.3.1 비트 연산자의 종류	231
8.3.2 비트 연산자 활용	235
8.4 파일 입출력	237
8.4.1 스트림	237
8.4.2 Visual Studio에서 파일 만들기	238
8.4.3 파일 입출력	239
8.5 유용한 함수들	243
8.5.1 getchar, putchar, gets, puts – 문자와 문자열 입출력	244
8.5.2 sscanf와 sprintf – 문자열 스트림 입출력	246
8.5.3 rand와 time – 난수 발생과 현재 시각 얻어오기	248
8.5.4 exit – 프로그램 종료하기	251

09장 C++ 스타일 기본 문법

- 9.1 C++ 스타일 입출력 — 255
- 9.2 string — 258
- 9.3 C++에서는 의미가 좀 다른 초기화 — 260
- 9.4 레퍼런스와 r-value 참조 — 260
  - 9.4.1 레퍼런스 변수 — 260
  - 9.4.2 r-value 참조 — 262
- 9.5 범위 기반 for문 — 263
- 9.6 C++ 스타일 함수 — 266
  - 9.6.1 함수 오버로딩 — 267
  - 9.6.2 디폴트 매개변수 — 271

10장 객체와 클래스

- 10.1 네임스페이스 — 276
  - 10.1.1 네임스페이스의 개념 — 276
  - 10.1.2 네임스페이스 만들고 사용하기 — 277
  - 10.1.3 네임스페이스와 함수 정의 — 281
  - 10.1.4 중첩 네임스페이스 — 283
  - 10.1.5 using문 — 285
- 10.2 클래스와 객체 — 287
  - 10.2.1 클래스와 객체의 개념 — 287
  - 10.2.2 TV 클래스 만들기 — 289
  - 10.2.3 접근 제어 — 292
- 10.3 this 포인터 — 298

10.4	**객체의 생성과 소멸**	301
	10.4.1 객체의 생성과 소멸 시기	302
	10.4.2 생성자 활용하기	305
	10.4.3 생성자 오버로딩과 기본 생성자	307
10.5	**생성자의 다양한 사용법**	311
10.6	**정적 멤버**	317
	10.6.1 정적 멤버 메서드	317
	10.6.2 정적 멤버 변수	322
10.7	**상수형 메서드**	327
10.8	**메서드 선언과 정의 분리하기**	330
10.9	**연산자 오버로딩**	332
	10.9.1 멤버 메서드로 객체끼리 연산하기	333
	10.9.2 사칙연산자 오버로딩	336

11장 동적 할당과 객체 복사

11.1	**동적 할당**	345
	11.1.1 변수 동적 할당하기	346
	11.1.2 배열 동적 할당하기	349
	11.1.3 객체 동적 할당하기	350
11.2	**깊은 복사와 얕은 복사**	352
11.3	**복사 생성자와 복사 대입 연산자**	356
	11.3.1 String 클래스 만들기	356
	11.3.2 복사 생성자 오버로딩	361
	11.3.3 복사 대입 연산자 오버로딩	366

목·차

11.4 이동 시맨틱		371
11.5 이동 생성자와 이동 대입 연산자		375
11.5.1 String 클래스 보강하기		375
11.5.2 이동 생성자 및 이동 대입 연산자 오버로딩		379
11.6 묵시적 형변환		384
11.6.1 묵시적 형변환의 개념		384
11.6.2 형변환 생성자 오버로딩		385
11.6.3 형변환 연산자 오버로딩		389
11.6.4 explicit 키워드		393

12장 상속

12.1 상속 기초		398
12.1.1 상속의 개념		398
12.1.2 상속과 접근 제어		402
12.1.3 상속 예제		406
12.2 상속 관계에서의 생성/소멸자		409
12.3 상속이 필요한 이유(1)		415
12.4 오버라이딩		422
12.4.1 멤버 재정의와 정적 바인딩		422
12.4.2 가상 함수, 오버라이딩과 동적 바인딩		429
12.4.3 가상 소멸자		435

12.5	**상속이 필요한 이유(2)**	436
12.6	**순수 가상 함수와 추상 클래스**	444
12.7	**상속 관계에서의 형변환**	449
	12.7.1 업캐스팅	450
	12.7.2 다운캐스팅	456
	12.7.3 RTTI와 dynamic_cast	463
12.8	**객체지향 프로그래밍의 4대 원리**	468
	12.8.1 캡슐화	468
	12.8.2 상속성	469
	12.8.3 다형성	469
	12.8.4 추상화	470
12.9	**객체지향 프로그래밍의 문제점**	471
	12.9.1 다중 상속과 다이아몬드 문제	471
	12.9.2 정사각형과 직사각형 문제	480

13장 C++ 고급 기능

13.1	**템플릿**	489
	13.1.1 함수 템플릿	489
	13.1.2 클래스 템플릿	497
	13.1.3 템플릿 특수화	500
	13.1.4 비타입 파라미터	503
13.2	**예외 처리**	506
13.3	**auto**	516

13.4 함수 포인터, 함수 객체와 람다식 — 517
13.4.1 함수 포인터 — 518
13.4.2 함수 객체 — 522
13.4.3 람다식 — 527

13.5 friend — 530

13.6 메모리 소유권과 스마트 포인터 — 532
13.6.1 메모리 소유권 — 532
13.6.2 unique_ptr — 533
13.6.3 shared_ptr — 537
13.6.4 weak_ptr — 540

13.7 STL — 542
13.7.1 vector — 542
13.7.2 pair — 544
13.7.3 map — 545
13.7.4 sort — 547

마치며 — 550

부록 A _ 종합문제 해답 — 552

부록 B _ ASCII 코드표 — 572

시작하기 전에

본격적으로 내용을 시작하기에 앞서 몇 가지 하고 싶은 이야기가 있어 여기서 해보고자 합니다.

누구를 위한 책인가?

이 책은 C와 C++를 처음 시작하는 사람들, 특히 이 언어를 통해 코딩 자체를 처음 접하는 사람들에게 맞춰진 책입니다. 물론 파이썬이나 자바 같은 다른 언어를 이미 배운 사람들이 C와 C++라는 새로운 언어를 공부하기 위해 이 책을 집었어도 더없이 적합합니다.

다만 이 책은 다른 유명한 C/C++ 입문 서적과는 조금 차이가 나는 부분이 있습니다. 완벽한 이론 설명보다는, 코딩을 할 수 있게 만드는 데 초점이 맞춰져 있다는 것입니다. 그렇기 때문에 안타깝게도 모든 것을 엄밀히 알려줄 수는 없습니다. 이것을 정당화하기 위해 조금 길지만 저자가 어렸을 때 있었던 일을 이야기해보겠습니다.

저자가 초등학교 6학년 때 학교에서 원뿔의 부피는 외접하는 원기둥 부피의 1/3이라는 것을 배웠습니다. 그 이유는 원뿔을 물에 담갔다 빼면 넘친 물의 양이 원기둥의 1/3배라는 것이었습니다. 어린 저자는 그런 설명으로는 만족하지 못하고 더 엄밀한 증명을 알고 싶었지만 아무도 그것을 알려주지 않아 진심으로 답답했던 기억이 있습니다. 그런데 시간이 흐르고 나서 원뿔의 부피 공식을 유도하려면 닮음의 관계를 이용해 원뿔의 단면적을 높이에 대한 함수로 세운 다음 그것을 적분해야만 한다는 것을 알게 됐습니다. 그렇다면 엄밀한 증명을 원하는 호기심 많은 초등학생에게 함수와 닮음의 개념을 알려주고 이차함수 식을 세우고 극한, 미분, 정적분, 부정적분의 개념을 알려준 후 미적분학의 기본 정리를 통해 이차함수를 정적분해서 얻은 식을 보여주면서 "이래서 1/3이다."라고 답해주면 될까요? 그럴 수는 없습니다. 한계가 있더라도 초등학생에게는 초등학생에게 맞는 설명을 해줄 수밖에 없습니다.

프로그래밍 언어를 처음 배울 때도 마찬가지입니다. 초심자에게는 초심자에게 맞는 설명이 있습니다. 물론 최대한 정확한 설명을 하기 위해 최선을 다했지만 초심자에게 중요한 것은 정확하고 세밀한 설명보다는 "이 언어를 어떻게 활용할 수 있느냐"라고 생각합니다. 미국 여행을 갈 때 영문법 지식보다 영어 회화 실력이 훨씬 더 유용한 것과 같은 이치입니다. 영문법은 기초 영어를 어느 정도 배운 후에 해도 늦지 않습니다. "정확한 개념"과 "쉬운 이해"라는 두 마리 토끼를 모두 잡으려면 터무니없이 오랜 시간이 걸리기 때문에 어쩔 수 없이 한 개념을 설명하기 위해서 많은 배경 설명이 필요한 경우 이를 생략했습니다.

만약 C/C++의 기초를 이미 공부했고, 이제 엄밀히 공부를 하고 싶다면 이 책은 최대의 효율을 내지는 못할 것입니다. 하지만 C/C++에 입문하고자 한다면 이 책은 정말 좋은 선택이 될 것입니다.

왜 C/C++를 배워야 하는가?

C++는 굉장히 강력하고 잘 만들어진 언어입니다. 저자가 여러 프로그래밍 언어들을 접해 보았지만, 그중에서 단순하고 객체지향적이며, 하고 싶은 것을 다 할 수 있게 해주면서 프로그램의 효율까지 좋은 언어는 C++밖에 없다는 것을 느꼈습니다.

요즘은 코딩 입문용 언어로 파이썬을 꼽는 사람들이 부쩍 늘었습니다. 물론 파이썬도 코딩을 입문하기에 정말 좋은 언어라고 생각합니다. 편리함과 간결함을 중시하는 인간 친화적인 언어이기 때문입니다. 하지만 그런 특징 때문에 코딩에서 가장 중요한 능력인 "컴퓨팅적 사고"를 늘려주기에 적합한 언어는 아니라고 생각합니다. 가령 파이썬의 sum 함수를 사용해 합을 구할 줄은 알지만 반복문을 사용해 합을 구하지는 못하는 사람을 여럿 봤습니다. 이는 분명히 문제입니다. 합을 구할 때 sum을 사용하면 물론 편하지만 그런 방식으로는 합을 구할 수 없는 경우도 있고, 그때는 반복문을 써야 하기 때문입니다.

반면 C나 C++는 파이썬에 비해서는 인간과 거리가 먼 언어입니다. 대신 한번 마스터하면 컴퓨터의 입장에서 생각하는 능력이 많이 성장해 있을 것입니다. 이것은 코딩을 하는 사람에게 가장 기본이 되어야 할 매우 중요한 능력이라고 생각합니다. 그리고 파이썬은 C와 C++를 배운 뒤에 배워도 늦지 않습니다. C와 C++를 이미 아는 상태에서 파이썬을 배우는 것은 식은 죽 먹기입니다. 실제로 저자는 저자의 친구가 파이썬을 알려 달라고 해서 집에 뒹굴고 있던 파이썬 책을 꺼내 2~3시간만에 공부하고 바로 친구에게 파이썬을 가르쳤습니다.

특히 개발자가 되고 싶다면 어떤 분야의 개발자가 되더라도 C와 C++를 모두 배워 놓으면 좋습니다. C를 배운 사람이 C++도 배우면 좋은 이유는 C와는 달리 C++는 객체지향 언어이기 때문입니다. 객체지향 프로그래밍이라는 콘셉트가 등장한 이후로 많은 프로그래머들에 의해 이미 이 개념이 정말 유용하고 생산성을 높여준다는 것이 입증되었습니다. 또 C는 C++에 비해 여러모로 불편합니다. C++가 C의 답답한 곳을 뻥 뚫어주는 존재이기도 합니다. 그 예로 레퍼런스 변수, 함수 오버로딩, 템플릿 등을 들 수 있습니다. 그러므로 C를 배웠으면 C++도 함께 배워 놓는 것이 여러모로 좋습니다.

그리고 C++를 배우기로 마음먹었다 하더라도 C를 배우지 않고 C++만 배우는 것도 어렵습니다. 애초에 C++만 배운다는 것은 어불성설입니다. C++는 C의 확장판이기 때문입니다. C++를 배우려면 어차피 C는 어느 정도 공부해야 합니다.

이 책의 범위

이 책이 중점적으로 다루는 범위가 어느 정도인지 설명하겠습니다. 또, 보통 C/C++ 입문 과정에 포함되어 있거나 C/C++를 배우는 데 도움이 되지만 자세히 다루지는 않거나 전혀 다루지 않는 주제에는 어떤 것이 있는지 설명합니다. 이러한 주제에 대해 더 알아보고 싶다면 인터넷 검색을 활용해 보세요. 검색만으로도 양질의 정보를 많이 얻을 수 있을 것입니다.

이 책에서 다루는 내용

이 책은 입문서이기에 C, C++의 모든 기능을 전부 다루지는 않습니다. 하지만 기본적인 개념과 그것들이 어떤 식으로 활용되는지는 모두 다룹니다. 여기에는 입출력, 변수, 배열, 포인터, 함수, 구조체, 동적 할당, 객체지향 프로그래밍, 템플릿 등이 포함됩니다.

또, C++에는 여러 버전이 있는데, 그중에서 이 책은 C++14의 문법을 기준으로 작성되었습니다. 따라서 C++14보다 상위 버전에만 있는 기능은 다루지 않습니다. 또, C++14보다 하위 버전에서는 지원하지 않는 기능이 있는 경우에는 해당 부분에서 이를 명시했습니다.

이 책의 궁극적인 목표는 C++를 배우는 것이기 때문에 C 파트에서도 C++14의 문법을 기준으로 했습니다. 이 책의 집필 시점을 기준으로 최신 버전의 C언어(C17)에서는 불가능하지만 C++14에서는 가능한 문법이 있을 경우에도 이를 설명했습니다.

C++는 다양한 코딩 방법론을 사용할 수 있게끔 해주지만 이 책은 그러한 방법론 중 객체지향 프로그래밍에 중점을 두고 썼습니다.

이 책에서 자세히 다루지 않는 내용

- **이진법**: 컴퓨터에서 이진법은 정말 중요한 개념입니다. 하지만 진법에 대한 개념이 전무한 사람이 이 개념을 완벽히 이해하는 데는 시간이 걸릴 수 있습니다. 이 책에서는 뒤의 내용을 이해할 수 있을 정도로만 이진법을 다루고, 십진법과 이진법으로 표기된 숫자를 서로 변환하는 방법이나 1의 보수 표기법, 2의 보수 표기법 같은 개념에 대해서는 설명하지 않습니다.
- **16진법**: 이진법과 마찬가지로 필요할 때 필요한 내용만 간략히 다룹니다.
- **파일 입출력**: C에서 파일 입출력의 개념과 방법을 간략히 설명합니다. 하지만 C++에서 파일 입출력을 어떻게 하는지는 다루지 않습니다.
- **템플릿**: 알고 보면 템플릿만 다루는 책이 있을 정도로 방대한 주제입니다. 이 책에서는 템플릿의 개념과 기본적인 사용법만 다루고, 내재된 원리에 대해서는 다루지 않습니다.
- **STL**: 맛보기 식으로 몇 가지 컨테이너와 함수에 대해서만 알아봅니다.

이 책에서 다루지 않는 내용

- 공용체(union)에 대해서는 다루지 않습니다.
- C의 `static`과 `extern` 키워드에 대해서는 다루지 않습니다.
- `malloc`과 `calloc`을 사용한 C의 동적할당에 대해서는 다루지 않습니다. 하지만 `new` 키워드를 사용한 C++의 동적할당에 대해서는 자세히 다룹니다.

먼저 알아두면 도움되는 지식

이번 절에서는 C/C++를 배우기 전에 미리 알아두면 좋은 몇 가지를 알려드리겠습니다. 내용이 너무 지루하거나 어렵다면 건너뛰었다가 나중에 다시 읽어도 됩니다.

C와 C++의 차이점

이 책은 C 파트와 C++ 파트로 나눠져 있습니다. 가끔 C 파트에서 C++ 내용을 다루거나 거꾸로 C++ 파트에서 C 내용을 다룰 때도 있습니다. 그런데 이 두 언어의 차이는 무엇일까요?

C는 1972년에 데니스 리치(Dennis Ritchie)에 의해 발명됐고, 그 후 비야네 스트로스트룹(Bjarne Stroustrup)이 C에 다양한 기능을 추가해 C++를 만들었습니다. 40년 이상의 시간이 지난 지금도 두 언어가 계속해서 업데이트되면서 각자 다른 길을 걸어가고 있기 때문에 두 언어 간의 거리가 점점 멀어지고 있는 상황입니다.

또, C는 절차지향적 언어이고, C++는 일반적으로 객체지향적 언어로 분류됩니다. C로 작성된 코드는 확장자가 .c이고, C++로 작성된 코드는 .cpp라는 확장자를 씁니다. 물론 지금 하는 말들이 하나도 이해되지 않을 것입니다. 하지만 C와 C++는 다른 점이 많다는 것을 느꼈으면 좋겠습니다.

이렇게 C와 C++는 거의 다른 언어라 할 수 있을 만큼 C++에는 많은 기능이 추가되었습니다. 하지만 놀랍게도 C의 기본적인 문법적인 기능들은 대부분 C++에서도 사용 가능합니다. 따라서 C로 작성된 코드는 대부분 C++에서도 작동한다고 볼 수 있습니다. 그래서 이 책에서는 C 파트의 내용이라 하더라도 .cpp 파일로 작성할 것입니다. 대신 C 문법과 C++ 문법이 차이가 나는 부분은 중간중간에 설명합니다.

소스 코드가 프로그램이 되기까지

흔히 "코딩한다"라고 이야기하는 것은 '소스 코드'(source code)를 작성하는 것을 말합니다. 소스 코드란 어떤 컴퓨터 프로그램을 만들기 위해 특정한 언어로 작성된 문서를 말합니다. 예를 들어 다음은 C언어로 작성된 소스 코드의 예입니다.

```c
#include <stdio.h>
int main() {
    int n, sum = 0;

    scanf("%d", &n);
    for (int i = 1; i <= n; i++) {
        sum += i;
    }
    printf("%d", sum);
}
```

하지만 **소스 코드 자체가 컴퓨터 프로그램인 것은 아닙니다.** 컴퓨터가 소스 코드를 곧바로 이해하지는 못하기 때문입니다. 따라서 이 소스 코드를 컴퓨터가 이해할 수 있는 기계어로 번역해서 실행할 수 있는 파일을 만드는 일련의 작업이 있는데, 이를 '컴파일'(compile)이라 하고, 그 번역을 담당하는 프로그램을 '컴파일러'(compiler)라고 합니다.

컴파일러에는 MSVC, GCC, Clang 등 여러 종류가 있고, 언어의 버전에 따라서도 여러 버전의 컴파일러가 있습니다. 이 책에서는 MSVC라고도 불리는 Microsoft Visual C++ 컴파일러를 사용할 것입니다. 그리고 C++ 버전은 C++14를 사용할 것입니다.

'컴파일 에러'는 컴파일 단계에서 생기는 에러를 말합니다. 보통은 소스 코드에 문법적인 문제가 있어서 컴파일러가 이해하지 못할 때 발생합니다. 반면 '런타임 에러'는 실행 도중에 발생하는 에러를 말합니다. 즉, 소스 코드가 실행 가능한 프로그램으로 변환됐는데, 그 프로그램을 실행하는 도중에 에러가 발생한 것입니다.

개발 환경 준비

코드를 작성하고 컴파일하는 등 개발과 관련된 업무를 편하게 하기 위한 '통합 개발 환경'(Integrated Development Environment; IDE)이라는 것이 있습니다. 이번 절에서는 이러한 IDE 중 하나인 Visual Studio를 설치하고, 몇 가지 설정을 바꿔 보겠습니다.

Visual Studio 개발 환경 설치하기

이 책을 쓰는 현재, 최신 버전의 Visual Studio는 Visual Studio 2022입니다. 하지만 이 책은 2019 버전을 기준으로 설명하고 있기 때문에 여기서는 최신 버전이 아닌 2019 버전을 설치하는 방법을 안내합니다. 2022 버전을 사용하고 싶으면 그렇게 해도 무방하고, 설치 및 사용 방법은 2019 버전과 거의 동일하지만, 뒤에서 나올 몇몇 예제에서 코드를 실행한 결과가 달라질 수 있다는 것을 감안해야 합니다. 검색 엔진에서 "Visual Studio"라고 검색하면 Visual Studio 홈페이지(https://visualstudio.microsoft.com/ko/)로 들어갈 수 있을 것입니다. 홈페이지에서 Community 에디션을 다운로드할 수 있는 버튼을 찾아 클릭합니다. 사이트가 자주 바뀌어서 메뉴 위치나 모양이 그림과 조금 다를 수는 있지만 기본적인 과정은 비슷할 것입니다. 이때 Visual Studio **Code가 아닌** 그냥 Visual Studio의 **Community 에디션**을 골라야 합니다.

버튼을 클릭하면 설치 파일 하나가 다운로드될 텐데, 이 파일을 실행하면 2022 버전이 설치되어버립니다. 우리 목표는 2019 버전을 설치하는 것입니다. 그러기 위해서 가장 빠르고 확실한 방법은 URL을 조금 수정하는 것이지만[1], 과정이 복잡할 수 있으니 단축 URL인 https://bit.ly/msvs2019를 통해 2019 버전의 인스톨러를 다운로드할 수 있게 했습니다.

만약 여기까지 하는 데 문제가 있다면, 도서 홈페이지에서 [개발환경 다운로드] 버튼을 눌러 다운로드할 수도 있습니다.

---

[1] https://visualstudio.microsoft.com/ko/thank-you-downloading-visual-studio/?sku=Community**&rel=16**

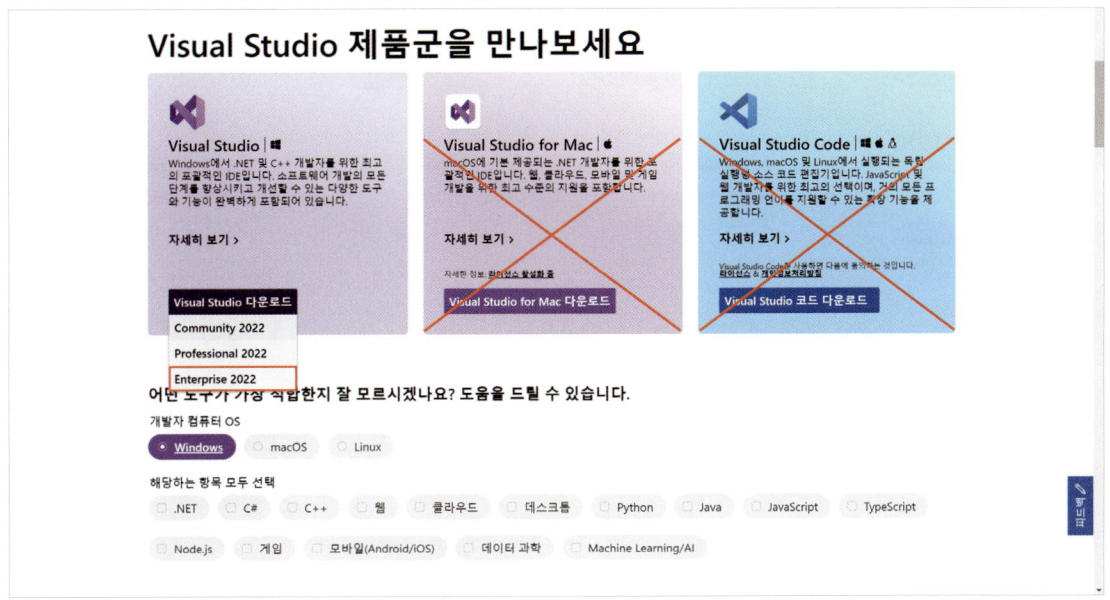

그림 1 Visual Studio 사이트에서 올바른 에디션 선택하기

다운로드가 완료되면 파일을 실행합니다. 인스톨러가 시키는 대로 진행하다가 다음과 같은 화면이 나오면 주의해야 합니다. 이 화면에서 반드시 [C++를 사용한 데스크톱 개발]을 선택해야 합니다. 그다음 [설치] 버튼을 누르면 설치가 진행됩니다.

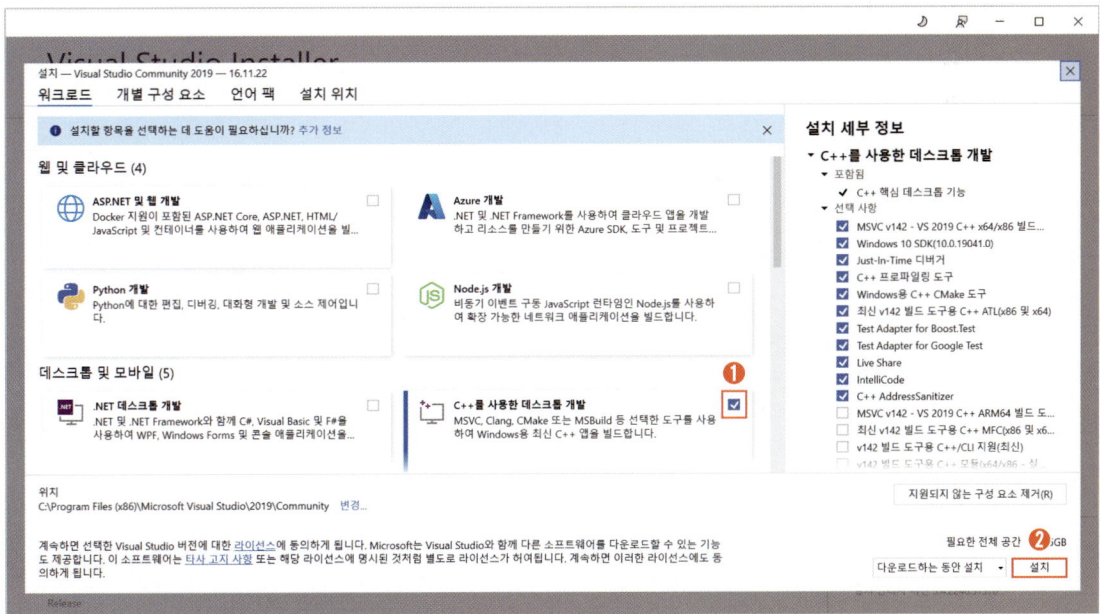

그림 2 설치 요소 선택 화면에서 C++ 선택하기

시작하기 전에 **7**

설치하는 동안에 다음과 같은 내용이 나타날 것입니다.

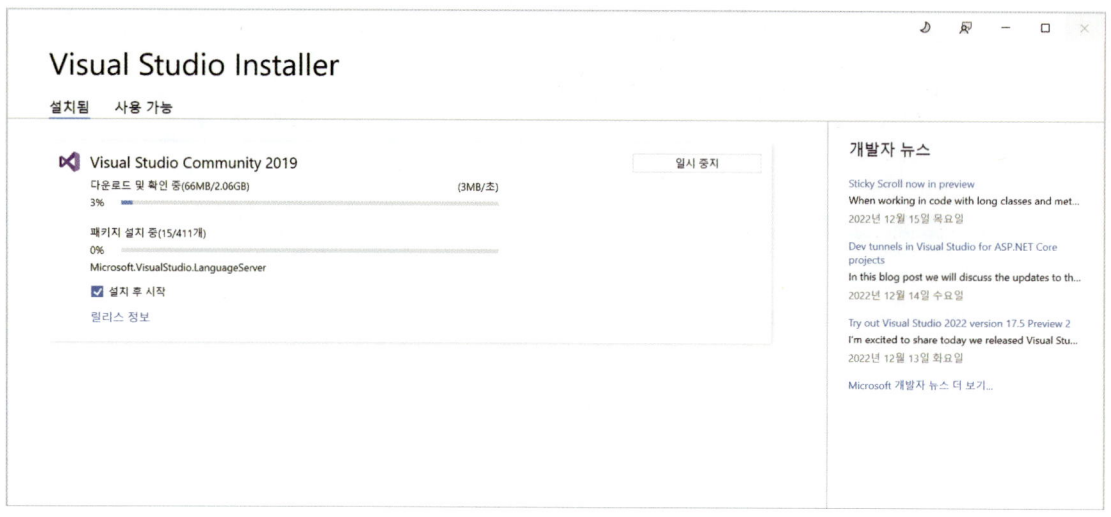

그림 3 인스톨러에서 설치가 진행되는 모습

설치가 완료되면 다시 시작해야 한다는 메시지가 나타날 수 있는데, 이런 경우 [다시 시작]을 누르면 컴퓨터가 다시 시작됩니다.

그림 4 다시 시작을 묻는 프롬프트

여기까지 진행하면 시작 메뉴에 [Visual Studio 2019]가 생겼을 것입니다. 이 항목을 클릭합니다.

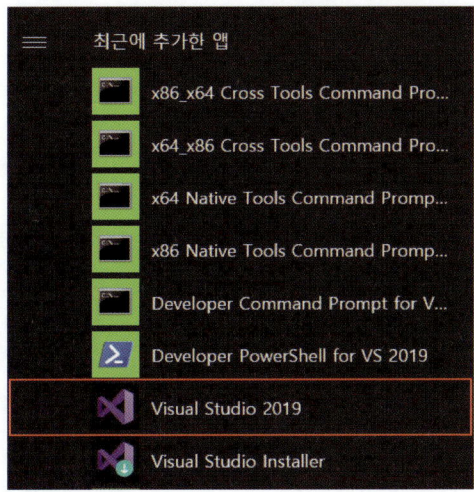

그림 5 시작 메뉴에 Visual Studio 2019 항목이 생긴 모습

조금 기다리면 로그인하라는 창이 나타나는데, 마이크로소프트 계정이 있다면 로그인해도 되고 아니면 나중에 해도 됩니다.

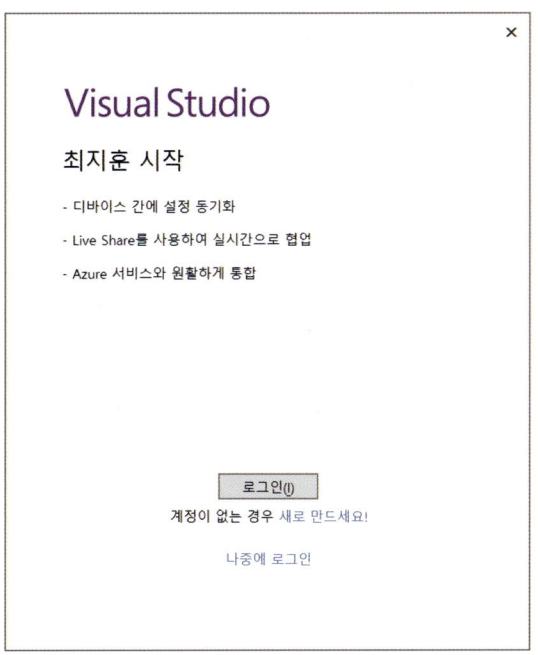

그림 6 로그인할지를 물어보는 창

로그인 여부를 결정하고 나면 다음과 같은 창이 나타나는데, 여기서 [코드를 사용하지 않고 계속]을 클릭합니다.

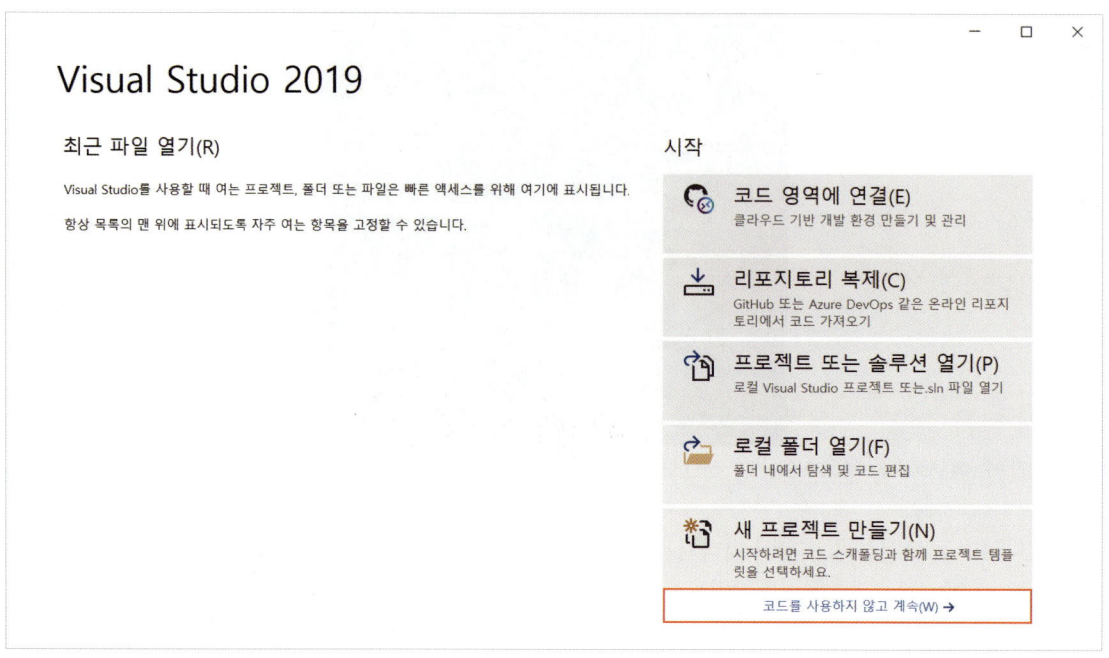

그림 7 Visual Studio 2019 시작 화면

비어있는 창이 뜰 것입니다. 다음 절로 넘어가서 몇 가지 더 설정한 후에 본론으로 넘어가겠습니다.

에디터 설정하기

우선 폰트를 설정할 것입니다. 코딩할 때는 균일한 간격으로 글자가 나열돼야 하고, 비슷하게 생긴 글자끼리 헷갈리지 않게 좋은 폰트를 선택해야 합니다. 이미 코딩할 때 쓰는 글꼴이 있다면 그것을 사용해도 되고, 없다면 D2Coding이라는 무료 폰트를 추천합니다. D2Coding 폰트는 검색 엔진을 통해 쉽게 다운로드할 수 있습니다. 폰트를 설치한 후 Visual Studio 메인 화면 상단 메뉴바에서 [도구] → [옵션] 메뉴로 들어갑니다.

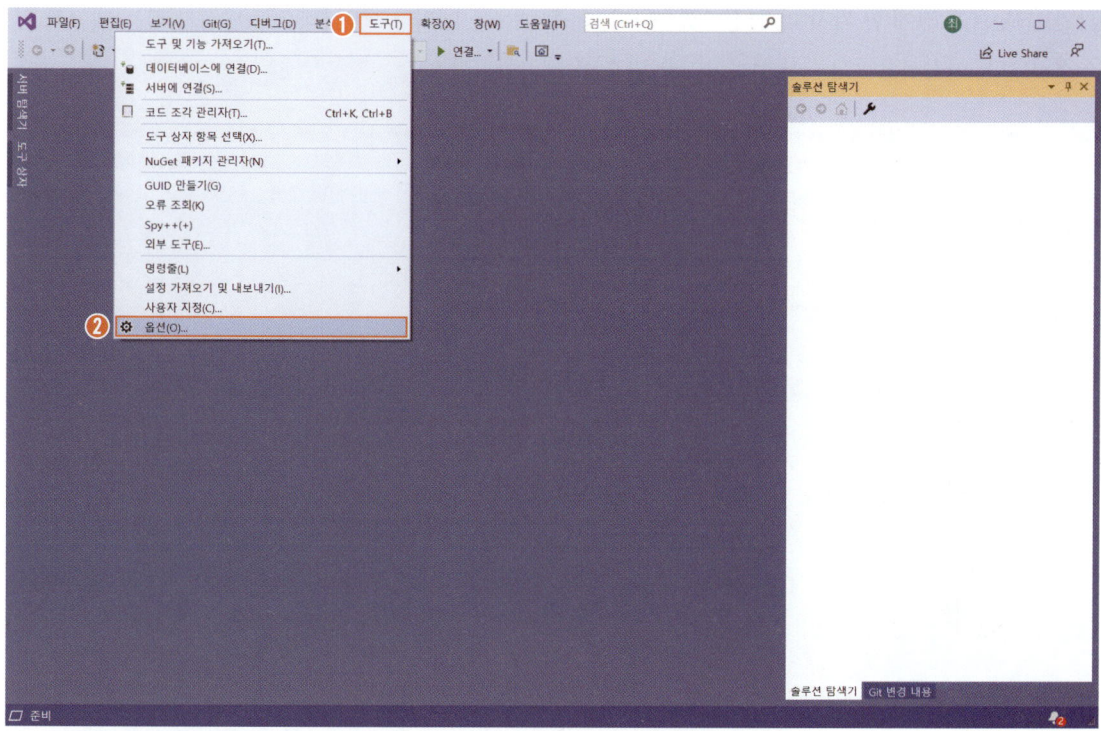

그림 8 메인 화면에서 옵션 메뉴 들어가기

옵션 창이 나타나면 왼쪽 메뉴에서 [환경] → [글꼴 및 색]을 선택합니다. 여기서 원하는 글꼴과 크기를 선택하면 됩니다. 글자 크기는 9~12 사이가 적당합니다.

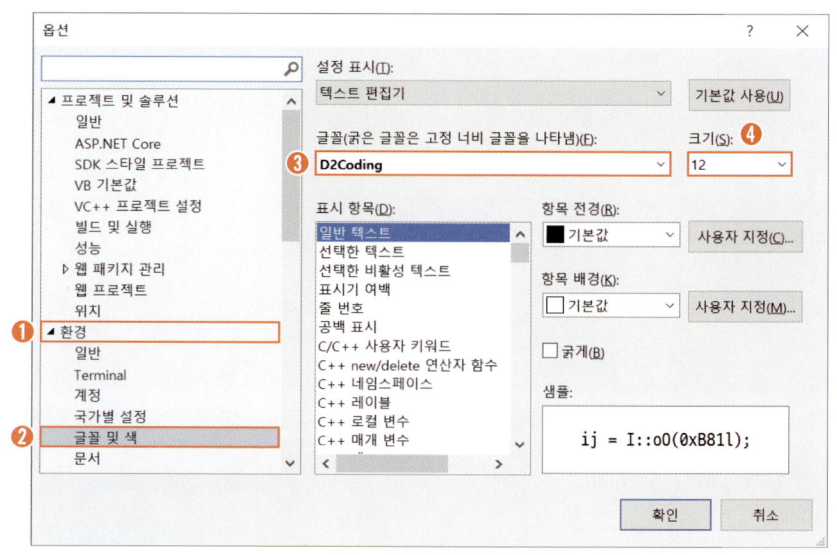

그림 9 글꼴과 글자 크기 선택하기

[확인]을 누르기 전에 한 가지 더 설정하겠습니다. 왼쪽 메뉴를 내리다 보면 [텍스트 편집기]라는 메뉴가 있을 것입니다. 여기서 [C/C++]를 누르고, [줄 번호]를 체크합니다.

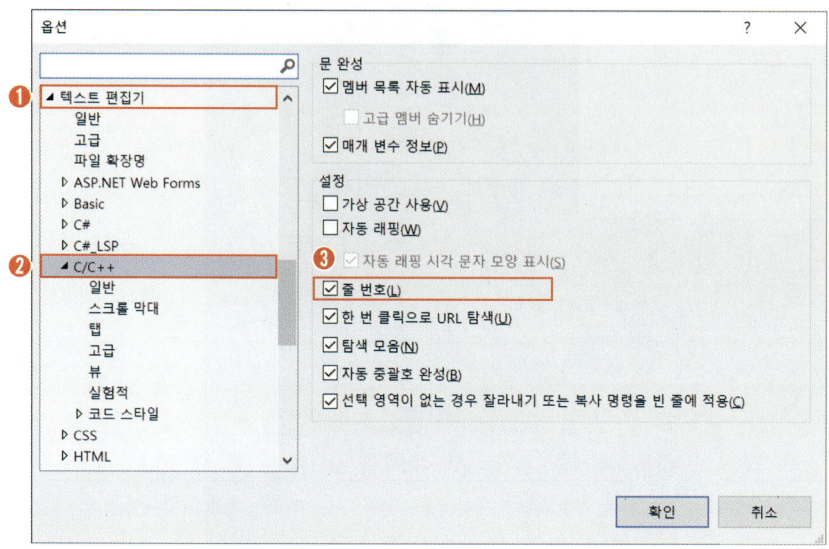

그림 10 줄 번호 표시 설정

마지막으로 [확인]을 눌러 설정을 저장합니다.

01 출력하기

의미 있는 프로그램은 사용자에게 어떤 정보를 제공해야 합니다. 따라서 정보를 출력하는 것은 프로그램의 기본이라 할 수 있습니다. 이번 장에서는 C언어에서 화면에 글자를 출력하는 방법을 알아봅니다.

1.1 Hello, world!

이번 절에서는 Visual Studio로 프로젝트를 만든 후, "Hello, world!"라는 문장을 출력해 보겠습니다.

https://youtu.be/ZN30sU6ti60

1.1.1 프로젝트 만들기

Visual Studio로 응용 프로그램을 만들기 위해서는 보통 프로그램 하나당 프로젝트 하나가 필요합니다. 한 프로젝트 안에는 여러 소스 파일을 넣을 수 있고, 소스 파일에는 코드를 작성할 수 있습니다.

그림 1.1 소스 파일과 프로젝트, 프로그램의 관계

C/C++ 프로젝트를 만드는 과정이 조금 복잡할 수 있으니 잘 따라오시기 바랍니다.

01. Visual Studio를 실행하면 표시되는 시작 화면에서 ❶ [새 프로젝트 만들기]를 누르거나 메인 화면에서 ❷ [파일] → [새로 만들기] → [프로젝트]를 클릭합니다. 단축키는 Ctrl + Shift + N입니다.

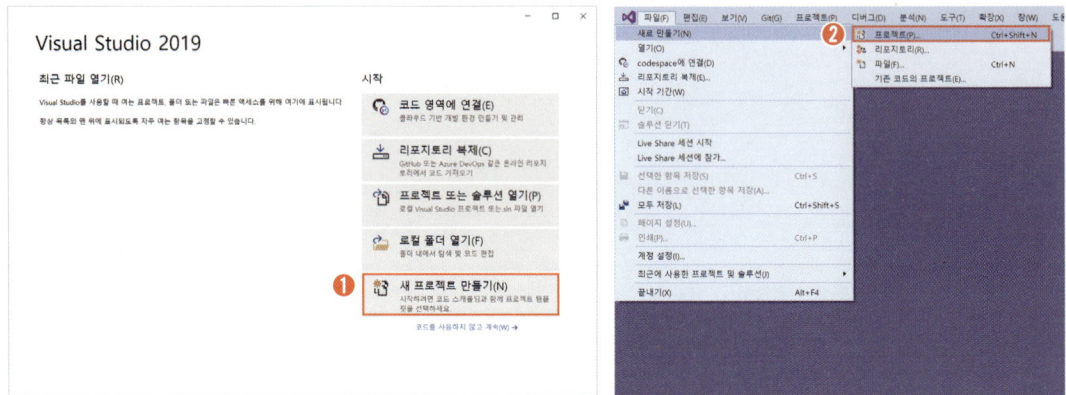

그림 1.2 시작 화면에서 프로젝트 만드는 법   그림 1.3 메인 화면에서 프로젝트 만드는 법

02. 프로젝트 템플릿을 선택하는 창이 나타나면 ❶ [콘솔 앱]을 더블클릭하거나, [콘솔 앱]을 선택하고 [다음]을 누릅니다.

그림 1.4 프로젝트 만들기 창에서 콘솔 앱 선택

03. 지금 1장을 진행 중이므로 ❶ 프로젝트 이름을 "ch01"로 설정하고, ❷ 위치는 접근하기 편한 곳(예: 바탕화면)을 지정한 후 ❸ [만들기] 버튼을 누릅니다.

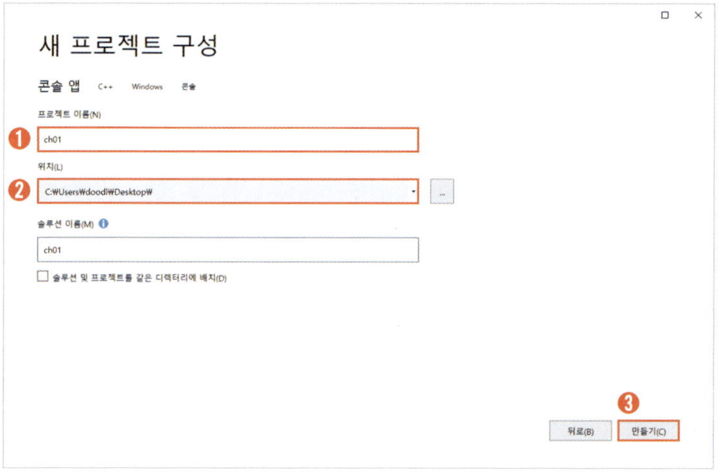

그림 1.5 프로젝트 이름과 위치 설정

04. 이제 프로젝트를 만들었습니다. 기본으로 제공되는 소스 파일이 열려 있는 것을 확인할 수 있습니다. 그런데 아직 한 가지 설정해야 할 것이 남았습니다. 오른쪽 솔루션 탐색기의 ❶ "ch01"을 마우스 오른쪽 버튼으로 클릭한 후 맨 밑에 있는 ❷ [속성]을 클릭합니다. 만약 솔루션 탐색기가 보이지 않는다면, 상단 메뉴바의 [보기] → [솔루션 탐색기]를 클릭하면 됩니다.

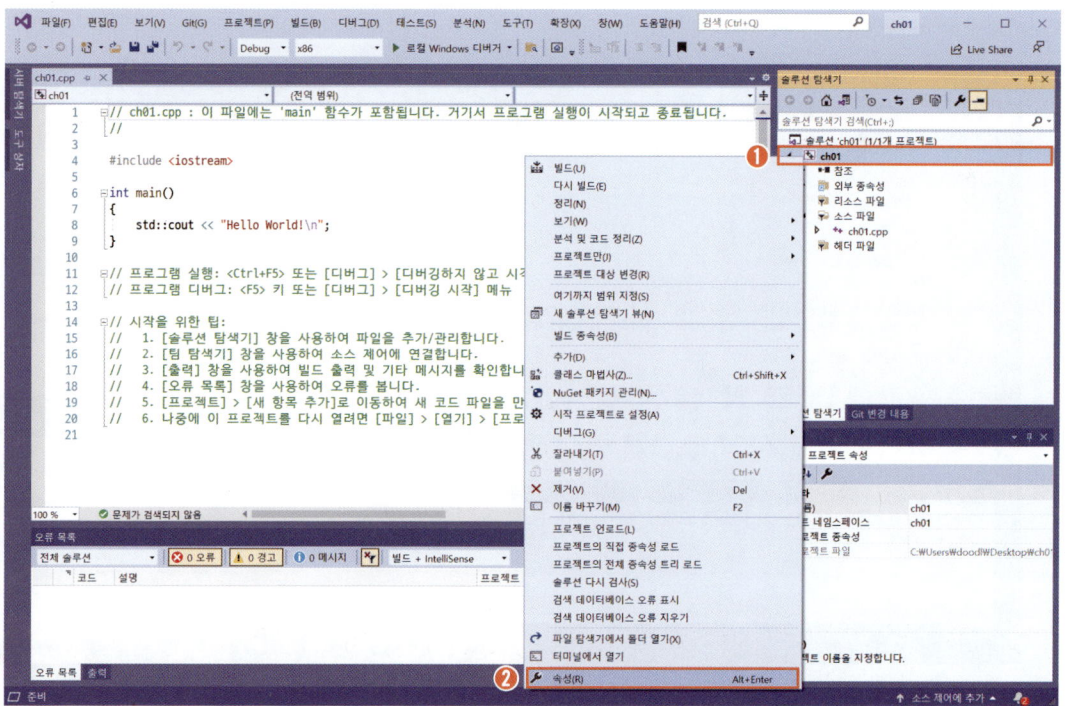

그림 1.6 프로젝트 속성 창 열기

05. 속성 창이 나타나면 ❶ [C/C++] 메뉴를 열고 [SDL 검사] 항목을 ❷ [아니요]로 바꿉니다. 그다음 ❸ [확인]을 눌러 설정을 저장합니다.

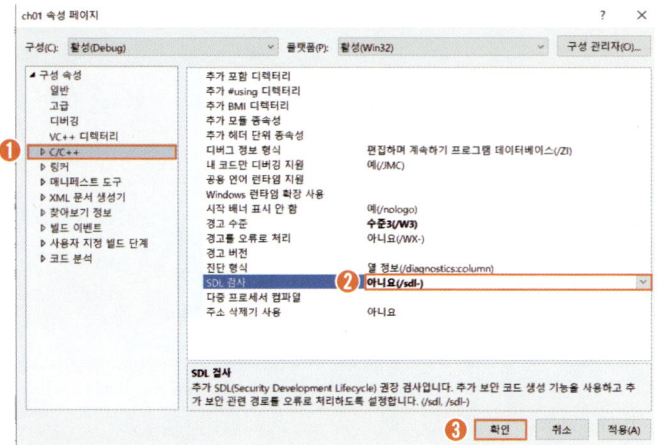

그림 1.7 SDL 검사 해제

06. 마지막으로 프로젝트에 원래 있던 소스 파일을 삭제하고, 새로운 소스 파일을 추가하겠습니다. 오른쪽 솔루션 탐색기 창에서 [소스 파일] 폴더를 열어보면 ❶ ch01.cpp가 보일 것입니다. 이 파일에 마우스 오른쪽 버튼을 클릭하고 ❷ [제거]를 선택합니다. 그리고 제거와 삭제 중에 고르라는 창이 나타나면 [삭제]를 누릅니다.

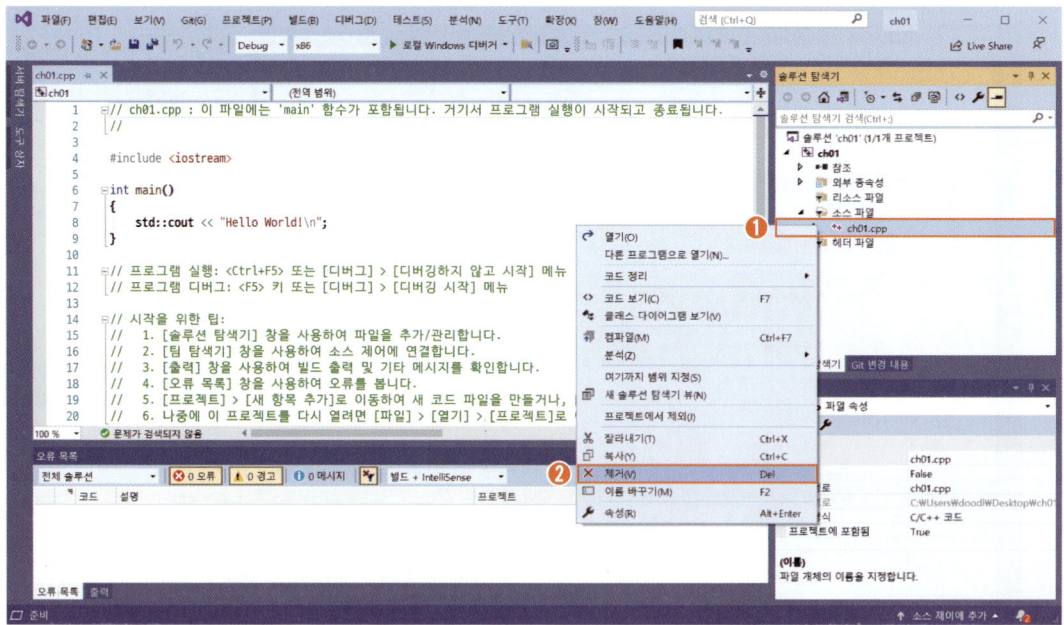

그림 1.8 기본 소스 파일 제거

07. 우측 솔루션 탐색기에서 ❶ [소스 파일]에 마우스 오른쪽 버튼을 클릭하고, ❷ [추가] → ❸ [새 항목]을 차례로 선택합니다. 단축키는 Ctrl + Shift + A입니다.

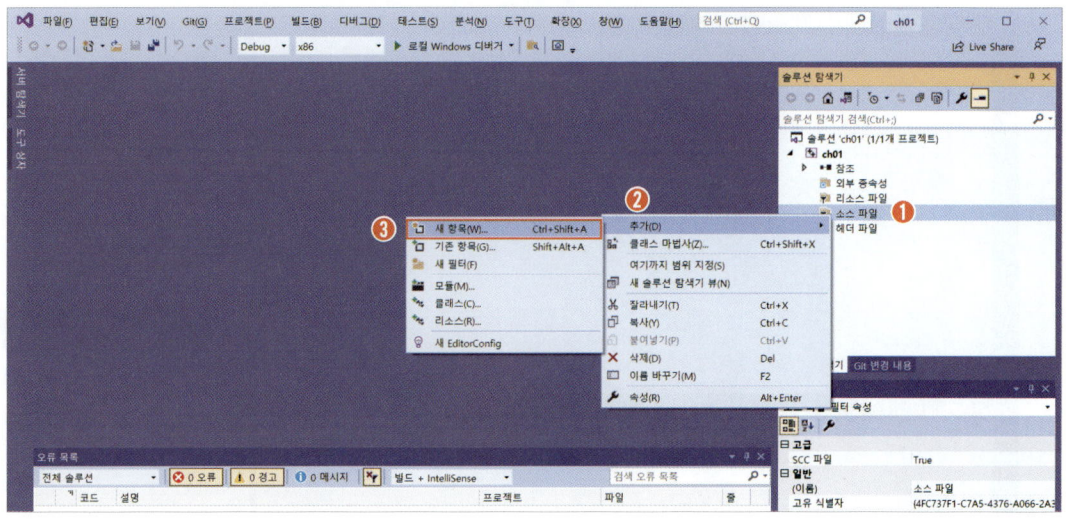

그림 1.9 소스 파일 추가

08. [새 항목 추가] 창이 나타나면 ❶ [C++ 파일(.cpp)]을 선택하고 이름을 ❷ ex01.cpp로 설정한 후, ❸ [추가] 버튼을 누릅니다.

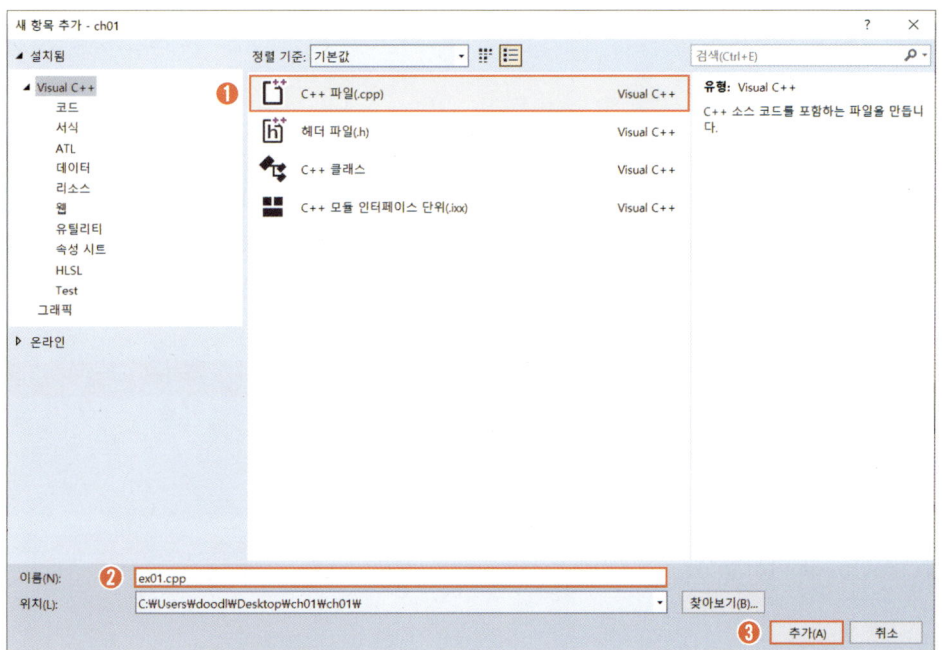

그림 1.10 소스 코드 종류와 이름 설정

01 _ 출력하기 **17**

09. 이렇게 코드를 입력할 수 있는 공간이 나타나면 본격적으로 첫 프로그램을 만들 준비가 끝난 것입니다.

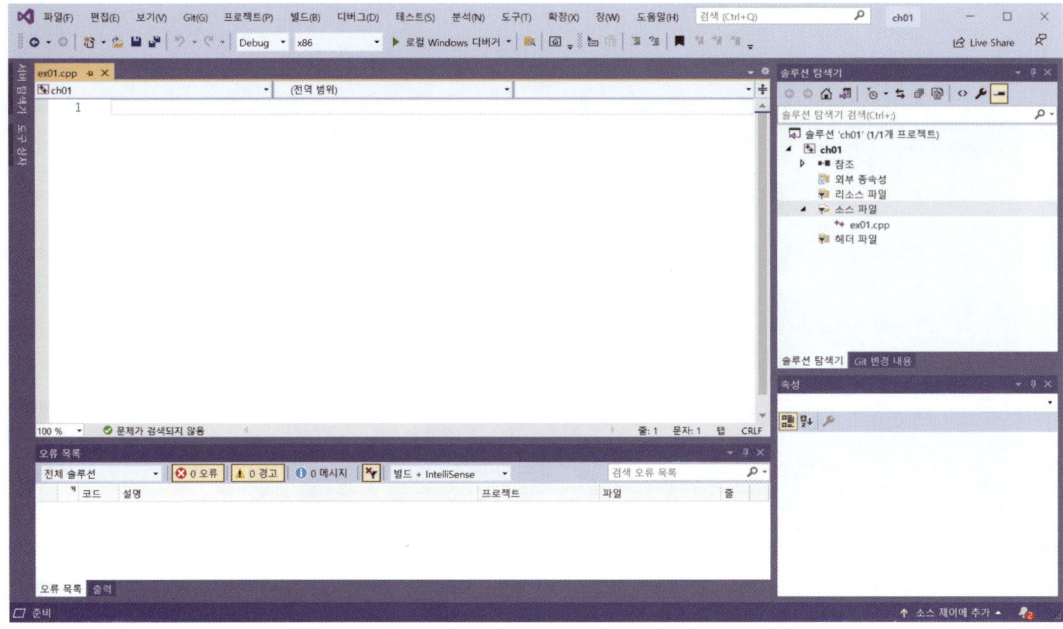

그림 1.11 소스 파일을 만든 후의 화면

앞으로 나올 예제에서도 항상 프로젝트를 만들어야 하는 것은 아니므로 프로젝트를 만드는 방법이 복잡하다고 해서 걱정하지는 말기 바랍니다.

1.1.2 첫 프로그램 만들기

그럼 바로 첫 번째 예제 코드를 작성해 봅시다. 아래의 코드를 토씨 하나 틀리지 않고 방금 만든 ex01.cpp 파일에 키보드로 입력하면 됩니다. 무슨 뜻인지도 모르겠는데 작성해 보라니 당황스러우신가요? 우선은 코드를 작성하고 프로그램을 실행해본 다음, 단어별로 무슨 뜻인지 알아보겠습니다.

예제 1.1 Hello, world! 프로그램

```c
#include <stdio.h>

int main()
{
    printf("Hello, world!\n");
}
```

1번째 줄의 `stdio.h`는 오타가 아닙니다. `studio`가 아니고 `stdio`가 맞습니다. Visual Studio로 작업하기 때문에 `studio`라고 생각하는 분들이 꽤 많은데, `stdio`입니다. `stdio`가 무슨 뜻인지는 바로 뒤에 설명합니다.

5번째 줄에서 '\' 기호를 '/'로 잘못 입력하거나 이 기호를 어떻게 입력하냐는 분들도 많습니다. 이 기호는 '백슬래시' 또는 '역슬래시'라고 하는 기호인데, 보통 키보드에서 백스페이스 키 왼쪽 또는 아래쪽에 있습니다. 그래도 못 찾겠다고요? 한국어 키보드에는 이 키가 ₩으로 표시되어 있습니다. ₩을 누르면 \가 입력될 것입니다.

> **Tip ― 백슬래시 입력이 안 돼요!**
>
> ₩ 키 혹은 \ 키를 눌렀는데도, \가 아니라 ₩이 입력된다고 해서 걱정할 필요는 없습니다. 이 둘은 원래 같은 글자인데, 글씨체에 따라 ₩으로 표시되기도 하고 \으로 표시되기도 합니다. 그러므로 ₩을 입력했다고 해서 오류가 생기지는 않습니다. ₩ 대신 \가 표시되게 하고 싶으면 폰트만 바꾸면 됩니다.

코드를 다 작성하고 나면 다음과 같은 상태가 될 것입니다.

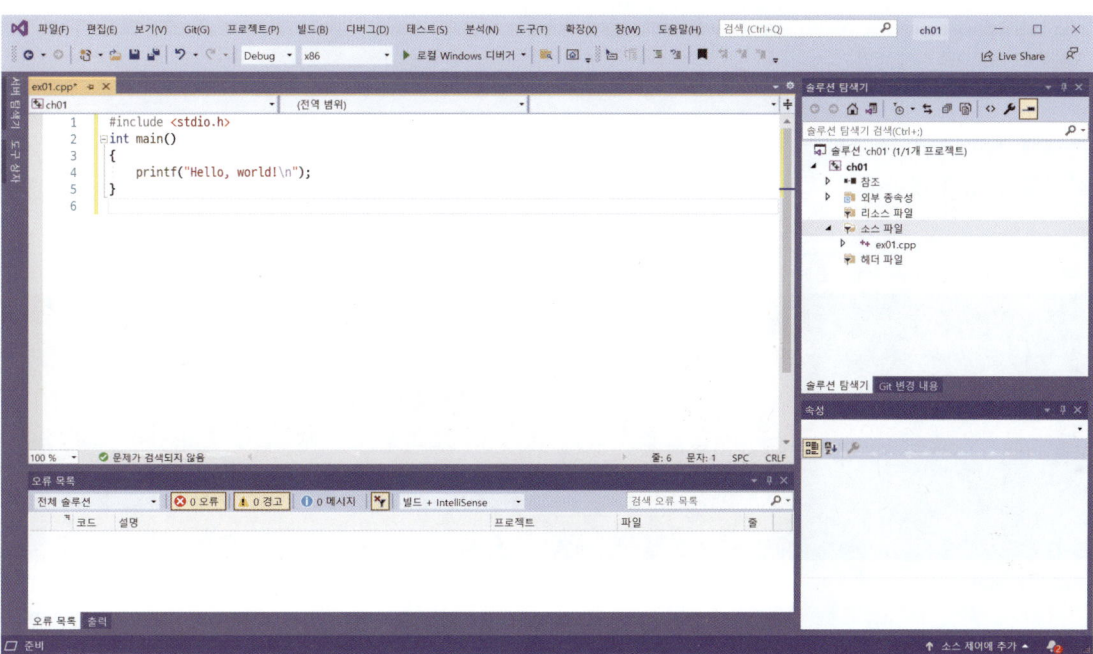

그림 1.12 코드를 모두 작성한 후의 상태

이제 작성한 코드를 실행해 볼까요? 상단 메뉴바에서 ❶ [디버그] → [디버그하지 않고 시작]을 누릅니다. 단축키는 Ctrl + F5입니다.

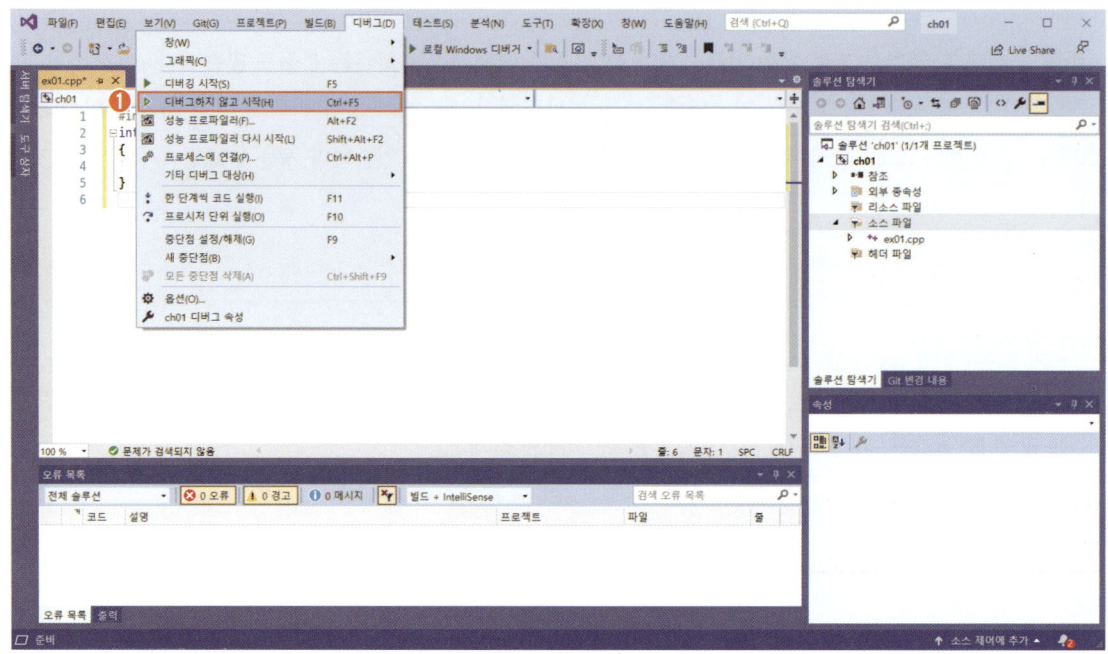

그림 1.13 프로그램 실행 방법

코드에 오류가 생기지 않았다면 검은색 창이 나타나고 거기에 "Hello, world!"라는 문구가 출력되는 것을 확인할 수 있을 것입니다.

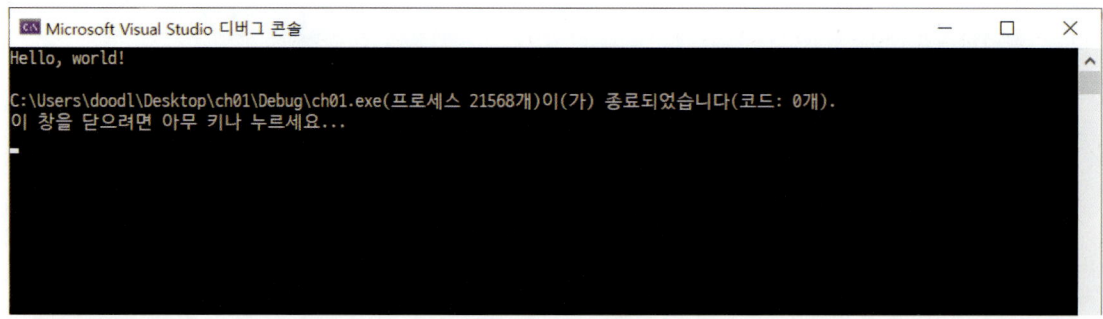

그림 1.14 결과 화면

오류가 생겼다면 코드를 잘못 입력했을 가능성이 큽니다. 코드에 문제가 있으면 한글이나 워드처럼 문제가 있는 부분에 빨간 밑줄이 그어집니다. 빨간 밑줄을 확인하고 어디가 틀렸는지 확인해보세요.

1.2 Hello, world! 해석하기

그럼 이제 방금 작성한 예제 코드를 해체해 각 부분이 무슨 뜻인지 알아보겠습니다. 지금 단계에서는 "아, 이 부분이 대충 이런 의미구나."라는 느낌을 아는 것이 목적이기 때문에 엄밀히 설명하지는 않겠습니다. 둘째 줄부터 보겠습니다.

```
int main()
```

이 부분은 "main"이라는 이름의 '함수'를 '정의'하는 부분입니다. C언어에서 함수는 쉽게 말하면 여러 명령의 묶음입니다. 수학에서와 마찬가지로 함수는 항상 함수의 이름과 소괄호가 있습니다.

여기서 "main"이라는 이름을 가진 함수는 프로그램의 시작과 끝을 알려주는 특별한 함수입니다. 즉, 프로그램이 시작되면 main 함수가 실행되고, main 함수가 종료되면 프로그램이 끝납니다. 따라서 C언어로 만든 프로그램이라면 반드시 이렇게 "main"이라는 이름을 가진 함수가 있어야 합니다.

마지막으로 앞에 왜 int라는 단어가 붙었는지는 함수 단원에서 설명하겠습니다. 지금은 그냥 main 함수를 정의하기 위해서 필요하다는 것만 알고 넘어갑시다.

```
{
    printf("Hello, world!\n");
}
```

이 중괄호 속의 부분이 바로 main 함수의 '정의'입니다. 앞서 함수는 명령들의 묶음이라고 했습니다. 함수를 '정의'한다는 것은 "이 함수가 실행되면 이런 명령들을 실행해라."라고 이 명령들의 묶음을 설명하는 것입니다. 그러니까 main 함수를 구현한다는 것은 "내가 지금 만들려는 main 함수의 내용물은 저 중괄호 속의 내용과 같다."라는 의미입니다. 이 예제 프로그램에는 main 함수에 명령이 하나만 들어 있습니다. 즉, 이 프로그램이 실행되면 중괄호 안에 들어 있는 printf("Hello, world!\n");라는 명령 하나가 실행되고 프로그램이 곧바로 끝나게 됩니다.

```
printf("Hello, world!\n");
```

그럼 이 프로그램의 유일한 명령인 이 줄을 해석해볼까요? 이 printf의 기능은 소괄호 속의 내용물을 콘솔 창(검은색 창)에 출력하는 것입니다. printf도 main과 마찬가지로 소괄호를 가지고 있는 것을 보아 함수라는 걸 알 수 있습니다. 그런데 main에서와는 달리 이 구문은 함수를 정의하는 것이 아니라 "printf라는 함수를 실행시켜라."라는 구문입니다. 이를 가리켜 printf 함수를 '호출'했다고 합니다.

소괄호 속에는 "Hello, world!"라는 문구와 \n(백슬래시 엔)이 큰따옴표로 둘러싸여 있습니다. \n은 같은 큰따옴표 안에 들어 있는데도 불구하고 실제로 출력되지는 않습니다. \n은 줄 바꿈(엔터)을 하라는 특별한 뜻이 담겨있는 문자입니다. 줄 바꿈을 맨 마지막에 했기 때문에 티가 안 날 수도 있지만, "Hello,\nworld!" 처럼 문장 중간으로 \n의 위치를 옮겨보면 어떤 식으로 작동하는지 금방 알 수 있을 것입니다.

마지막 글자는 우리나라에서는 "땀 표시"로 더 잘 알려진 세미콜론(;)입니다. 글을 쓸 때 문장의 끝에 마침표를 붙이듯이 C언어에서는 한 명령의 끝에 세미콜론을 붙여줍니다.

그런데 원래는 printf라고 하면 컴퓨터는 이 함수가 무슨 뜻인지를 알 방법이 없습니다. printf 함수를 실행하기 위해서는 이 함수가 실제로 어떤 뜻인지 알려주는 부분이 있어야 합니다. 그 부분이 바로 첫째 줄입니다.

```
#include <stdio.h>
```

이 줄은 말 그대로 "stdio.h라는 라이브러리를 include해라."라는 뜻입니다. include는 우리말로 "포함하다"라는 뜻을 갖고 있습니다. 즉, 이 줄을 작성하면 stdio.h라는 '라이브러리'를 프로그램에 포함시키게 됩니다. 이 라이브러리는 printf가 무슨 뜻인지를 알려주는 사전과 같은 역할을 합니다. 따라서 이 라이브러리를 include하지 않으면 printf가 무슨 뜻인지 알 수가 없습니다. stdio는 "Standard input and output"의 약자입니다. 우리말로 하면 "표준 입출력"이라는 뜻이고, stdio.h는 표준 입출력을 담당하는 라이브러리입니다. .h는 이 파일의 확장자입니다. stdio.h는 실제로 파일이고, 이 파일 안에 printf를 비롯한 여러 입출력 관련 함수들의 정의가 들어 있습니다.

5줄짜리 코드인데도 설명이 다소 길었죠? 이제 시작입니다. 하지만 이 예제를 이해했다면 C언어의 기본 구조와 문법은 대부분 맛본 셈이나 마찬가지입니다. 처음이니까 문제를 몇 개만 풀어볼까요?

 문제 1.1

본인의 이름을 넣어 다음과 같이 출력되는 프로그램을 만들어 보세요.

```
My name is Doodle
```

／ 문제 1.1 ／ 해답 ／

```
#include <stdio.h>

int main()
```

```
{
    printf("My name is Doodle\n");
}
```

문제 1.2

printf를 하나만 써서 다음과 같이 출력되는 프로그램을 만들어 보세요.

```
동해물과  백두산이
마르고
닳도록
```

문제 1.2 해답

```
#include <stdio.h>

int main()
{
    printf("동해물과  백두산이\n마르고\n닳도록\n");
}
```

1.3 printf로 다양한 데이터 출력하기

printf 함수를 사용하면 여러 가지 데이터를 다양한 형태로 출력할 수 있습니다. 이번 절에서는 그중 대표적인 몇 가지만 알아보겠습니다.

https://youtu.be/q4Ksq3REVWs

1.3.1 소스 파일 추가하기

이번 절에서는 새로운 예제를 작성해볼 것입니다. 새로운 예제가 나올 때마다 새로운 소스 파일도 함께 만들어줄 것입니다. 오른쪽 솔루션 탐색기에서 [소스 파일]을 마우스 오른쪽 버튼으로 클릭한 후 [추가] → [새 항목]을 클릭합니다. 이번에는 이름을 ex02.cpp로 입력하고 [추가]를 누르겠습니다. 한 번 해봤던 것이므로 사진은 생략하겠지만, 여기까지 어려움이 있다면 1.1.1절로 돌아가서 소스 파일을 추가하는 방법을 참고하기 바랍니다.

소스 파일을 추가하고 나면 다음과 같이 두 개의 소스 파일이 같이 있는 상황이 될 텐데, 이 중에서 이전에 했던 예제의 소스 파일(ex01.cpp)은 더 이상 컴파일하지 않을 것이므로 빌드에서 제외해야 합니다. ❶ ex01.cpp을 마우스 오른쪽 버튼으로 클릭하고, ❷ [속성]을 선택합니다.

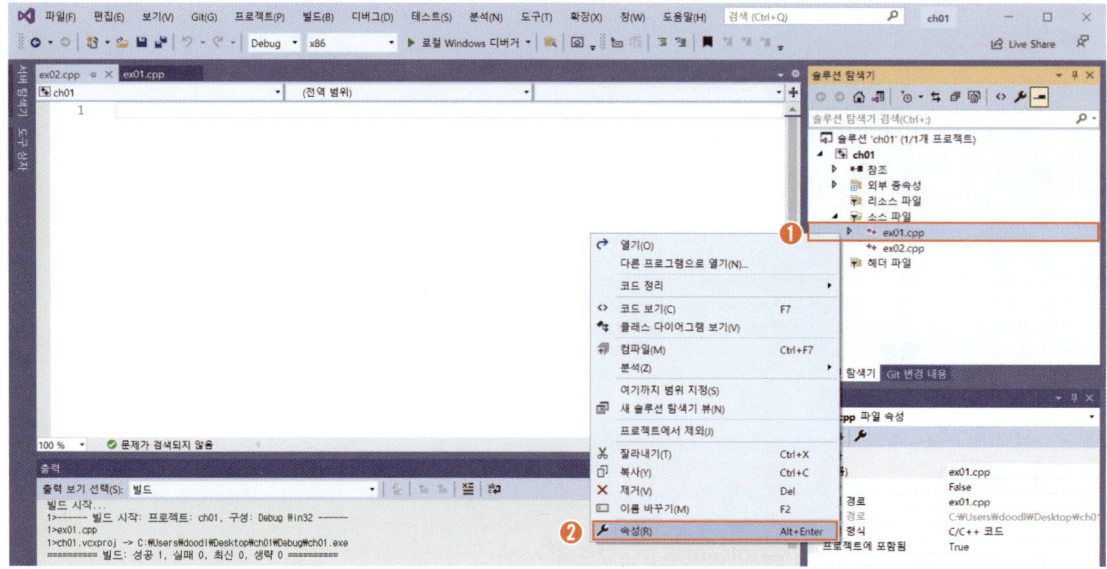

그림 1.15 소스 파일 속성 열기

창이 나타나면 ❶ [일반] 메뉴를 클릭한 후 [빌드에서 제외]를 ❷ [예]로 설정합니다.

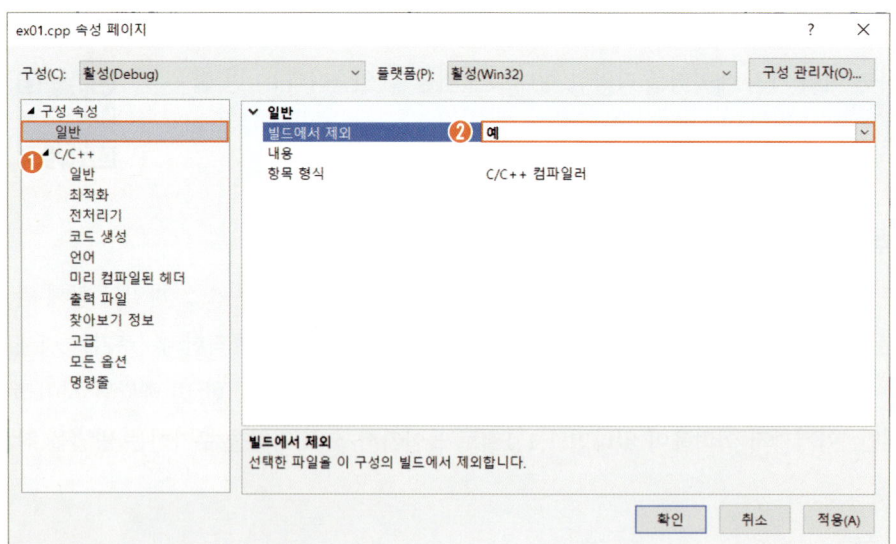

그림 1.16 소스 파일 빌드에서 제외하기

빌드에서 제외된 파일은 그림과 같이 아이콘 옆에 작은 빨간색 금지 표시가 나타납니다.

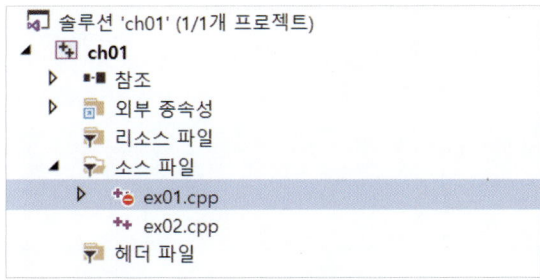

그림 1.17 소스 파일이 빌드에서 제외된 모습

앞으로도 이렇게 실행할 파일 한 개만 남기고 나머지 파일은 항상 빌드에서 제외시켜 놓기 바랍니다. 이제 다음 페이지에 나오는 예제 1.2의 코드를 ex02.cpp에 작성한 후 실행해보면 됩니다.

1.3.2 정수의 덧셈 결과 출력하기: 2 + 3 = 5

printf 함수를 사용해서 2+3=5라는 공식을 출력하는 것은 어렵지 않습니다.

```
printf("2 + 3 = 5\n");
```

이것 말고도 다음과 같은 방법이 있습니다. 쉼표, 따옴표, 괄호의 순서를 잘 봐야 합니다.

```
printf("%d + %d = %d\n", 2, 3, 5);
```

이렇게 작성하면 %d 자체가 출력되는 대신 쉼표로 구분된 2, 3, 5가 큰따옴표 안의 각 %d의 위치에 순서대로 들어갑니다.

```
printf("%d + %d = %d\n", 2, 3, 5);
```

그림 1.18 printf 함수의 각 %d에 2, 3, 5가 순서대로 들어간다.

이 숫자들은 단순히 숫자 하나의 기능만 하는 게 아니라 숫자끼리 연산도 할 수 있습니다. 연산에 대한 자세한 이야기는 나중에 하기로 하고, 지금은 더하기부터 알아보겠습니다. 다음 예제는 위 코드에서 5라는 **숫자**를 2+3이라는 **식**으로 바꾼 것입니다.

> **예제 1.2 %d를 사용한 정수의 출력**
> ```
> #include <stdio.h>
>
> int main()
> {
>     printf("%d + %d = %d\n", 2, 3, 2 + 3);
> }
> ```

```
실행 결과
2 + 3 = 5
```

이렇게 적으면 마지막 %d에 2 + 3 자체가 그대로 들어가는 것이 아니라 **실제로 2+3이 계산된 결과인 5가 출력**됩니다. 별로 어렵지 않죠?

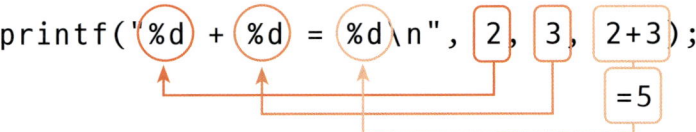

그림 1.19 printf 함수에 2+3이라는 식을 넣었을 때의 작동 방식

1.3.3 서식 지정자

방금 살펴본 `%d`와 같이 `printf`에서는 `%` 기호로 시작하는 여러 서식 지정자를 사용할 수 있습니다. 서식 지정자는 매우 다양하기 때문에 이번 절에서는 그중 많이 쓰는 몇 개만 알아보겠습니다. 다음 예제는 `main` 함수 내에서 `printf`를 여러 개 사용합니다. 이렇게 작성하면 `printf`가 앞에서부터 순서대로 실행됩니다. 또 새로운 예제가 나왔으니, ex03.cpp 파일을 만들고 ex02.cpp 파일은 빌드에서 제외합시다.

> **예제 1.3 서식 지정자를 사용한 다양한 데이터의 출력**
> ```
> #include <stdio.h>
>
> int main()
> {
>     // %d : 정수 출력
>     printf("%d + %d = %d\n", 2, 3, 5);
> ```

```c
    // %f : 실수 출력
    printf("%f\n", 3.14);
    printf("%.2f\n", 3.14159);

    // %c : 1글자 출력
    printf("%c %c %c\n", 'a', 'b', 'c');

    // %s : 문자열 출력
    printf("%s\n", "안녕하세요");
}
```

```
실행 결과
2 + 3 = 5
3.140000
3.14
a b c
안녕하세요
```

> **Tip** 　**주석 표시**
>
> 이 예제에 사용된 슬래시 두 개(//)는 주석 표시입니다. //와 같이 쓰면 그곳부터 그 줄 끝까지 초록색으로 표시되면서 컴퓨터가 초록색으로 표시된 부분을 무시하고 넘어갑니다. 그래서 주로 코드에 설명을 덧붙일 때나 코드를 잠깐 지우고 싶을 때 사용합니다.
>
> 여러 줄을 한꺼번에 주석 처리하거나 특정 부분부터 시작해 특정 부분까지 주석 처리하고 싶을 때는 /*와 */를 사용합니다. 이 두 표시로 감싸인 부분은 모두 주석 처리됩니다. 예를 들어 아래에 굵게 표시된 부분은 모두 주석입니다.
>
> ```
> printf(/* 이 부분은 주석입니다. */"Hello");
> /* 여기에 있는
> 세 줄도
> 모두 주석입니다. */
> ```

%d는 정수를 출력할 때 사용합니다. 정수란 0, 1, 2, 3, -1, -2, -3, ⋯ 같이 소수점 아래가 없는 수를 말합니다. 실제로 **%d**를 사용해 소수점 아래가 있는 수를 출력하려 하면 에러는 나지 않지만 이상한 값이 출력됩니다.

%f는 실수를 출력할 때 사용합니다. 실수는 3.14처럼 소수점 아래가 있는 수를 의미합니다. 물론 정수도 실수에 포함됩니다. 기본적으로 **%f**는 소수점 6째 자리까지 반올림해 출력합니다. 소수점 6째 자리까지 입력하지 않았다 하더라도 강제로 0이 뒤에 출력됩니다. 만약 반올림할 자리를 직접 지정하고 싶으면 **%.2f**와 같이 자릿수를 점 뒤에 쓰면 됩니다.

%c는 문자 한 글자를 출력할 때 사용합니다. 여기서 문자 한 글자란 숫자(1, 2, 3), 영어 대소문자(A, a, B, b), 그리고 키보드로 입력할 수 있는 몇몇 기호들(., ?, !, +, &, : 등)을 말합니다. 안타깝게도 한글은 **%c**로 출력할 수 없습니다. 컴퓨터가 처음에 미국에서 개발됐으니 당연한 일이기도 하지요. 아무튼 문자는 반드시 작은따옴표 안에 넣어야 합니다. 예를 들어, 문자 a를 표현하고 싶으면 'a'라고 적어야 합니다.

%s는 문자열을 출력할 때 사용합니다. 문자열은 말 그대로 문자들을 여러 개 늘어놓은 배열입니다. 문자가 하나만 있어도 문자열이 될 수 있고, 빈 문자열도 문자열입니다. 중요한 것은 문자열은 항상 큰따옴표 안에 넣어야 한다는 점입니다. Hello, world! 예제에서도 "Hello, world!"를 큰따옴표 안에 넣었습니다. 이것도 "Hello, world!"가 문자열임을 알려주기 위한 표시입니다.

02

변수와 연산자

프로그램을 실행하다 보면 정보를 저장하고 여러 값을 더하고 빼는 등의 연산을 해야 하는 경우가 많습니다. 이런 작업을 가능하게 해주는 것이 바로 이번 장에서 알아볼 변수와 연산자입니다.

또 2장이 시작되었으니 프로젝트를 새로 만들어 보겠습니다. 프로젝트 이름은 ch02로 하겠습니다. 프로젝트를 만드는 방법은 1.1.1절에 나와있습니다.

앞으로 특별한 언급이 없더라도 이렇게 장이 바뀔 때마다 프로젝트를 새로 만들어줍시다.

2.1 변수 사용하기

컴퓨터 본체에는 램(RAM, Random Access Memory; 또는 그냥 '메모리'라고도 함)이라는 부품이 있습니다. 이 부품의 역할은 운영체제나 프로그램이 실행되는 동안 여러 가지 정보를 저장해놓는 것입니다. C언어에서는 변수를 통해 메모리에 접근해서 정보를 저장하거나 가져올 수 있습니다.

컴퓨터에서 '변수'(variable)는 어떤 값을 담는 공간을 의미합니다. 이 공간은 메모리의 어딘가에 알아서 할당됩니다. 컴퓨터는 0과 1로 이뤄져 있기 때문에 변수에 담겨있는 값도 결국에는 0과 1로 표현됩니다. 그럼 이제 변수를 사용하는 방법을 알아보겠습니다.

2.1.1 변수의 선언과 대입

변수에는 여러 형태의 값을 담을 수 있는데, 지금은 정수를 저장해 보겠습니다.

```
int a;
```

이렇게 작성하면 a라는 이름의 변수가 만들어집니다. `int`는 이 변수가 정수(integer)를 저장하는 변수라는 뜻입니다. 그럼 이 줄은 "정수(int)를 저장하는 변수를 만들고 그 이름을 a라고 하겠다."라는 의미가 되겠네요. 이를 가리켜 변수를 '선언'했다고 말합니다.

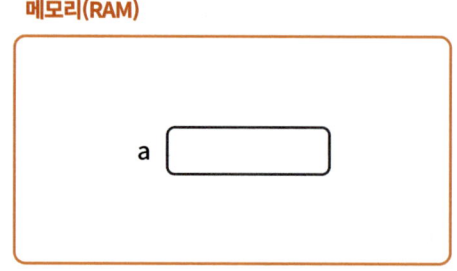

그림 2.1 메모리 상에 a 변수가 할당된 모습

a라는 변수를 한번 만들어 놓으면, 이제 컴퓨터가 a라는 말을 볼 때마다 "아, 이건 정수를 저장하는 변수지."라고 인식하게 됩니다. 여기에 3이라는 숫자를 집어넣고 싶으면 다음과 같이 등호(=) 연산자를 사용하면 됩니다.

```
a = 3;
```

C언어에서 **등호(=)는 절대 "같다"의 의미가 아닙니다.** a 변수에 3을 집어넣겠다는 의미입니다. 이 작업을 변수에 3을 '대입'했다고 말합니다.

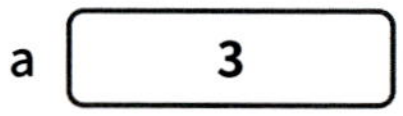

a [3]

그림 2.2 a 변수에 3이 들어간 모습

이제 다음 예제를 봅시다. 참고로 중괄호는 `int main()`과 같은 줄에 적어도 상관없습니다.

예제 2.1 변수의 선언과 대입

```c
#include <stdio.h>

int main() {
    int a;      // 선언
    a = 3;      // 대입
    printf("%d\n", a);
}
```

실행 결과
```
3
```

printf에서 %d를 사용해 a의 값을 출력할 수 있습니다. %d에는 a에 들어 있는 값인 3이 들어갑니다. 만약 a 변수에 들어있는 값이 아닌 a라는 문자 자체를 출력하고 싶으면 다음과 같이 해야 합니다.

```
printf("%c\n", 'a');
```

변수는 말 그대로 변하는 수이기 때문에 몇 가지 예외를 제외하면 변수에 들어 있는 값은 언제든지 바꿀 수 있습니다. 다음 예제를 봅시다.

예제 2.2 변수에 들어 있는 값 바꾸기

```
#include <stdio.h>

int main() {
    int a;
    a = 3;
    printf("%d\n", a);    // 3 출력
    a = 5;                // a에 들어 있는 값을 5로 바꾼다.
    printf("%d\n", a);    // 5 출력
}
```

실행 결과

```
3
5
```

먼저 a = 3;을 통해 a에 3이 들어갔습니다. 3을 대입한 직후에 printf를 통해 a를 출력하면 당연히 3이 출력되겠죠? 그 후 a = 5; 구문을 통해 a에 5를 대입하면 원래 들어 있던 3은 날아가고 새로운 값인 5가 a에 저장됩니다. 그다음 printf를 통해 다시 a의 값을 출력하면 이번에는 5가 출력됩니다.

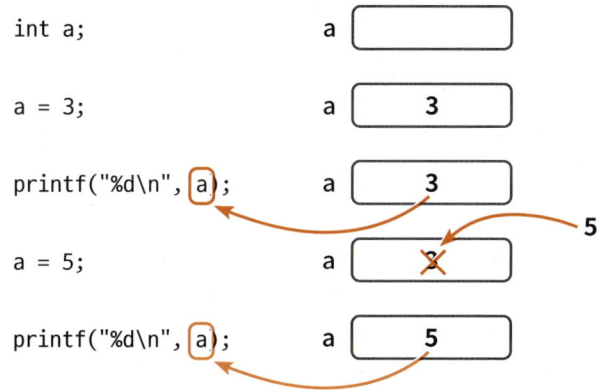

그림 2.3 a=3 실행 시와 a=5 실행 시

2.1.2 변수의 초기화

다음과 같이 변수 a를 선언하는 동시에 3을 대입할 수도 있습니다.

```
int a = 3;
```

이런 과정을 '초기화'라고 부릅니다. C++에서는 좀 다르지만 지금은 초기화가 선언과 대입을 동시에 하는 것이라는 정도만 알고 넘어가면 됩니다.

다음 예제에서는 변수 2개를 만들어 초기화합니다. 실행하기 전에 출력 결과를 예측해보기 바랍니다.

예제 2.3 변수의 초기화와 연산
```c
#include <stdio.h>

int main() {
    int a = 2;   // a를 2로 초기화
    int b = 3;   // b를 3으로 초기화

    printf("%d + %d = %d\n", a, b, a + b);
}
```

실행 결과
```
2 + 3 = 5
```

a의 값은 2이고 b의 값은 3이므로 두 값이 더해진 결과인 5가 마지막 %d에 들어갑니다. 어렵지 않죠?

a + b의 값을 직접 출력할 수도 있지만 다음과 같이 다른 새로운 변수에 담아서 출력하는 방법도 있습니다.

예제 2.4 새로운 변수 sum을 사용한 두 변수의 합 출력
```c
#include <stdio.h>

int main() {
    int a = 2;   // a를 2로 초기화
    int b = 3;   // b를 3으로 초기화
    int sum = a + b;

    printf("%d + %d = %d\n", a, b, sum);
}
```

```
실행 결과
2 + 3 = 5
```

다음 부분을 그림으로 나타내면 그림 2.4와 같습니다.

```
int sum = a + b;
```

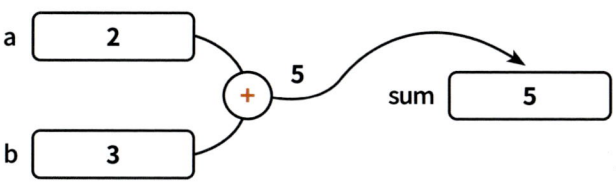

그림 2.4 a+b가 계산되어 sum에 들어가는 과정

연습 삼아 위 예제를 뺄셈으로도 한번 바꿔보기 바랍니다. 답은 공개하지 않겠습니다. 지금까지의 내용을 이해했다면 직관적으로 할 수 있으리라 믿습니다.

2.1.3 변수의 이름

변수의 이름은 원칙적으로 영어 대소문자, 숫자, 그리고 언더스코어(_)의 조합만 가능합니다. 또 이름의 맨 첫 글자는 숫자일 수 없습니다. 마지막으로 Visual Studio에서 파란색으로 표시되는 예약어(int, if, for 등)도 특수한 목적으로 "예약된" 단어이므로 변수의 이름으로 사용할 수 없습니다.

표 2.1 변수 이름으로 사용 가능한 것과 그렇지 않은 것의 예

사용 가능한 이름의 예	사용 가능하지 않은 이름의 예
int a;	int my.name;
int my_name;	int myName!;
int myName123;	int int; (int는 예약어)
int _123abc;	int 123myName;

또, 당연한 말일 수도 있겠지만 같은 이름의 변수를 두 개 만들 수는 없습니다. 이름이 같은 변수가 있다면 둘을 구별할 수 없어지겠죠?

```
int a = 2;
int a = 3;   // 에러! 같은 이름의 변수를 이미 위에서 선언했다.
```

2.2 자료형

컴퓨터에 저장할 수 있는 데이터의 종류는 무수히 많습니다. 숫자를 저장할 수도 있고, 텍스트를 저장할 수도 있고, 사진, 오디오, 동영상 모두 저장할 수 있습니다. 이 가운데 C언어에서 변수에 담을 수 있는 자료의 형태는 정수, 실수, 문자 등이 있습니다. 이러한 자료의 형태 혹은 종류를 '자료형'(data type), 또는 '타입'이라고 부릅니다.

컴퓨터는 모든 데이터를 0과 1로 저장합니다. 따라서 데이터를 저장하려면 데이터를 어떻게 0과 1로 표현할 수 있을지에 대한 규칙이 약속되어 있어야 합니다. 이 책에서 이 규칙의 세부적인 내용까지는 다루지 않지만, 중요한 것은 **정수도 0과 1로 표현되고, 실수도 0과 1로 표현되고, 문자도 0과 1로 표현된다**는 것입니다. 그러면 이렇게 모두 똑같이 0과 1로 이뤄진 데이터가 정수를 나타낸 것인지, 실수를 나타낸 것인지, 문자를 나타낸 것인지를 어떻게 컴퓨터가 판별할 수 있을까요? 그 역할을 하는 것이 바로 자료형입니다. 자료형은 주어진 0과 1을 어떻게 해석해야 할지 알려줍니다.

변수는 자료형에 따라 크기가 다를 수 있고, 해석되는 방식도 다릅니다. 예를 들면, int는 크기가 32비트지만 char라는 자료형은 크기가 8비트입니다. (비트가 무엇인지에 대해서는 조금 뒤에서 알아봅니다.) 또 똑같은 01000000 01001001 00001111 11011011이라는 값이라 하더라도 int로 해석했을 때는 1,078,530,011이라는 값을, float로 해석했을 때는 약 3.1415927의 값이 됩니다.

2.2.1 int와 float

앞에서 본 int는 정수를 저장하는 대표적인 자료형입니다. int에는 정수만 담을 수 있습니다. int를 사용해 기본 사칙연산을 해보겠습니다. 곱셈에 해당하는 연산자는 *, 나눗셈의 몫에 해당하는 연산자는 /, 나눗셈의 나머지에 해당하는 연산자는 %입니다.

https://youtu.be/gmm0b4v7rX4

예제 2.5 int 자료형을 사용한 사칙연산
```
#include <stdio.h>

int main() {
    int a = 5;
```

```
    int b = 3;
    int add = a + b;  // 덧셈
    int sub = a - b;  // 뺄셈
    int mul = a * b;  // 곱셈
    int div = a / b;  // 몫
    int mod = a % b;  // 나머지

    printf("%d + %d = %d\n", a, b, add);
    printf("%d - %d = %d\n", a, b, sub);
    printf("%d * %d = %d\n", a, b, mul);
    printf("%d / %d = %d\n", a, b, div);
    printf("%d %% %d = %d\n", a, b, mod);
}
```

printf에서는 %d, %f 같이 %로 시작하는 기호가 특별한 의미를 지니기 때문에 % 기호 자체를 출력하고 싶으면 %%를 입력해야 합니다.

```
실행 결과
5 + 3 = 8
5 - 3 = 2
5 * 3 = 15
5 / 3 = 1
5 % 3 = 2
```

출력 결과의 마지막 두 줄에서 볼 수 있듯이 int 자료형을 사용해서 나누기 연산을 하면 몫과 나머지가 따로 처리됩니다. 초등학교 때로 돌아가 볼까요? 5 나누기 3의 몫은 1이고 나머지는 2입니다. 따라서 나누기 연산인 /의 결과로 1이 출력되고, 나머지 연산인 %의 결과로 2가 출력된 것을 확인할 수 있습니다. 따라서 int를 사용한 사칙연산의 결과들 또한 모두 int입니다.

다음으로 실수를 저장하는 float 자료형에 대해 알아보겠습니다. 변수를 선언할 때 int 대신 float라는 단어를 쓰면 됩니다.

예제 2.6 float 자료형을 사용한 사칙연산

```c
#include <stdio.h>

int main() {
    float a = 9.8;
    float b = 3.14;
    float add = a + b;
    float sub = a - b;
    float mul = a * b;
    float div = a / b;

    printf("%f + %f = %f\n", a, b, add);
    printf("%f - %f = %f\n", a, b, sub);
    printf("%f * %f = %f\n", a, b, mul);
    printf("%f / %f = %f\n", a, b, div);
}
```

```
실행 결과
9.800000 + 3.140000 = 12.940001
9.800000 - 3.140000 = 6.660000
9.800000 * 3.140000 = 30.772001
9.800000 / 3.140000 = 3.121019
```

실수 연산을 할 때는 정수와는 달리 실제 나눗셈 결과가 실수로 표현되는 것을 볼 수 있습니다. 그보다 눈에 띄는 것은 실제 계산 값과 0.000001 정도의 오차가 나는 것입니다. 이것을 '부동 소수점 오차'(floating point error)라고 합니다. 컴퓨터가 소수를 처리하는 방식상 불가피하게 이러한 오차가 발생합니다. 오차를 완전히 없앨 수는 없지만, 오차를 줄이기 위해 정밀도가 두 배인 **double** 자료형을 쓰기도 합니다.

2.2.2 비트와 바이트

0과 1을 사용해서 만들 수 있는 서로 다른 한 자리 수는 0, 1로 총 두 가지입니다. 두 자리 수의 개수는 00, 01, 10, 11로 총 4가지이고, 세 자리 수의 개수는 000, 001, 010, 011, 100, 101, 110, 111로 총 8가지입니다. 일반적으로 0과 1로 이뤄진 서로 다른 n자리 수는 2^n개입니다. 즉, 0과 1을 담을 수 있는 공간이 n개가 있으면 2^n가지의 숫자를 표현

-Hu90LAStYE

할 수 있습니다. 이렇게 0과 1을 담을 수 있는 자리를 '비트'(bit)라고 부릅니다. 예를 들어, 0110은 4비트, 00110101은 8비트 숫자가 됩니다.

비트 하나는 너무 작기 때문에 컴퓨터에서는 비트를 8개씩 묶어서 '바이트'(bite가 아니라 byte입니다)라는 단위로 나타냅니다. 즉 8비트는 1바이트와 같습니다.

예를 들어 볼까요? int는 4바이트짜리 자료형입니다. 4바이트는 4×8=32비트이므로 int 변수 하나에는 0, 1을 담을 수 있는 자리가 총 32개 있는 것입니다. int는 2^{32}가지의 정수를 표현할 수 있습니다.

2.2.3 이진법과 정수 자료형

이번에 소개할 내용을 읽다 보면 머리가 좀 아플 수 있습니다. C언어의 기초적인 문법을 이해하는 데 필수적이지는 않지만, 뒤의 자료형과 비트 연산이라는 주제에 대해 깊이 있게 이해하기 위해서는 필요하므로 이 부분을 읽을지 말지는 선택에 맡기겠습니다.

우선은 이진법에 대해 알아봅시다. 우리가 일상적으로 사용하는 진법은 십진법입니다. 십진법에서는 0부터 9까지의 숫자를 사용합니다. 10진법에서 3762라고 쓰면, 3762가 실제로 의미하는 숫자는 3×1000 + 7×100 + 6×10 + 2×1입니다. 즉 가장 마지막 자리이자 가장 작은 자리인 1의 자리부터 시작해 왼쪽으로 10의 자리, 100의 자리 등과 같이 자리의 값이 10배씩 커집니다. 이진법은 0과 1만을 쓰며, 1의 자리, 2의 자리, 4의 자리, …와 같이 한 자리가 증가할 때마다 2배가 됩니다. 따라서 1101이라는 이진수는 십진법으로 나타내면 1×8 + 1×4 + 0×2 + 1×1 = 13이라는 값이 됩니다.

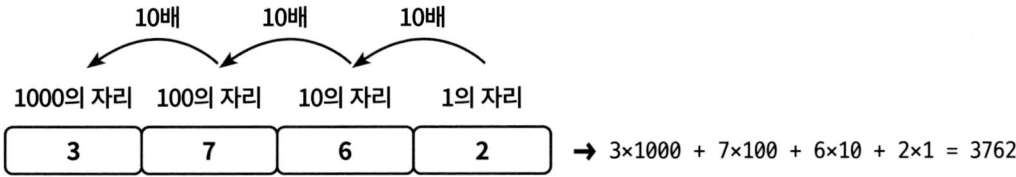

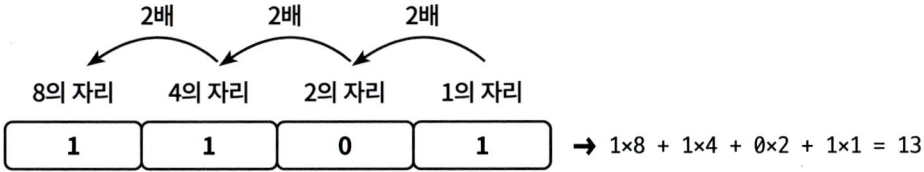

그림 2.5 십진법과 이진법의 비교

이진법의 개념을 대략 이해했다면 컴퓨터에서 정수를 어떻게 저장하는지 잠깐 살펴보겠습니다. 우선 아래 표처럼 모든 4자리 이진수를 쭉 나열하고, 십진법으로 나타내 보겠습니다.

표 2.2 8비트 이진수에 해당하는 십진수(부호 없음)

이진법	십진법	이진법	십진법
0000	0	1000	8
0001	1	1001	9
0010	2	1010	10
0011	3	1011	11
0100	4	1100	12
0101	5	1101	13
0110	6	1110	14
0111	7	1111	15

4비트를 사용하면 이렇게 0부터 15까지 총 16가지 정수를 표현할 수 있습니다. (비트가 총 4개이므로 2^4=16가지가 됩니다.) 그런데 이런 방식으로는 음수를 저장할 수가 없습니다. 그래서 보통은 맨 앞 비트는 부호 비트라 해서 숫자의 부호를 저장하는 데 씁니다. 부호 비트가 0일 때는 양수(혹은 0)를, 1일 때는 음수를 뜻합니다. 맨 앞 비트가 0인 **0000**부터 **0111**까지는 그대로 0부터 7을 의미하고, 맨 앞 비트가 1인 **1000**부터 **1111**까지는 앞에서 설명한 대로라면 8부터 15에 해당하지만, 이제 각각 16만큼을 빼서 −8부터 −1까지의 정수를 저장하는 데 쓸 것입니다. 이렇게 하면 음수도 표현할 수 있습니다.

표 2.3 8비트 이진수에 해당하는 십진수(부호 있음)

이진법	십진법	이진법	십진법
0000	0	1000	−8
0001	1	1001	−7
0010	2	1010	−6
0011	3	1011	−5
0100	4	1100	−4
0101	5	1101	−3
0110	6	1110	−2
0111	7	1111	−1

이렇게 표 2.2, 표 2.3과 같이 맨 앞의 비트를 부호 비트로 사용하느냐, 사용하지 않느냐에 따라 "부호 있는 정수"와 "부호 없는 정수"로 나뉩니다.

8비트인 char 자료형과 32비트인 int 자료형도 자릿수만 더 늘어날 뿐 기본적인 원리는 같습니다.

2.2.4 여러 가지 자료형

C언어에서 정수는 다음과 같은 자료형이 있습니다. 모두 외울 필요는 없고, char가 1바이트, int가 4바이트라는 정도만 알면 됩니다.

표 2.4 정수형

이름	크기(바이트)	크기(비트)	표현 가능한 숫자의 가짓수	표현 가능한 숫자 범위
char	1	8	2^8=256	-128 ~ 127
short	2	16	2^{16}=65,536	-32,768 ~ 32,767
long	4	32	2^{32}=4,294,967,296	-2,147,483,648 ~ 2,147,483,647
int	4	32	2^{32}=4,294,967,296	-2,147,483,648 ~ 2,147,483,647
long long	8	64	2^{64}=약 1.84×10^{19}	약 -9.22×10^{18} ~ 9.22×10^{18}

음수를 저장하고 싶지 않으면 각 이름 앞에 unsigned라는 단어를 붙이면 됩니다. 그러면 표현할 수 있는 최대 수가 2배로 늘어납니다. 이런 자료형을 부호 없는(unsigned) 정수 자료형이라고 부릅니다. 부호 없는 정수는 부호 있는 정수에 비해 잘 쓰지는 않습니다.

표 2.5 부호 없는 정수형

이름	크기(바이트)	크기(비트)	표현 가능한 숫자의 가짓수	표현 가능한 숫자 범위
unsigned char	1	8	2^8=256	0 ~ 255
unsigned short	2	16	2^{16}=65,536	0 ~ 65,535
unsigned long	4	32	2^{32}=4,294,967,296	0 ~ 4,294,967,295
unsigned int	4	32	2^{32}=4,294,967,296	0 ~ 4,294,967,295
unsigned long long	8	64	2^{64}=약 1.84×10^{19}	0 ~ 약 1.84×10^{19}

> **주의**
>
> **정수형의 크기**
>
> 사실 앞에 표기한 정수 자료형의 크기와 범위는 시스템에 따라 달라질 수 있습니다. 하지만 현시점에 사용되는 일반적인 컴퓨터라면 그냥 위와 같다고 생각해도 무방할 만큼 지금은 앞에서 명시한 크기가 널리 쓰이고 있습니다.

실수는 부동 소수점이라는 방식을 사용해 저장됩니다. 부동 소수점도 여러 방식으로 표현할 수 있지만 보통 IEEE(전기전자기술자협회)에서 정한 규칙을 따릅니다. 부동 소수점을 사용하면 아주 작은 소수부터 정수형보다 훨씬 더 큰 수까지도 저장할 수 있지만, 유효 자릿수가 일정하기 때문에 숫자가 커질수록 오차도 커집니다. C언어가 지원하는 부동 소수점 자료형에는 다음과 같은 것이 있습니다.

표 2.6 실수형

이름	크기(바이트)	크기(비트)	유효 자릿수(10진법)	대략적인 표현 가능 범위
float	4	32	7~8	$10^{-38} \sim 10^{38}$
double	8	64	15~16	$10^{-308} \sim 10^{308}$

그 외에도 진릿값(참, 거짓)을 담는 1바이트짜리 자료형인 bool과, 자료형이 없다는 것을 나타내는 void 등이 있습니다. void는 나중에 자세히 알아볼 테니 걱정하지 않아도 됩니다.

> **Tip**
>
> **bool 자료형**
>
> bool 자료형은 C++에 새로 추가된 문법입니다. C에서는 원래 진릿값 저장용 자료형이 기본 제공되지 않았지만 1999년에 _Bool 자료형이 추가되어 사용할 수 있게 되었습니다. 하지만 편의상 이 책에서는 _Bool을 따로 다루지 않고 C++ 문법인 bool을 사용하겠습니다.

> **Tip**
>
> **bool은 왜 8비트일까?**
>
> 참 또는 거짓이라는 딱 두 가지 값만 저장하려면 1비트만 사용해도 되는데 bool에서 굳이 8비트(1바이트)를 사용하는 이유가 궁금한 분들도 있을 것입니다. 그 이유는 컴퓨터가 자료를 저장하고 불러올 수 있는 최소 단위가 바이트이기 때문입니다. 따라서 bool 형을 써도 나머지 7비트는 어쩔 수 없이 낭비됩니다.

2.2.5 sizeof 연산자

sizeof 연산자를 사용하면 자료형 또는 변수의 크기를 알 수 있습니다. 다음 예제를 보겠습니다.

예제 2.7 sizeof 연산자

```c
#include <stdio.h>

int main() {
    printf("%d %d %d %d\n", sizeof(int), sizeof(char), sizeof(float), sizeof(double));
    int a; char b; float c; double d;
    printf("%d %d %d %d\n", sizeof(a), sizeof(b), sizeof(c), sizeof(d));
}
```

실행 결과
```
4 1 4 8
4 1 4 8
```

sizeof(int)의 값이 4로 출력되고, sizeof(char)의 값이 1로 출력되었습니다. 또 int형 변수인 a의 크기를 sizeof(a)와 같이 입력했더니 4가 출력된 것을 볼 수 있습니다. 나머지 sizeof도 마찬가지입니다.

sizeof를 쓰고 괄호 안에 크기를 알고 싶은 자료형이나 변수를 집어넣으면 그에 해당하는 크기를 돌려주는 것을 확인할 수 있습니다. 지금은 별 쓸모가 없어 보이지만, 메모리 할당과 같은 작업을 할 때 유용하게 쓰입니다.

2.3 형변환

변수에 서로 다른 자료형의 값을 대입하려고 하면 형변환이라는 현상이 일어납니다. 다음 예제를 볼까요?

예제 2.8 정수형 변수에 실수를 대입, 실수형 변수에 정수를 대입

```c
#include <stdio.h>

int main() {
    int a = 3.14;
    float b = 10;
```

```
    printf("a=%d, b=%f\n", a, b);
}
```

> 실행 결과
> a=3, b=10.000000

정수형 변수 a에 실수형인 3.14를 집어넣으려 했더니 소수점 이하를 버린 3이라는 값이 a에 들어갔습니다. 또 실수형 변수 b에 정수형인 10을 집어넣었더니 10이 들어갔습니다. 물론 형태는 부동 소수점 형태로 들어갑니다. 이렇게 서로 다른 자료형 사이를 변환하는 것을 '형변환'(type conversion)이라고 합니다.

다음 예제는 수학, 국어, 영어 성적을 각각 int형 변수에 저장한 후 평균 점수를 구하는 코드입니다. 참고로 자료형이 같은 변수끼리는 아래 예제에서처럼 쉼표로 구분해 한 번에 묶어서 선언할 수 있습니다.

예제 2.9 세 정수형 변수의 평균값 구하기-1
```c
#include <stdio.h>

int main() {
    int math = 90, korean = 95, english = 96;
    int sum = math + korean + english;  // 세 점수의 합을 sum에 저장한다.
    double avg = sum / 3;   // sum을 3으로 나눠 평균을 구한다.

    printf("평균 점수 : %f\n", avg);
}
```

> 실행 결과
> 평균 점수 : 93.000000

실제 평균 점수는 93.66…으로 나와야 하지만 결과를 확인해보면 93.00…이 나오는 것을 볼 수 있습니다. 그 이유는 sum이 정수형 변수이기 때문입니다. 앞에서 정수끼리의 사칙연산 결과는 정수라고 했습니다. 그래서 sum / 3의 결과는 sum의 값인 281을 3으로 나눈 몫인 93입니다. 그 93이 double avg에 대입되어 avg의 값이 93.00…으로 저장된 것입니다. 이 문제는 간단하게 해결할 수 있습니다. int형인 sum의 값을 다음과 같이 수동으로 double로 형변환하면 됩니다. sum 앞에 다음과 같이 (double)을 붙여줍니다.

예제 2.10 세 정수형 변수의 평균값 구하기-2

```c
#include <stdio.h>

int main() {
    int math = 90, korean = 95, english = 96;
    int sum = math + korean + english;
    double avg = (double)sum / 3;

    printf("평균 점수 : %f\n", avg);
}
```

실행 결과

평균 점수 : 93.666667

이렇게 형변환하고 싶은 값 앞에 괄호를 쓰고 바꾸고 싶은 자료형을 넣으면 됩니다. 위 예제에서는 int형인 sum 변수의 값이 실수형인 double로 바뀌게 됩니다. 즉, 정수 281이 실수 281.00…으로 형변환됩니다. 이 때 이 값을 3으로 나누면 결괏값에도 실수인 93.66…이 들어가게 됩니다.

일반적으로 정수와 실수의 나눗셈에 대해 다음 4가지가 성립합니다. 즉 나뉘는 수와 나누는 수 중에 실수가 하나라도 있으면 결과는 실수가 됩니다.

- 정수/정수 ➜ 정수
- 실수/정수 ➜ 실수
- 정수/실수 ➜ 실수
- 실수/실수 ➜ 실수

2.4 char형과 ASCII 코드

이번 절에서는 문자를 저장하는 데 쓰이는 char형과 문자를 숫자로 나타내는 ASCII 코드에 대해 알아보겠습니다.

https://youtu.be/Z2FCHRprh7c

2.4.1 문자끼리의 덧셈: '2' + '3' = 'e'

1장에서 소개했던 2+3=5 예제를 기억하시나요? 이번에는 조금 이상한 짓을 해보겠습니다. 숫자가 아니라 문자 두 개를 더해 보겠습니다. 이렇게 하면 **'2'** + **'3'**의 결괏값이 무엇인지는 몰라도 그 값이 마지막 **%c**에 들어갑니다.

예제 2.11 '2' + '3'의 값 출력해보기
```
#include <stdio.h>

int main() {
    printf("%c + %c = %c\n", '2', '3', '2' + '3');
}
```

실행 결과
```
2 + 3 = e
```

문자 '2'와 문자 '3'을 더했더니 엉뚱하게도 문자 'e'가 출력된 것을 볼 수 있습니다. 왜 그럴까요? 앞서 언급했듯이, C언어에서 '문자'는 작은따옴표 안에 들어가야 하고, 작은따옴표 안에 들어갈 수 있는 문자로는 알파벳 대소문자, 숫자, 그리고 몇몇 기호가 있습니다. 이 예제에서는 그중 숫자를 작은따옴표 안에 넣은 것입니다. a와 'a'가 다른 의미이듯이 2와 '2'도 다른 의미입니다. 이게 실제로 다르다는 것을 증명하기 위해 다음 예제를 작성해 보겠습니다.

예제 2.12 '2'의 ASCII 값 출력하기
```
#include <stdio.h>

int main() {
    printf("%c %d\n", '2', '2');
}
```

실행 결과
```
2 50
```

문자 '2'를 **%c**로 출력했을 때 2가 출력되는 것은 당연합니다. 문자 'a'를 **%c**로 출력했을 때 a가 출력되는 것과 같은 이치입니다. 그런데 이 문자를 **%d**를 사용해 출력했을 때는 왜 50이 출력될까요? 답은 간단합니다. C언어에서 '2'와 50은 같은 말이기 때문입니다. 또 '3'은 51과 같은 말이고 'e'는 101과 같은 말입니다. 이게 도대체 무슨 소리냐고요? 미국의 표준화 단체 ANSI의 전신인 ASA에서는 정보통신에 사용되는 문자마다 고유한 번호를 부여했습니다. 0번부터 31번까지는 실제 문자가 아닌 특수한 목적의 코드이고, 32번부터 127번까지는 우리에게 익숙한 문자, 숫자, 기호들이 정의되어 있습니다. 이 목록은 ASCII(아스키) 코드표(부록 참조)를 통해 확인할 수 있습니다. 이렇게 문자마다 대응되는 정숫값이 있고, 그 값을 ASCII 값이라고 부릅니다.

ASCII 코드표 덕분에 컴퓨터에서 문자를 표현할 때는 그 문자에 해당하는 ASCII 값을 사용합니다. 우리가 'a'라고 적으면 우리 눈에는 알파벳 a로 보이지만 컴퓨터 내부적으로는 a의 ASCII 값인 97로 해석됩니다. 즉 C언어에서 문자는 그에 해당하는 ASCII 값과 같은 의미가 됩니다.

'2'의 ASCII 값은 50, '3'의 ASCII 값은 51이므로 '2' + '3'을 하면 50+51=101이 됩니다. 또 101에 해당하는 ASCII 문자는 'e'이므로 '2' + '3'의 결과가 결국 'e'가 되는 것입니다.

마지막으로 다음 예제를 보겠습니다. '2'와 '2'에 해당하는 ASCII 값 50을 모두 %c와 %d로 출력해보겠습니다. 이 문제 역시 결과를 예측해보면 좋을 것 같습니다.

예제 2.13 '2'와 50을 모두 %c와 %d로 출력하기

```c
#include <stdio.h>

int main() {
    printf("%c %d\n", '2', '2');
    printf("%c %d\n", 50, 50);
}
```

실행 결과

```
2 50
2 50
```

결론은, '2'든 50이든 컴퓨터 내부적으로는 같은 의미이지만, 출력할 때 %c를 쓰느냐 %d를 쓰느냐에 따라 문자 형태로 출력되는지 숫자 형태로 출력되는지가 결정된다는 것입니다.

2.4.2 문자형으로서의 char형

컴퓨터에서 문자를 저장할 때도 마찬가지로 문자 자체가 아닌 그 문자에 해당되는 ASCII 값을 저장합니다. 그래서 문자를 저장할 때도 그냥 정수형 변수를 사용합니다. 일반적으로 쓰는 ASCII 코드는 127번까지만 있기 때문에 정말 특별한 이유가 없으면 문자는 –128부터 127까지의 정수를 담을 수 있는 1바이트짜리 char형에 저장합니다. 다음 예제를 볼까요?

예제 2.14 char형 변수에 문자 저장하기

```c
#include <stdio.h>

int main() {
    char a = 'A';

    printf("%c의 ASCII 값은 %d\n", a, a);
}
```

실행 결과
```
A의 ASCII 값은 65
```

앞서 말한 대로 정수형 변수에 문자를 저장했습니다.

main 함수의 첫째 줄 char a = 'A';에서 실제 a 변수에 들어가는 값은 A의 ASCII 값인 65입니다. 즉 char a = 65;와 같은 말이 됩니다. 그다음 a를 출력할 때 %c를 사용하면 A가, %d를 사용하면 65가 출력되는 것을 확인할 수 있습니다.

2.5 변수로 연산하기

이제 연산자를 통해 변수에 다양한 연산을 해보겠습니다.

2.5.1 대입 연산자와 복합 대입 연산자

대입 연산자는 사실 앞에서 다룬 바 있습니다. 변수에 어떤 수를 대입할 때 쓰는 '=' 기호를 대입 연산자라고 부릅니다. 그런데 조금 특이한 용법이 있습니다. 우선 예제 코드를 볼까요?

예제 2.15 대입 연산자

```c
#include <stdio.h>

int main() {
```

```
    int a = 5;
    printf("원래 a의 값은 %d였다!\n", a);
    a = a + 3;
    printf("a에 3을 더했더니 %d이 되었다!!!\n", a);
}
```

실행 결과

```
원래 a의 값은 5였다!
a에 3을 더했더니 8이 되었다!!!
```

코딩보다 수학에 더 익숙하다면 5번째 줄 a = a + 3;을 보고 양변의 a를 지우려고 할 겁니다. 하지만 C언어에서 등호는 절대 같다는 의미가 아니라고 했었죠? 등호 연산자를 쓰면 등호 오른쪽에 있는 값이 계산된 후 ❶, 그 값이 왼쪽에 대입됩니다 ❷. 위 예제에서는 원래 a의 값이 5인 상황에서 a+3을 계산하면 8이 나옵니다. 그 뒤 8이 다시 a에 대입됩니다. 결론적으로 a에는 원래 값 5에서 3이 증가해 8이라는 새로운 값이 들어가게 됩니다.

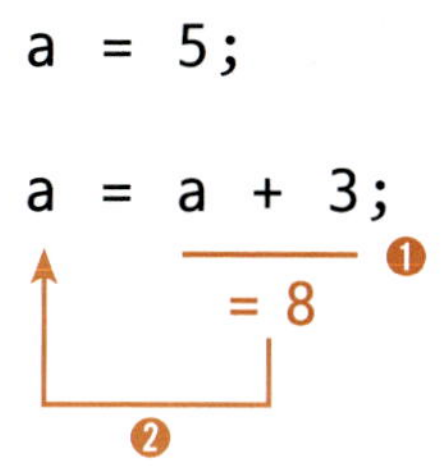

```
a = 5;

a = a + 3;
        ❶
    = 8
  ❷
```

그림 2.6 a에 a+3이 대입되는 과정

변수를 사용하다 보면 위 예제처럼 자기 자신과 연산한 결과를 자기 자신에게 대입하는 일이 자주 생깁니다. 이때 변수 이름을 두 번 써야 하는 불편함이 있습니다. 그래서 C언어에서는 좀 더 간결하게 다음과 같이 적을 수도 있습니다.

```
a += 3;    // a = a + 3;과 같은 의미
```

+=는 하나의 연산자이기 때문에 다음처럼 띄어 쓰면 안 됩니다.

```
a + = 3;    // 에러
```

이 규칙은 앞서 살펴보았던 사칙연산자(+, -, *, /)와 나머지 연산자(%)에 대해 당연히 공통으로 적용됩니다.

```
a -= 3;    // a = a - 3;
a *= 3;    // a = a * 3;
a /= 3;    // a = a / 3;
a %= 3;    // a = a % 3;
```

이러한 연산자를 복합 대입 연산자라고 부릅니다. 용어보다는 각 연산을 수행했을 때 a의 값이 어떻게 변하느냐가 중요합니다.

2.5.2 증감 연산자

정수형 변수를 1 증가 또는 감소시킬 때는 ++와 --라는 좀 더 특화된 연산자가 있습니다.

예제 2.16 증감 연산자
```c
#include <stdio.h>
int main() {
    int a = 5;
    printf("a는 원래 %d였다!\n", a);
    a++;    // a += 1;과 같음
    printf("1 증가해서 %d이 됐다!!\n", a);
    a--;    // a -= 1;과 같음
    printf("1 감소해서 %d가 됐다!!!\n", a);
}
```

실행 결과
```
a는 원래 5였다!
1 증가해서 6이 됐다!!
1 감소해서 5가 됐다!!!
```

별로 어렵지 않죠? 그런데 증감 연산자에는 좀 특별한 기능이 있습니다. 예제를 먼저 보겠습니다.

예제 2.17 전치, 후치 증가 연산

```c
#include <stdio.h>

int main() {
    int a = 5;
    int b;
    
    b = ++a;
    printf("=== 전치 증가 연산 ===\n");
    printf("a = %d\n", a);
    printf("b = %d\n", b);
    
    b = a++;
    printf("=== 후치 증가 연산 ===\n");
    printf("a = %d\n", a);
    printf("b = %d\n", b);
}
```

실행 결과

```
=== 전치 증가 연산 ===
a = 6
b = 6
=== 후치 증가 연산 ===
a = 7
b = 6
```

전치 증가 연산은 ++a;처럼 변수 앞에 연산자를 씁니다. 이때 b = ++a;라고 쓰면 **a가 1 증가한 후, 증가된 값이 b에 들어갑니다.** 대입 전에 증가가 이루어지므로 전치 증가 연산입니다. 예제에서 연산 전 a의 값은 5이고, a가 1 증가해서 6이 된 후 a의 값인 6이 b에 대입되어 b도 6이 됩니다.

후치 증가 연산은 a++;처럼 변수 뒤에 연산자를 씁니다. b = a++;라고 쓰면 **a의 값이 b에 대입된 후, a가 1 증가합니다.** 대입 후에 증가가 이루어지므로 후치 증가 연산이라고 부릅니다. 예제에서 후치 연산 전 a의 값은 6입니다. (전치 연산에서 이미 1 증가했죠?) 이때 b에 a의 값인 6이 먼저 들어간 후, a가 1 증가합니다. 결론적으로 a에는 7이 들어가고 b에는 6이 들어갑니다.

감소 연산도 마찬가지입니다. 예제의 ++를 --로 바꿔서 결과를 한번 확인해보기 바랍니다.

2.5.3 비교 연산자와 진릿값

비교 연산자는 두 값의 크기를 비교할 때 쓰입니다. 비교 연산자는 다음과 같은 6가지가 있습니다. "같다"의 의미를 나타낼 때 등호를 두 번 사용한다(==)는 것을 빼면 나머지 연산자는 직관적으로 이해할 수 있습니다.

https://youtu.be/
xaXrUN4xmKs

표 2.7 비교 연산자의 종류

연산자	의미
==	같다
!=	다르다
>	크다
<	작다
>=	크거나 같다
<=	작거나 같다

비교 연산의 결과는 항상 참 또는 거짓입니다. 컴퓨터는 참을 1, 거짓을 0으로 표현합니다. 이 값을 진릿값이라고 부릅니다. 진릿값도 1, 0으로 표현되는 정수이기에, C에서 진릿값은 일반 정수형 변수(int, char 등)에 담을 수 있습니다. 다만 C++에서는 앞서 살짝 언급했던 bool이라는 1바이트짜리 자료형을 사용합니다. 이 책에서는 C++를 기준으로 bool 자료형을 위주로 다루겠습니다.

어쨌든 중요한 건 비교 연산의 결과로는 1(참) 또는 0(거짓)이 나오고 이 값을 bool형 변수에 저장할 수 있다는 것입니다. bool형을 직접 출력하는 일은 드물지만, %d를 사용할 수 있습니다. 다음은 >, <, == 연산자를 사용하는 예제입니다.

예제 2.18 비교 연산자

```
#include <stdio.h>

int main() {
    int a = 30, b = 50;

    bool p = a > b;
    bool q = a < b;
    bool r = a == b;

    printf("%d은(는) %d보다 크다: %d\n", a, b, p);
```

```
    printf("%d은(는) %d보다 작다: %d\n", a, b, q);
    printf("%d은(는) %d과(와) 같다: %d\n", a, b, r);
}
```

```
C:\  실행 결과                                                — □ ×
30은(는) 50보다 크다: 0
30은(는) 50보다 작다: 1
30은(는) 50과(와) 같다: 0
```

a와 b의 값을 바꿔보면서 출력 결과가 어떻게 달라지는지 확인해보기 바랍니다.

> **Tip C와 C++에서 진릿값을 다루는 방식의 차이점**
>
> 앞서 C에서는 bool 자료형을 기본 제공하지 않는다고 했습니다. 따라서 C에서는 비교 연산의 결과도 bool이 아닌 int입니다. 반면 C++에서는 비교 연산의 결과가 bool입니다. 또 C++에서는 참, 거짓을 표현할 때 true, false라는 키워드를 사용할 수 있습니다. true, false의 값도 각각 똑같은 1, 0이지만 그냥 1, 0과의 차이점은 자료형이 bool이라는 것입니다. 자료형만 다를 뿐이지, bool형 변수에 1, 0을 대입하거나 int형 변수에 true, false 값을 대입해도 문제는 없습니다.

2.5.4 논리 연산자

논리 연산자는 진릿값을 연결하거나 부정하는 연산자입니다. 그리고(&&), 또는(||), 아니다(!)의 3가지가 있습니다. 조금 더 자세히 설명하면 다음과 같습니다.

표 2.8 논리 연산자의 종류

연산	의미	결괏값
p && q	p이면서 q이다(p and q)	p와 q가 모두 참일 때만 참, 그 외에는 거짓
p || q	p이거나 q이다(p or q)	p와 q 중 하나라도 참일 때 참, 그 외에는 거짓
!p	p가 아니다(not p)	p가 거짓이면 참, p가 참이면 거짓

예제 2.19 논리 연산자

```c
#include <stdio.h>

int main() {
    int a = 3;

    bool p = a >= 1 && a <= 10;   // a가 1 이상이고 10 이하다
    bool q = a == 3 || a == 7;    // a가 3이거나 7이다
    bool r = !q;   // q가 아니다 -> a가 3도 아니고 7도 아니다

    printf("%d\n", p);
    printf("%d\n", q);
    printf("%d\n", r);
}
```

실행 결과
```
1
1
0
```

2.5.5 연산자의 우선순위

다음 식의 계산 결과는 얼마일까요?

```
40 - 32 ÷ 2 = ?
```

정답은 24입니다. 만약 4라고 생각했다면 사칙연산의 우선순위를 모르기 때문일 것입니다. 초등학교를 졸업했다면 사칙연산을 할 때는 곱셈과 나눗셈을 덧셈과 뺄셈보다 먼저 해야 한다는 것을 잘 알고 있을 것입니다. C도 사칙연산과 그 외의 다양한 연산이 있는데, 이 연산에는 우선순위가 있습니다.

다음 표에는 C에 있는 거의 모든 연산자들과 그 우선순위가 정리되어 있습니다. 이 순서를 지금 모두 알 필요는 없고, 또 아직 배우지 않은 연산자도 있습니다. 그러므로 너무 꼼꼼하게 볼 필요는 없고, 나중에 코딩을 하다가 헷갈릴 때 와서 참고하면 됩니다. 그리고 우선순위를 나타내는 숫자가 작을수록 높은 우선순위입니다. 예를 들어 우선순위가 3인 연산자가 우선순위가 4인 연산자보다 **먼저** 계산됩니다.

표 2.9 연산자의 우선순위

우선순위	연산자	설명	결합 순서*
1	++ --	후위 증감 연산	좌 → 우
	()	함수 호출	
	[]	배열 원소 접근	
	. ->	구조체 멤버 접근	
2	++ --	전위 증감 연산	우 → 좌
	+ -	단항 +, - 연산(덧셈, 뺄셈 연산자와는 다름)	
	! ~	논리 부정, 비트 NOT 연산	
	(자료형)	형변환	
	*	포인터 역참조	
	&	주소	
	sizeof	sizeof 연산	
3	* / %	곱셈, 나눗셈, 나머지 연산	좌 → 우
4	+ -	덧셈, 뺄셈 연산자	
5	<< >>	비트 시프트 연산자	
6	< <=	작다, 작거나 같다	
	> >=	크다, 크거나 같다	
7	== !=	같다, 다르다	
8	&	비트 AND 연산	
9	^	비트 XOR 연산	
10	|	비트 OR 연산	
11	&&	그리고	
12	||	또는	
13	?:	삼항 연산자	우 → 좌
14	=	단순 대입	
	+= -=	복합 대입(덧셈, 뺄셈)	
	*= /= %=	복합 대입(곱셈, 나눗셈, 몫)	
	<<= >>=	복합 대입(비트 시프트)	
	&= ^= |=	복합 대입(비트 AND, XOR, OR)	
15	,	콤마	좌 → 우

* 결합 순서란 우선순위가 같은 연산자끼리 계산되는 순서를 말합니다. 예를 들어, 뺄셈은 결합 순서가 좌 → 우이므로 9-5-2를 계산할 때 왼쪽에 있는 9-5가 먼저 계산되어 4를 얻은 후, 그 뒤의 뺄셈에서 4-2가 계산됩니다. 하지만 대입 연산자는 결합 순서가 우 → 좌이기 때문에, a = b = c 와 같이 쓰면 b에 c가 먼저 대입된 후 a에 b가 대입됩니다.

하지만 몇 가지 우선순위는 지금 알아두면 좋습니다. 우선 사칙연산 중에서는 곱셈과 나눗셈, 그리고 나머지 연산이 먼저 계산되고, 그다음으로 덧셈과 뺄셈이 계산됩니다. 따라서 다음 연산의 결과는 24입니다.

```
40 - 32 / 2
```

물론 괄호를 사용하면 괄호 안이 반드시 먼저 계산됩니다. 따라서 다음 연산의 결과는 4입니다.

```
(40 - 32) / 2
```

또, 가장 많이 쓰이는 연산인 사칙연산, 비교 연산, 논리 연산, 대입 연산은 이 순서대로 우선순위가 정해집니다. 예를 들어 다음과 같은 식이 있을 때, 1 + 5와 2 * 3이 제일 먼저 계산되고, 그다음으로 ==와 <가, 그 다음으로 &&가 계산되고, 마지막에 =로 대입이 이루어집니다. 어찌 보면 이것이 우리 인간이 보기에도 가장 자연스러운 순서입니다.

```
a = 1 + 5 == 2 * 3 && 2 < 5;
```

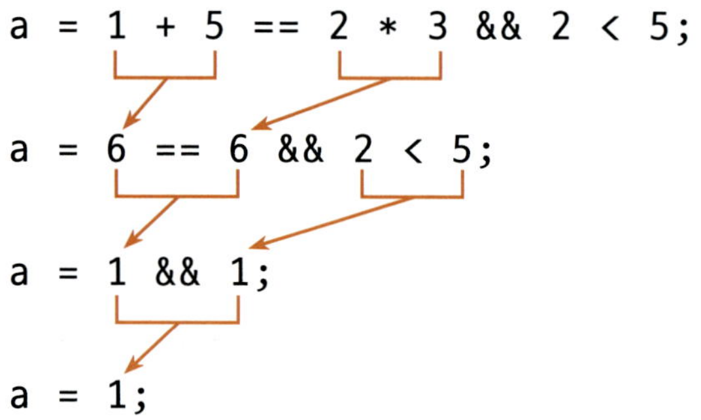

$$a = 1 + 5 == 2 * 3 \;\&\&\; 2 < 5;$$
$$a = 6 == 6 \;\&\&\; 2 < 5;$$
$$a = 1 \;\&\&\; 1;$$
$$a = 1;$$

그림 2.7 사칙연산, 비교 연산, 논리 연산, 대입 연산의 수행 순서

03 입력받기

컴퓨터에는 모니터, 스피커 등의 출력 장치가 있는가 하면 키보드, 마우스 등의 입력 장치도 있습니다. C언어에서는 기본적으로 모니터를 통해 문자를 출력할 수 있고, 키보드를 통해 사용자로부터 입력을 받을 수 있습니다. 이번 장에서는 키보드로 입력받는 방법을 알아보겠습니다.

3.1 scanf 사용하기

출력할 때 `printf`를 사용하듯이 입력을 받을 때는 `scanf` 함수를 사용합니다. 사용법도 `printf`와 거의 비슷합니다. 다음 예제는 키보드로부터 두 정수를 입력받아 a, b라는 int형 변수에 저장한 후 a+b의 값을 출력하는 간단한 계산기 프로그램입니다. 변수 이름 앞에 & 기호가 붙는 것을 주의해 주세요. 다음 프로그램을 실행한 후 콘솔 창에 키보드로 직접 숫자를 타이핑하고 엔터 키를 누르면 됩니다. 만약 코드를 똑같이 작성했는데도 실행되지 않는다면 3.3절을 참고하면 됩니다.

https://youtu.be/gcA4UuY2fo4

예제 3.1 scanf 함수

```c
#include <stdio.h>

int main() {
    int a, b;

    scanf("%d%d", &a, &b);
    printf("%d + %d = %d\n", a, b, a + b);
}
```

```
C:\  입력 및 출력 결과(굵은 글씨는 입력)                               — ☐ ✕
25 31 ⏎
25 + 31 = 56
```

4번째 줄의 scanf 함수가 하는 역할은 다음 그림과 같습니다. 공백 등으로 분리된 두 개의 정수(%d)를 키보드로부터 입력받은 후, 순서대로 a와 b라는 변수에 그 값들을 각각 저장합니다.

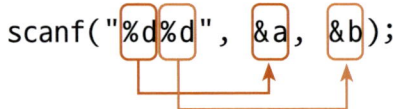

그림 3.1 scanf가 입력을 받는 방식

scanf 함수는 생각보다 똑똑해서 입력되는 형태에 따라 꽤 유연하게 대응합니다. 그래서 입력 형식이 그리 중요하지는 않습니다. %d 두 개를 썼다면 두 정수가 엔터로 구분되어 있어도 되고, 공백으로 구분되어 있어도 되고, 공백 여러 개로 구분되어 있어도 됩니다. 하지만 두 숫자를 아무 구분 없이 입력하면 한 정수로 인식됩니다. 예를 들어 2와 3을 입력하고 싶어서 23을 입력해 버리면 23이라는 하나의 정수로 인식됩니다.

3.2 scanf의 서식 지정자

방금 scanf를 사용해 정수를 입력받을 때 %d를 사용한 것을 보았습니다. 만약 문자를 입력받고 싶다면 %c, 실수를 입력받고 싶다면 %f를 사용합니다. 하지만 scanf가 작동하는 특유의 방식 때문에 double을 입력받을 때는 %lf라는 서식 지정자를 사용해야 합니다.

```
int a;
char b;
float c;
double d;
scanf("%d", &a);
scanf("%c", &b);
scanf("%f", &c);
scanf("%lf", &d);    // double을 입력받을 때는 %lf를 사용해야 한다!
```

그 외에도 몇 가지 예외 사항들이 있지만 지금은 그리 중요한 내용이 아니므로 이 정도로만 설명하고 넘어가겠습니다.

3.3 scanf 함수 관련 보안 문제

scanf 함수는 '버퍼 오버플로'라는 보안상의 취약점이 있습니다. 버퍼 오버플로란 예상보다 긴 입력이 들어왔을 때 입력받고자 하는 변수의 범위를 벗어나 엉뚱한 변수의 값이 바뀔 수 있는 현상입니다. 실제로 예전에는 이런 취약점을 이용해 해킹을 하기도 했습니다. 그래서 입력받을 최대 글자 수를 지정해서 그런 일이 발생하지 않게끔 해주는 scanf_s 함수가 만들어졌습니다. 여러 사람이 사용할 실용적인 프로그램을 만들어야 한다면 반드시 scanf 대신 scanf_s를 써야 합니다. 하지만 이 책의 목표는 실제로 사용되는 프로그램을 만드는 것이 아닌 C언어를 배우는 것이기 때문에 이 책에서는 scanf_s를 비롯해 _s가 붙는 다른 함수들에 대해서는 다루지 않기로 하겠습니다.

3.1절에서 코드를 똑같이 따라 했는데도 실행되지 않았다면 그 이유는 Visual Studio에서 기본적으로 scanf를 사용하지 못하게 막아 놓았기 때문입니다. 프로젝트를 만든 후 SDL 검사를 해제했다면 아마 에러가 나지 않을 것입니다. SDL 검사 해제를 하지 않았다면 1.1.1절에 나와 있는 단계를 따라 SDL 검사를 해제하고 다시 실행하면 정상적으로 실행될 것입니다.

종·합·문·제

① 두 실수(double)를 입력받아서 그 숫자들의 합을 구하는 프로그램을 만들어 보세요.

> 예시
> 두 실수 입력: **3.14 9.8** ⏎
> 3.14 + 9.8 = 12.94

② 체질량 지수(BMI)는 다음과 같이 체중(kg)을 키(m)의 제곱으로 나눠서 구할 수 있습니다.

$$BMI = (체중) / (키)^2$$

체중과 키를 입력받은 후 체질량 지수를 구해 출력하는 프로그램을 만들어 보세요. 체중과 키는 double 자료형에 저장해야 합니다.

> 예시
> 체중(kg) 입력: **60** ⏎
> 키(m) 입력: **1.7** ⏎
> BMI: 20.761246

③ 알파벳을 입력받아서 그다음 알파벳을 출력하는 프로그램을 만들어 보세요. 단, 'Z'는 입력으로 들어오지 않는다고 가정합니다.

> 예시
> **C** ⏎
> D

04

제어문

제어문이란 프로그램의 흐름을 제어하는 구문입니다. 지금까지 배운 구문들은 모두 작성한 순서대로만 실행됩니다. 하지만 제어문을 사용하면 경우에 따라 특정 구문들을 실행하거나 실행하지 않을 수 있고, 같은 구문을 여러 번 반복하게 만들 수도 있습니다.

4.1 if문으로 경우 나누기

if문과 같이 조건에 따라 경우를 나누는 역할을 하는 제어문을 조건문이라고 부릅니다. 이번 절에서는 if문을 사용해 경우를 나누는 방법을 알아보겠습니다.

https://youtu.be/-mxuQNKei-A

4.1.1 if문

if문은 특정 조건을 만족할 때만 중괄호 안의 내용을 실행합니다. 다음 예제는 정수형 변수 n에 정수를 입력받은 후 n이 짝수일 때만 "n은 짝수입니다."를 출력하고, 짝수가 아니면(홀수이면) 아무것도 하지 않는 프로그램입니다. 어떤 수를 2로 나눈 나머지가 0이라면 그 수는 짝수이고, 1이라면 홀수입니다. 따라서 n을 2로 나눈 나머지(n % 2)를 0과 비교합니다. 우선 코드를 작성해보겠습니다.

예제 4.1 if문을 사용한 짝수 판별 프로그램
```
#include <stdio.h>

int main() {
    int n;
```

```
    printf("숫자 입력 : ");
    scanf("%d", &n);

    if (n % 2 == 0) {   // 2로 나눈 나머지가 0이면 짝수
        printf("n은 짝수입니다.\n");
    }
}
```

```
C:\  입출력 예 1                                              —  □  ×
숫자 입력 : 4 ↵
n은 짝수입니다.
```

```
C:\  입출력 예 2                                              —  □  ×
숫자 입력 : 3 ↵
```

위 예제에서 살펴본 것과 같이 if문은 다음과 같은 구조로 되어 있습니다.

```
if (조건) {
    명령(조건을 만족할 때만 실행됨)
}
```

소괄호 안에 조건을 적고, 중괄호 안에 명령을 적습니다. 프로그램이 실행되어 순서대로 명령들을 실행하다가 if문을 만나면 소괄호 안의 조건이 참인지를 봅니다. 조건이 참이라면 중괄호 안으로 들어가서 명령을 실행하고, 조건이 거짓이라면 중괄호로 묶인 부분을 실행하지 않고 건너뜁니다. 예제와 연관 지어 생각하면 별로 어렵지 않을 것입니다.

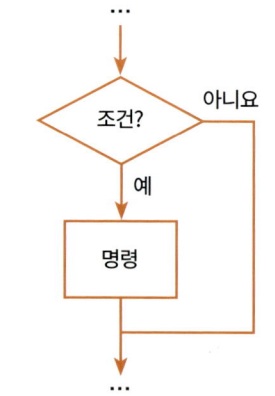

그림 4.1 if문의 작동 방식을 나타낸 순서도

여기서 "조건"은 진릿값이라는 것을 알아야 합니다. if문은 조건의 값이 참이면 중괄호 안이 실행되고, 거짓이면 중괄호 안이 실행되지 않습니다. 위 예제에서 소괄호 안의 n % 2 == 0이라고 적은 것 또한 하나의 진릿값입니다. 좀 더 자세히 말하자면 n이 짝수일 때 n % 2 == 0의 값은 1(참)이 되고, 홀수일 때 0(거짓)이 됩니다. 따라서 n이 짝수이면 n % 2 == 0의 값이 1이 되어 중괄호 안으로 들어가 printf를 실행하고, n이 홀수이면 n % 2 == 0의 값이 0이 되어 중괄호 안으로 들어가지 않아 아무것도 출력되지 않는 것입니다.

> **Tip** 1, 0이 아닐 경우의 진릿값
>
> if문의 소괄호 안에는 사실 진릿값이 아니더라도 일반 정수형 값을 집어넣을 수도 있습니다. if문의 실제 작동 방식은 소괄호 안의 값이 0이 아닐 때 중괄호 안을 실행하는 것입니다. 즉, **0을 제외한 다른 모든 정수는 참인 진릿값으로 인식됩니다.**

이번에는 방금 전 예제를 조금 수정해 홀수일 때도 홀수라고 출력하게 해보겠습니다. 그러려면 다음과 같이 if문을 하나 더 추가하면 됩니다.

예제 4.2 if문 2개를 사용한 짝수, 홀수 판별 프로그램

```c
#include <stdio.h>

int main() {
    int n;

    printf("숫자 입력 : ");
    scanf("%d", &n);

    if (n % 2 == 0) {   // 2로 나눈 나머지가 0이면 짝수
        printf("n은 짝수입니다.\n");
    }
    if (n % 2 == 1) {   // 2로 나눈 나머지가 1이면 홀수
        printf("n은 홀수입니다.\n");
    }
}
```

입출력 예 1
```
숫자 입력 : 4 ↵
n은 짝수입니다.
```

입출력 예 2
```
숫자 입력 : 3 ↵
n은 홀수입니다.
```

n이 짝수일 때는 첫 번째 if문의 중괄호 안으로는 들어가지만 두 번째 if문의 중괄호 안으로는 들어가지 않습니다. 반대로 n이 홀수일 때는 첫 번째 if문의 중괄호 안으로는 못 들어가지만 두 번째 if문의 중괄호 안으로는 들어갈 수 있습니다. 따라서 짝수와 홀수일 때 서로 다른 결과가 나오게 됩니다.

4.1.2 if-else

if의 조건에 해당되지 않았을 때, else를 적어주면 그 안의 내용물이 실행됩니다. 즉 if에서 소괄호 안의 조건을 만족하면 if의 중괄호 안을 실행하고, 만족하지 않으면 else의 중괄호 안을 실행합니다. 형식은 다음과 같습니다.

```
if (조건) {
    명령 1(조건을 만족할 때 실행됨)
}
else {
    명령 2(조건을 만족하지 않을 때 실행됨)
}
```

else는 반드시 if문 바로 뒤에 나와야 합니다. 즉 else 전에는 반드시 if가 있어야 하고, if와 else 사이에 다른 명령이 있으면 안 됩니다.

그럼 방금 전 예제를 if-else를 사용한 프로그램으로 고쳐볼까요?

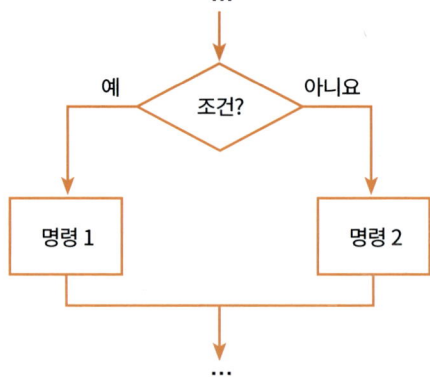

그림 4.2 if-else의 작동 방식을 나타낸 순서도

예제 4.3 if-else를 사용한 짝수, 홀수 판별 프로그램

```
#include <stdio.h>

int main() {
    int n;
```

```c
    printf("숫자 입력 : ");
    scanf("%d", &n);
    
    if (n % 2 == 0) {   // 2로 나눈 나머지가 0이면 짝수
        printf("n은 짝수입니다.\n");
    }
    else {   // 그렇지 않으면 홀수
        printf("n은 홀수입니다.\n");
    }
}
```

```
입출력 예 1
숫자 입력 : 4 ↵
n은 짝수입니다.
```

```
입출력 예 2
숫자 입력 : 3 ↵
n은 홀수입니다.
```

물론 자연수를 2로 나눈 나머지는 0 아니면 1밖에 없으니 출력 결과는 같습니다.

if-else에서 중요한 것은 짝수와 홀수처럼 상호배타적인 관계에 있다는 것입니다. 즉 if의 중괄호 안으로 들어갔다면 else의 중괄호 안으로는 들어가지 않고, if의 중괄호 안으로 들어가지 않았다면 else의 중괄호 안으로는 들어갑니다.

4.1.3 else if

else 중에서도 또 다른 조건을 붙여주고 싶을 때, 즉 if의 조건을 만족하지는 않지만 또 다른 조건은 만족할 때 실행하고 싶은 것이 있으면 else if를 사용할 수 있습니다.

```
if (조건 1) {
    명령 1(조건 1을 만족할 때 실행됨)
}
else if (조건 2) {
    명령 2(조건 1은 만족하지 않지만 조건 2를 만족할 때 실행됨)
}
```

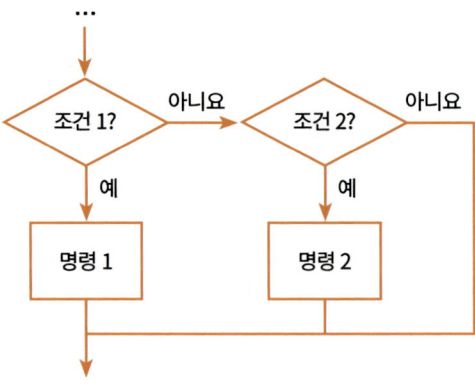

그림 4.3 if-else if의 작동 방식을 나타낸 순서도

else if 뒤에 else를 또 달아주면, if와 else if의 조건을 하나도 만족하지 않았을 때 else가 실행됩니다.

```
if (조건 1) {
    명령 1(조건 1을 만족할 때 실행됨)
}
else if (조건 2) {
    명령 2(조건 1은 만족하지 않지만 조건 2를 만족할 때 실행됨)
}
else {
    명령 3(조건 1, 2를 모두 만족하지 않을 때 실행됨)
}
```

위 코드를 순서도로 나타내면 다음과 같습니다.

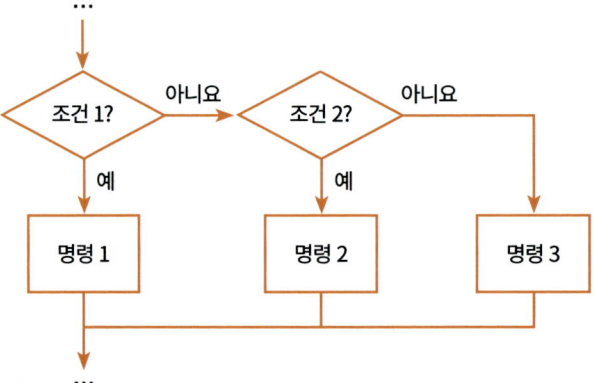

그림 4.4 if-else if-else의 작동 방식을 나타낸 순서도

다음 예제는 입력된 수가 양수인지, 0인지, 음수인지를 검사하는 프로그램입니다. 첫 번째 `if`에서는 n이 양수인지(0보다 큰지) 검사해 n이 양수이면 `if`문의 중괄호 안이 실행됩니다. n이 양수가 아니라면 그 밑에 있는 `else if`에서 n이 0인지를 검사합니다. 0이라면 `else if`의 중괄호 안이 실행되고, 0도 아니라면 마지막 `else`가 실행됩니다.

예제 4.4 if-else if-else를 사용한 부호 판별 프로그램

```c
#include <stdio.h>

int main() {
    int n;

    printf("숫자 입력 : ");
    scanf("%d", &n);

    if (n > 0) {   // 양수인지 확인
        printf("n은 양수입니다.\n");
    }
    else if (n == 0) {   // 양수가 아니라면 0인지 확인
        printf("n은 0입니다.\n");
    }
    else {   // 양수도 아니고 0도 아니라면 음수다.
        printf("n은 음수입니다.\n");
    }
}
```

입출력 예 1

숫자 입력 : **12** ⏎
n은 양수입니다.

입출력 예 2

숫자 입력 : **-3** ⏎
n은 음수입니다.

입출력 예 3

숫자 입력 : **0** ⏎
n은 0입니다.

if와 else 사이에 else if는 얼마든지 많이 만들 수 있습니다. 다음 예제는 정수형 변수에 시험 점수를 입력받아 90점 이상이면 A, 80점~89점이면 B, 70점~79점이면 C, 60점~69점이면 D, 그 외에는 F를 출력하는 프로그램입니다.

예제 4.5 학점 계산 프로그램

```c
#include <stdio.h>

int main() {
    int score;

    printf("점수 입력 : ");
    scanf("%d", &score);

    if (score >= 90) {   // 90점 이상인지 확인
        printf("A\n");
    }
    else if (score >= 80) { // 90점 이상이 아니라면 80점 이상인지 확인
        printf("B\n");
    }
    else if (score >= 70) { // 80점 이상이 아니라면 70점 이상인지 확인
        printf("C\n");
    }
    else if (score >= 60) { // 70점 이상이 아니라면 60점 이상인지 확인
        printf("D\n");
    }
    else {  // 60점 이상도 아니라면 F를 출력
        printf("F\n");
    }
}
```

입출력 예

```
점수 입력 : 78 ↵
C
```

score에 78이 들어가면 첫 번째 if문에서 90 이상인지 검사합니다. 90 이상이 아니므로 두 번째 else if에서 80 이상인지 검사합니다. 80 이상도 아니므로 세 번째 else if에서 70 이상인지 검사합니다. 70 이상

은 맞으므로 C를 출력하고, 그 밑에 있는 else if와 else의 중괄호 안으로는 들어가지 않고 프로그램이 종료됩니다.

4.2 if문 심화

이번 절에서는 if문을 조금 응용해서 더 많은 작업을 해보겠습니다.

4.2.1 중첩 if문

if문 안에 또 if를 넣은 것을 중첩 if문이라고 합니다. 중첩 if문을 사용하면 경우를 나눈 후 그 경우에 대해 다시 경우를 더 세분화해서 따질 수 있습니다.

이번에 만들어볼 예제는 정수 a, b, c를 입력받아 크기가 큰 순서대로 출력하는 프로그램입니다. 말로는 간단해 보이지만 사실은 if-else를 5쌍이나 써야 합니다. 그래서 각 if와 else에 번호를 매겨 놓았습니다. 우선 a, b, c는 서로 다른 수라고 가정합시다. 먼저 if❶에서 a와 b의 크기를 비교해서 a>b이면 if❷에서 b와 c의 크기를 비교합니다. b>c이면 a>b>c이므로 a, b, c 순으로 출력합니다. 그런데 b<c라면 a와 c의 크기도 비교해야 합니다. 따라서 else❷ 안쪽의 if❸을 통해 a>c인지 확인합니다. else❶ 안쪽도 다음 그림을 참고해서 같은 논리로 잘 따라가보면 이해될 것입니다.

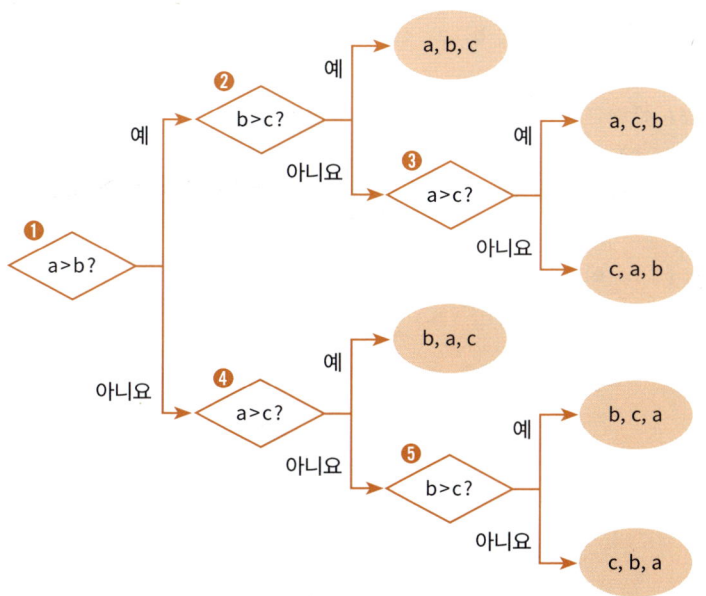

그림 4.5 a, b, c의 크기 관계를 나타낸 수형도

예제 4.6 세 정수를 입력받아 크기순으로 출력하기

```c
#include <stdio.h>

int main() {
    int a, b, c;

    scanf("%d%d%d", &a, &b, &c);
    if (a > b) {  // if❶
        if (b > c) {  // if❷
            printf("%d %d %d\n", a, b, c);
        }
        else {  // else❷
            if (a > c) {  // if❸
                printf("%d %d %d\n", a, c, b);
            }
            else {  // else❸
                printf("%d %d %d\n", c, a, b);
            }
        }
    }
    else {  // else❶
        if (a > c) {  // if❹
            printf("%d %d %d\n", b, a, c);
        }
        else {  // else❹
            if (b > c) {  // if❺
                printf("%d %d %d\n", b, c, a);
            }
            else {  // else❺
                printf("%d %d %d\n", c, b, a);
            }
        }
    }
}
```

```
C:\ 입출력 예 1                                            ― □ ×
1 3 2 ↵
3 2 1
```

```
C:\ 입출력 예 2                                            ― □ ×
4 2 6 ↵
6 4 2
```

예제 코드가 잘 이해되지 않는다면 우선 그림을 천천히 보면서 논리를 이해한 후 그림의 동그라미 번호와 코드의 if, else의 동그라미 번호를 잘 대응해보기 바랍니다.

지금은 a, b, c가 서로 다른 수라고 가정했을 때의 이야기지만, a, b, c 중 같은 값이 있어도 크기순으로 출력됩니다. 왜 그런지는 논리적으로 곰곰이 생각해보면 알 수 있을 것입니다.

4.2.2 중첩 if문의 관점으로 본 else if

사실 else if는 중첩 if의 특수한 경우로 볼 수도 있습니다. 잘 생각해보면 다음 두 코드는 논리적으로 같습니다. 명령 1은 조건 1을 만족할 때 실행되고, 명령 2는 조건 1은 만족하지 않지만 조건 2를 만족할 때 실행되며, 명령 3은 조건 1, 2 모두 만족하지 않을 때 실행됩니다. 순서도를 봐도 모양은 다르지만 작동 방식은 같다는 것을 알 수 있습니다.

```
if (조건 1) {
    명령 1
}
else if (조건 2) {
    명령 2
}
else {
    명령 3
}
```

```
if (조건 1) {
    명령 1
}
else {
```

```
    if (조건 2) {
        명령 2
    }
    else {
        명령 3
    }
}
```

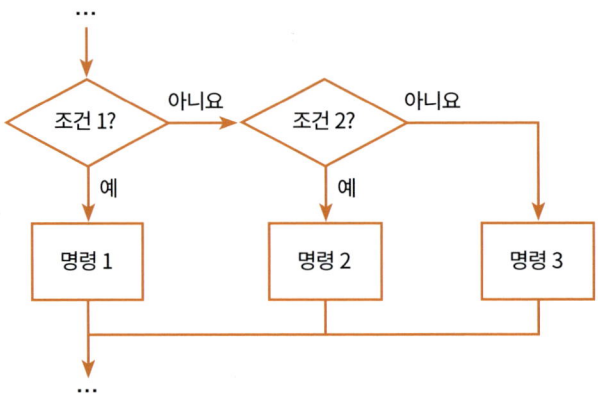

그림 4.6 if-else if-else의 관점에서 본 위 코드의 순서도

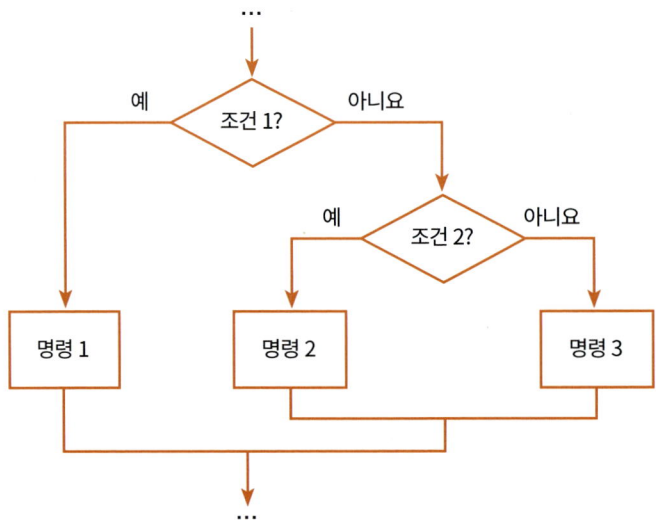

그림 4.7 중첩 if-else의 관점에서 본 위 코드의 순서도

4.2.3 if문과 여러 가지 코딩 스타일

if를 비롯한 제어문 안의 내용물이 한 문장일 때(세미콜론이 한 개일 때)는 다음과 같이 중괄호를 생략할 수 있습니다.

```
if (a > b)
    printf("%d\n", a);    // OK
```

```
if (a > b) printf("%d\n", a);    // OK
```

하지만 다음과 같이 중괄호가 생략된 채로 두 줄을 적으면 두 번째 줄은 if문 밖에 있는 것으로 인식됩니다.

```
if (a > b)
    printf("%d\n", a);    // if문 안에 있다.
printf("%d\n", b);        // if문 밖에 있다.
```

이 현상은 들여쓰기, 공백, 줄 바꿈과는 상관없이 일어납니다.

```
if (a > b)
    printf("%d\n", a);    // if문 안에 있다.
    printf("%d\n", b);    // 들여쓰기 때문에 if문 안에 있는 것처럼 보이지만 실제로는 밖에 있다.
```

중괄호가 없으면 코드가 짧아진다는 장점은 있지만 지나치게 생략하면 프로그램의 흐름이 헷갈릴 수 있기 때문에 상황에 맞게 사용하는 것이 좋습니다. 그러면 예제 4.6을 내용은 같지만 표현만 좀 더 간결하게 바꿔보겠습니다. 어떤 버전이 더 좋은지는 각자의 판단에 맡기겠습니다.

예제 4.7 세 정수를 입력받아 크기순으로 출력하기 – 2

```
#include <stdio.h>

int main() {
    int a, b, c;

    scanf("%d%d%d", &a, &b, &c);
    if (a > b) {
        if (b > c)         printf("%d %d %d\n", a, b, c);
        else if (a > c)    printf("%d %d %d\n", a, c, b);
        else               printf("%d %d %d\n", c, a, b);
```

```
    } else {
        if (a > c)      printf("%d %d %d\n", b, a, c);
        else if (b > c) printf("%d %d %d\n", b, c, a);
        else            printf("%d %d %d\n", c, b, a);
    }
}
```

4.3 switch문

https://youtu.be/
h132scaXYbY

switch는 문법이 까다로운 데다 switch로 할 수 있는 모든 것은 if로도 할 수 있기 때문에 if에 비해서 자주 쓰이지는 않습니다. 하지만 요긴하게 쓰일 때도 있으니 간단히 알아보도록 하겠습니다.

switch문은 한 변수가 가지는 값에 따라 경우를 여러 개로 나눠주는 제어문입니다. 예제를 보면서 이해해 보겠습니다.

다음 예제는 어떤 게임의 메인 메뉴 화면입니다. 숫자를 입력하면 여러 옵션 중 그 숫자에 해당하는 옵션으로 넘어가는 구조입니다. 우선은 if문으로 작성해보겠습니다.

예제 4.8 if문으로 작성한 메인 메뉴 화면

```c
#include <stdio.h>

int main() {
    int choice;

    printf("새 게임: 1\n");
    printf("불러오기: 2\n");
    printf("설정: 3\n");
    printf("크레딧: 4\n");
    scanf("%d", &choice);

    if (choice == 1)
        printf("새 게임.\n");
    else if (choice == 2)
        printf("불러오기.\n");
    else if (choice == 3)
```

```c
        printf("설정.\n");
    else if (choice == 4)
        printf("크레딧.\n");
    else
        printf("잘못 입력하셨습니다.\n");
}
```

```
새 게임: 1
불러오기: 2
설정: 3
크레딧: 4
2 ⏎
불러오기.
```

위 예제에서 볼 수 있듯 choice 변수의 값에 따라 다른 결과가 출력됩니다. 이럴 때 switch문을 사용할 수 있습니다. 위 예제를 switch문을 사용해 바꾸면 다음과 같습니다.

예제 4.9 switch문으로 작성한 메인 메뉴 화면

```c
#include <stdio.h>

int main() {
    int choice;

    printf("새 게임: 1\n");
    printf("불러오기: 2\n");
    printf("설정: 3\n");
    printf("크레딧: 4\n");
    scanf("%d", &choice);

    switch (choice) {
    case 1:   // 세미콜론(;)이 아니라 콜론(:)이다.
        printf("새 게임.\n");
        break;
    case 2:
        printf("불러오기.\n");
        break;
```

```
        case 3:
            printf("설정.\n");
            break;
        case 4:
            printf("크레딧.\n");
            break;
        default:
            printf("잘못 입력하셨습니다.\n");
            break;
        }
}
```

실행 결과는 같으므로 생략하겠습니다.

줄 수는 조금 늘어났지만 보기가 좀 더 간편해졌습니다. choice 변수의 값을 봐서 값이 1이면 case 1:이라고 쓰인 부분 다음부터 break;까지 실행됩니다. 다른 숫자에 대해서도 마찬가지입니다. 명시된 case 중 해당되는 것이 없으면 default:가 있는 곳이 실행됩니다. 물론 default 케이스는 필요가 없으면 작성하지 않아도 됩니다.

switch-case의 불편한 점은 한 케이스가 끝날 때마다 break를 적어줘야 한다는 것입니다. break가 없으면 한 케이스가 끝나고 나서 바로 switch문을 빠져나가지 않고 아래의 케이스까지 전부 실행됩니다.

예제 4.10 break가 없을 때 switch문의 작동

```c
#include <stdio.h>

int main() {
    int choice;

    printf("새 게임: 1\n");
    printf("불러오기: 2\n");
    printf("설정: 3\n");
    printf("크레딧: 4\n");
    scanf("%d", &choice);

    switch (choice) {
    case 1:
        printf("새 게임.\n");
```

```
        case 2:
            printf("불러오기.\n");
        case 3:
            printf("설정.\n");
        case 4:
            printf("크레딧.\n");
        default:
            printf("잘못 입력하셨습니다.\n");
    }
}
```

```
입출력 예
새 게임: 1
불러오기: 2
설정: 3
크레딧: 4
2 ⏎
불러오기.
설정.
크레딧.
잘못 입력하셨습니다.
```

굳이 break를 해야만 switch문을 빠져나가도록 설계된 이유에 대해서는 사람마다 의견이 다릅니다. 하지만 이 현상을 잘 이용하면 여러 케이스를 한꺼번에 처리할 수 있다는 점은 알아둘 만합니다.

```
switch (n) {
case 1:    // break가 없으므로 switch문을 빠져나가지 않고 다음 케이스에 합류한다.
case 2:
    printf("n은 1 또는 2\n");
    break;
case 3:
case 4:
    printf("n은 3 또는 4\n");
    break;
}
```

case에는 변수가 아닌 상수만 들어갈 수 있습니다.

```
switch (n) {
case a:    // 에러! - a는 변수다.
    printf("n은 a\n");
    break;
case 2:
    printf("n은 2\n");
    break;
}
```

마지막으로, switch문에 집어넣는 변수는 반드시 정수형이거나 enum이어야 합니다. enum에 대해서는 8장에서 알아볼 것입니다.

4.4 goto문

goto문을 사용하면 명령이 실행되는 순서를 마음대로 바꿀 수 있습니다. 좋은 기능처럼 들릴지 모르겠지만 그만큼 프로그램의 실행 결과를 예측하기 힘들어집니다. 그래서 goto문은 C/C++ 프로그래머들 사이에선 금기시되는 구문입니다. 그런데도 goto를 설명하려는 이유는 뒤에 나올 반복문의 기초가 되기 때문입니다.

goto를 사용하면 예제 4.9에서 잘못 입력했을 때 다시 처음으로 돌아가서 다시 입력을 받게 할 수 있습니다. 코드에서 MAKE_CHOICE는 '레이블'입니다. 이렇게 원하는 레이블 이름을 쓰고 콜론(:)을 붙이면 잘못 입력했을 때 goto문을 통해 이 레이블이 있는 줄로 순간이동을 할 수 있습니다. 변수 이름으로 사용 가능한 이름이면 레이블 이름으로도 사용할 수 있습니다.

예제 4.11 잘못 입력했을 때 다시 처음으로 돌아가는 메인 메뉴 화면

```
#include <stdio.h>

int main() {
    int choice;

MAKE_CHOICE:    // 레이블
    printf("새 게임 : 1\n");
    printf("불러오기 : 2\n");
```

```c
        printf("설정 : 3\n");
        printf("크레딧 : 4\n");
        scanf("%d", &choice);

        switch (choice) {
        case 1:
            printf("새 게임.\n");
            break;
        case 2:
            printf("불러오기.\n");
            break;
        case 3:
            printf("설정.\n");
            break;
        case 4:
            printf("크레딧.\n");
            break;
        default:
            printf("잘못 입력하셨습니다.\n");
            goto MAKE_CHOICE;    // 위의 MAKE_CHOICE 레이블로 이동한다.
            break;
        }
}
```

입출력 예

```
새 게임: 1
불러오기: 2
설정: 3
크레딧: 4
0 ↵
잘못 입력하셨습니다.
새 게임: 1
불러오기: 2
설정: 3
크레딧: 4
2 ↵
불러오기.
```

4.5 while문으로 반복하기

while문은 소괄호 안의 조건을 만족할 동안에 계속 중괄호 안의 내용을 반복해서 실행하는 반복문입니다. 반복문은 '루프'(loop)라고도 부릅니다.

4.5.1 while문

while문의 생김새는 if문과 비슷합니다.

```
while (조건) {
    반복할 명령
}
```

이렇게 쓰면 goto를 사용한 다음 코드와 같이 작동합니다.

```
LOOP:
if (조건) {
    반복할 명령
    goto LOOP;
}
```

또 그림으로 나타내면 다음과 같습니다.

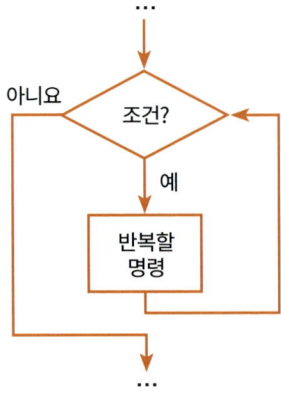

그림 4.8 while문의 작동 방식을 나타낸 순서도

다음 예제는 i라는 정수형 변수를 사용해 1부터 10까지의 자연수를 순서대로 출력하는 프로그램입니다.

예제 4.12 while문을 사용해 1부터 10까지의 자연수 출력하기

```c
#include <stdio.h>

int main() {
    int i = 1;

    while (i <= 10) {  // i가 10 이하일 동안 반복
        printf("%d ", i);
        i++;   // i를 한 번 출력할 때마다 i를 1 증가시킨다.
    }
}
```

출력 결과

```
1 2 3 4 5 6 7 8 9 10
```

결과는 직관적입니다. 그런데 작동 과정을 상세하게 알아볼 필요가 있습니다. 위 예제에서 while문의 조건은 i가 10 이하라는 것입니다. 즉 i가 10 이하일 동안에는 while문의 중괄호 안의 내용이 계속 반복됩니다. i의 초깃값을 1로 준 뒤, while문의 조건을 확인해보니 조건을 만족하므로 중괄호 안이 실행됩니다. while문 안에서 i의 값인 1을 출력하고, i의 값이 증가해 2가 됩니다. 중괄호의 끝에 다다르면 다시 조건을 확인합니다. 아직 i가 10 이하이므로 중괄호 안 맨 첫 줄로 올라가 다시 i의 값인 2를 출력합니다. 또 i가 증가해서 3이 됩니다. 이런 과정을 계속 반복해서 i가 10이 되었을 때를 봅시다. i++에서 i가 10이 된 직후 while문의 조건을 확인하는데, 10은 10 이하이므로 아직 조건을 만족합니다. 따라서 i가 10일 때도 중괄호 안으로 들어가 printf를 통해 10이 출력됩니다. 마지막으로 i가 1 증가해 11이 되면 드디어 조건을 만족하지 않으므로 while문을 빠져나옵니다. while문을 빠져나온 직후 i의 값은 11이 됩니다.

표 4.1 예제의 while문 작동 과정

명령	동작
int i = 1;	i가 1이 됨
while (i <= 10)	조건을 만족하므로 while문의 중괄호 안으로 들어감
printf("%d ", i);	1이 출력됨
i++;	i가 2가 됨
while (i <= 10)	조건을 만족하므로 while문의 중괄호 안으로 들어감
printf("%d ", i);	2가 출력됨

명령	동작
i++;	i가 3이 됨
⋮	⋮
i++;	i가 10이 됨
while (i <= 10)	조건을 만족하므로 while문의 중괄호 안으로 들어감
printf("%d ", i);	10이 출력됨
i++;	i가 11이 됨
while (i <= 10)	조건을 만족하지 않으므로 while문을 빠져나옴 빠져나온 직후 i의 값은 11

이러한 작동 과정은 뒤에 나오는 for문과 깊은 관련이 있습니다. while문과 for문을 마스터하려면 우선 반복문의 작동 과정을 정확히 알고, 반복문이 시작된 시점부터 반복문을 빠져나오는 시점까지 혼자서 꼼꼼히 시뮬레이션해 봐야 합니다. (종이에 적으면서 해보든, 머릿속으로 해보든…)

while문의 조건이 항상 참이라면 무한 루프가 됩니다. 특히 조건 자체를 true 또는 1로 설정할 수 있습니다. 다음 예제는 1부터 시작해 자연수를 무한정으로 출력하는 예제입니다.

예제 4.13 자연수를 순서대로 무한정 출력하는 프로그램

```c
#include <stdio.h>

int main() {
    int i = 1;

    while (true) {
        printf("%d ", i);
        i++;
    }
}
```

출력 결과

1 2 3 4 5 6 7 8 9 10 11 12 13 14 15 16 …   ← 자연수가 무한정으로 출력된다.

4.5.2 do-while문

do-while문은 while문과 비슷하지만 while문과 달리 명령을 먼저 실행하고 마지막에 조건을 확인합니다. 따라서 while문과 달리 do-while문은 중괄호 안의 내용이 반드시 한 번은 실행되고 나서 반복을 계속할지 종료할지를 결정합니다. 구조는 다음과 같습니다. 맨 끝에 세미콜론이 붙는다는 점에 주목해주세요.

```
do {
    반복할 명령
} while (조건);
```

위 코드의 작동 방식은 다음과 같습니다. while문과 어떤 차이가 있는지 비교해보면 좋을 것 같습니다.

```
LOOP:
    반복할 명령
    if (조건) goto LOOP;
```

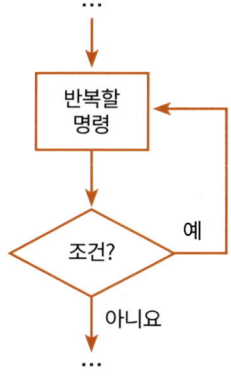

그림 4.9 do-while문의 작동 과정을 나타낸 순서도

다음은 **do-while**을 사용해서 1부터 10까지의 자연수를 출력하는 예제입니다.

예제 4.14 do-while문을 사용해 1부터 10까지의 자연수 출력하기

```c
#include <stdio.h>

int main() {
    int i = 1;
    
    do {
```

```c
        printf("%d ", i);
        i++;
    } while (i <= 10);
}
```

```
C:\  출력 결과                                         — □ ×
1 2 3 4 5 6 7 8 9 10
```

조건을 나중에 확인한다는 특징 때문에 do-while문은 다음 예제와 같이 입력이 유효한 값인지 아닌지 판별할 때 유용합니다.

예제 4.15 0을 입력할 때까지 다시 입력을 요청하는 프로그램

```c
#include <stdio.h>

int main() {
    int n;

    do {
        printf("제발 0을 입력해주세요!!\n");
        scanf("%d", &n);
    } while (n != 0);   // n이 0이 아니라면 반복
    printf("드디어 0을 입력하셨군요!\n");
}
```

```
C:\  입출력 예                                         — □ ×
제발 0을 입력해주세요!!
1 ↵
제발 0을 입력해주세요!!
3 ↵
제발 0을 입력해주세요!!
0 ↵
드디어 0을 입력하셨군요!
```

4.6 for문으로 반복하기

프로그래밍을 할 때 다음과 같은 상황이 굉장히 자주 벌어집니다.

- 똑같은 작업을 특정 횟수만큼 반복한다. (예: 별표를 n개 출력한다.)
- 변수를 일정하게 증가/감소시키면서 반복한다. (예: 1부터 n까지의 홀수를 순서대로 출력한다.)
- 어떤 범위 내의 모든 값에 대해 같은 작업을 수행한다. (예: 1부터 n까지의 자연수를 모두 더한다.)

while문을 쓰면 이 세 문제를 모두 해결할 수 있습니다. 코드는 요점만 나타내겠습니다.

별표를 n개 출력하기
```
int i = 1;

while (i <= n) {
    printf("*");
    i++;
}
```

1부터 n까지의 홀수 출력하기
```
int i = 1;

while (i <= n) {
    printf("%d ", i);
    i += 2;
}
```

1부터 n까지의 자연수 모두 더하기
```
int i = 1;
int sum = 0;   // 1부터 n까지의 합을 저장할 변수

while (i <= n) {
    sum += i;   // sum에 각 i를 누적시킴
    i++;
}
```

혹시 세 코드를 보면서 공통점을 눈치채셨나요? 바로 다음과 같은 구조를 지녔다는 것입니다.

```
int i = 초깃값;

while (반복 조건) {
    반복 내용
    i를 일정 수만큼 증가/감소
}
```

말로 풀어서 설명하자면, i에 초깃값을 지정하고, i를 일정하게 증가/감소시키면서, i가 특정 조건을 만족할 동안 어떤 작업을 반복합니다. 이 작업을 모두 하나로 묶은 제어문이 바로 for문입니다. for문의 구조는 다음과 같습니다.

```
for (초기 조건; 반복 조건; 증가/감소) {
    반복 내용
}
```

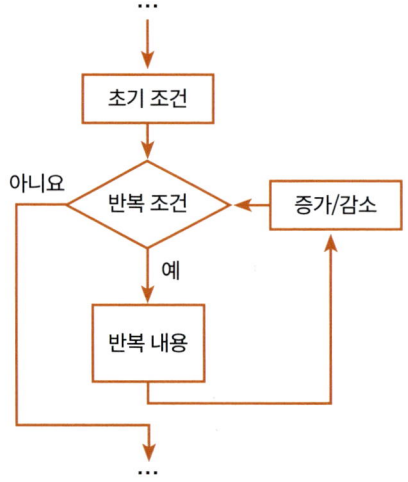

그림 4.10 for문의 작동 방식을 나타낸 순서도

앞의 세 예제 중 마지막 것만 for문으로 고쳐보고, 실행 결과도 확인해보겠습니다. 나머지는 혼자서도 할 수 있으리라 믿습니다. while문으로 나타낸 형태와 for문으로 나타낸 형태를 꼼꼼히 비교해보기 바랍니다.

예제 4.16 1부터 입력된 자연수 n까지의 합 구하기

```c
#include <stdio.h>

int main() {
    int n;

    printf("자연수 입력: ");
    scanf("%d", &n);

    int sum = 0;
    for (int i = 1; i <= n; i++) {
        sum += i;
    }
    printf("1부터 %d까지의 합: %d\n", n, sum);
}
```

```
C:\  입출력 예                                              -  □  ×
자연수 입력: 10 ↵
1부터 10까지의 합: 55
```

여기서 주의할 점은 변수 i는 for문 밖에서 사용할 수 없다는 것입니다.

```c
for (int i = 1; i <= n; i++) {
    printf("%d ", i);   // OK
}
printf("%d", i);   // 에러!
```

i 변수를 for문 바깥에서 쓰는 것은 좋은 습관이 아니지만 혹시라도 필요한 경우에는 i를 for문 밖에서 미리 선언하면 됩니다.

```c
int i;  // i를 for문 밖에서 미리 선언

for (i = 1; i <= n; i++) {
    printf("%d ", i);   // OK
}
printf("%d", i);   // OK
```

for문의 핵심은 어떤 조건을 만족하는 모든 i에 대해(for all i that ~) 작업을 수행한다는 것입니다.

4.7 for문 심화

이번 절에서는 for문의 기능을 융통성 있게 사용해 더 다양한 작업을 해보겠습니다.

4.7.1 조건 생략하기

for문은 초기 조건, 반복 조건, 증가/감소의 세 부분으로 이루어져 있습니다. 이 세 부분 중 하나 이상을 생략할 수 있습니다.

다음 예제는 for문에서 초기 조건을 생략한 예시입니다. n을 입력받은 후 n을 1씩 감소시키면서 n부터 1까지의 자연수를 거꾸로 출력하는 예제입니다. n은 이미 입력받았기 때문에 따로 초기 조건을 줄 필요가 없으므로 초기 조건을 생략할 수 있습니다.

예제 4.17 for문의 초기 조건을 생략해 n부터 1까지의 자연수를 거꾸로 출력하기
```c
#include <stdio.h>

int main() {
    int n;

    printf("자연수 입력: ");
    scanf("%d", &n);
    for (; n >= 1; n--) {   // 초기 조건을 생략
        printf("%d ", n);
    }
}
```

```
입출력 예
자연수 입력: 10 ↵
10 9 8 7 6 5 4 3 2 1
```

반복 조건을 생략하면 무한 루프를 만들 수 있습니다. 즉 반복 조건을 생략한 것은 반복 조건을 true로 설정한 것과 같습니다. 다음 예제는 반복 조건을 생략한 for문을 사용해 예제 4.13과 같이 자연수를 무한정으로 출력하는 예제입니다.

예제 4.18 for문의 반복 조건을 생략해 자연수를 무한정으로 출력하기

```c
#include <stdio.h>

int main() {
    for (int i = 1; ; i++) {   // 반복 조건을 생략
        printf("%d ", i);
    }
}
```

출력 결과

1 2 3 4 5 6 7 8 9 10 11 12 13 14 15 16 ...   ← 자연수가 무한정으로 출력된다.

증가/감소 부분을 생략하면 증가/감소 과정 없이 for 루프를 실행하게 됩니다. 하지만 이 부분만 생략하는 일은 드물고, 보통 세 부분을 모두 생략해 무한루프를 만들 때가 많습니다. 따라서 다음 두 코드는 같은 의미입니다.

```c
for (;;) {
    반복 내용
}
```

```c
while (true) {
    반복 내용
}
```

코드 길이가 짧기 때문에 전자를 선호하는 사람들이 있는데, 후자가 무한루프라는 의미를 좀 더 살린 표현입니다. 둘 다 많이 쓰는 표현입니다.

4.7.2 두 개 이상의 조건 사용하기

for문에서 초기 조건과 증가/감소 부분에는 두 개 이상의 명령을 줄 수 있습니다. 명령은 쉼표로 구분하면 됩니다.

다음은 2의 n제곱을 계산하는 프로그램의 일부입니다.

```
int pow = 1;

for (int i = 1; i <= n; i++) {
    pow *= 2;
}
printf("%d", pow);
```

pow도 i와 마찬가지로 초깃값과 증가/감소와 형태가 비슷한 구문이 있는 것을 확인할 수 있습니다. 따라서 다음과 같이 소괄호 안에 끼워넣을 수 있습니다. 대신 i와 pow를 for문 밖에 정의해야 합니다.

```
int i, pow;

for (i = 1, pow = 1; i <= n; i++, pow *= 2) {
}
```

그런데 이렇게 되면 중괄호 안의 내용이 비는 것을 확인할 수 있습니다. 이럴 때는 중괄호 쌍을 없애고 그 자리를 세미콜론(;)으로 대체할 수 있습니다.

```
int i, pow;

for (i = 1, pow = 1; i <= n; i++, pow *= 2);
```

이제 전체 프로그램을 작성해 보겠습니다.

예제 4.19 2의 거듭제곱 구하기

```
#include <stdio.h>

int main() {
    int n;

    printf("자연수 입력: ");
    scanf("%d", &n);

    int i, pow;
    for (i = 1, pow = 1; i <= n; i++, pow *= 2);
    printf("2의 %d제곱은 %d\n", n, pow);
}
```

```
⌨ 입출력 예                                          ─ ☐ ✕
자연수 입력: 3 ↵
2의 3제곱은 8
```

이렇게 for문을 잘 활용하면 반복적인 작업을 하는 코드를 간단하게 작성할 수 있습니다.

4.7.3 break와 continue: 반복문 조작하기

break를 사용하면 for문 바깥으로 즉시 탈출할 수 있습니다. 물론 while문에서도 쓸 수 있습니다.

https://youtu.be/
qVgoRKTelIE

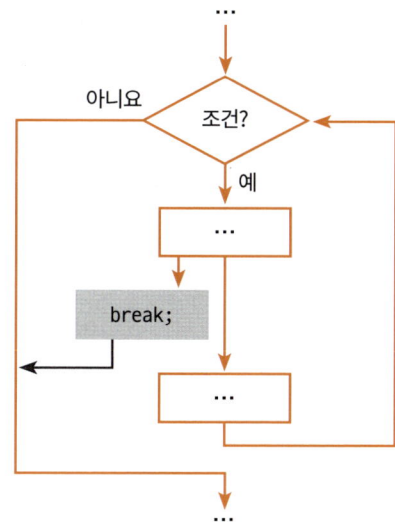

그림 4.11 break문의 작동 방식

다음 예제는 정수를 반복적으로 입력받아 "○○번째 입력 결과: ○○"를 출력하다가 0이 입력되면 종료되는 프로그램입니다.

예제 4.20 i번째 입력 결과를 출력하다가 0이 입력되면 종료되는 프로그램

```c
#include <stdio.h>

int main() {
    for (int i = 1; ; i++) {
        int k;
```

```
        scanf("%d", &k);
        if (k == 0) {    // 입력받은 수 k가 0이라면 for문 밖으로 빠져나옴
            break;
        }
        printf("%d번째 입력 결과: %d\n", i, k);
    }
}
```

```
입출력 예
3 ↵
1번째 입력 결과: 3
6 ↵
2번째 입력 결과: 6
0 ↵
```

continue는 현재 루프를 건너뛰고 바로 다음 루프로 넘어가라는 뜻입니다. 특히 for문에서는 continue를 만나면 증가/감소 파트가 실행되고 나서 다음 루프로 넘어갑니다.

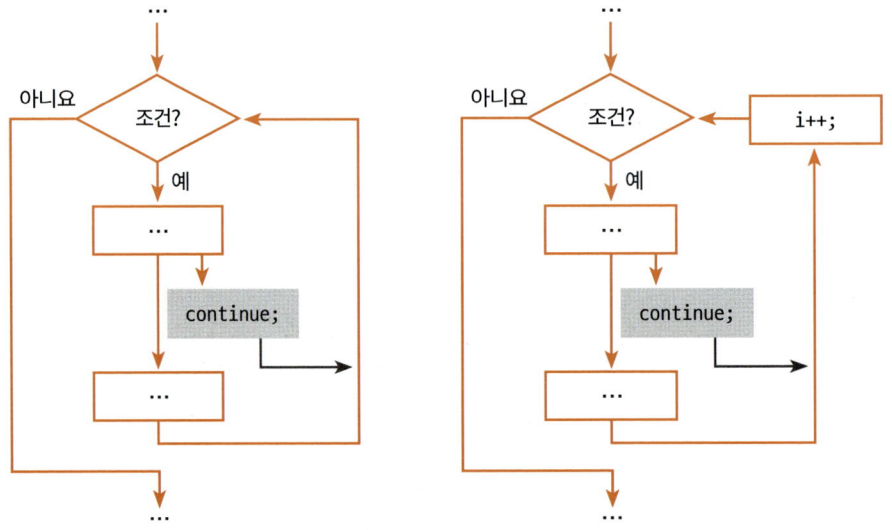

그림 4.12 continue문의 작동 방식(좌: while문, 우: for문)

다음 예제는 1부터 n까지의 자연수를 출력하되, 3의 배수는 출력하지 않는 프로그램입니다.

예제 4.21 3의 배수를 제외한 자연수를 출력하는 프로그램

```c
#include <stdio.h>

int main() {
    int n;
    
    scanf("%d", &n);
    for (int i = 1; i <= n; i++) {
        if (i % 3 == 0) continue;   // i가 3의 배수라면 현재 루프를 건너뜀
        printf("%d \n", i);
    }
}
```

입출력 예
```
10 ↵
1 2 4 5 7 8 10
```

continue를 만났을 때 i가 자기 값을 다음 루프에 그대로 가져가는 게 아니라, i++가 실행된 후에 다음 루프로 넘어간다는 점에 다시 한번 주목합니다.

4.7.4 중첩 for문

경우에 따라서는 반복문 안에 또 반복문을 넣어야 할 때가 있습니다. 행(가로줄)과 열(세로줄)이 존재하는 경우에 특히 그렇습니다. 다음 예제에서는 별표로 이루어진 n행 n열짜리 정사각형을 출력해보겠습니다. 한 행은 별표 n개로 구성되어 있습니다. 따라서 한 행을 출력하기 위해서는 for문 한 개가 필요합니다. 그런데 그러한 행을 또 n개만큼 출력해야 하기 때문에 행 하나를 출력하는 for문을 감싸는 또 다른 for문이 하나 더 있어야 합니다.

만약 n행 m열짜리 직사각형을 출력하고 싶으면 j를 1부터 n까지가 아니라 m까지 가도록 바꾸면 되겠죠?

예제 4.22 별표 n×n개로 이루어진 정사각형 출력하기

```c
#include <stdio.h>

int main() {
    int n;
```

```c
    scanf("%d", &n);
    for (int i = 1; i <= n; i++) {
        for (int j = 1; j <= n; j++) {   // 별표를 n번 출력한다.
            printf("*");
        }
        printf("\n");   // 별표를 n개 출력했으면 줄 바꿈한다.
    }
}
```

```
입출력 예
4 ⏎
****
****
****
****
```

이번에는 계단 모양을 출력해보겠습니다. 계단 모양이란 첫째 줄에 별표 1개, 둘째 줄에 별표 2개, …처럼 n번째 줄에 별표 n개를 출력하는 것입니다. i번째 행에 별표가 i개 출력되어야 하므로 안쪽 for문의 j를 1부터 i까지 증가시키면 되겠죠?

예제 4.23 높이가 n인 계단 출력하기

```c
#include <stdio.h>

int main() {
    int n;

    scanf("%d", &n);
    for (int i = 1; i <= n; i++) {
        for (int j = 1; j <= i; j++) {   // i번째 행에 별표를 i번 출력한다.
            printf("*");
        }
        printf("\n");
    }
}
```

```
입출력 예
4 ↵
*
**
***
****
```

여기까지 해서 제어문에 대해서 모두 알아보았습니다. 많이 길었죠? 하지만 그만큼 제어문은 프로그래밍에서 아주 중요한 구문입니다.

종·합·문·제

1 시험 점수를 입력받아 학점을 계산하는 프로그램을 만들어 보세요. 90~100점은 A, 80~89점은 B, 70~79점은 C, 60~69점은 D, 0~59점은 F가 나와야 합니다. 또, 0~100 사이의 정수가 입력되지 않은 경우 "잘못 입력하셨습니다."를 출력해야 합니다.

예시
```
점수 입력: 89 ⏎
B
```

2 자연수를 입력받아 그 자연수의 약수를 모두 출력하는 프로그램을 만들어 보세요. 자연수가 입력되지 않는 경우는 처리하지 않아도 됩니다.

예시
```
자연수 입력: 12 ⏎
1, 2, 3, 4, 6, 12
```

3 자연수 n을 입력받은 후, 1부터 n까지의 자연수를 순서대로 출력하되, 일의 자리가 3, 6, 또는 9이면 숫자 대신 별표(*)를 출력하는 프로그램을 만들어 보세요. 자연수가 입력되지 않는 경우는 처리하지 않아도 됩니다.

예시
```
자연수 입력: 17 ⏎
1 2 * 4 5 * 7 8 * 10 11 12 * 14 15 * 17
```

4 자연수 n을 입력받은 후, 다음과 같이 크기가 n인 숫자 삼각형을 출력해 보세요.

예시
```
자연수 입력: 4 ⏎
1
1 2
1 2 3
1 2 3 4
```

5 자연수 n을 입력받은 후, 다음과 같이 크기가 n인 숫자 삼각형을 출력해 보세요.

예시
```
자연수 입력: 4 ⏎
4 3 2 1
3 2 1
2 1
1
```

6️⃣ 자연수 n을 입력받은 후, 다음과 같이 크기가 n인 숫자 삼각형을 출력해 보세요.

```
예시    자연수 입력: 4 ⏎
        1 2 3 4
        1 2 3
        1 2
        1
```

7️⃣ 자연수 n을 입력받은 후, 다음과 같이 크기가 n인 숫자 삼각형을 출력해 보세요.

```
예시    자연수 입력: 4 ⏎
        1
        1 3
        1 3 5
        1 3 5 7
```

8️⃣ 자연수 n을 입력받은 후, 다음과 같이 크기가 n인 숫자 삼각형을 출력해 보세요.

```
예시    자연수 입력: 4 ⏎
        1
        1 2 3
        1 2 3 4 5
        1 2 3 4 5 6 7
```

05

배열과 포인터

2장에서는 값을 저장할 수 있는 변수를 알아보았습니다. 그런데 변수가 굉장히 많이 필요한 상황에서는 변수를 일일이 만들기가 곤란할 수도 있습니다. 변수 여러 개를 늘어놓은 배열을 사용하면 그런 문제를 해결할 수 있습니다. 또 배열은 포인터라는 개념과 깊은 관련이 있습니다. 이번 장에서는 배열과 포인터에 대해 알아본 후, 포인터와 배열이 어떤 관련이 있고 이 둘을 어떻게 활용하는지 알아보겠습니다.

5.1 배열

예를 들어 반 학생들의 키를 모두 저장하고 싶다고 해봅시다. 한 반이 5명이었다면, 좀 귀찮긴 하겠지만 그냥 변수를 5개 만들면 되겠죠?

https://youtu.be/
MNNSuoNbOQw

```
int h1, h2, h3, h4, h5;
```

그런데 한 반에 학생이 50명이라면 변수 50개를 선언하려고만 해도 애를 좀 써야 할 것입니다. 변수를 50개 만드는 것도 힘든데, 정보를 수만 개씩 저장해야 하는 시대에 이런 비효율적인 방법을 써야 한다면 큰일이겠죠?

그래서 등장한 것이 '배열'(array)입니다. 배열은 서로 같은 자료형의 변수를 특정 개수만큼 나열해 놓은 것입니다.

5.1.1 배열의 선언과 사용

그러면 우선 배열을 선언하는 방법부터 알아보겠습니다.

```
int arr[5];
```

변수를 선언하는 방법과 비슷하지만 이름 뒤 대괄호 안에 숫자를 적습니다. 위에서 배열의 이름은 arr이라고 지정했지만 arr이 아니더라도 변수 이름을 짓듯이 아무 이름이나 지을 수 있습니다. 대괄호 안의 숫자는 칸수입니다. 즉, 위와 같이 적으면 int형을 담는 arr이라는 이름의 5칸짜리 배열이 만들어집니다. 그림으로 그려보면 다음과 같습니다.

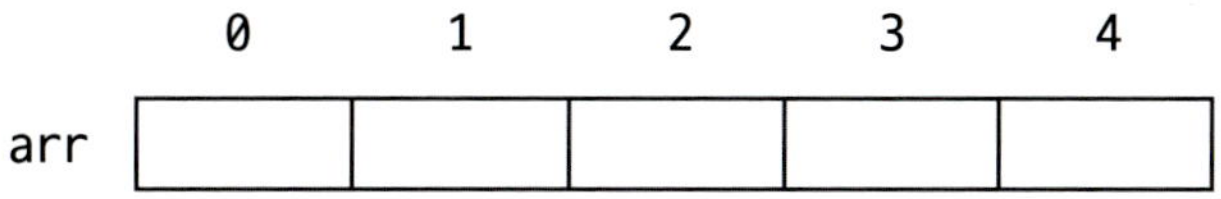

그림 5.1 5칸짜리 int형 배열

이렇게 배열이 만들어지면 각 칸 하나하나를 int형 변수 하나로 생각할 수 있습니다. 즉, 칸마다 정숫값을 집어넣고, 바꾸고, 불러올 수 있습니다.

각 칸 위에 쓰인 숫자는 '칸 번호'를 의미합니다. C언어에서 **배열의 칸 번호는 항상 0부터 시작합니다.** 따라서 가장 왼쪽에 있는 칸은 0번 칸, 그 오른쪽 칸은 1번 칸, … 이렇게 해서 마지막 칸은 4번 칸이 됩니다. 칸 개수가 5개인데 마지막 칸이 5번이 아니라 4번이 되는 이유도 역시 칸 번호가 0부터 시작하기 때문입니다. 만약 1부터 시작하기로 약속했다면 마지막 칸 번호는 5가 되었겠죠? 하지만 C에서는 0부터 시작하므로 5칸짜리 배열을 선언하면 0번 칸부터 4번 칸까지 생성됩니다.

굳이 0부터 시작하는 이유는 포인터에 대해 알아보고 나서 설명하겠습니다. 그게 아니더라도 수학적으로도 번호를 0부터 시작했을 때 얻는 이점이 1부터 시작했을 때 얻는 이점보다 큽니다. 아무튼 우선은 "**배열은 0부터 시작한다.**"라는 사실은 절대 잊지 않았으면 좋겠습니다.

> 참고
>
> **번호를 0부터 시작해서 매기면 좋은 점**
>
> 우리는 개수를 세는 데 익숙하고, 개수를 셀 때는 1부터 시작하기 때문에 뭐든지 번호를 매길 때도 1부터 매기는 것을 좋아합니다. 하지만 번호나 순서를 매길 때는 0부터 매기는 것이 편할 때가 많습니다. 예시를 끝도 없이 들 수 있지만, 가장 공감 갈 만한 것 하나만 소개하겠습니다.
>
> 서기 달력은 AD 1년부터 시작합니다. 그리고 1년부터 시작하는 100년간을 1세기라고 합니다. 따라서 1년~100년은 1세기, 101년~200년은 2세기, …와 같은 식이 됩니다. 여기서 벌써 첫 번째 문제가 등장합니다. 예를 들어 1800년

> 대는(1800년을 제외하면) 19세기가 되고, 1900년대는 20세기가 되는 식입니다. 연도의 앞 두 자리가 세기 번호와 맞아떨어지면 참 좋을 것 같은데, 그렇지 못하다는 것입니다.
>
> 반대로 서기 달력을 AD 0년부터 시작하고, 0세기가 0년~99년, 1세기가 100년~199년, …을 나타낸다고 하면 어떨까요? 1800년대는 정확히 18세기이고, 1900년대는 정확히 19세기가 됩니다. 예를 들어 AD 1591년이 몇 세기인지 알고 싶으면 앞 두 자리만 읽어 15세기라고 하면 됩니다. 훨씬 낫지 않나요?
>
> 또, AD 100년과 AD 200년은 정확히 100년만큼 차이가 납니다. 그렇다면 BC 100년과 AD 200년은 정확히 몇 년 차이 날까요? 300년이라 생각했다면 틀렸습니다. AD 1년 바로 전 해는 BC 1년이기 때문에, (그 사이에 "0년"이라는 것이 없기 때문에) 답은 299년입니다. 역시 서기 달력이 0년부터 시작했다면 발생하지 않았을 문제입니다.

그럼 배열에 값을 집어넣어 봅시다. 예를 들어 arr이라는 배열의 2번째 칸에 3을 집어넣고 싶으면 어떻게 해야 할까요? 다음과 같이 적으면 됩니다. 2번째 칸인데 왜 1이냐고요? 배열의 칸 번호가 0부터 시작하기 때문입니다.

```
arr[1] = 3;
```

여기서 배열을 선언할 때의 대괄호와 선언한 이후의 대괄호의 차이점을 알 필요가 있습니다. 배열을 선언할 때 대괄호 안에 넣었던 숫자는 "몇 칸짜리 배열을 만들 것인지"를 의미합니다. 이와 달리, 배열을 한 번 선언하고 나서 이후 대괄호 안에 숫자를 넣어 표기하면 그것은 "배열의 몇 번째 칸인지"를 의미합니다.

```
int arr[5];   // 5칸짜리 배열을 선언하겠다는 뜻
arr[1] = 3;   // arr의 1번 칸, 즉 2번째 칸에 3을 대입하겠다는 뜻
```

arr의 각 칸에 1, 3, 5, 7, 9를 넣고 싶으면 다음과 같이 하면 되겠죠?

```
int arr[5];
arr[0] = 1;
arr[1] = 3;
arr[2] = 5;
arr[3] = 7;
arr[4] = 9;
```

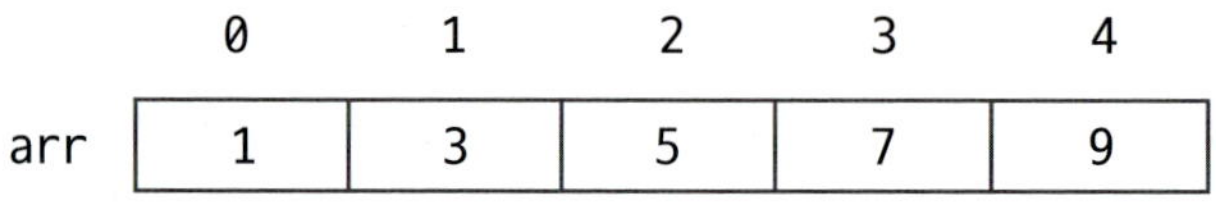

	0	1	2	3	4
arr	1	3	5	7	9

그림 5.2 arr의 각 칸에 1, 3, 5, 7, 9를 대입한 모습

그런데 배열을 초기화할 때는 이보다 간편한 방법이 있습니다.

```
int arr[5] = { 1, 3, 5, 7, 9 };
```

이렇게 중괄호 안에 초기화할 값을 순서대로 쉼표로 구분해서 넣으면 그림 5.2처럼 각 칸에 순서대로 숫자가 들어갑니다.

다음 예제는 5칸짜리 배열을 만들어 각 칸을 1, 3, 5, 7, 9로 초기화한 뒤 printf를 통해 각 칸의 내용을 모두 출력하는 예제입니다. 칸 번호는 0번부터 4번까지임을 다시 한번 주의합시다.

예제 5.1 5칸짜리 배열에 값 대입하고 출력하기

```
#include <stdio.h>

int main() {
    int arr[5] = { 1, 3, 5, 7, 9 };

    printf("%d\n", arr[0]);
    printf("%d\n", arr[1]);
    printf("%d\n", arr[2]);
    printf("%d\n", arr[3]);
    printf("%d\n", arr[4]);
}
```

출력 결과

```
1
3
5
7
9
```

배열을 만들었더니 변수 5개를 한꺼번에 초기화한 것은 좋은데, 출력하는 부분이 길어서 좀 찝찝합니다. 이 부분은 사실 for문을 사용하면 쉽게 고칠 수 있습니다. i를 0부터 4까지 증가시키면서 arr[i]를 출력하면 됩니다.

```
for (int i = 0; i <= 4; i++) {
    printf("%d\n", arr[i]);
}
```

그런데 위와 같은 방법보다는 주로 5칸짜리 배열임을 쉽게 알 수 있도록 다음과 같이 적습니다. i가 정수라면 i <= 4와 i < 5는 같은 말이므로 실행 결과는 같습니다.

```
for (int i = 0; i < 5; i++) {
    printf("%d\n", arr[i]);
}
```

그러면 for문을 사용해 위의 예제를 고쳐볼까요? 출력 결과는 같으므로 생략합니다.

예제 5.2 5칸짜리 배열에 값을 대입하고 for문을 사용해 출력하기

```
#include <stdio.h>

int main() {
    int arr[5] = { 1, 3, 5, 7, 9 };

    for (int i = 0; i < 5; i++) {
        printf("%d\n", arr[i]);
    }
}
```

그렇게 많이 쓰이지는 않지만 다음 예제와 같이 적기도 합니다. sizeof(arr)을 쓰면 배열 전체의 크기가 나옵니다. int형 하나는 4바이트인데, 그런 칸이 5개 있으니 총 크기는 20바이트가 됩니다. 그래서 sizeof(arr)의 값은 20입니다. 여기서 sizeof(arr)을 sizeof(int) 또는 sizeof(arr[0])으로 나누면 다시 배열의 칸 개수인 5가 나옵니다. 이번에도 역시 출력 결과는 생략합니다.

예제 5.3 5칸짜리 배열에 값을 대입하고 for문을 사용해 출력하기 - sizeof 사용

```
#include <stdio.h>

int main() {
    int arr[5] = { 1, 3, 5, 7, 9 };

    for (int i = 0; i < sizeof(arr) / sizeof(arr[0]); i++) {
        printf("%d\n", arr[i]);
    }
}
```

배열의 핵심은 반복문에 있습니다. 특히 for문을 사용해 i를 0부터 n-1까지 증가시킨다면 배열의 모든 칸에 대해 일정한 작업을 수행할 수 있습니다.

> **Tip 배열의 길이와 크기**
>
> "배열의 길이" 또는 "배열의 크기"라고 하면 일반적인 상황에서는 모두 배열의 칸수를 의미합니다. 그런데 "길이"는 뒤에 나올 문자열의 길이와 헷갈릴 수 있고, "크기"는 방금처럼 배열 전체가 몇 바이트인지(sizeof 연산을 통해 구한 배열 전체의 크기)를 의미하는 경우가 많으므로 이 책에서는 "칸수"로 용어를 통일하겠습니다.

5.1.2 배열의 초기화

배열을 초기화할 때 중괄호 안에 숫자들을 적으면 된다고 했습니다. 그런데 이 문법은 배열을 **초기화**할 때만 사용할 수 있습니다. 초기화는 선언과 대입을 동시에 하는 것이라고 했습니다. 즉, 다음과 같이 쓰는 것은 되지만

```c
int arr[5] = { 1, 3, 5, 7, 9 };
```

다음과 같이 쓸 수는 **없습니다**.

```c
int arr[5];
arr = { 1, 3, 5, 7, 9 };   // 에러!
```

또 다음과 같이 한 배열의 내용물을 다른 배열로 한꺼번에 복사할 수도 **없습니다**.

```c
int arr[5] = { 1, 3, 5, 7, 9 };
int brr[5] = arr;   // 에러!
```

배열의 내용 전체를 다른 배열에 복사하고 싶으면 다음과 같이 for문을 사용해야 합니다.

```c
int arr[5] = { 1, 3, 5, 7, 9 };
int brr[5];

for (int i = 0; i < 5; i++) {
    brr[i] = arr[i];
}
```

배열을 초기화할 때 중괄호 안의 숫자 개수만큼만 배열의 칸 개수를 할당하고 싶을 때는 다음과 같이 대괄호 안의 내용을 생략할 수 있습니다. 이렇게 작성하면 개수를 명시하지 않아도 중괄호 안의 값이 5개이므로 5칸짜리 배열이 알아서 만들어집니다.

```
int arr[] = { 1, 3, 5, 7, 9 };
```

또 칸수를 명시했는데 중괄호 안 수의 개수가 칸의 개수보다 적으면 나머지 칸들은 자동으로 0으로 채워집니다.

```
int arr[5] = { 1, 3, 5 };   // int arr[5] = { 1, 3, 5, 0, 0 };과 같음
```

5.2 배열 활용

이제 배열을 활용한 몇 가지 예제를 알아보겠습니다.

https://youtu.be/
zS7b-C3wDMI

5.2.1 거꾸로 출력하기

먼저, 정수 n개를 입력받아서 입력된 순서와 반대로 출력하는 프로그램을 만들어보겠습니다. 처음에 n이 얼마인지를 입력받고, 그다음에 n개의 숫자를 입력받습니다. 그러면 입력된 정수들을 입력된 순서와 반대 순서로 출력합니다.

우선은 입력받는 부분을 작성해 보겠습니다.

```c
int n;
int arr[1000];

printf("입력할 숫자의 개수 : ");
scanf("%d", &n);

printf("숫자 %d개를 입력하세요 : ", n);
for (int i = 0; i < n; i++) {
    scanf("%d", &arr[i]);
}
```

우선 입력받을 숫자의 개수를 담을 변수 n과, n개의 숫자를 담을 배열 arr을 만듭니다. arr의 칸수를 딱 n 개에 맞춰 선언하면 좋겠지만 비주얼 C++ 컴파일러를 포함한 일부 컴파일러에서는 배열의 칸수에는 상수만 들어갈 수 있습니다. 따라서 적당히 큰 수인 1000 정도를 칸수로 입력했습니다. 첫 n개의 칸만 사용하고, 그 이후의 칸은 사용하지 않고 버릴 것입니다. n이 1000보다 크다면 분명 문제가 생기겠지만 지금은 그런 상황까지는 생각하지 않기로 하겠습니다. scanf를 통해 n을 입력받은 후, for문을 돌면서 arr[i]에 입력을 받습니다. 이러면 arr[0], arr[1], … 이렇게 순서대로 입력받아지겠죠?.

여기까지 해서 우선 n이 5이고, 3, 1, 4, 1, 5를 입력했다고 가정해 봅시다. 그러면 배열은 다음과 같은 상황이 됩니다. 5~999번 칸은 사용하지 않으므로 빈칸으로 표시했습니다.

	0	1	2	3	4	5	…	999
arr	3	1	4	1	5		…	

그림 5.3 3, 1, 4, 1, 5를 입력했을 때 배열의 상태

그러면 이제 4번 칸부터 시작해서 0번 칸까지 for문을 거꾸로 돌면서 배열의 내용을 출력하면 됩니다. n=5일 때 4부터 시작해야 하므로 시작하는 칸 번호는 일반화해서 말하면 n-1입니다. 즉 i가 n-1부터 시작해서 0까지 감소해야 합니다. 코드로 작성하면 다음과 같이 될 겁니다.

```c
for (int i = n-1; i >= 0; i--) {
    printf("%d ", arr[i]);
}
```

이렇게 적으면 arr[4]부터 시작해서 arr[0]까지의 내용물이 출력될 것입니다. 완성된 코드는 다음과 같습니다.

예제 5.4 입력받은 n개의 정수를 거꾸로 출력하기
```c
#include <stdio.h>

int main() {
    int n;
    int arr[1000];

    printf("입력할 숫자의 개수 : ");
    scanf("%d", &n);
    printf("숫자 %d개를 입력하세요 : ", n);
```

```
    for (int i = 0; i < n; i++) {
        scanf("%d", &arr[i]);
    }

    for (int i = n-1; i >= 0; i--) {
        printf("%d ", arr[i]);
    }
}
```

```
c:\  입출력 예                                               -  □  ×
입력할 숫자의 개수 : 5 ⏎
숫자 5개를 입력하세요 : 3 1 4 1 5 ⏎
5 1 4 1 3
```

5.2.2 최대, 최소 구하기

이번에는 n개의 정수 중 최댓값과 최솟값을 찾는 프로그램을 만들어 보겠습니다. 입력받는 틀은 앞의 예제와 똑같습니다.

```
int n;
int arr[1000];

printf("입력할 숫자의 개수 : ");
scanf("%d", &n);
printf("숫자 %d개를 입력하세요 : ", n);
for (int i = 0; i < n; i++) {
    scanf("%d", &arr[i]);
}
```

먼저 최댓값부터 생각해보겠습니다. 컴퓨터가 최댓값을 찾으려면 어떻게 해야 할까요? 기본적인 방법은 각 칸을 순서대로 보면서 현재까지 나온 수 중에서 최댓값을 후보로 저장해 놓는 것입니다.

n=5이고 배열에 { 3, 1, 4, 1, 5 }가 들어 있다고 해봅시다. 0번 칸에는 3이 들어 있습니다. 우선 현재까지 본 숫자가 3밖에 없으니까 그냥 3을 후보로 정합니다. 1번 칸에는 1이 들어가 있습니다. 1보다는 3이 크니까 3이 여전히 후보입니다. 2번 칸을 봤더니 4가 들어 있습니다. 이제 3은 더이상 최댓값의 후보가 될 수

없으므로 후보를 4로 갱신합니다. 3번, 4번 칸도 마찬가지로 진행하면 최종 후보는 5가 될 것입니다. 따라서 5가 배열의 최댓값입니다.

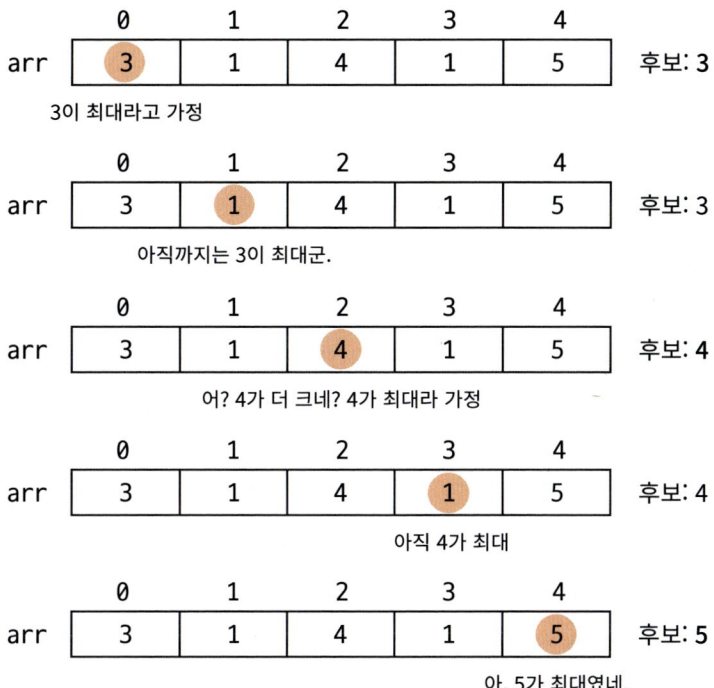

그림 5.4 배열의 최댓값을 찾는 과정

배열을 한 칸씩 순서대로 따져보는 것은 for문을 사용하면 가능합니다. 그러는 과정에서 후보로 가능한 수를 변수에 계속 저장해놓고 있어야 합니다. 그 변수를 max라고 하겠습니다. max의 초깃값을 arr[0]으로 설정해놓고, arr의 1번 칸부터 n-1번 칸까지를 후보와 비교하면서 그 칸에 들어 있는 수가 더 크면 후보를 갱신합니다. 즉, i를 1부터 n-1까지 증가시키면서 arr[i]가 max보다 큰 경우 max를 arr[i]로 갱신하는 방식입니다. 위의 논리 방식을 코드로 나타낸 것뿐입니다.

```c
int max = arr[0];        // 최댓값의 후보

for (int i = 1; i < n; i++) {
    if (max < arr[i]) {  // max보다 큰 값이 배열에 들어 있으면
        max = arr[i];    // max를 그 값으로 갱신한다.
    }
}
```

for문을 끝마치고 나면 max 변수에는 배열의 실제 최댓값이 들어가 있을 겁니다. 따라서 이 값을 출력하면 됩니다. 출력하는 부분까지 작성해서 전체 코드를 나타내면 다음과 같습니다.

예제 5.5 배열의 최댓값 구하기

```c
#include <stdio.h>

int main() {
    int n;
    int arr[1000];

    printf("입력할 숫자의 개수 : ");
    scanf("%d", &n);
    printf("숫자 %d개를 입력하세요 : ", n);
    for (int i = 0; i < n; i++) {
        scanf("%d", &arr[i]);
    }

    int max = arr[0];
    for (int i = 1; i < n; i++) {
        if (max < arr[i]) {
            max = arr[i];
        }
    }

    printf("최댓값 : %d\n", max);
}
```

입출력 예

```
입력할 숫자의 개수 : 5 ↵
숫자 5개를 입력하세요 : 3 1 4 1 5 ↵
최댓값 : 5
```

최솟값은 어떻게 찾을 수 있을까요? if문 안의 부등호의 방향만 뒤집으면 되겠죠? 이것은 숙제로 남겨두겠습니다.

5.2.3 짝수의 개수 구하기

이번에는 n개의 정수를 입력받아 짝수의 개수를 세는 프로그램을 만들어 보겠습니다. 우선 입력은 앞의 두 예제와 같으므로 생략하겠습니다. 짝수인지 아닌지를 판별하려면 2로 나눈 나머지가 0인지 보면 된다고 언급했습니다. 따라서 배열의 각 원소를 보면서 2로 나눈 나머지가 0인 것들의 개수를 세면 됩니다. 개수는 어떻게 세냐고요? 우선 개수를 저장할 변수를 만들고 0으로 초기화합니다. 그다음 짝수가 나올 때마다 그 변수에 1을 더하면 됩니다. 코드로 나타내면 다음과 같습니다. cnt가 바로 짝수의 개수를 셀 변수입니다. for문에서 i를 0부터 n-1까지 증가시키면서 arr[i]가 짝수라면 cnt의 값을 1 증가시킵니다. for문을 다 돌고 나오면 cnt에는 배열의 원소 중 짝수의 개수가 정확히 들어가 있을 겁니다. 참고로 cnt는 count(세다)의 약자입니다.

예제 5.6 배열에서 짝수의 개수 구하기

```c
#include <stdio.h>

int main() {
    int n;
    int arr[1000];

    printf("입력할 숫자의 개수 : ");
    scanf("%d", &n);
    printf("숫자 %d개를 입력하세요 : ", n);
    for (int i = 0; i < n; i++) {
        scanf("%d", &arr[i]);
    }

    int cnt = 0;
    for (int i = 0; i < n; i++) {
        if (arr[i] % 2 == 0) {   // 2로 나눈 나머지가 0이라면 짝수이므로
            cnt++;               // cnt를 1 증가시킨다.
        }
    }

    printf("짝수의 개수 : %d\n", cnt);
}
```

```
 C:\  입출력 예                                           -  □  ×
입력할 숫자의 개수 : 5 ↵
숫자 5개를 입력하세요 : 1 2 3 4 5 ↵
짝수의 개수 : 2
```

5.3 다차원 배열

지금까지는 변수를 일렬로 늘어놓은 형태의 배열에 대해 알아보았습니다. 이것들은 그냥 '배열'이라고도 하지만 엄밀히 말하자면 '일차원 배열'입니다. 하지만 차원이 여러 개인 다차원 배열도 만들 수 있습니다.

https://youtu.be/TddD0xWrwKI

5.3.1 이차원 배열

이차원 배열은 일차원 배열 여러 개를 또다시 늘어놓은 배열입니다. 그러니까 행과 열이 있는 표와 같은 구조라고 할 수 있습니다. 각 행의 구조가 하나의 일차원 배열인데, 이런 행 여러 개가 세로로 늘어서 있는 것입니다. 그림은 행이 3개이고 열이 4개인 이차원 배열입니다.

	0	1	2	3
0	arr[0][0]	arr[0][1]	arr[0][2]	arr[0][3]	→ arr[0]: arr의 0번 행
1	arr[1][0]	arr[1][1]	arr[1][2]	arr[1][3]	→ arr[1]: arr의 1번 행
2	arr[2][0]	arr[2][1]	arr[2][2]	arr[2][3]	→ arr[2]: arr의 2번 행

그림 5.5 이차원 배열 arr의 구조

그림과 같은 이차원 배열을 선언하는 방법은 다음과 같습니다. 행의 개수를 먼저 적고, 열의 개수를 그다음에 적습니다.

```
int arr[3][4];
```

이렇게 배열을 선언하고 나면, arr[i]는 arr의 i번 행을 의미하게 됩니다. 당연히 행 번호도 0부터 시작하므로 위의 arr에서 i는 0부터 2까지의 값이 가능합니다. 한 행을 일차원 배열로 본다면 arr[i]가 하나의 일차원 배열의 역할을 합니다. 따라서 배열의 i번 행의 j번 열에 접근하고 싶으면 arr[i]의 j번 칸이므로 arr[i][j]라고 적으면 됩니다. 이 말이 어렵다면 지금은 "arr[i][j]는 arr의 i번 행의 j번 칸을 의미한다."라는 것만 알고 있어도 됩니다.

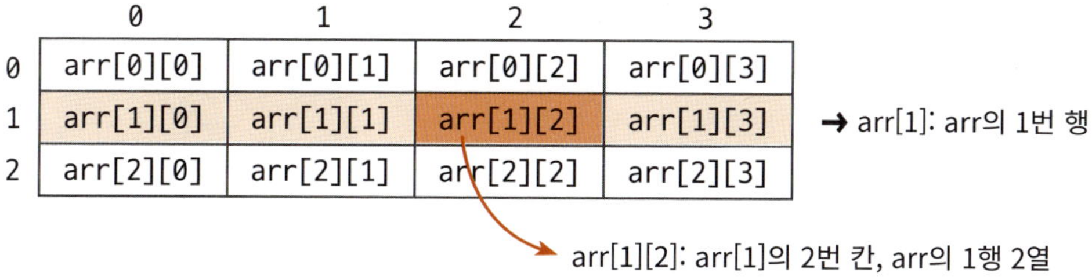

	0	1	2	3
0	arr[0][0]	arr[0][1]	arr[0][2]	arr[0][3]
1	arr[1][0]	arr[1][1]	arr[1][2]	arr[1][3]
2	arr[2][0]	arr[2][1]	arr[2][2]	arr[2][3]

➜ arr[1]: arr의 1번 행

arr[1][2]: arr[1]의 2번 칸, arr의 1행 2열

그림 5.6 이차원 배열에서 1행 2열의 의미

이차원 배열의 초기화는 다음과 같이 할 수 있습니다.

```
int arr[2][3] = { { 1, 2, 3 }, { 4, 5, 6 } };
```

{ 1, 2, 3 }과 { 4, 5, 6 }을 각각 3칸짜리 일차원 배열로 본다면, { { 1, 2, 3 }, { 4, 5, 6 } }은 이들 일차원 배열 각각을 행으로 가지는 이차원 배열이라고 할 수 있습니다. 초기화되면 arr의 상태는 다음과 같이 됩니다.

arr

	0	1	2
0	1	2	3
1	4	5	6

그림 5.7 초기화된 이후 이차원 배열의 상태

다음 예제에서는 간단히 3×4짜리 이차원 배열을 초기화하고 표의 형태로 출력해보겠습니다.

이차원 배열을 출력하려면 각 행을 한 줄씩 출력하는 것을 행의 개수만큼 반복해야 합니다. 따라서 for문이 필요합니다. 행의 개수가 3개라면 다음과 같은 형태가 됩니다.

```
for (int i = 0; i < 3; i++) {
    (i번째 행을 출력하기)
    printf("\n");
}
```

그냥 0번 행을 출력한 후 줄 바꿈을 하고, 1번 행을 출력하고 줄 바꿈을 하고, 2번 행을 출력한 후 줄 바꿈을 하라는 의미입니다. 너무 당연한 소리를 어렵게 했나요?

한 행을 출력하는 과정은 일차원 배열을 출력하는 것과 같습니다. 일차원 배열을 출력하는 데 for문을 사용했습니다. 그러니까 한 행을 출력하기 위해서 for문 하나가 필요하고, 그런 과정을 행의 개수만큼 반복해야 하므로 이중 for문이 됩니다.

> **Tip** 일정한 간격으로 숫자 출력하기
>
> printf에서 %4d를 사용하면 정수 하나를 출력할 때 4칸의 공간을 확보해서 출력할 수 있습니다. 표처럼 일정한 간격으로 숫자를 출력할 때 유용합니다.

예제 5.7 이차원 배열 초기화 및 출력

```c
#include <stdio.h>

int main() {
    int arr[3][4] = { { 1, 2, 3, 4 }, { 5, 6, 7, 8 }, { 9, 10, 11, 12 } };

    for (int i = 0; i < 3; i++) {
        for (int j = 0; j < 4; j++) {
            printf("%4d", arr[i][j]);
        }
        printf("\n");
    }
}
```

출력 결과
```
   1   2   3   4
   5   6   7   8
   9  10  11  12
```

이차원 배열도 초기화할 때 다음과 같이 행의 개수를 생략할 수 있습니다. 특이한 점은 열의 개수는 생략하지 못하고 행의 개수만 생략할 수 있다는 것입니다. 그 이유는 이후에 배울 '배열 포인터'라는 것과 이차원 배열 사이의 관계와 관련이 있는데, 자세한 것은 그때 가서 알아보겠습니다.

```c
int arr[][3] = { { 1, 2, 3 }, { 4, 5, 6 } };   // 자동으로 2행 3열 이차원 배열이 만들어짐
```

또, 다음과 같이 중괄호를 이중으로 쓰지 않고 원소들을 쭉 나열해도 됩니다. 물론 이런 문법을 쓰면 코드를 읽을 때 헷갈리므로 저런 게 있다는 것만 알아두고 쓰지 않는 게 좋습니다.

```
int arr[2][3] = { 1, 2, 3, 4, 5, 6 };   // { { 1, 2, 3 }, { 4, 5, 6 } }과 같음
```

다음과 같이 쓰는 것도 가능합니다. 일차원 배열과 마찬가지로 부족한 부분에 0이 자동으로 채워집니다.

```
int arr[2][3] = { { 1, 2 }, { 4 } };   // { { 1, 2, 0 }, { 4, 0, 0 } }과 같음
```

5.3.2 다차원 배열

이차원 배열을 또다시 나열하면 삼차원 배열이 됩니다. 또 컴퓨터의 메모리가 허락하는 한 4차원, 5차원 배열 등등 임의 차원의 배열도 만들 수 있습니다. 그러나 3차원 이상의 배열은 직관적이지 못하고 실제로 쓰일 일도 거의 없기 때문에 "이런 게 가능하다" 정도만 알아도 됩니다.

삼차원 배열은 다음과 같이 선언할 수 있습니다.

```
int arr[2][2][2];
```

이렇게 적으면 2×2×2짜리 배열이 생깁니다. 루빅스 큐브 같은 정육면체 모양으로 생각할 수 있습니다.

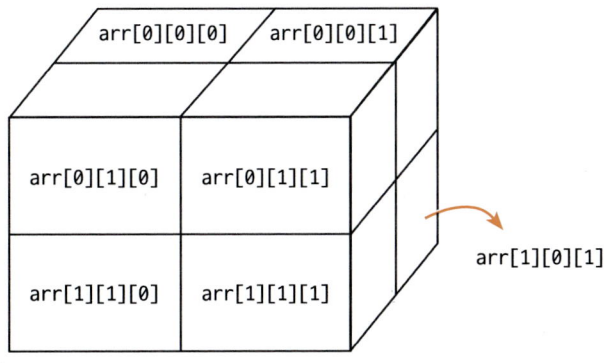

그림 5.8 2×2×2 삼차원 배열

사용법은 앞 내용의 연장선이므로 생략합니다.

5.4 문자열

컴퓨터에서 가장 많이 저장되고 처리되는 정보의 형태 중 하나는 텍스트일 것입니다. 텍스트는 결국 문자형 변수의 나열로 볼 수 있습니다. 이렇게 문자형 변수들을 나열한 것을 '문자열'(string)이라고 합니다. 따라서 당연하게도 C에서 문자열은 char형 변수의 배열로 표현됩니다.

5.4.1 문자열의 초기화와 출력

문자열은 다른 배열들에 비해 조금 특별한 점이 몇 가지 있습니다. 그중 하나는 문자열을 초기화할 때는 다음과 같이 큰따옴표를 쓸 수 있다는 것입니다. (문자열이 큰따옴표로 둘러싸여 있다는 사실은 `printf`를 배울 때 잠깐 언급했습니다.)

```c
char s[6] = "hello";
```

`char s[6]`에서 s라는 이름의 char형을 담는 배열을 선언했음을 알 수 있습니다. 물론 문자열의 이름은 아무렇게나 붙여도 됩니다. 그리고 그 내용물을 "hello"라는 문자열로 초기화합니다. 그러면 배열의 0번째 칸부터 시작해서 각각 순서대로 'h', 'e', 'l', 'l', 'o'라는 문자가 들어가게 됩니다.

그런데 굉장히 거슬리는 것이 하나 있습니다. "hello"의 글자 수는 5글자인데, 배열을 6칸 잡았다는 사실입니다. 글자 수보다 배열을 한 칸 더 잡은 이유는 바로 **모든 문자열의 끝에는 '널 문자'(null character)라는 것이 있어야 하기 때문입니다.** 널 문자는 ASCII 값이 0인 특수한 문자로, 화면에 표시되지는 않고 문자열의 끝을 알려주는 역할을 합니다. 줄 바꿈을 '\n'이라고 표시하듯이 널 문자는 '\0'으로 표시할 수 있습니다. 위와 같이 **큰따옴표를 통해 문자열을 표기하면 문자열 맨 끝에 널 문자가 알아서 들어갑니다.**

따라서 다음 두 코드는 완벽히 똑같은 의미를 가집니다.

```c
char s[6] = "hello";
```

```c
char s[6] = { 'h', 'e', 'l', 'l', 'o', '\0' };
```

또 '\0'의 ASCII 값이 0이므로 다음과 같이 쓸 수도 있습니다. 0에는 따옴표가 없다는 점에 주의하세요. '0'이라고 적으면 그냥 말 그대로 문자 0을 의미합니다.

```
char s[6] = { 'h', 'e', 'l', 'l', 'o', 0 };
```

그림으로 나타내면 다음과 같겠죠?

	0	1	2	3	4	5
s	'h'	'e'	'l'	'l'	'o'	'\0'

그림 5.9 문자열 s를 초기화한 후의 모습

큰따옴표를 사용해 문자열을 초기화할 때도 배열을 초기화할 때와 같이 대괄호 안을 생략할 수 있습니다. 물론 이때도 널 문자를 위한 공간이 자동으로 확보됩니다. 따라서 다음 예시의 경우 "hello"의 5글자와 널 문자까지 포함해서 총 6칸짜리 char형 배열이 만들어지겠죠?

```
char s[] = "hello";
```

배열과 마찬가지로, 문자열을 한 번 선언한 후부터는 단순 대입은 할 수 없습니다.

```
char s[6];
s = "hello";   // 에러!
```

이론이 좀 길었네요. 이제 예제를 통해 문자열을 초기화하고 출력해봅시다. 1장에서 언급했듯이, printf에서 %s를 사용하면 문자열을 출력할 수 있습니다. 그리고 쉼표 뒤에는 그냥 **문자열의 이름만 넣으면 문자열 전체가 출력됩니다.**

예제 5.8 문자열 초기화 및 출력하기
```
#include <stdio.h>

int main() {
    char s[] = "Hello, world!";

    printf("%s\n", s);   // 문자열 전체가 한 번에 출력된다.
}
```

출력 결과
```
Hello, world!
```

printf에서 %s의 역할은 그 문자열의 첫 문자부터 시작해 널 문자가 나올 때까지 각 칸에 들어 있는 문자를 출력하는 것입니다. 따라서 문자열이 어떻게 생겼든 간에 출력 도중에 널 문자가 나오면 그 뒤로는 출력하지 않습니다. 따라서 다음 세 코드의 출력 결과는 모두 같습니다.

```
char s[] = "hello";
printf("%s\n", s);
```

```
char s[] = "hello\0 world";
printf("%s\n", s);   // 중간에 널 문자가 있으므로 널 문자가 나오기 전까지만 출력된다.
```

```
char s[10] = "hello"
printf("%s\n", s);
```

세 번째 예시에 대해 부연 설명을 하자면 s의 10개 칸 중 첫 6칸에는 순서대로 'h', 'e', 'l', 'l', 'o', '\0'이라는 문자가 들어갑니다. 그럼 남은 4칸은 무엇으로 채워질까요? 배열과 마찬가지로 자동으로 0으로 채워집니다. 어차피 이 값은 널 문자의 ASCII 값입니다.

하나 재미있는 것은 문자열 끝을 널 문자로 설정하지 않으면 그 뒤의 쓰레깃값이 출력된다는 것입니다. 물론 쓰레깃값은 상황에 따라 다르기 때문에 아래와 똑같이 출력되지는 않을 겁니다.

예제 5.9 널 문자로 끝나지 않는 문자열 출력
```
#include <stdio.h>

int main() {
    char s[5] = { 'h', 'e', 'l', 'l', 'o' };

    printf("%s\n", s);
}
```

출력 결과(예시)
hello徹徹徹項R┌t?? (etc...)

당연한 말일 수 있겠지만, 문자열 또한 배열이므로 배열처럼 각 칸에 접근할 수 있습니다. 문자열의 각 칸은 문자이므로 %c로 출력해야 합니다.

예제 5.10 문자열의 각 칸에 접근하기

```c
#include <stdio.h>

int main() {
    char s[] = "doodle";

    printf("%c\n", s[0]);      // s의 0번 칸 출력
    s[0] = 'g';                // s의 0번 칸을 'g'로 변경
    s[3] = 'g';
    printf("%s\n", s);         // 바뀐 s의 내용물 출력
}
```

출력 결과(예시)

```
d
google
```

5.4.2 문자열 입력받기

scanf 함수에서도 printf에서와 마찬가지로 %s를 사용하면 문자열을 입력받을 수 있습니다. 일반적인 scanf의 문법과 조금 다른 부분은 문자열의 이름 앞에는 &를 쓰지 않는다는 것입니다. 다음 예제를 봅시다.

예제 5.11 문자열을 입력받고 출력하기

```c
#include <stdio.h>

int main() {
    char s[1000];

    scanf("%s", s);    // &가 없다!!
    printf("%s\n", s);
}
```

입출력 예

```
Hello, world! ⏎
Hello,
```

입력되는 문자열의 글자 수를 알 수 없으므로 넉넉하게 1000칸을 잡았습니다. 널 문자를 제외하면 999글자까지 안전하게 입력받을 수 있습니다. 999글자보다 긴 문자열을 입력하면 프로그램에 어떤 일이 벌어질지 모릅니다. 그래서 원래는 scanf 함수 대신 입력받은 문자열의 길이를 제한하는 scanf_s 함수를 사용해야 하지만 3.3절에서 언급했듯이 이 책에서는 scanf_s의 사용법은 다루지 않습니다.

출력 결과를 보면 알 수 있듯이 입력한 문자열 전체가 입력받아지지 않고 첫 단어인 "Hello,"까지만 받아진 것을 볼 수 있습니다. 이는 정상적인 현상입니다. scanf는 원래 단어 단위로 입력받는 함수이기 때문입니다. 따라서 **공백으로 구분된 여러 개의 단어를 입력하면 그중 가장 첫 번째 단어만 받아집니다.** 만약 다음과 같이 %s를 2개 사용하여 두 문자열에 각각 입력받는 코드를 실행한 후 "Hello, world!"를 입력하면, s1과 s2에는 각각 "Hello,"와 "world!"가 들어갈 것입니다.

```
char s1[1000], s2[1000];
scanf("%s%s", s1, s2);
```

만약 공백이 포함되어 있더라도 한 줄 전체를 입력받고 싶다면 fgets라는 함수를 사용하면 됩니다. 이에 대해서는 8.5.1절에서 다룹니다.

5.4.3 문자열 관련 함수

C에는 문자열을 좀 더 간편하게 처리할 수 있게 해주는 함수들이 있습니다. 이 단원에서는 문자열의 길이를 알려주는 **strlen**, 문자열을 복사하는 **strcpy**, 문자열 두 개를 이어주는 **strcat**, 그리고 문자 두 개를 사전 순으로 비교하는 **strcmp** 함수에 대해 알아보겠습니다.

지금까지 써온 printf와 scanf가 stdio.h라는 파일 안에 들어 있었듯이 위 함수는 모두 string.h라는 파일 안에 들어 있습니다. 따라서 이 함수들을 사용하려면 #include <string.h>를 추가로 써야 합니다.

strlen(**string length**) 함수를 사용하면 문자열의 길이를 알 수 있습니다. 그런데 먼저 문자열의 '길이'가 무엇인지부터 알아봅시다. 문자열의 '길이'는 널 문자를 제외한 글자 수를 말합니다. 좀 더 정확하게 말하면 "첫 널 문자가 나오기 전까지의 문자의 개수"로 정의할 수 있습니다. 예를 들어 char s[10] = "hello";에서 배열의 총 칸수는 10칸이지만, 문자열의 길이는 5입니다.

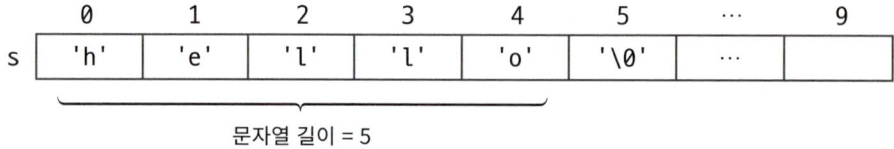

그림 5.10 문자열의 길이

그럼 strlen 함수를 사용해 입력받은 문자열의 길이를 구해보겠습니다. strlen 함수의 소괄호 안에 문자열의 이름을 넣으면 이 함수는 그 문자열의 길이를 "돌려줍니다". 그러면 그 돌려준 값을 사용해 다른 변수에 저장하거나 출력하는 등의 작업을 할 수 있습니다. 돌려주는 것이 정확히 무슨 뜻인지는 함수 단원에서 알아보고, 지금은 strlen의 사용법만 보기로 합시다.

다음 예제는 길이가 100인 char형 배열 s를 선언한 후 "hello"라는 문자열을 저장합니다. 그러면 배열의 칸수는 100이고, 문자열의 길이는 5가 될 겁니다. 그 후 strlen 함수가 돌려준 s의 값을 len이라는 int형 변수에 저장합니다. 그러면 len의 값은 5가 될 것입니다. 덤으로 sizeof를 통해 배열 전체의 칸수도 출력해 봅시다. 다시 한번 강조하지만 string.h도 인클루드해야 합니다.

예제 5.12 strlen 함수를 사용해 문자열의 길이 구하기

```c
#include <stdio.h>
#include <string.h>

int main() {
    char s[100] = "hello";   // 배열 칸수는 100이지만 문자열의 길이는 5
    int len = strlen(s);     // strlen 함수가 돌려준 값을 len에 저장

    printf("배열의 칸수: %d\n", sizeof(s) / sizeof(char));
    printf("문자열의 길이: %d\n", len);
}
```

출력 결과

```
배열의 칸수: 100
문자열의 길이: 5
```

다음은 strcpy(string copy)입니다. 문자열도 배열이라서 단순 대입이 안 되기 때문에 원래 같았으면 for 문을 사용해 한 글자씩 복사해야 했겠지만 strcpy 함수를 사용하면 문자열을 쉽게 복사할 수 있습니다.

strcpy는 두 가지 버전이 있습니다. 첫 번째는 배열에서 배열로 복사하는 것입니다. 다음 예제에서는 s1을 "hello"로 초기화하고, 넉넉하게 100칸짜리 s2 배열을 만든 뒤, s2에 s1을 복사합니다. 복사된 내용물이 들어가는 쪽을 앞에, 복사하려는 문자열을 뒤에 적어야 합니다. 순서가 헷갈리면 대입 연산자의 왼쪽과 오른쪽을 생각하면 됩니다. 대입을 받는 쪽이 왼쪽, 대입해줄 값이 오른쪽에 들어가는 것과 순서가 같습니다.

```
        int a = 5;              char s1[] = "hello";
        int b;                  char s2[100];
            뒤 변수의 값이            뒤 문자열의 내용물이
            앞 변수에 들어간다.         앞 문자열에 들어간다.
        b = a;                  strcpy(s2, s1);
```
그림 5.11 strcpy 함수와 변수 대입의 비교

예제 5.13 strcpy 함수를 사용해 배열에서 배열로 복사하기

```
#include <stdio.h>
#include <string.h>

int main() {
    char s1[] = "hello";
    char s2[100];

    strcpy(s2, s1);   // s2에 s1의 내용물을 복사한다.
    printf("s1: %s\n", s1);
    printf("s2: %s\n", s2);
}
```

출력 결과

```
s1: hello
s2: hello
```

s1에 초기화한 "hello"라는 문자열이 s2에도 역시 들어갔음을 알 수 있습니다.

strcpy의 두 번째 버전은 '상수형 문자열'을 배열에 집어넣는 것입니다. 상수형 문자열이란 배열에 들어가 있지 않은 상태로 큰따옴표로 둘러싸여 있는 문자열을 말합니다. 다음 예제를 보면 이해가 될 겁니다.

예제 5.14 strcpy 함수를 사용해 상수형 문자열 복사하기

```
#include <stdio.h>
#include <string.h>

int main() {
    char s[100];

    strcpy(s, "hello");   // s에 "hello"라는 상수형 문자열을 복사한다.
```

```
    printf("s: %s\n", s);
}
```

```
s: hello
```

상수형 문자열을 복사하는 것은 변수에 상수를 대입하는 것과 비슷하다고 할 수 있습니다.

```
int a;              char s[100];

a = 5;              strcpy(s, "hello");
```
그림 5.12 상수형 문자열을 strcpy로 복사하는 것과 상수를 변수에 대입하는 것과의 비교

다음으로 알아볼 함수는 strcat(**string concatenate**)입니다. "concatenate"는 "이어 붙이다"라는 뜻으로, 이 함수를 사용하면 문자열 두 개를 쉽게 이을 수 있습니다. strcat 함수를 쓰면 앞 문자열에 뒤 문자열의 내용물을 추가할 수 있습니다. 함수를 실행하고 나면 추가된 결과가 문자열에 남아있게 됩니다. 어찌 보면 += 연산과 닮은 부분이 있습니다.

```
int a = 3;                  char s1[100] = "Hello";
int b = 5;                  char s2[] = "Doodle";;

            b의 값이 a에                     뒤 문자열의 내용물이
a += b;     더해진다.        strcat(s1, s2); 앞 문자열에 들어간다.


int a = 3;                  char s[100] = "Hello";
            5라는 값이 a에                    "Doodle"이라는 문자열이
a += 5;     더해진다.        strcat(s, "Doodle"); s에 추가된다.
```
그림 5.13 strcat 함수와 += 연산자와의 비교

다음 예제는 name이라는 배열에 이름을 입력받고 이름을 포함한 인사말을 greeting이라는 배열에 저장한 후 출력하는 예제입니다.

예제 5.15 strcat 함수를 사용해 문자열 이어 붙이기
```
#include <stdio.h>
#include <string.h>
```

```
int main() {
    char greeting[100] = "Hello, ";  // 인사말을 저장할 배열
    char name[100];                  // 이름을 입력받을 배열

    scanf("%s", name);

    strcat(greeting, name);   // greeting에 name의 내용물을 이어 붙인다.
    strcat(greeting, "!");    // greeting에 "!"라는 상수형 문자열을 이어 붙인다.

    printf("%s", greeting);
}
```

```
C:\  입출력 예                                              —  □  ×
Doodle ⏎
Hello, Doodle!
```

strcpy와 strcat 함수를 사용할 때 한 가지 주의해야 할 점은 대상 문자열의 칸수가 충분히 길어야 한다는 것입니다. strcpy 함수에서는 원본 문자열의 길이가 대상 문자열의 칸수를 넘으면 안 되고, strcat 함수에서는 문자열을 이어 붙인 결과가 대상 문자열의 총 칸수를 넘으면 안 됩니다. 두 경우 모두 널 문자를 포함한 길이를 말하는 것입니다. 그렇지 않으면 배열의 범위를 벗어나 값을 쓰게 됩니다. 이런 작업은 버그의 원인이 되고, 보안상으로도 굉장히 위험합니다.

```
char s[10];
strcpy(s, "Hello world");
```

	0	1	2	3	4	5	6	7	8	9	X	X	X
s	'H'	'e'	'l'	'l'	'o'	' '	'w'	'o'	'r'	'l'	'd'	'\0'	

문자열을 복사한 결과, s의 칸수를 벗어났다.
➡ 심각한 에러의 원인이 될 수 있다.

```
char s[10] = "Hello";
strcat(s, "Doodle");
```

	0	1	2	3	4	5	6	7	8	9	X	X	X
s	'H'	'e'	'l'	'l'	'o'	'D'	'o'	'o'	'd'	'l'	'e'	'\0'	

문자열을 이어붙인 결과, s의 칸수를 벗어났다.
➡ 심각한 에러의 원인이 될 수 있다.

그림 5.14 strcpy 함수의 보안 문제

이런 문제점을 피하기 위해 **strncpy**와 **strncat**라는 함수를 사용할 수 있습니다. **strncpy**는 말 그대로 최대 n칸만 복사하라는 뜻이고, **strncat**는 최대 n글자만 복사하라는 뜻입니다. 사용법은 간단합니다. 다음과 같이 칸수를 추가로 함수에 입력하면 됩니다. 물론 칸수를 구할 때는 한 칸당 크기로 나눠야 하지만 어차피 sizeof(char)는 1바이트이므로 문자열의 칸수를 구할 때는 굳이 나눠줄 필요는 없습니다.

strncpy의 경우 대상 문자열의 범위를 벗어날 경우 널 문자는 복사되지 않습니다.

```
strncpy(s, "Hello world", sizeof(s));   // s의 칸수를 넘어 복사되지 않는다.
```

strncat의 경우 strncpy와 달리 끝에 널 문자가 항상 자동으로 추가됩니다. 따라서 복사할 수 있는 최대 글자 수는 sizeof(s) - strlen(s) - 1입니다. 왜 그런지는 그림을 보면 알 수 있습니다.

```
strncat(s, "Doodle", sizeof(s) - strlen(s) - 1);
// 추가된 결과 문자열이 s의 칸수를 넘어가지 않는다.
```

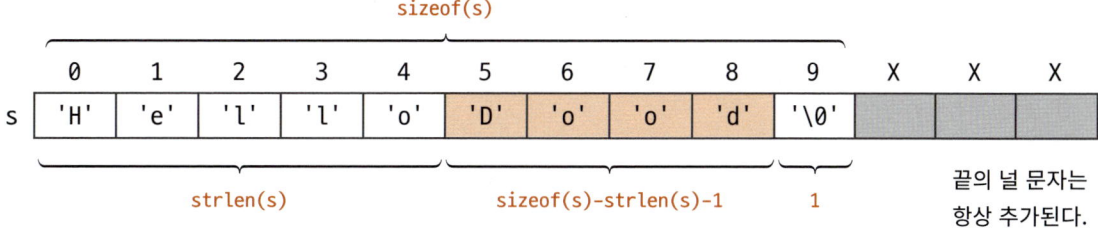

그림 5.15 strncpy와 strncat 함수

마지막으로 살펴볼 strcmp(**string compare**) 함수는 사전순으로 문자열을 비교하는 역할을 합니다. 앞 문자열과 뒤 문자열이 완벽히 일치할 경우 0, 앞 문자열이 뒤 문자열보다 사전순으로 빠를 경우 음수, 늦을 경우 양수를 돌려줍니다.

다음 예제를 봅시다. 하나 특이한 점이 있다면 strcmp가 돌려준 값을 바로 if문 안에서 비교했다는 것입니다. s1과 s2를 다른 문자열로 바꿔 결과가 어떻게 달라지는지 확인해보면 더 좋겠죠?

예제 5.16 문자열을 사전순으로 비교하기

```c
#include <stdio.h>
#include <string.h>

int main() {
    char s1[] = "sample";
    char s2[] = "simple";

    if (strcmp(s1, s2) < 0)
        printf("%s는 %s보다 사전순으로 빠릅니다.\n", s1, s2);
    else if (strcmp(s1, s2) == 0)
        printf("%s는 %s과 일치합니다.\n", s1, s2);
    else
        printf("%s는 %s보다 사전순으로 늦습니다.\n", s1, s2);
}
```

출력 결과
```
sample는 simple보다 사전순으로 빠릅니다.
```

5.5 변수 가리키기 – 포인터

포인터는 C언어에서 가장 어려우면서도 중요한 개념 중 하나입니다. 조금 극단적으로 말하자면 포인터를 이해하지 못하면 C를 제대로 배웠다고 할 수 없습니다. 물론 한 번에 이해하는 데는 어려움이 있을 수는 있지만 계속 반복해서 보고 실습하다 보면 감을 잡을 수 있을 것입니다.

https://youtu.be/wNPWpbS1PLU

'포인터'(pointer)는 말 그대로 가리키는(point) 사람(er)이라는 뜻입니다. 그런데 C언어에서 등장하는 개념이 사람일 리는 없겠죠? 포인터는 변수를 "가리키는" 존재입니다.

변수를 어떻게 가리킨다는 것일까요? 그것을 알아보려면 주소라는 개념을 알아야 합니다. 변수는 램(RAM)이라는 메모리상의 공간에 저장됩니다. 그리고 메모리상의 모든 공간에는 각각 순차적인 번호가 붙어 있습니다. 이런 번호를 주솟값이라 합니다. 예를 들어 a라는 변수가 메모리의 100번째 칸에 들어 있다고 합시다. 그럼 a의 주솟값이 100번지라고 말합니다.

포인터는 변수를 가리키지만, 동시에 포인터 자체도 하나의 변수입니다. 그리고 포인터에는 다른 변수의 주솟값이 저장됩니다. 주솟값이 100인 a라는 변수가 있는 상황에서 ptr_a라는 포인터를 만들면 포인터도 변수라고 했으므로 메모리상의 다른 어딘가(200번지라고 합시다)에 주솟값을 담는 ptr_a라는 공간이 생깁니다.

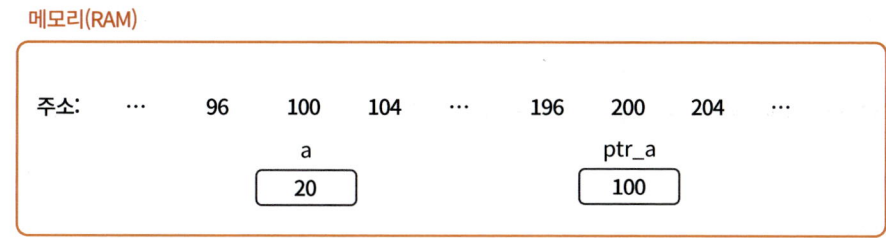

그림 5.16 변수와 포인터

그림에서 ptr_a에 a의 주솟값인 100이 들어 있는 것을 확인할 수 있습니다. 이러한 상황을 "ptr_a가 a를 가리킨다."라고 표현합니다.

그럼 변수의 주소를 출력해봅시다.

예제 5.17 변수의 주솟값 출력하기

```
#include <stdio.h>

int main() {
    int a = 10;

    printf("%d\n", &a);
}
```

출력 결과(예시)
```
1636984
```

scanf에서 변수 이름 앞에 & 기호를 쓰는 것은 봤어도 printf에서 사용하는 것은 처음입니다. 결과를 먼저 말하자면 출력되는 숫자는 a의 주솟값입니다. 즉 변수 이름 앞에 &를 붙이면 그 변수의 주솟값을 의미하게 됩니다. 예제의 출력 결과는 1636984라고 되어 있지만 같은 변수라도 주솟값은 실행할 때마다 다릅니다. 그러니 숫자에 주목할 필요는 없고, &a라고 쓰면 a의 주솟값을 의미한다는 것만 알면 됩니다.

5.5.1 포인터의 사용

그러면 이제 본격적으로 포인터를 선언해 볼까요?

```
int *ptr_a;
```

이렇게 포인터 이름 앞에 별표(*)만 붙이면 됩니다. 별표를 제외한 부분인 ptr_a가 포인터의 이름이고, 별표는 그냥 포인터를 선언하겠다는 의미입니다. int는 포인터 자체의 자료형이 int라는 것이 아니라 int형 변수를 가리키는 포인터를 만들겠다는 의미입니다. "포인터에는 주솟값만 저장하면 되는데 왜 가리키는 대상의 자료형까지 밝혀줘야 하나요?"라고 말할 수도 있지만 곧 설명할 테니 지금은 그런 의문이 들더라도 잠깐 접어둡시다.

그림 5.17 포인터의 선언과 그 의미

ptr_a라는 포인터를 만들었으면 이제 본래의 용도대로 거기에 a의 주솟값을 대입하고 출력할 수 있습니다. 포인터 자체를 의미할 때는 포인터를 선언할 때를 빼고는 별표를 쓰지 않습니다.

```
ptr_a = &a;
```

이렇게 쓰면 그림과 같이 a의 주솟값(100이라고 가정합시다)이 포인터 ptr_a에 저장되고, ptr_a는 a를 가리키는 상태가 됩니다.

물론 선언과 대입을 다음과 같이 합쳐서 한 줄로 적을 수도 있습니다. 이때도 마찬가지로 포인터의 이름 앞에 별표를 써야 합니다.

```
int *ptr_a = &a;
```

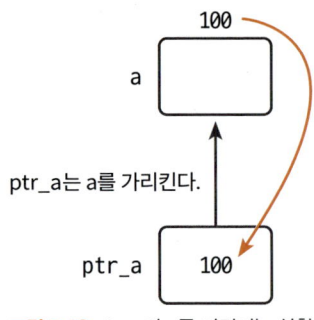

그림 5.18 ptr_a가 a를 가리키는 상황

위의 코드는 다음과 같은 의미입니다. **둘째 줄 ptr_a 앞에는 당연히 별표가 붙어 있지 않다는 점에 주목합시다.** 이걸 강조하는 이유는 바로 뒤에서 역참조에 대해 배우게 되면 헷갈릴 수 있기 때문입니다.

```
int *ptr_a;
ptr_a = &a;
```

이제 예제를 봅시다.

예제 5.18 포인터에 변수의 주솟값을 대입하고 출력하기

```c
#include <stdio.h>

int main() {
    int a = 10;
    int *ptr_a;    // 포인터 선언
    ptr_a = &a;    // ptr_a에 a의 주솟값 저장

    printf("a의 값 : %d\n", a);
    printf("a의 주솟값 : %d\n", &a);
    printf("ptr_a의 값 : %d\n", ptr_a);
}
```

출력 결과(예시)

```
a의 값 : 10
a의 주솟값 : 1636216
ptr_a의 값 : 1636216
```

중요한 것은 a의 주솟값이 포인터 `ptr_a`로 잘 들어갔다는 것입니다.

포인터의 또 다른 기능은 현재 가리키고 있는 변수에 접근할 수 있다는 것입니다. 즉, 포인터에 저장된 주소로 가서 그 주소에 있는 변수에 저장된 값을 불러오거나 바꿀 수 있습니다. 이렇게 포인터가 가리키는 변수에 접근하는 작업을 '역참조'(dereferencing)라고 합니다.

방법은 포인터를 선언할 때와 마찬가지로 별표를 사용합니다. 이때의 별표는 포인터를 선언할 때 쓰는 별표와는 의미가 다릅니다. 그래서 조금 헷갈릴 수도 있습니다. 우선 예제를 먼저 봅시다.

예제 5.19 포인터가 가리키는 변수의 값 출력하기

```c
#include <stdio.h>

int main() {
    int a = 10;
    int *ptr_a;
    ptr_a = &a;
```

05 _ 배열과 포인터

```
    printf("a의 값 : %d\n", a);
    printf("a의 주솟값 : %d\n", &a);
    printf("ptr_a의 값 : %d\n", ptr_a);
    printf("ptr_a에 저장된 주소에 저장된 값 : %d\n", *ptr_a);
}
```

```
출력 결과(예시)
a의 값 : 10
a의 주솟값 : 1636216
ptr_a의 값 : 1636216
ptr_a에 저장된 주소에 저장된 값 : 10
```

포인터 이름 바로 앞에 *를 붙여 *ptr_a를 출력한 것과 a의 값을 출력한 결과가 같은 것을 확인할 수 있습니다. 다시 말해 *ptr_a의 값은 a의 값과 같습니다.

앞의 예제에서 포인터가 가리키는 변수에 들어 있는 값을 출력해봤다면 다음 예제에서는 별표 연산자를 사용해 포인터가 가리키는 변수에 들어 있는 값을 바꿔 보겠습니다.

예제 5.20 포인터가 가리키는 변수의 값 바꾸기
```c
#include <stdio.h>

int main() {
    int a = 10;
    int *ptr_a;
    ptr_a = &a;

    *ptr_a = 20;
    printf("a = %d\n", a);
    printf("*ptr_a = %d\n", *ptr_a);
}
```

```
출력 결과
a = 20
*ptr_a = 20
```

이 예제에서도 *ptr_a = 20;이라고 쓰나 a = 20;이라고 쓰나 같은 의미임을 알 수 있습니다. 즉, ptr_a가 a를 가리키고 있다면 *ptr_a와 a는 같은 의미입니다. 정리하자면, **포인터에 별표 연산자를 붙이면 포인터가 현재 가리키고 있는 변수와 같은 의미가 됩니다.**

포인터도 변수이므로 포인터에 저장된 주솟값을 다른 주솟값으로 바꿀 수 있습니다. 그러면 당연히 포인터는 원래와 다른 변수를 가리키게 됩니다.

예제 5.21 포인터가 가리키는 변수를 바꾸기

```
#include <stdio.h>

int main() {
    int a = 10;
    int b = 20;

    int *ptr = &a;   // ptr은 처음에는 a를 가리킨다. (int *ptr; ptr = &a;와 같은 의미)
    printf("ptr가 가리키는 변수의 값 : %d\n", *ptr);

    ptr = &b;   // 이제 ptr은 b를 가리키게 된다.
    printf("ptr가 가리키는 변수의 값 : %d\n", *ptr);
}
```

출력 결과
```
ptr가 가리키는 변수의 값 : 10
ptr가 가리키는 변수의 값 : 20
```

여기서 주의할 점은 ptr = &b;와 *ptr = b;는 완전히 다른 의미라는 것입니다. ptr = &b;는 "ptr에 b의 주솟값(&b)을 집어넣겠다(=), 즉 ptr이 b를 가리키게 하겠다."라는 뜻이고, *ptr = b;는 "ptr이 현재 가리키고 있는 변수(*ptr)에 b의 값을 집어넣겠다(=)."라는 뜻입니다.

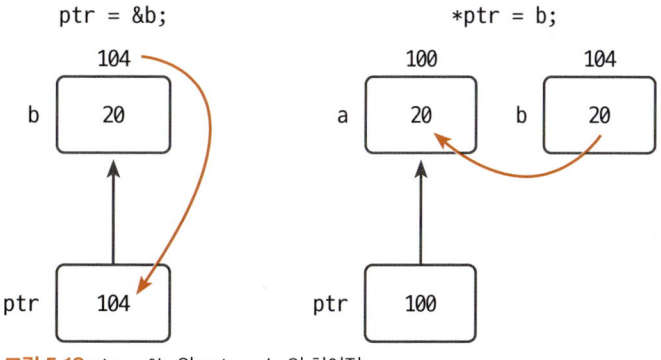

그림 5.19 ptr = &b;와 *ptr = b;의 차이점

또 포인터에서 별표가 언제 쓰이고, 언제 무슨 의미를 가지는지 헷갈리면 안 됩니다. 다시 한번 정리하겠습니다.

```
int *ptr_a; // 포인터를 선언할 때(또는 초기화할 때)는 *를 쓴다.
ptr_a;      // 포인터 자체를 의미할 때는 *를 쓰지 않는다.
*ptr_a;     // 포인터가 가리키는 변수를 의미할 때는 *를 쓴다.
```

5.5.2 널 포인터

포인터가 항상 무언가를 가리켜야 하는 것은 아닙니다. 포인터에 어떤 변수의 주솟값 대신 NULL이라는 특별한 값을 집어넣으면 "포인터가 아무것도 가리키고 있지 않다."는 의미가 됩니다.

```
int *ptr = NULL;
```

이러한 포인터를 널 포인터라고 합니다. 사실 C에서 NULL은 0과 같은 말입니다. 하지만 포인터에서는 0이라는 숫자 값을 직접 집어넣기보다는 NULL을 집어넣는 것이 일반적입니다.

널 포인터를 역참조하면(즉, 널 포인터 앞에 별표를 붙이면) 어떻게 될까요? 아무것도 가리키고 있지 않은 포인터에 "무얼 가리키고 있는지"를 물어보는 것은 말이 안 됩니다. 그래서 이런 경우에는 에러가 발생합니다.

```
int *ptr = NULL;
int a = *ptr;   // 에러!!
```

혹시라도 이렇게 포인터가 널 포인터일 수도 있는 상황이라면 if문 등을 통해 널인지 아닌지를 먼저 체크하는 것이 안전합니다.

```
if (ptr == NULL) {
    printf("오류: ptr이 널 포인터입니다.\n");
}
else {
    printf("%d\n", *ptr);
}
```

5.5.3 더블 포인터

더블 포인터는 포인터를 정확하게 이해하지 않으면 이해할 수 없습니다. 포인터를 완벽히 이해한 후에 이 부분을 읽기 바랍니다.

포인터는 변수의 주솟값을 담는 변수입니다. 그 말은 포인터 자체도 변수이고, 고유한 메모리상의 주소를 갖고 있다는 말입니다. 더블 포인터는 포인터의 주소를 저장하는 포인터입니다. 사용법은 포인터와 비슷합니다. 자세한 내용은 다음 예제를 우선 실행해보고 알아보겠습니다.

예제 5.22 더블 포인터

```c
#include <stdio.h>

int main() {
    int a = 10;
    int *ptr_a = &a;
    int **ptr_ptr_a = &ptr_a;   // 더블 포인터 선언

    printf("1. a = %d\n", a);
    printf("2. &a = %d\n", &a);
    printf("3. ptr_a = %d\n", ptr_a);
    printf("4. &ptr_a = %d\n", &ptr_a);
    printf("5. ptr_ptr_a = %d\n", ptr_ptr_a);
    printf("6. *ptr_ptr_a = %d\n", *ptr_ptr_a);
    printf("7. **ptr_ptr_a = %d\n", **ptr_ptr_a);
}
```

더블 포인터를 선언할 때는 위와 같이 별표를 두 개 쓰면 됩니다. int를 가리키는 포인터가 int*인 점을 감안하면 더블 포인터는 int*를 가리키는 포인터이므로 int**인 것이 자연스럽습니다. 출력 결과를 확인해볼까요?

출력 결과(예시)

```
1. a = 10
2. &a = 5503132
3. ptr_a = 5503132
4. &ptr_a = 5503120
5. ptr_ptr_a = 5503120
6. *ptr_ptr_a = 5503132
7. **ptr_ptr_a = 10
```

출력 결과에서 2번과 3번을 보면 ptr_a에는 a의 주솟값인 5503132가 들어 있고, 4번과 5번을 보면 ptr_ptr_a에는 ptr_a의 주솟값인 5503120이 들어 있습니다. 즉, ptr_ptr_a라는 더블 포인터가 ptr_a라는 포인터를 가리키는 상황입니다. 그림으로 나타내면 다음과 같습니다. 주소는 편의상 끝 3자리만 표기하겠습니다.

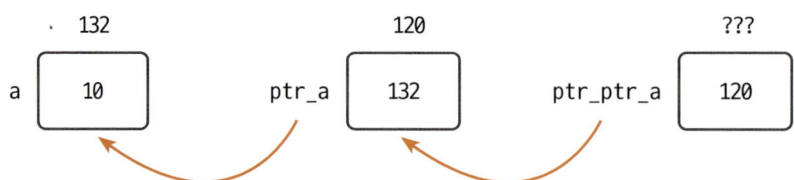

그림 5.20 변수, 포인터, 더블 포인터의 참조 관계

이제 6번을 보겠습니다. 포인터 앞에 별표를 붙이면 그 포인터가 가리키는 변수를 의미한다고 했습니다. 그러므로 여기서 *ptr_ptr_a라고 적으면 ptr_ptr_a가 가리키고 있는 변수인 ptr_a를 의미합니다. 그리고 ptr_a에는 5503132가 들어 있으므로 *ptr_ptr_a의 값이 5503132로 출력된 것을 볼 수 있습니다.

마지막 7번을 봅시다. **ptr_ptr_a는 *(*ptr_ptr_a)로 해석하면 됩니다. 6번 결과에서 *ptr_ptr_a는 ptr_a와 같다는 것을 확인했습니다. 그럼 *(*ptr_ptr_a)는 *ptr_a가 되고, *ptr_a는 a와 같습니다. 결론적으로 **ptr_ptr_a는 a와 같다는 걸 알 수 있습니다. 그래서 **ptr_ptr_a를 출력하면 a의 값인 10이 출력됩니다.

정리하면 다음과 같습니다.

int *ptr_a = &a;이고 int **ptr_ptr_a = &ptr_a;일 때

01. *ptr_ptr_a == ptr_a
02. **ptr_ptr_a == *ptr_a == a

방금 설명한 내용은 굉장히 헷갈릴 수 있습니다. 그렇지만 별표 연산자의 의미를 알고 그림을 보고 잘 따라가면 이해될 거라 믿습니다.

5.6 배열과 포인터와의 관계

본론으로 들어가기 전에 다음 예제를 봅시다. 출력 결과를 확인하기 전에 결과를 한번 예측해 보세요. a의 주솟값이 얼마인지 알 수는 없지만 100이라고 가정하고 예측하면 됩니다.

https://youtu.be/
Kv3dl2puAMU

예제 5.23 주솟값에 정수 값 더하기

```c
#include <stdio.h>

int main() {
    int a = 10;

    printf("&a = %d\n", &a);
    printf("(&a) + 1 = %d\n", (&a) + 1);
    printf("(&a) + 2 = %d\n", (&a) + 2);
}
```

> **Tip — &a 양쪽에 괄호가 있는 이유는?**
>
> 사실 저 상황에서 괄호가 꼭 필요한 것은 아닙니다. 주솟값 연산(&)이 더하기(+)보다 연산자 우선순위가 높기 때문에 괄호를 안 써도 의미상으로는 같습니다. 그러나 혹시라도 보는 사람이 의미를 &(a+1)로 착각할 수 있어 괄호를 붙여준 것입니다. 해석할 때 착각의 여지가 있는 코드는 항상 명확하게 써주는 것이 좋습니다.

너무 쉽다고요? 결과는 충격적일 수 있습니다.

```
출력 결과(예시)
&a = 17824512
(&a) + 1 = 17824516
(&a) + 2 = 17824520
```

&a에 1을 더했을 뿐인데 실제로는 4가 더해졌고, 2를 더했더니 실제로는 8이 더해졌습니다. 더한 정수의 4배가 되는 값이 실제로 더해졌습니다. 왜 그럴까요? 바로 int의 크기가 4바이트이기 때문입니다. a 자체가 4바이트의 공간을 차지하고 있기 때문에 a에서 한 칸 뒤로 가면 (a + 1) 주솟값에도 4가 더해지는 것입니다. 실제로 a의 자료형을 1바이트인 char로 바꾸어 보면 더한 정수의 값이 그대로 더해지는 것을 확인할 수 있습니다.

다음은 ptr_a라는 포인터에 a의 주솟값을 저장하고 똑같은 작업을 한 것입니다. 똑같이 주솟값에 정수를 더한 것입니다. 결과는 앞 예제와 똑같이 4씩 증가하므로 생략합니다.

예제 5.24 포인터에 정숫값 더하기

```c
#include <stdio.h>

int main() {
    int a = 10;
    int *ptr_a = &a;

    printf("ptr_a = %d\n", ptr_a);
    printf("ptr_a + 1 = %d\n", ptr_a + 1);
    printf("ptr_a + 2 = %d\n", ptr_a + 2);
}
```

포인터를 선언할 때 가리키는 자료형을 적어야 하는 이유 중 하나도 바로 이것입니다. 가리키는 대상의 크기를 알아야 그만큼의 바이트 수를 읽어올 수 있고, 포인터에 정숫값을 더할 때도 마찬가지로 그 대상의 크기만큼 곱해서 주솟값을 더해야 합니다. 정리하자면, 포인터에 정수를 더하는 연산을 하면 실제로는 가리키는 대상의 크기만큼 곱해져서 더해집니다.

이제 본론으로 돌아와서 다음 예제를 봅시다. 이번에는 배열을 만들어서 그 배열의 n번째 칸의 주솟값을 구해보겠습니다. 갑자기 for문이 나와서 당황스러운가요? 그렇다면 다시 for문을 복습하고 옵시다.

예제 5.25 배열의 n번째 칸의 주솟값 구하기

```c
#include <stdio.h>

int main() {
    int arr[10] = { 1, 2, 3, 4, 5, 6, 7, 8, 9, 10 };

    for (int i = 0; i < 10; i++) {
        printf("arr[%d]의 주소 : %d\n", i, &arr[i]);
    }
}
```

```
출력 결과(예시)
arr[0]의 주소 : 19920808
arr[1]의 주소 : 19920812
arr[2]의 주소 : 19920816
arr[3]의 주소 : 19920820
arr[4]의 주소 : 19920824
......
```

결과는 편의상 위 5줄만 표시했습니다. 여기서 알아야 하는 것은 대괄호 안에 들어가는 숫자(참고로 이런 숫자를 '인덱스'라고 부릅니다)가 1 증가할 때마다 주솟값은 4씩 증가한다는 것입니다. 즉, 배열에서 arr[0]의 바로 다음 칸은 arr[1]이고, arr[1]의 바로 다음 칸은 arr[2]가 되는 식입니다. 그림으로 나타내면 다음과 같습니다.

주솟값	100	104	108	112	116	120	124	128	132	136
칸 번호	0	1	2	3	4	5	6	7	8	9
arr	1	2	3	4	5	6	7	8	9	10

그림 5.21 배열과 그 주솟값과의 관계

일반적인 식으로 나타내면 arr[i]의 주솟값은 (&arr[0]) + i의 값과 같다고 할 수 있습니다. 위 그림에서 진짜 식이 성립하는지 한번 확인해보면 좋을 것 같습니다.

또 한 가지 중요한 사실은 **배열의 이름은 배열의 0번 칸의 주솟값과 같다**는 사실입니다. 무슨 말인지 잘 와닿지 않는다면 다음 예제를 봅시다.

예제 5.26 배열의 이름과 배열의 0번 칸의 주솟값

```c
#include <stdio.h>

int main() {
    int arr[10] = { 1, 2, 3, 4, 5, 6, 7, 8, 9, 10 };

    printf("arr의 값 : %d\n", arr);
    printf("&arr[0]의 값 : %d\n", &arr[0]);
}
```

```
C:\  출력 결과(예시)                                    ─ □ ×
arr의 값 : 4127452
&arr[0]의 값 : 4127452
```

간단히 말해, arr이 배열일 때 arr과 &arr[0]은 같은 말입니다. 앞에서 &arr[i]는 (&arr[0]) + i와 같다고 했죠? 그런데 &arr[0]은 또다시 arr과 같으므로 &arr[i]는 arr + i와 같다고 할 수 있습니다. 또, arr + i는 arr[i]의 주솟값과 같으므로 *(arr + i)라고 하면 arr + i라는 주소에 들어 있는 값, 즉 arr[i]와 같은 의미가 될 것입니다. 사실 지금까지 배열에서 쓰던 대괄호 연산자의 작동 원리가 바로 이것입니다.

아주 중요한 결론이라 다시 한 번 더 강조하겠습니다. **&arr[i]는 arr + i와 같은 말이고, arr[i]는 *(arr + i)와 같은 말입니다.** 특히, (i가 0일 때) **&arr[0]은 arr과 같은 말이고, arr[0]은 *arr과 같은 말입니다.** 이 결론은 arr이 어떤 형태의 배열이든 항상 성립한다는 뜻이고, 이 사실은 절대 잊어버리면 안 됩니다. 이제 배열의 칸 번호가 0부터 시작하는 이유를 알겠나요? 가장 처음 칸의 번호가 0일 때 이런 주솟값을 계산하기가 편합니다.

이 사실을 강조하는 이유는 포인터를 통해서도 배열에 접근할 수 있기 때문입니다. 다음 예제에서는 `int`를 가리키는 포인터 `ptr`을 만들어 arr의 값, 즉 &arr[0]의 값을 집어넣습니다. 그러면 이제 **ptr은 arr과 같은 주소를 가리키게 되어 ptr[i]와 arr[i]가 같은 의미가 됩니다.** 또 ptr을 마치 배열인 것처럼 쓸 수 있습니다. 결과를 먼저 예측해본 후, 맞는지 확인해보기 바랍니다.

예제 5.27 포인터에 배열의 이름 집어넣기

```c
#include <stdio.h>

int main() {
    int arr[10] = { 1, 2, 3, 4, 5, 6, 7, 8, 9, 10 };
    int *ptr = arr;   // int ptr = &arr[0];과 같다.

    printf("&arr[3]의 값: %d\n", &arr[3]);
    printf("arr+3의 값: %d\n", arr+3);
    printf("ptr+3의 값: %d\n", ptr+3);
    printf("&ptr[3]의 값: %d\n", &ptr[3]);

    printf("arr[3]의 값: %d\n", arr[3]);
    printf("*(arr+3)의 값: %d\n", *(arr+3));
    printf("*(ptr+3)의 값: %d\n", *(ptr+3));
```

```
    printf("ptr[3]의 값: %d\n", ptr[3]);
}
```

```
출력 결과(예시)
&arr[3]의 값: 6027444
arr+3의 값: 6027444
ptr+3의 값: 6027444
&ptr[3]의 값: 6027444
arr[3]의 값: 4
*(arr+3)의 값: 4
*(ptr+3)의 값: 4
ptr[3]의 값: 4
```

부연 설명을 하자면 ptr[3]은 *(ptr+3)과 같은 의미이고, ptr은 arr과 같은 값이므로 *(ptr+3)은 *(arr+3)과 같은 의미가 되고, *(arr+3)은 arr[3]과 같은 의미이므로 결론적으로 ptr[3]과 arr[3]은 같은 의미가 됩니다.

$$ptr[3] == *(ptr+3) == *(arr+3) == arr[3];$$

$$ptr == arr$$

그림 5.22 ptr[3]과 arr[3]과의 관계

따라서 **어떤 포인터 ptr이 배열 arr의 0번 칸을 가리키고 있다면 ptr[i]와 arr[i]는 같은 의미가 되는 것입니다.** 왜 그렇게 되는지 그 이유도 중요하지만, 결과도 그만큼 중요하므로 꼭 기억해 둡시다.

조금 이상한 방법이긴 하지만 for문에서도 포인터를 사용해서 다음과 같이 배열의 모든 칸에 접근할 수 있습니다.

```
for (int *ptr = arr; ptr < arr + 10; ptr++)
```

위 코드가 무슨 말인지 잘 모르겠다면 우선은 다음과 같은 말이라고 생각하면 편합니다.

```
for (int *ptr = &arr[0]; ptr < &arr[10]; ptr = ptr + 1)
```

주솟값	100	104	108	112	116	120	124	128	132	136
칸 번호	0	1	2	3	4	5	6	7	8	9
arr	1	2	3	4	5	6	7	8	9	10

그림 5.23 배열과 그 주솟값과의 관계

그림을 보면서 for문의 작동 과정을 생각해보면 ptr에는 처음에 arr[0]의 주솟값인 100이 들어갑니다. ptr++에서 ptr은 1 증가합니다. 그런데 ptr은 int를 가리키고 있으므로 실제로는 4가 증가해서 104가 됩니다. 이제 ptr은 배열의 다음 칸, 즉 arr[1]의 주솟값을 담고 있습니다. 이런 작업을 ptr이 arr+10보다 작을 동안 반복합니다. arr+10의 값은 100에 10×4를 더한 값, 즉 140과 같습니다. ptr에 들어 있는 주솟값이 136이 될 때까지, 즉 &arr[9]가 될 때까지 반복문을 계속 실행할 것입니다.

그러면 다음 예제를 작성하고 출력 결과를 예상해봅시다. 혹시 이해되지 않는다면 앞의 내용을 다시 한번 보고 오면 도움이 될 겁니다.

예제 5.28 포인터를 사용해 배열의 내용 출력하기

```c
#include <stdio.h>

int main() {
    int arr[10] = { 1, 2, 3, 4, 5, 6, 7, 8, 9, 10 };

    for (int *ptr = arr; ptr < arr + 10; ptr++) {
        printf("%d\n", *ptr);   // 주의: ptr이 아니라 *ptr을 출력한다.
    }
}
```

출력 결과

```
1
2
3
4
5
6
7
8
9
10
```

5.7 배열 가리키기 - 배열 포인터

배열 포인터는 배열을 가리키는 포인터입니다. 앞 절에서 배열의 이름(arr)은 배열의 첫 칸의 주솟값(&arr[0])과 같다고 설명했습니다. 배열 포인터는 이것과는 다른 개념입니다. 배열 포인터는 가리키는 대상이 배열 그 자체입니다. 배열의 이름은 가리키는 대상이 배열 전체가 아니라 배열의 한 칸이라는 점이 가장 큰 차이라고 할 수 있습니다.

우선은 배열의 주솟값을 출력해 보겠습니다. 배열의 주솟값을 알려면 배열의 이름 앞에 &를 붙이면 됩니다.

예제 5.29 배열의 주솟값 출력하기

```
#include <stdio.h>

int main() {
    int arr[10];

    printf("%d\n", &arr);
    printf("%d\n", arr);
    printf("%d\n", &arr[0]);
}
```

출력 결과(예시)

```
19921812
19921812
19921812
```

2번째 줄과 3번째 줄의 값이 같다는 것은 앞 절에서 지겹도록 다뤘으니 더 이상 언급하지 않겠습니다. 중요한 것은 &arr의 값이 &arr[0]의 값과 같다는 것입니다. "배열의 주솟값"과 "배열의 시작 칸"의 주솟값이 같다는 것인데, 이 정도는 그냥 당연하게 받아들일 수도 있을 것 같습니다.

&arr[0]과 &arr은 주솟값은 같아도 가리키는 대상은 다릅니다. &arr이 가리키는 대상은 말 그대로 arr이라는 배열이고, &arr[0]이 가리키는 대상은 말 그대로 arr[0]입니다. 우선은 배열 포인터의 사용법을 알아본 후에 이 차이가 왜 중요한지 알아보겠습니다.

배열 포인터를 선언하는 방법은 조금 이상하지만 다음과 같습니다. 소괄호는 반드시 있어야 합니다. (소괄호가 없으면 "포인터 배열"이라는 다른 개념이 됩니다.)

```
int (*p_arr)[10];
```

이렇게 작성하면 "10칸짜리 int형 배열을 가리키는 p_arr이라는 이름의 포인터를 만들겠다."라는 뜻이 됩니다. 어순이 뒤죽박죽이지만 어쩔 수 없습니다. 당연히 포인터의 이름은 원하는 대로 아무거나 줘도 되지만 배열(array)을 가리키는 포인터(pointer)라는 의미에서 그렇게 주었습니다.

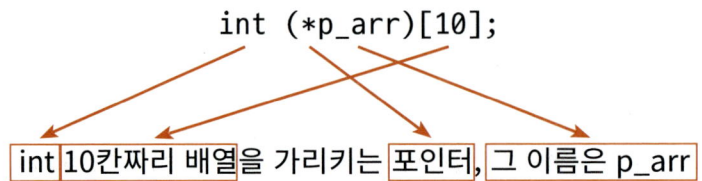

그림 5.24 포인터 배열의 선언과 의미

이제 포인터에 배열의 주솟값을 담아 봅시다. 일반 변수를 가리키는 포인터든 배열 포인터든 포인터를 한 번 선언한 후에는 포인터 자체를 의미할 때는 항상 군더더기 없이 포인터의 이름(위 경우에는 p_arr)만 쓰면 됩니다.

```
int arr[10];
int (*p_arr)[10];
p_arr = &arr;
```

조금 헷갈리기는 하지만 다음과 같이 선언과 대입을 동시에 할 수도 있습니다.

```
int arr[10];
int (*p_arr)[10] = &arr;
```

포인터가 가리키는 배열에 접근하고 싶으면 *p_arr과 같이 포인터의 이름 앞에 *를 붙이면 됩니다. *p_arr은 p_arr이 가리키는 배열의 이름(위 예제에서는 arr)과 같은 의미가 됩니다. 따라서 *p_arr은 &arr[0]과 같은 의미이기도 합니다.

그리고 그 배열의 i번 칸에 접근하고 싶으면 다음과 같이 쓸 수 있습니다.

```
(*p_arr)[i]
```

이때도 마찬가지로 소괄호를 반드시 붙여야 합니다. 아직 배우지는 않았지만 소괄호가 없으면 "p_arr의 i번 칸이 가리키는 대상"이라는 의미가 됩니다.

```
(*p_arr)[i]    // p_arr이 가리키는 배열의 i번 칸
*p_arr[i]      // p_arr의 i번 칸이 가리키는 대상
```

다음 예제는 배열 포인터로 배열을 가리킨 후에 배열을 출력하는 예제입니다.

예제 5.30 배열 포인터로 배열을 가리키고 출력하기
```c
#include <stdio.h>

int main() {
    int arr[3] = { 1, 2, 3 };
    int(*p_arr)[3] = &arr;

    for (int i = 0; i < 3; i++) {
        printf("%d\n", (*p_arr)[i]);
    }
}
```

출력 결과
```
1
2
3
```

char 포인터는 char형만 가리킬 수 있고, int 포인터는 int만 가리킬 수 있듯이 배열 포인터는 배열만 가리킬 수 있습니다. 특히 배열 포인터는 가리키는 배열의 자료형과 칸수까지 일치해야만 가리킬 수 있습니다. 따라서 다음과 같은 작업은 할 수 없습니다.

```c
int a = 5;              // a는 int형 변수
int arr[3] = { 1, 2, 3 }; // arr은 int 3칸짜리 배열
int *p1 = &arr;         // 에러: int를 가리키는 포인터는 int 배열을 가리킬 수 없다.
int (*p2)[3] = &a;      // 에러: int 배열을 가리키는 포인터는 int를 가리킬 수 없다.
char (*p3)[3] = &arr;   // 에러: char 배열을 가리키는 포인터는 int 배열을 가리킬 수 없다.
int (*p4)[4] = &arr;    // 에러: int 4칸짜리 배열을 가리키는 포인터는 int 3칸짜리 배열을 가리
                        //       킬 수 없다.
```

헷갈린다면, 스스로 양변의 자료형을 한 번씩 확인해보면 도움이 됩니다. 예를 들어, 다음과 같은 상황이 문법적으로 오류가 있는지 확인하고 싶다면

```
int arr[4] = { 1, 2, 3, 4 };
int (*p)[4] = arr;
```

"p의 자료형은 뭐지? p는 int 4칸짜리 배열을 가리키는 포인터네. 그러면 arr은 무슨 뜻이지? arr이 int 4칸짜리 배열이고 arr은 &arr[0]과 같은 말이니까 arr[0]의 주솟값을 의미하겠구나. 지금 int의 주솟값을 int 4칸짜리 배열을 가리키는 포인터에 집어넣으려고 하니 에러가 나겠군." 이런 식으로 생각하면 됩니다.

배열 포인터는 왜 사용하냐고요? 바로 다음 절에 나올 이차원 배열 때문입니다.

5.8 이차원 배열과 배열 포인터

이차원 배열을 잠깐 복습해봅시다. 우선 다음과 같은 이차원 배열이 있다고 해보겠습니다.

```
int arr[3][4];
```

그러면 메모리상에는 3행 4열짜리 이차원 배열이 만들어집니다. 이때 `arr[i]`라고 하면 "arr의 i번 행"을 의미합니다. 또 각 행은 4칸짜리 일차원 배열처럼 볼 수 있다고 했습니다. 기억 나시죠?

일차원 배열과 마찬가지로 arr[0][0]의 다음 칸은 arr[0][1]이고, arr[0][1]의 다음 칸은 arr[0][2]입니다. 마찬가지로 쭉 가다가, 끝 칸인 arr[0][3]의 다음 주소지는 자동으로 다음 행의 시작 칸인 arr[1][0]이 배정됩니다. 즉, &arr[0][3]+1은 &arr[1][0]과 같다고 할 수 있습니다. 그림을 보면 금방 이해될 것입니다.

	0	1	2	3	
0	100 arr[0][0]	104 arr[0][1]	108 arr[0][2]	112 arr[0][3]	→ arr[0]: arr의 0번 행
1	116 arr[1][0]	120 arr[1][1]	124 arr[1][2]	128 arr[1][3]	→ arr[1]: arr의 1번 행
2	132 arr[2][0]	136 arr[2][1]	140 arr[2][2]	144 arr[2][3]	→ arr[2]: arr의 2번 행

그림 5.25 이차원 배열 arr의 구조. 음영 안의 숫자는 주솟값

arr의 각 행도 일차원 배열이므로 각각 주솟값을 가지고 있을 것입니다. 또 int 한 칸당 크기가 4바이트이고, 한 행에 칸이 4개 있으므로 한 행의 크기는 4×4=16바이트일 것입니다. 그렇다면 0번 행의 주솟값에 1을 더하면 실제로는 16이 더해질 것입니다. 0번 행 자체의 크기가 16바이트이기 때문입니다. (실제로 sizeof(arr[0])의 값을 출력해보면 16이 나옵니다.) 이 값은 이론상 arr[1]의 주솟값과 같을 것이라고 추측할 수 있습니다. 진짜 맞는지 확인해볼까요?

예제 5.31 이차원 배열의 행의 주솟값 출력하기

```c
#include <stdio.h>

int main() {
    int arr[3][4] = { { 1, 2, 3, 4 }, { 5, 6, 7, 8 }, { 9, 10, 11, 12 } };

    printf("%d\n", &arr[0]);        // arr[0]의 주솟값
    printf("%d\n", arr);            // 위와 같은 말
    printf("%d\n", &arr[1]);        // arr[1]의 주솟값
    printf("%d\n", arr + 1);        // 위와 같은 말
    printf("%d\n", &arr[0] + 1);    // 위와 같은 말
}
```

출력 결과(예시)
```
7994624
7994624
7994640
7994640
7994640
```

실제로 정확히 &arr[0]에 16이 더해진 값이 출력됐음을 확인할 수 있습니다.

정리하자면, arr[1]은 arr의 1번 행을 의미합니다. 또 arr[0]의 크기는 16이기 때문에 &arr[0]에 1을 더하면 실제로는 16이 더해지고, 이 값이 바로 &arr[1]의 값과 같습니다. 이는 앞서 살펴본 &arr[i]와 arr+i가 같다는 사실과 일치합니다.

그러면 이제 arr의 1번 행을 가리키는 포인터를 만들어 볼까요? 그러니까 arr[1]을 가리키는 포인터를 만들어야 합니다. arr이 이번에는 이차원 배열이므로 arr[1]은 arr의 한 행을 의미하고, 이 행은 4칸짜리 일

차원 배열로 볼 수 있습니다. 따라서 arr[1]을 가리키기 위해서는 "int 4칸짜리 배열을 가리키는 포인터"가 필요합니다. 앞 절의 배열 포인터를 잘 이해했다면 다음과 같이 쓸 수 있음을 알 수 있습니다. 행을 가리키는 포인터이므로 이름을 p_row라고 지었습니다.

```
int (*p_row)[4] = &arr[1];
```

이 포인터를 이용해 arr의 1번 행을 출력해 봅시다.

예제 5.32 이차원 배열의 한 행을 가리키는 포인터를 만들고 행 출력하기
```
#include <stdio.h>

int main() {
    int arr[3][4] = { { 1, 2, 3, 4 }, { 5, 6, 7, 8 }, { 9, 10, 11, 12 } };
    int (*p_row)[4] = &arr[1];

    for (int i = 0; i < 4; i++) {
        printf("%d ", (*p_row)[i]);
    }
    printf("\n");
}
```

출력 결과
```
5 6 7 8
```

중요한 것은 **이차원 배열의 한 행을 가리키는 데 배열 포인터를 사용할 수 있다**는 것입니다.

5.6절에서 다음과 같이 포인터를 배열처럼 쓸 수 있다는 것을 살펴보았습니다.

```
int arr[4] = { 1, 2, 3, 4 };
int *ptr = arr;
printf("%d\n", ptr[3]);   // arr[3]과 같은 말
```

즉, 어떤 **포인터 ptr**이 배열 arr의 **0번 칸**을 가리키고 있으면 ptr[i]와 arr[i]는 같은 말이 된다고 했습니다. 이차원 배열에서도 똑같은 법칙이 성립합니다. 대신에 ptr은 arr의 **0번 행**을 가리키는 **배열 포인터**여야 합니다. 짧게 이야기했지만, 이 사실은 함수 단원에서 한 번 더 볼 일이 있으므로 정확히 이해하고 넘어가면 좋을 것 같습니다.

```
int arr[3][4] = { { 1, 2, 3, 4 }, { 5, 6, 7, 8 }, { 9, 10, 11, 12 } };
int (*ptr)[4] = arr;
printf("%d\n", ptr[1][2]);   // arr[1][2]와 같은 말
```

이번 절의 끝을 장식할 예제는 바로 이차원 배열을 포인터를 사용해 출력하는 예제입니다. 우선 출력할 이차원 배열 arr이 3행 4열짜리 배열이라고 가정합시다. 이번에도 이전에 했던 이차원 배열 출력 예제(예제 5.7)처럼 이중 for문을 사용하는 것까지는 같습니다. 하지만 이번에는 for문에 들어갈 변수로 int형 변수 i와 j가 아닌, 행을 가리키는 포인터 pi와, pi가 가리키는 행의 각 칸을 가리키는 포인터 pj를 사용할 것입니다. 따라서 pi는 int 4칸짜리 배열 포인터여야 하고, pj는 int를 가리키는 포인터여야 합니다.

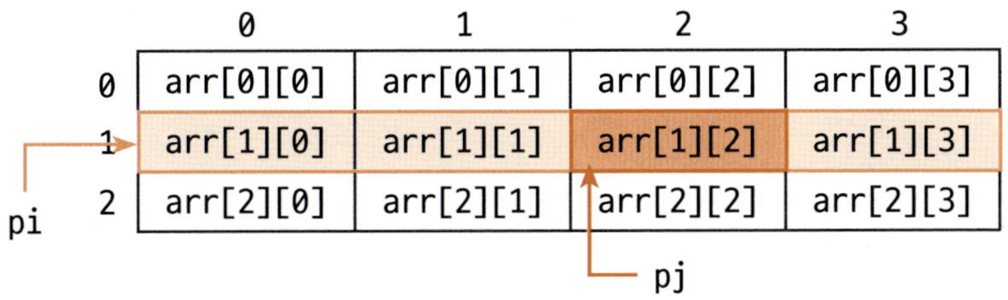

	0	1	2	3
0	arr[0][0]	arr[0][1]	arr[0][2]	arr[0][3]
1	arr[1][0]	arr[1][1]	arr[1][2]	arr[1][3]
2	arr[2][0]	arr[2][1]	arr[2][2]	arr[2][3]

pi → 1행, pj → arr[1][2]

그림 5.26 pi는 이차원 배열의 각 행을 가리키고, pj는 pi가 가리키는 행의 각 칸을 가리킨다.

일차원 배열을 포인터로 출력할 때 어떻게 했는지 잠깐 다시 볼까요? ptr의 초깃값은 arr입니다. 그 이유는 ptr이 처음에 arr의 0번 칸을 가리켜야 하는데, arr의 0번 칸의 주솟값(&arr[0])이 arr이기 때문입니다. ptr++에서 ptr에 1이 더해지면 ptr은 배열의 다음 칸을 가리키게 됩니다. 이런 식으로 ptr은 배열의 모든 칸을 순차적으로 가리킬 수 있습니다.

```
for (int *ptr = arr; ptr < arr + 10; ptr++) {
    printf("%d ", *ptr);
}
```

이차원 배열의 각 행을 가리키는 것도 같은 방법으로 할 수 있습니다. 이후 작업을 위해 포인터의 이름은 pi로 고치겠습니다. 일차원 배열에서와 달라진 점은 int를 가리키는 포인터가 아니라 int 배열을 가리키는 포인터를 만든다는 것입니다. 다음 코드를 봅시다.

```
for (int (*pi)[4] = arr; pi < arr + 3; pi++) {
    // 이 for문 안에서 pi는 arr의 각 행을 순차적으로 가리킨다.
}
```

우선 int (*pi)[4] = arr에서는 무슨 일이 일어날까요? for문의 중괄호 안으로 처음 들어갈 때 pi라는 int 4칸짜리 배열을 가리키는 포인터가 만들어진 후, 거기에 arr이라는 값을 집어넣습니다. 그러면 pi는 arr의 0번 행을 가리키게 됩니다. 행의 총 개수가 3이므로 pi가 arr+3보다 작을 동안만 반복합니다.

다음 단계로, pi가 가리키는 행에 접근한 후 pj를 통해 그 행의 각 칸에 접근해 보겠습니다. "pi가 가리키는 행"을 의미할 때는 *pi라고 쓰면 됩니다. pj의 초깃값은 "pi가 가리키고 있는 행의 0번 칸의 주솟값"이 되어야 할 것입니다. 이것을 의미하는 것이 바로 *pi입니다. 그 이유는 다음을 보면 이해가 될 겁니다.

```
*pi       :   pi가 가리키는 행
(*pi)[0]  :   pi가 가리키는 행의 0번 칸
&(*pi)[0] :   pi가 가리키는 행의 0번 칸의 주솟값
*pi       :   위와 같은 말(arr과 &arr[0]은 같은 말이므로)
```

따라서 for문의 형태는 다음과 같습니다.

```
for (int (*pi)[4] = arr; pi < arr + 3; pi++) {
    for (int *pj = *pi; pj < *pi + 4; pj++) {
        // 이 for문 안에서 pj는 pi가 가리키는 행의 각 칸을 가리키게 된다.
    }
}
```

이제 for문 안에서 적절히 출력만 하면 됩니다. pj가 각 칸을 가리키고 있으므로 *pj의 값을 출력하면 됩니다. 출력하는 형태는 예제 5.7과 같습니다. 그럼 코드를 완성해 보겠습니다.

예제 5.33 포인터를 사용해 이차원 배열 출력하기

```c
#include <stdio.h>

int main() {
    int arr[3][4] = { { 1, 2, 3, 4 }, { 5, 6, 7, 8 }, { 9, 10, 11, 12 } };

    for (int (*pi)[4] = arr; pi < arr + 3; pi++) {
        for (int *pj = *pi; pj < *pi + 4; pj++) {
            printf("%4d", *pj);
        }
        printf("\n");  // 한 행을 출력한 후, 줄 바꿈
    }
}
```

```
출력 결과
1   2   3   4
5   6   7   8
9  10  11  12
```

이 예제는 별로 실용적이지는 않습니다. 굳이 포인터를 사용하지 않아도 기존의 방법으로 이차원 배열을 쉽게 출력할 수 있기 때문입니다. 그러나 이 예제는 배열, 포인터, 배열과 포인터의 관계, 그리고 배열 포인터의 내용을 완벽히 이해하는 데 의의가 있다고 할 수 있습니다. 그러니 이번 예제를 잘 이해할 수 있으면 포인터를 잘 이해하고 있다고 볼 수 있습니다. 이해가 잘 되지 않는다면 앞의 내용을 다시 읽어보면 도움이 될 것입니다.

5.9 포인터 배열

배열, 포인터, 배열 포인터에 이어 포인터 배열은 또 뭘까요? 포인터 배열은 말 그대로 포인터들로 이루어진 배열입니다. 배열과 포인터를 잘 이해했다면 별로 어렵지 않은 개념이니 조금만 더 힘을 내 봅시다.

포인터 배열은 다음과 같이 선언할 수 있습니다. 배열 포인터에서 괄호만 빠진 형태입니다.

```
int *ptr[3];
```

이렇게 선언하고 나면 ptr은 int를 가리키는 포인터 3개로 이루어진 배열이 됩니다. 그러니까 ptr의 각 칸이 하나의 int를 가리키는 포인터가 되는 겁니다. 예를 들어, 다음과 같이 int a가 있다면 ptr[0]이 a를 가리키게끔 할 수 있습니다.

```
int *ptr[3];
int a = 5;
ptr[0] = &a;
```

이 상태에서 다음과 같이 *ptr[0]을 출력하면 a에 들어 있는 값이 나오겠죠?

```
printf("%d\n", *ptr[0]);
```

> **주의** ***ptr[0]과 (*ptr)[0]의 차이**
>
> 여기서 주의할 점은 *ptr[0]과 (*ptr)[0]은 다른 말이라는 것입니다. (*ptr)[0]은 "ptr이 가리키는 배열의 0번 칸"이라는 의미입니다. 그러니까 ptr이 배열 포인터일 때 이런 문법을 사용할 수 있습니다. *ptr[0]은 "ptr[0]이 가리키는 대상"이라는 뜻입니다. 즉 ptr이 포인터 배열일 때 이렇게 쓸 수 있습니다.

포인터 배열 예제를 보기 전에 다음과 같은 이차원 배열을 살펴보겠습니다.

```
char str[4][10] = { "hello", "world", "doodle", "google" };
```

이렇게 초기화하고 나면 str은 다음과 같은 모양이 됩니다.

	0	1	2	3	4	5	6	7	8	9
0	'h'	'e'	'l'	'l'	'o'	'\0'				
1	'w'	'o'	'r'	'l'	'd'	'\0'				
2	'd'	'o'	'o'	'd'	'l'	'e'	'\0'			
3	'g'	'o'	'o'	'g'	'l'	'e'	'\0'			

그림 5.27 문자열 여러 개가 저장된 이차원 배열 str의 모습

이 상태에서 각 문자열을 출력하려면 다음과 같이 하면 됩니다. **%s**를 사용할 때는 문자열의 이름만 적으면 문자열 전체가 출력된다고 설명했죠? str[i] 자체가 str의 한 행, 즉 문자열 하나를 의미하므로 str[i]라고 적으면 이 한 행에 들어 있는 문자열 전체를 출력할 수 있습니다.

```
for (int i = 0; i < 4; i++) {
    printf("%s\n", str[i]);
}
```

이제 포인터 배열 하나를 만들어서 str의 각 행 첫 칸(0번 칸)의 주솟값을 가리키게 해보겠습니다. str[i]는 &str[i][0]과 같은 말이라는 것만 기억한다면 이해할 수 있을 것입니다.

```
char *ptr[4];

for (int i = 0 ; i < 4; i++) {
    ptr[i] = str[i];   // ptr[i]에 str[i]의 첫 칸의 주소를 담는다.
}
```

그러니까 다음 그림과 같은 상황이 될 것입니다. arr[0][0]의 주솟값이 100이라 가정하겠습니다. char 하나의 크기는 1바이트이므로 한 행의 크기는 10바이트이고, 따라서 arr[1][0]의 주솟값은 110이 됩니다. 결국 ptr[i]는 str[i]와 같은 말입니다.

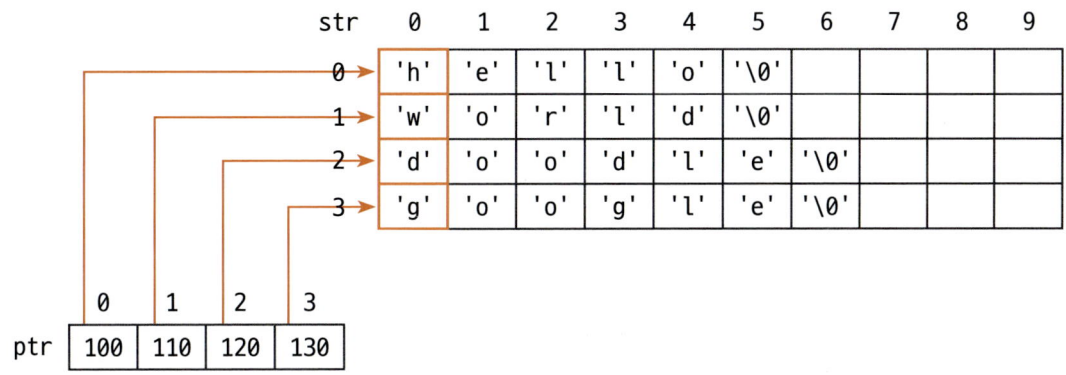

그림 5.28 포인터 배열 ptr의 각 칸이 str의 각 행의 첫 칸을 가리키는 모습

이제 ptr을 통해 str 배열에 있던 문자열을 출력해 보겠습니다. 위의 str을 출력하는 코드에서 str[i]를 ptr[i]로 고치기만 하면 됩니다.

```c
for (int i = 0; i < 4; i++) {
    printf("%s\n", ptr[i]);
}
```

완성된 코드는 다음과 같습니다.

예제 5.34 포인터 배열을 사용해 이차원 배열에 저장된 문자열 출력하기

```c
#include <stdio.h>

int main() {
    char str[4][10] = { "hello", "world", "doodle", "google" };
    char *ptr[4];

    for (int i = 0; i < 4; i++) {
        ptr[i] = str[i];
    }
    for (int i = 0; i < 4; i++) {
        printf("%s\n", ptr[i]);
```

```
    }
}
```

출력 결과
```
hello
world
doodle
google
```

① 100개 이하의 정수를 입력받아 첫 줄에 짝수 번째 숫자들을 출력하고 다음 줄에 홀수 번째 숫자들을 순서대로 출력하는 프로그램을 만들어 보세요.

> 예시
> 숫자의 개수 입력: 7 ⏎
> 숫자 입력: 3 1 4 1 5 9 2 ⏎
> 1 1 9
> 3 4 5 2

② 다음 코드를 실행했을 때의 출력 결과를 예측해 보세요.

```
#include <stdio.h>

int main() {
    int a = 10;
    int b = 20;

    int *ptr;

    ptr = &a;
    *ptr = 30;

    ptr = &b;
    *ptr = 10;

    printf("%d\n", a);
    printf("%d\n", b);
    printf("%d\n", *ptr);
}
```

③ 다음 코드를 실행했을 때의 출력 결과를 예측해 보세요. 단, 주솟값을 예측할 수는 없기 때문에 맨 첫 줄에 100이 출력된다고 가정합니다.

```
#include <stdio.h>

int main() {
    int arr[10] = { 3, 1, 4, 1, 5, 9, 2, 6, 5, 3 };

    printf("%d\n", arr);   // 100이 출력된다고 가정
    for (int i = 3; i < 7; i++) {
        printf("%d %d\n", arr + i, *(arr + i));
    }
}
```

종·합·문·제

④ 10×10 이하의 정수형 이차원 배열을 입력받아 그 배열의 각 행의 요소의 합을 출력하는 프로그램을 만들어 보세요. 첫 줄에는 행의 개수와 열의 개수가 순서대로 주어지고, 둘째 줄부터 이차원 배열의 내용물이 주어집니다. 아래 예시에서는 첫 행의 원소인 4, 2, 6, 3의 합이 15이고 두 번째 행의 원소인 7, 9, 3, 4의 합이 23인 식입니다.

```
예시    3 4 ⏎
        4 2 6 3 ⏎
        7 9 3 4 ⏎
        5 1 2 1 ⏎
        15
        23
        9
```

⑤ 다음 코드를 실행했을 때의 출력 결과를 예측해 보세요. arr의 시작 주솟값은 100이라고 가정합니다.

```c
#include <stdio.h>

int main() {
    int arr[3][3] = { 0 };

    printf("%d\n", &arr);
    printf("%d\n", arr);
    printf("%d\n", *arr);

    printf("%d\n", &arr[0]);
    printf("%d\n", arr[0]);
    printf("%d\n", *arr[0]);

    printf("%d\n", &arr[0][0]);
    printf("%d\n", arr[0][0]);
}
```

⑥ 다음 코드를 실행했을 때의 출력 결과를 예측해 보세요. arr의 시작 주솟값은 100이라고 가정합니다.

```c
#include <stdio.h>

int main() {
    int arr[3][3] = { 0 };

    printf("%d\n", &arr[0][0]);
}
```

```
        printf("%d\n", arr[0] + 1);
        printf("%d\n", &arr[0] + 1);
        printf("%d\n", arr + 1);
        printf("%d\n", &arr + 1);
}
```

7 다음 코드에서 문법적으로 오류가 있는 부분을 찾아 올바르게 고쳐 보세요. 고친 후에는 예시와 같이 출력되어야 합니다.

```
#include <stdio.h>

int main() {
    int arr[3][4] = {
        { 1, 2, 3, 4 },
        { 5, 6, 7, 8 },
        { 9, 10, 11, 12 }
    };

    int (*ptr)[4] = arr;

    for (int i = 0; i < 3; i++) {
        for (int j = 0; j < 4; j++) {
            printf("%d ", *ptr[i][j]);
        }
        printf("\n");
    }
}
```

예시
```
1 2 3 4
5 6 7 8
9 10 11 12
```

06
함수

함수는 사실 앞에서도 여러 번 언급했습니다. 가장 처음 배운 함수는 `main` 함수입니다. 또 `printf`, `scanf`를 비롯한 많은 내장 함수의 사용법에 대해서도 이미 배웠습니다. 이번 장에서는 함수란 무엇인지, 그리고 함수를 새로 만들고 사용하는 방법에 대해 구체적으로 알아봅니다.

6.1 함수의 정의와 호출

대부분 독자들은 "함수"라고 하면 수학에서의 함수를 떠올릴 것입니다. 프로그래밍에서의 함수는 수학에서의 함수와 비슷한 점도 있고, 다른 점도 있습니다. 비슷한 점을 미리 말하자면, 어떤 값을 입력하면 어떤 값을 출력한다는 것입니다. 하지만 지금은 수학에서의 함수는 잠시 잊고, 우선은 함수를 "명령어들을 묶어 이름을 붙인 것"이라는 관점에서 살펴봅시다.

https://youtu.be/qD1QtFTeAoM

이 책의 가장 처음 예제인 Hello, world 예제를 볼까요? 이 예제에는 `main`과 `printf`라는 두 가지 함수가 등장합니다.

```
#include <stdio.h>
int main()
{
    printf("Hello, world!\n");   → printf 함수의 호출
}                                 → main 함수의 정의
```

그림 6.1 Hello, world 예제에서 등장한 main 함수와 printf 함수

main 함수는 프로그램이 시작할 때 함께 실행됩니다. 그래서 main 함수의 중괄호 안에 명령을 적으면 그 명령이 실행됩니다. 이렇게 함수의 이름을 적고, 함수가 실행되었을 때 어떤 명령을 실행할 것인지 중괄호 안에 적는 것을 '정의'(definition)라고 합니다.

printf, scanf와 같은 함수는 stdio.h와 같은 헤더 파일에 이미 정의되어 있습니다. 따라서 이 함수들이 정의되어 있는 헤더 파일을 인클루드만 하면 함수를 사용할 수 있습니다. 이렇게 이미 정의된 함수를 실행하는 것을 '호출'(call)이라고 말합니다.

6.2 함수를 만들어 보자!

다음 코드는 어떤 게임의 일부라고 해봅시다. 이 게임에는 아이템을 사는 작업들이 반복적으로 나타납니다. int money는 현재 잔액을 저장하는 변수이고, int itemCnt는 현재 가지고 있는 아이템 개수를 저장하는 변수입니다. 아이템의 가격은 10이기 때문에 아이템 하나를 구매하면 잔액은 10 감소하고, 아이템 보유 개수는 1 증가합니다.

예제 6.1 게임에서 아이템을 사는 부분을 나타낸 코드

```c
#include <stdio.h>

int main() {
    int itemCnt = 0;
    int money = 100;

    itemCnt++;
    money -= 10;
    printf("아이템을 구매했습니다.\n");
    printf("  아이템 개수: %d\n", itemCnt);
    printf("  잔액: %d\n", money);

    // (이 부분에는 다른 코드가 많이 있다고 가정합니다.)

    itemCnt++;
    money -= 10;
    printf("아이템을 구매했습니다.\n");
    printf("  아이템 개수: %d\n", itemCnt);
    printf("  잔액: %d\n", money);
}
```

```
출력 결과
아이템을 구매했습니다.
    아이템 개수: 1
    잔액: 90
아이템을 구매했습니다.
    아이템 개수: 2
    잔액: 80
```

지금 작성한 코드에는 몇 가지 안 좋은 점이 있습니다. 우선 코드를 작성하는 과정 자체가 귀찮습니다. 물론 그건 복사, 붙여넣기를 통해 금방 해결할 수 있긴 합니다. 또, 코드가 길고 읽기 힘듭니다. 마지막으로, 아이템을 구매하는 코드에 고쳐야 할 사항이 한다면 아이템을 구매하는 모든 부분을 찾아가서 일일이 코드를 고쳐야 합니다. 지금은 그런 부분이 두 부분밖에 없지만 더 많다면 코드를 고치기가 더 힘들어질 것입니다.

이렇게 코드에 반복되는 부분이 많은 것은 별로 좋지 않습니다. 이럴 때 반복되는 부분을 따로 빼서 이름을 붙일 수 있습니다. 다음 코드를 보면서 이야기해볼까요?

```c
void buyItem() {
    itemCnt++;
    money -= 10;
    printf("아이템을 구매했습니다.\n");
    printf("    아이템 개수: %d\n", itemCnt);
    printf("    잔액: %d\n", money);
}
```

앞에서 반복되는 부분이었던 5줄을 buyItem이라는 함수로 만든 것입니다. main 함수를 정의할 때 int main()이라 쓰고 중괄호 안에 내용물을 적는 것과 형태가 비슷합니다.

void buyItem()이라고 하면 "buyItem이라는 함수를 만들겠다."라는 뜻이 됩니다. void의 의미는 '리턴 값'이 없다는 말입니다. 리턴 값에 대해서는 다음 절에서 자세히 알아보고, 지금은 그냥 함수를 정의할 때 필요하다는 것만 알아둡시다. 중괄호 안에는 이 함수의 내용물을 적습니다. 이렇게 함수를 정의해 놓으면 나중에 함수를 호출하면 이 내용물이 순차적으로 실행됩니다.

buyItem이라는 함수를 정의했으면 main 함수에서는 이 buyItem 함수를 다음과 같이 호출할 수 있습니다.

```c
void buyItem() {
    itemCnt++;
    money -= 10;
    printf("아이템을 구매했습니다.\n");
    printf("  아이템 개수: %d\n", itemCnt);
    printf("  잔액: %d\n", money);
}

int main() {
    int itemCnt = 0;
    int money = 100;

    buyItem();  // 함수의 호출

    // (이 부분에는 다른 코드가 많이 있다고 가정합니다.)

    buyItem();  // 함수의 호출
}
```

함수 이름을 적고 괄호를 열었다가 닫아주면 됩니다. 그냥 `printf`, `scanf` 같은 다른 함수와 문법은 똑같은데 소괄호 안에 아무 내용물도 없다고 생각하면 됩니다.

이렇게 함수를 호출하면 함수에서 정의된 모든 명령이 순차적으로 실행된 후, 중괄호 끝에 다다르면 다시 함수가 호출되었던 곳으로 돌아와 그다음 명령들이 실행됩니다.

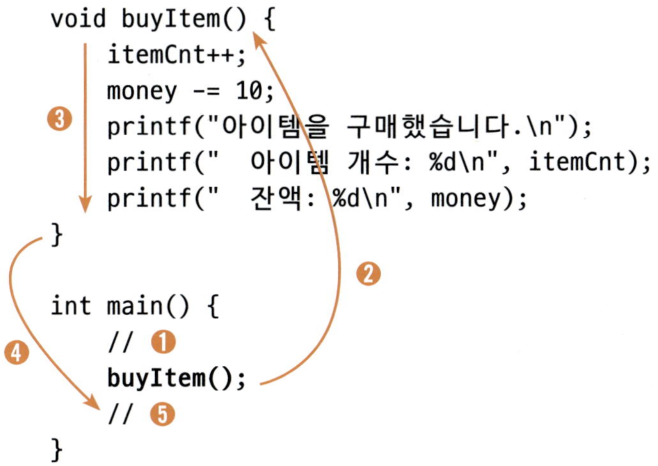

```c
void buyItem() {
    itemCnt++;
    money -= 10;
    printf("아이템을 구매했습니다.\n");
    printf("  아이템 개수: %d\n", itemCnt);
    printf("  잔액: %d\n", money);
}

int main() {
    // ❶
    buyItem();
    // ❺
}
```

그림 6.2 buyItem() 함수를 호출하면 일어나는 일

즉, buyItem 함수를 한 번 호출할 때마다 itemCnt의 값은 1 증가하고, money의 값은 10 감소하며, 아이템 구매 메시지가 출력됩니다. 전체 코드는 다음과 같습니다. buyItem 함수의 정의가 main 함수 바깥에 있다는 점에 주의합시다.

```c
#include <stdio.h>

void buyItem() {
    itemCnt++;   // 접근 불가
    money -= 10;
    printf("아이템을 구매했습니다.\n");
    printf("  아이템 개수: %d\n", itemCnt);
    printf("  잔액: %d\n", money);
}

int main() {
    int itemCnt = 0;
    int money = 100;   // main 안에서 선언되었기 때문에 main 외부에서는 접근 불가

    buyItem();

    // (이 부분에는 다른 코드가 많이 있다고 가정합니다.)

    buyItem();
}
```

그런데 혹시 위 코드를 실행해봤다면 컴파일 에러가 발생할 겁니다. 그 이유는 buyItem 함수 안에서 itemCnt와 money 변수를 사용하고 있는데, 이 변수들은 main 함수 안에 선언되어 있어서 main 함수 외부인 buyItem 함수 안에서는 접근할 수 없기 때문입니다. 이 문제는 쉽게 해결할 수 있습니다. 바로 함수 바깥으로 변수 선언을 빼면 됩니다. 이렇게 어떤 함수 안에도 포함되지 않고, 어떤 함수에서나 접근 가능한 변수를 '전역 변수'(global variable)라고 합니다. 전체 코드를 보여드리겠습니다. 출력 결과는 전과 같으므로 생략합니다.

예제 6.2 함수를 사용해 개선한 게임 아이템 구매 코드

```c
#include <stdio.h>

int itemCnt = 0;   // 전역 변수
int money = 100;   // 전역 변수

void buyItem() {
    itemCnt++;      // 이제 접근 가능
    money -= 10;
    printf("아이템을 구매했습니다.\n");
    printf("  아이템 개수: %d\n", itemCnt);
    printf("  잔액: %d\n", money);
}

int main() {
    buyItem();

    // (이 부분에는 다른 코드가 많이 있다고 가정합니다.)

    buyItem();
}
```

처음보다 코드가 좀 더 간결하고 읽기 쉬워졌습니다. 그런데 문제가 있습니다. 지금 코드에서는 `buyItem` 함수가 호출될 때 `money`에서는 항상 10이 빠져나갑니다. 그런데 아이템의 가격을 상황별로 달리해야 한다면 어떻게 해야 할까요? 함수에 "아이템의 가격이 얼마다."라는 정보를 전달해주고 싶습니다. 이때 사용하는 것이 바로 '매개변수'(parameter)입니다.

그러면 위 예제에서 cost라는 매개변수를 추가해 cost를 통해 아이템의 가격을 함수로 전달해 보겠습니다. 매개변수는 다음과 같이 그 변수의 자료형과 함께 함수 이름 옆의 소괄호 안에 쓰면 됩니다.

```c
void buyItem(int cost) {   // int형의 cost라는 매개변수를 선언한다.
    itemCnt++;
    money -= cost;          // money는 cost만큼 감소한다.
    printf("아이템을 구매했습니다.\n");
    printf("  아이템 개수: %d\n", itemCnt);
    printf("  잔액: %d\n", money);
}
```

이렇게 작성하고 나서 main 함수에서 buyItem 함수를 호출할 때도 소괄호 안에 cost에 해당하는 값을 넣으면 됩니다.

```
int main() {
    // ...
    buyItem(30);
    // ...
}
```

이렇게 하면 buyItem이 호출될 때 cost 매개변수의 값이 30이 됩니다. 따라서 money도 cost의 값인 30만큼 감소하게 됩니다. 이렇게 30과 같이 함수를 호출할 때 넘겨주는 수를 '인수'(argument)라고 부릅니다.

```
                               cost = 30
void buyItem(int cost) {
    itemCnt++;
    money -= cost;
    // ...
}

int main() {
    // ...
    buyItem(30);
    // ...
}
```

그림 6.3 30이라는 값을 cost 매개변수로 넘기기

또 buyItem(30)을 호출하고 다음 번에 buyItem(40)을 호출한다면 어떻게 될까요?

```
int main() {
    // ...
    buyItem(30);
    // ...
    buyItem(40);
    // ...
}
```

buyItem이 처음 호출될 때는 cost가 30이라서 money에서도 30이 감소했지만, 두 번째 호출에서는 40을 넘겨주었으므로 cost가 40이 됩니다. 그러면 money도 40만큼 감소합니다. 그러니까 매개변수의 값은 함수를 호출할 당시에 넣어준 인수에 따라 달라집니다.

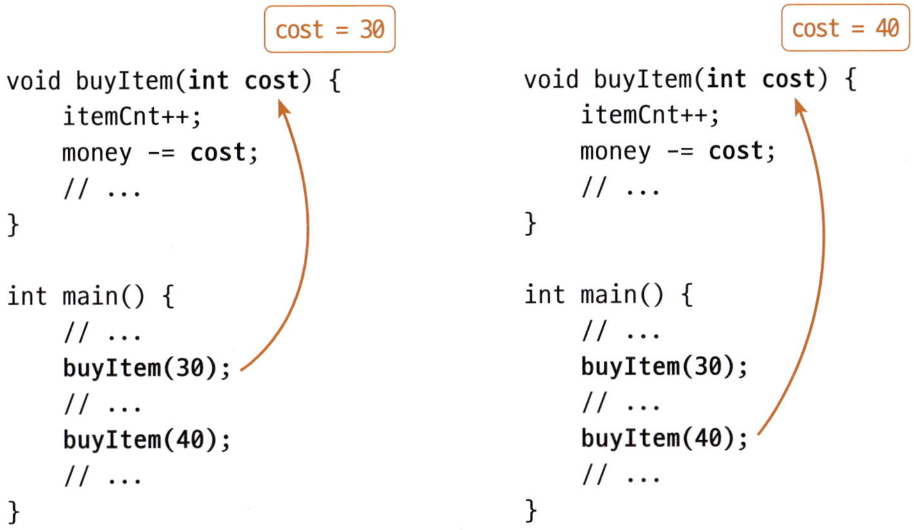

```c
                              cost = 30
void buyItem(int cost) {
    itemCnt++;
    money -= cost;
    // ...
}

int main() {
    // ...
    buyItem(30);
    // ...
    buyItem(40);
    // ...
}
```

```c
                              cost = 40
void buyItem(int cost) {
    itemCnt++;
    money -= cost;
    // ...
}

int main() {
    // ...
    buyItem(30);
    // ...
    buyItem(40);
    // ...
}
```

그림 6.4 함수가 여러 번 호출될 때 매개변수의 작동 방식

완성된 코드를 실행해 보겠습니다.

예제 6.3 매개변수를 사용해 개선한 아이템 구매 코드

```c
#include <stdio.h>

int itemCnt = 0;
int money = 100;

void buyItem(int cost) {
    itemCnt++;
    money -= cost;
    printf("아이템을 구매했습니다.\n");
    printf("  아이템 개수: %d\n", itemCnt);
    printf("  잔액: %d\n", money);
}

int main() {
    buyItem(30);
```

```
    buyItem(40);
}
```

출력 결과

```
아이템을 구매했습니다.
    아이템 개수: 1
    잔액: 70
아이템을 구매했습니다.
    아이템 개수: 2
    잔액: 30
```

이번에는 아이템을 묶어 파는 경우가 있다고 가정해 봅시다. 30원에 아이템 5개, 이런 식으로 말이죠. 그러기 위해서 아이템이 몇 개인지를 전달하는 cnt라는 매개변수를 하나 더 만들어 보겠습니다. 매개변수가 여러 개일 때는 다음과 같이 쉼표로 구분하면 됩니다. 대신 모든 매개변수 이름 앞에 자료형을 붙여야 합니다. (int cost, cnt와 같이 쓸 수는 없습니다.)

```
void buyItem(int cost, int cnt) {   // int cost, cnt처럼 쓸 수는 없다!
    itemCnt += cnt;                  // 보유 아이템 개수는 구입한 개수만큼 증가해야 한다.
    money -= cost;
    printf("아이템을 구매했습니다.\n");
    printf("    아이템 개수: %d\n", itemCnt);
    printf("    잔액: %d\n", money);
}
```

그리고 함수를 호출할 때도 인수를 2개 넘겨주면 됩니다. 그러면 매개변수가 선언된 순서에 맞춰서 값이 하나씩 들어갑니다.

```
int main() {
    // ...
    buyItem(30, 5);   // cost에는 30, cnt에는 5가 들어간다.
    // ...
    buyItem(50, 7);   // cost에는 50, cnt에는 7이 들어간다.
    // ...
}
```

완성된 코드를 실행해보겠습니다.

예제 6.4 매개변수가 2개인 buyItem 함수

```c
#include <stdio.h>

int itemCnt = 0;
int money = 100;

void buyItem(int cost, int cnt) {
    itemCnt += cnt;
    money -= cost;
    printf("아이템을 구매했습니다.\n");
    printf("  아이템 개수: %d\n", itemCnt);
    printf("  잔액: %d\n", money);
}

int main() {
    buyItem(30, 5);
    buyItem(50, 7);
}
```

출력 결과

```
아이템을 구매했습니다.
  아이템 개수: 5
  잔액: 70
아이템을 구매했습니다.
  아이템 개수: 12
  잔액: 20
```

이렇게 함수를 사용하면 두 가지 장점이 있습니다. 첫째는 불필요한 반복을 피할 수 있다는 것입니다. 함수를 사용해 반복되는 부분을 없애면 코드 길이가 짧아지고, 나중에 코드를 수정하기가 쉬워집니다. 둘째는 코드가 좀 더 체계적으로 구성된다는 것입니다. 아이템을 사는 일련의 과정을 buyItem이라는 유의미한 덩어리로 묶어 코드를 구조적으로 설계할 수 있습니다.

6.3 변수의 스코프, 지역 변수와 전역 변수

함수가 무엇인지 알았으니 '스코프'(scope)라는 개념에 대해 조금 알고 넘어갈 필요가 있습니다. 스코프란 변수가 유효한 범위를 말합니다. 한 스코프 안에서는 변수를 사용할 수 있지만 변수가 선언된 스코프 바깥으로 나가면 더 이상 그 변수를 사용할 수 없게 됩니다.

6.3.1 블록 스코프

스코프의 종류에는 블록 스코프와 함수 스코프가 있습니다. '블록'(block)은 사실 지금껏 정체는 몰랐지만 무의식적으로 사용하고 있었습니다. 중괄호 안에 여러 줄의 코드를 묶은 것은 모두 블록입니다. 예를 들어 if문의 중괄호 안은 하나의 블록입니다. if뿐만 아니라 for, while 등에서 등장한 중괄호도 모두 같은 역할을 합니다. (아래 그림은 코드의 형태만 보고, 내용은 신경 쓰지 않아도 됩니다.)

```
if (i <= 10)
{
    int a = 5;
    printf("%d", a);
    i++;
}
```
→ 블록

그림 6.5 if문에서 생성된 블록의 예시

이때 중괄호 안에 선언된 a라는 변수에 주목해봅시다. 이처럼 변수를 if문 안에 선언한 것이 낯설 수도 있는데, 실제로 이렇게 블록 안에 변수를 선언하는 것도 상관없습니다. 대신 중요한 것은, **a가 선언된 블록 밖에서는 a를 사용할 수 없다**는 것입니다. 따라서 **네모 안의 블록이 a의 스코프가 됩니다.** 한 블록 안에 선언된 변수는 그 블록 내에서만 사용할 수 있습니다. 블록 내 printf에서 a를 출력하는 것은 되지만 중괄호 밖에서 a를 출력하고자 한다면 에러가 납니다.

중괄호 안에 또 중첩된 중괄호가 있다면 블록 안에 블록이 있는 것입니다. 다음 페이지의 그림 6.6과 같은 상황에서 a의 스코프는 블록 1이고, b의 스코프는 블록 2가 됩니다. 이때 블록 2는 블록 1에 포함되어 있으므로 블록 2에서는 a, b 모두 사용할 수 있고, 블록 2의 바깥이면서 블록 1 안쪽에 있으면 a는 사용할 수 있지만 b는 사용할 수 없습니다. 또 블록 1 바깥에서는 당연히 a와 b 모두 사용할 수 없습니다.

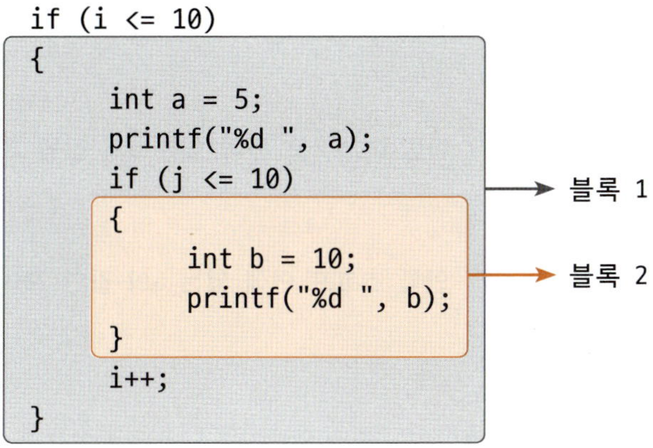

```
if (i <= 10)
{
    int a = 5;
    printf("%d ", a);
    if (j <= 10)
    {
        int b = 10;
        printf("%d ", b);
    }
    i++;
}
```

→ 블록 1
→ 블록 2

그림 6.6 중첩된 블록

스코프의 또 다른 특징은 변수의 이름이 같아도 선언된 스코프가 다르다면 에러가 나지 않고 서로 다른 변수로 인식된다는 것입니다. "그런데 같은 이름의 변수를 여러 개 만들 수 없다면서요!" 네, 맞습니다. 그래서 사실 정확하게는 "같은 스코프 내에서는" 같은 이름의 변수를 여러 개 만들 수 없다고 해야 맞습니다. 만약 변수의 스코프가 다르다면 이름이 같아도 상관없습니다. 이렇게 **다른 스코프에서 만들어진 두 변수는 이름은 같아도 서로 다른 변수입니다.** 예시를 볼까요?

```
int main() {
    if (어떤 조건) {
        int a = 10;
        printf("%d\n", a);   // 같은 스코프 안에 있는 a의 값인 10이 출력된다.
    }
    if (어떤 조건) {
        int a = 20;
        printf("%d\n", a);   // 같은 스코프 안에 있는 a의 값인 20이 출력된다.
    }
}
```

두 a가 이름은 같지만 실제로는 다른 동명이인 같은 존재라는 것을 다시 한 번 강조합니다.

그림 6.6에서처럼 중첩된 스코프도 서로 다른 스코프로 취급됩니다. 이렇게 중첩된 스코프에 동명이인이 있을 경우 가장 안쪽 스코프에 있는 a가 인식됩니다. 이때 안쪽 블록에서 바깥쪽 블록에 있는 a를 사용하는 것은 불가능합니다.

```c
int main() {
    if (어떤 조건) {
        int a = 10;
        printf("%d\n", a);      // 바깥쪽 스코프 안에 있는 a의 값인 10이 출력된다.
        if (어떤 조건) {
            int a = 20;
            printf("%d\n", a);  // 안쪽 스코프 안에 있는 a의 값인 20이 출력된다.
        }
    }
}
```

6.3.2 함수 스코프

함수도 하나의 스코프 역할을 하는데, 이를 함수 스코프라고 합니다. 함수 안에서 선언된 변수는 '지역 변수'(local variable)라고 부르며, 지역 변수가 아무 블록에도 포함되어 있지 않다면 스코프는 그 변수가 정의된 함수의 범위가 됩니다. 쉽게 말해, 함수 내에서 정의된 변수는 다른 함수에서는 사용할 수 없습니다.

```c
void aaa() {
    int a = 10;
    int b = 20;

    printf("%d\n", a);   // aaa 함수 스코프 안에 있는 a의 값인 10이 출력된다.
    printf("%d\n", b);   // aaa 함수 스코프 안에 있는 b의 값인 20이 출력된다.
}

void bbb() {
    int a = 30;

    printf("%d\n", a);   // bbb 함수 스코프 안에 있는 a의 값인 20이 출력된다.
    printf("%d\n", b);   // 에러! bbb 함수 스코프 안에는 b라는 변수가 없다.
}
```

전역 변수는 '전역 스코프'라는 스코프에 속해 있습니다. 모든 함수에서 이 스코프에 선언된 변수를 사용할 수 있습니다. 다만 함수의 지역 변수 중에 전역 변수와 이름이 같은 변수가 있을 때는 전역 변수에 접근할 수 없습니다. 중첩된 블록 스코프에서와 비슷하게 생각하면 됩니다.

```
int a = 10;   // 전역 변수(전역 스코프)

void aaa() {
    printf("%d\n", a);   // 전역 변수 a의 값인 10이 출력된다.
}

void bbb() {
    int a = 20;

    printf("%d\n", a);   // bbb 안에 이미 지역 변수 a가 있으므로 그 값인 20이 출력된다.
}
```

6.4 함수의 반환

함수는 코드를 묶는 기능 외에 어떤 값을 돌려주는 기능도 할 수 있습니다. return문을 사용하면 그런 작업을 할 수 있습니다. 잘 생각해보면 영어에서 "return"이라는 단어는 "돌아오다"라는 뜻과 "돌려주다"라는 두 가지 뜻이 있습니다. 함수에서도 return문은 정확히 그 두 가지 역할을 합니다. 함수가 원래 호출되었던 지점으로 돌아가면서 동시에 어떤 값을 돌려줄 수 있습니다. 이런 작업을 "(어떤 값을) 반환한다." 또는 "리턴한다."라고 부릅니다. 이게 정확히 무슨 뜻인지는 예제를 통해 자세히 알아보겠습니다.

앞에서 void는 리턴 값이 없다는 뜻이라고 했습니다. 그런데 void가 들어갈 자리에 다른 자료형을 넣으면 그 자료형의 값을 리턴할 수 있습니다. 이렇게 함수가 리턴하는 값의 자료형을 함수의 "리턴 타입"이라고 합니다.

다음 예제에서는 plus라는 함수를 만들 것입니다. 이 함수는 두 int형 매개변수 a, b를 받아서 그 둘을 더한 값을 리턴합니다. 그러면 함수를 호출한 쪽에서는 그 값을 받아서 다른 변수에 저장할 수 있습니다. 우선 예제를 먼저 보고 자세히 설명하겠습니다.

예제 6.5 두 값을 더한 값을 리턴하는 plus 함수

```
#include <stdio.h>

int plus(int a, int b) {
    return a + b;   // a와 b의 값을 더해 리턴한다.
}
```

```
int main() {
    int sum = plus(3, 5);    // plus 함수가 리턴한 값을 sum에 저장한다.

    printf("%d\n", sum);
}
```

```
C:\  출력 결과                                                              —  □  ×
8
```

지금 어떤 일이 일어났는지를 살펴봅시다. plus(3, 5)를 호출했으므로 ❶ plus 함수의 정의로 올라가서 ❷ 매개변수인 a, b에는 각각 3, 5가 들어갈 것입니다. 그러면 plus 함수의 내용물인 return a + b;가 실행됩니다. 그러면 ❸ a의 값과 b의 값이 더해진 8이라는 값이 리턴됩니다. ❹ 8이 리턴되는 동시에 main 함수로 돌아옵니다. 그러면 이제 ❺ plus(3, 5)의 값이 8이 되어, ❻ 그 값을 sum에 집어넣습니다. 따라서 sum의 값은 8이 됩니다.

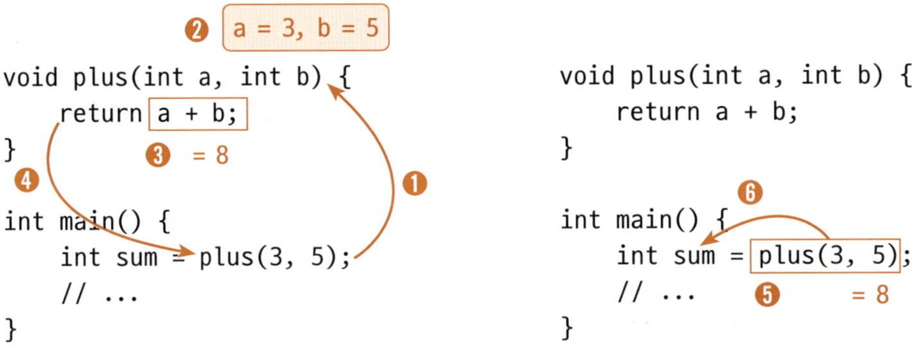

그림 6.7 plus 함수의 작동 과정

void 함수는 리턴 값이 없으므로 return문이 없어도 함수가 끝까지 실행된 후, 호출되었던 지점으로 돌아갑니다. 그런데 만약 다음과 같이 void가 아닌 함수에서 return문이 없다면 어떻게 될까요?

```
int foo() {
    // 아무것도 없다.
}
```

이렇게 return문 없이 함수의 끝에 도달했을 때 비주얼 C++ 컴파일러는 컴파일 에러를 냅니다. 다른 컴파일러에서는 자동으로 0을 리턴해주기도 합니다. 하지만 리턴 값이 있는 함수에 return문을 적지 않는 것이 좋은 습관은 아닙니다. 그러니 void가 아닌 함수에서는 꼭 return문을 적어줍시다.

> **Tip**
>
> **main 함수는 void가 아닌데 왜 리턴 값이 없어도 에러가 나지 않나요?**
>
> 원래 main 함수는 정상적으로 종료되었을 때 0, 그렇지 않을 때는 다른 값을 리턴하게 되어 있습니다. 그래서 원칙적으로는 main 함수 맨 끝에 return 0;을 붙여줘야 합니다. 그런데 보통의 경우에는 프로그램이 정상 종료되기 때문에 비주얼 C++를 포함한 대부분의 컴파일러에서는 main 함수는 특별히 return문 없이 종료되었을 때 알아서 0을 리턴하게 되어 있습니다.

함수에 return문이 여러 개 있다면 어떻게 될까요? 다음 예제를 통해 알아봅시다.

예제 6.6 return문이 여러 개인 함수의 작동

```c
#include <stdio.h>

int noMeaning() {
    printf("first\n");
    return 1;
    printf("second\n");
    return 2;
}

int main() {
    int ret = noMeaning();   // noMeaning 함수의 리턴 값을 저장

    printf("%d\n", ret);
}
```

입출력 예
```
first
1
```

noMeaning 함수를 호출했을 때 first가 출력되고 1이 리턴됩니다. 이렇게 함수에서 return문을 하나라도 만나게 되면 함수는 그 즉시 종료되고 그 아래 명령들은 실행되지 않습니다. 그래서 second도 출력되지 않고 2도 리턴되지 않은 것입니다.

void 함수에서도 마찬가지로 return문을 쓸 수 있습니다. 대신 어떤 값을 리턴하지는 않고, 함수를 종료하는 역할만 합니다. 리턴 값이 없으므로 다음 예제에서처럼 return이라 하고 끝에 세미콜론만 적으면 됩니다. 이렇게 void 함수에서도 return을 적으면 함수가 바로 종료되고, 그 아래 명령들은 실행되지 않습니다. 그러면 아래 예제에서는 first만 출력될 것입니다.

예제 6.7 return문이 여러 개인 void 함수의 작동

```c
#include <stdio.h>

void noMeaning() {
    printf("first\n");
    return;   // 함수 바로 종료, 아래 명령들은 실행되지 않는다.
    printf("second\n");
    return;
}

int main() {
    noMeaning();
}
```

실행 결과
```
first
```

그러면 앞에서 만든 buyItem 함수에 한 가지 기능만 더 추가해 보겠습니다. 현재 buyItem 함수는 잔액이 마이너스가 되어도 구매가 진행되는 버그가 있습니다.

예제 6.8 잔액이 마이너스가 되는 버그가 있는 아이템 구매 코드

```c
#include <stdio.h>

int itemCnt = 0;
int money = 100;
```

```c
void buyItem(int cost) {
    itemCnt++;
    money -= cost;
    printf("아이템을 구매했습니다.\n");
    printf("  아이템 개수: %d\n", itemCnt);
    printf("  잔액: %d\n", money);
}

int main() {
    buyItem(50);
    buyItem(70);
}
```

출력 결과

```
아이템을 구매했습니다.
  아이템 개수: 1
  잔액: 50
아이템을 구매했습니다.
  아이템 개수: 2
  잔액: -20
```

이제 구매 후 잔액이 0 미만일 때는 구매가 되지 않도록 함수를 고쳐보겠습니다. 그리고 함수를 호출한 쪽에서 구매가 되었는지 안 되었는지 알 수 있게 구매가 되었을 때는 0, 되지 않았을 때는 -1을 리턴하겠습니다.

buyItem 함수에 리턴 값이 생겼으므로 리턴 타입을 int로 만듭니다. 그리고 함수 맨 처음에 잔액(money)이 아이템의 가격(cost) 미만인지를 확인하고, 미만이라면 -1을 리턴합니다. 이처럼 -1을 리턴하면 함수가 바로 종료되므로 그다음 코드는 실행되지 않습니다.

```c
int buyItem(int cost) {
    if (money < cost) {
        return -1;    // 아이템을 구매할 수 없을 때는 -1을 리턴하고 함수를 종료한다.
    }

    // 아이템 구매 코드...
}
```

다음으로, 아이템을 성공적으로 구매했을 때는 0을 리턴해 봅시다. 함수의 맨 마지막에 return 0;만 추가하면 됩니다. 완성된 함수는 다음과 같습니다.

```c
int buyItem(int cost) {
    if (money < cost) {
        return -1;
    }

    itemCnt++;
    money -= cost;
    printf("아이템을 구매했습니다.\n");
    printf("  아이템 개수: %d\n", itemCnt);
    printf("  잔액: %d\n", money);
    return 0;   // 아이템을 성공적으로 구매했을 때는 0을 리턴한다.
}
```

이제 수정된 함수가 제대로 작동하는지 볼까요? main 함수에서는 함수의 리턴 값을 받아 -1일 경우에는 "잔액이 부족합니다!"라는 메시지를 출력하게 해보겠습니다.

예제 6.9 버그가 수정된 아이템 구매 코드

```c
#include <stdio.h>

int itemCnt = 0;
int money = 100;

int buyItem(int cost) {
    if (money < cost) {
        return -1;
    }

    itemCnt++;
    money -= cost;
    printf("아이템을 구매했습니다.\n");
    printf("  아이템 개수: %d\n", itemCnt);
    printf("  잔액: %d\n", money);
    return 0;
}
```

```
int main() {
    buyItem(50);
    int result = buyItem(70);   // buyItem 함수의 리턴 값을 result에 저장

    if (result == -1) {         // result가 -1이면 메시지를 출력
        printf("잔액이 부족합니다!\n");
        printf("  아이템 개수: %d\n", itemCnt);
        printf("  잔액: %d\n", money);
    }
}
```

```
출력 결과
아이템을 구매했습니다.
  아이템 개수: 1
  잔액: 50
잔액이 부족합니다!
  아이템 개수: 1
  잔액: 50
```

첫 번째 buyItem의 경우 구매가 제대로 되었고, 두 번째 buyItem의 경우에는 -1을 리턴하고, 아이템 개수와 잔액도 그대로 유지된 것을 볼 수 있습니다. 첫 번째 buyItem의 리턴 값도 궁금하면 직접 출력해서 확인해보기 바랍니다.

6.5 Call-by-value, Call-by-address, Call-by-reference

C에는 함수에 인수를 넘겨주는 방법이 두 가지가 있습니다. 하나는 변수의 값을 넘겨주는 것이고, 하나는 변수의 주솟값을 넘겨주는 것입니다. 예제를 보기 전에 두 변수에 들어 있는 값을 서로 뒤바꾸는 코드를 작성해 봅시다. 가장 먼저 떠올린 방법은 아마 다음과 같을 것입니다.

https://youtu.be/Bpu5YiAgETo

```
int a = 3, b = 5;

a = b;   // b에 들어 있는 값을 a에 넣고,
b = a;   // a에 들어 있는 값을 b에 넣는다.
```

얼핏 보면 값이 잘 바뀔 것 같지만 실제로는 그렇지 않습니다. 왜냐하면 a = b;에서 a의 값이 5가 되었고, 그다음 줄 b = a;에서 a의 값인 5를 b에 집어넣어봤자 결과적으로 a, b 모두 5가 되기 때문입니다. 둘째 줄에서 b의 값을 a에 대입한 순간 a의 원래 값이 사라져 버린 것입니다.

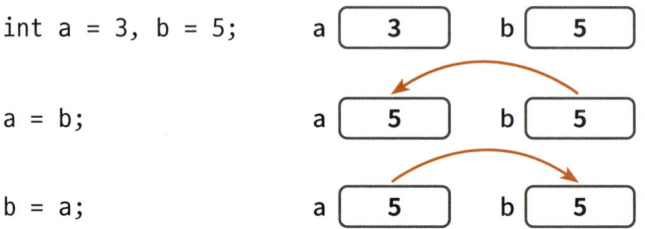

그림 6.8 위 코드의 작동 과정

따라서 b의 값을 a에 덮어씌우기 전에 a의 원래 값을 가지고 있을 임시 변수가 하나 있으면 좋을 것 같습니다. 그 변수를 tmp(temporary; 임시)라고 해보겠습니다. tmp에 a의 원래 값을 대입한 후, b의 값을 a에 대입합니다. 그다음, tmp는 a의 원래 값을 아직 담고 있으므로 tmp에 들어 있는 값을 b에 대입합니다.

```
int a = 3, b = 5;
int tmp = a;    // tmp에 a의 원래 값을 임시로 저장해 놓는다.

a = b;          // 이제 a를 b로 덮어씌워도 괜찮다.
b = tmp;        // tmp에 들어 있는 값을 b에 넣는다.
```

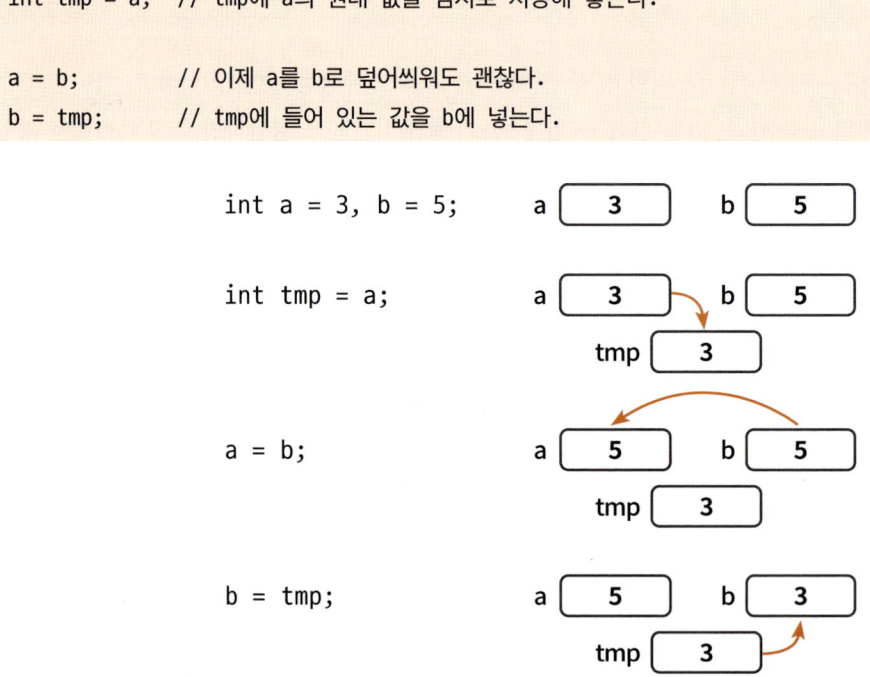

그림 6.9 위 코드의 작동 과정

이렇게 두 변수에 들어 있는 값을 뒤바꾸는 것을 프로그래밍에서는 '스왑'(swap)이라고 부릅니다. 많이 쓰는 구문이므로 원리를 이해했다면 외워두는 것이 좋습니다.

많이 쓰는 구문인 만큼 두 변수를 넣으면 스왑을 해주는 함수가 있으면 좋을 것 같습니다. 그래서 다음과 같은 swap 함수를 만들었다고 해보겠습니다. 그다음 오랜만에 scanf로 a, b의 값을 입력받은 후, swap 함수를 실행하고, a, b에 결과적으로 어떤 값이 담겨 있는지 출력해보겠습니다. 실행해보기 전에 결과를 예상해 봅시다.

예제 6.10 처음 만들어본 swap 함수

```c
#include <stdio.h>

void swap(int x, int y) {   // x, y를 매개변수로 받는다.
    // x, y를 스왑한다.
    int tmp = x;
    x = y;
    y = tmp;
}

int main() {
    int a, b;

    scanf("%d%d", &a, &b);   // a, b를 입력으로 받는다.

    swap(a, b);              // a, b를 swap 함수에 넣는다.

    printf("a=%d, b=%d\n", a, b);
}
```

당연히 a, b에 들어 있는 값이 바뀔 것이라 생각했을 수 있습니다. 하지만 결과는 그렇지 않습니다.

```
입출력 예
3 5 ⏎
a=3, b=5
```

왜 이런 일이 벌어진 것일까요? 문제는 함수의 호출 과정에 있습니다. swap 함수가 호출되면 x, y라는 매개변수가 새로 만들어집니다. 그다음에 a의 값인 3이 x에 복사되고, b의 값인 5가 y에 복사됩니다. 하지만 이 x, y라는 변수는 a, b와는 다른 새로운 변수입니다. swap 함수 내에서 x, y를 스왑해도 main 함수에 있는 a, b의 값은 아무런 영향을 받지 않습니다. 요약하자면, a, b의 값이 새로운 변수인 x, y에 복사되었고, x, y의 값을 바꿔봤자 이들은 그냥 다른 변수일 뿐이기 때문에 a, b의 값은 바뀌지 않는다는 것입니다.

```
void swap(int x, int y) {
    int tmp = x;
    x = y;
    y = tmp;
}

int main() {
    int a = 3, b = 5;
    swap(a, b);
}
```

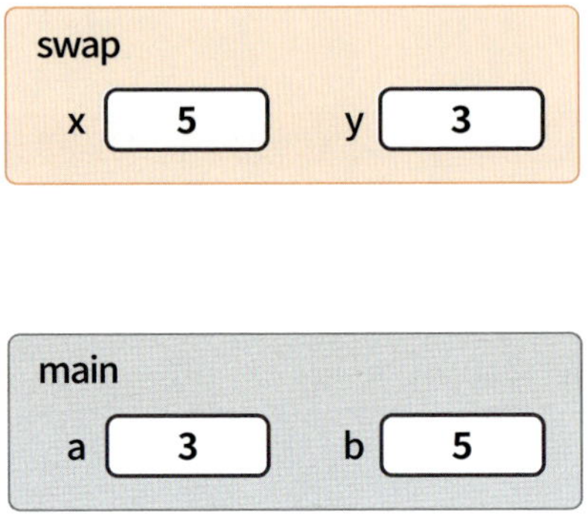

swap
x [5]   y [3]

main
a [3]   b [5]

그림 6.10 a, b와 x, y는 다른 변수이기 때문에 x, y의 값을 바꿔도 a, b의 값은 변하지 않는다.

이렇게 함수를 호출할 때 변수에 들어 있는 "값"이 함수에 복사되는 형태로 전달되는 것을 call-by-value(값에 의한 호출)라고 합니다.

그런데 정말로 a, b에 들어 있는 값을 바꾸고 싶을 때는 어떻게 해야 할까요? 이때 바로 **포인터**가 등장합니다. 갑자기 등장해서 놀랐나요? 만약 포인터가 기억이 잘 안 난다면 꼭 앞쪽에서 포인터를 다시 공부하고 오기 바랍니다.

아무튼 간단히 말하자면, a, b에 담겨 있는 값 말고 a, b의 주솟값을 넘겨준다면 swap 함수에서 그 주소로 직접 찾아가 들어 있는 값을 바꿀 수 있습니다. 그러면 방금 말한 문제를 해결할 수 있습니다. 자세한 내용은 예제를 작성하면서 계속 알아봅시다. 우선 주솟값을 넘겨주어야 하므로 매개변수는 포인터가 되어야 할 것입니다.

```
void swap(int *px, int *py) {   // 포인터 px와 py는 두 변수의 주솟값을 담는다.
    // ...
}
```

그리고 함수를 호출할 때는 다음과 같이 a, b의 주솟값을 넘겨줍니다. 그러면 px에는 a의 주솟값이, py에는 b의 주솟값이 저장됩니다.

```
int main() {
    int a, b;

    // ...
    swap(&a, &b);
}
```

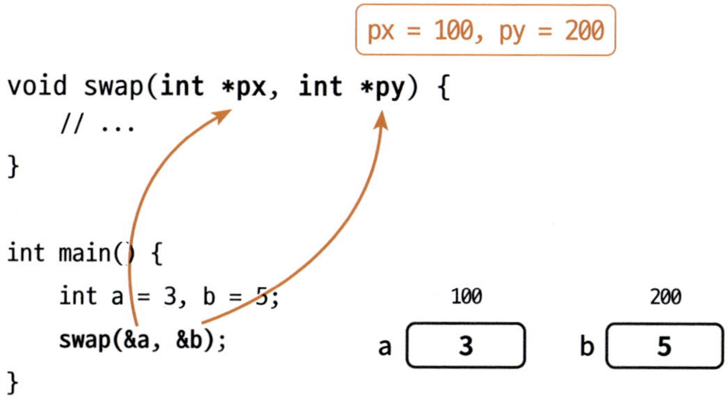

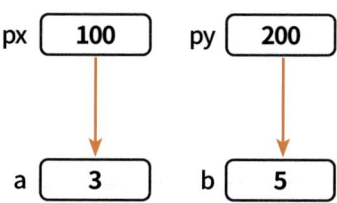

```
void swap(int *px, int *py) {
    // ...
}

int main() {
    int a = 3, b = 5;
    swap(&a, &b);
}
```

그림 6.11 swap 함수에 a, b의 주솟값을 인수로 넘겨주는 과정(변수 위의 숫자는 주솟값)

이제 swap 함수의 내용을 작성해 볼까요? 여기서 중요한 것은 px와 py에 저장된 주솟값에 들어 있는 값을 바꿔야 한다는 것입니다. 그러니까 a, b의 주솟값이 각각 100, 200이고, 각각 3, 5가 저장되어 있었다고 가정해 봅시다. 그러면 px, py에는 각각 100, 200이라는 주솟값이 들어가 있을 것이고, 이 두 주솟값을 이용해 100번지에 들어 있는 3이라는 값과 py에 저장된 200번지에 들어 있는 5라는 값을 바꿔주는 게 목표입니다.

그림 6.12 px, py, a, b의 관계

쉽게 말하면, px가 가리키는 변수와 py가 가리키는 변수를 서로 스왑하면 되는 것입니다. 그런데 포인터 앞에 별표를 붙이면 그 포인터가 가리키는 변수를 의미한다고 했습니다. 그래서 *px의 값과 *py의 값을 뒤바꾸면 됩니다. (px와 py를 스왑하는 것이 아닙니다.) 이 말이 무슨 말인지 잘 모르겠다면 포인터를 다시 공부하고 오기 바랍니다. 따라서 swap 함수의 내용은 다음과 같을 것입니다. tmp 변수는 포인터가 아니라는 점에 주의합시다. 단지 *px의 값을 잠시 담기 위한 변수이기 때문에 포인터가 아닌 일반 int형 변수로 선언해야 합니다.

예제 6.11 제대로 작동하는 swap 함수

```c
#include <stdio.h>

void swap(int *px, int *py) {
    int tmp = *px;    // px가 가리키는 변수의 값을 tmp에 넣고
    *px = *py;        // py가 가리키는 변수의 값을 px가 가리키는 변수에 넣고
    *py = tmp;        // tmp의 값을 py가 가리키는 변수에 넣는다.
}

int main() {
    int a, b;

    scanf("%d%d", &a, &b);

    swap(&a, &b);

    printf("a=%d, b=%d\n", a, b);
}
```

이번에는 a, b의 값이 뒤바뀐 것을 확인할 수 있습니다.

```
입출력 예
3 5 ⏎
a=5, b=3
```

swap 함수 내부에서 어떤 일이 일어났는지 볼까요? 사실 px, py에 들어 있는 주솟값 자체는 변하지 않았기 때문에 px는 계속 a를 가리키고 있고, py는 계속 b를 가리키고 있는 상태입니다. 그래서 *px는 a와 같은 말, *py는 b와 같은 말이 됩니다.

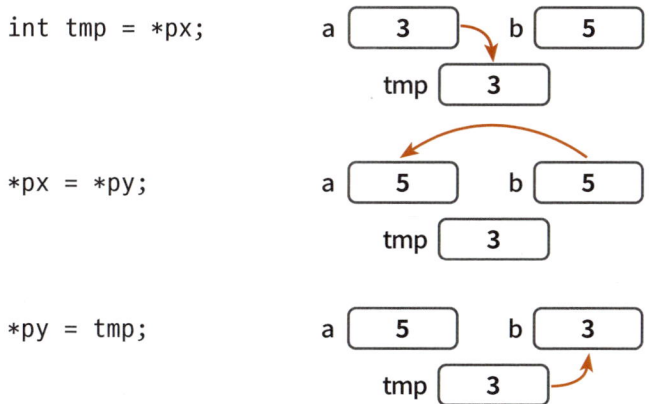

그림 6.13 위 swap 함수의 작동 과정

이렇게 주솟값을 함수에 넘겨줌으로써 main 함수의 변수들을 swap하는 함수를 만들 수 있습니다. 이런 호출 방식을 call-by-address(주소에 의한 호출)라고 합니다.

마지막으로, C++ 개념을 하나 잠깐 소개하고 지나가겠습니다. C++에는 주솟값을 사용하지 않고도 다른 함수를 통해 변수의 값을 바꿀 수 있는 방법이 있습니다. 바로 레퍼런스 변수라는 것인데요, 간단히 말하자면 변수에 별명을 붙이는 것입니다. 우선 레퍼런스 변수의 사용법부터 알아봅시다. 다음과 같이 레퍼런스 변수는 선언할 때 이름 앞에 &를 붙입니다. 포인터와 조금 차이가 있죠?

```
int a = 5;
int &ra = a;    // a를 가리키는 레퍼런스 변수 ra를 만든다.
int *pa = &a;   // a를 가리키는 포인터 *pa를 선언하는 방식과 비교해보자.
```

레퍼런스 변수는 선언과 동시에 특정 변수를 가리켜야 합니다. 따라서 등호를 기준으로 좌변에는 레퍼런스 변수의 선언이 들어가고, 우변에는 변수 이름이 들어가야 합니다.

```
int &ra = a;        // OK
int &ra = a + 5;    // 에러! 우변이 변수 이름이 아니므로 불가능
int &ra;            // 에러! 선언과 동시에 변수를 가리켜야 함
```

이렇게 레퍼런스를 선언하고 나면 ra를 통해 a에 접근할 수 있게 됩니다. 이제 ra는 a와 같은 말이 되어 값을 마음대로 바꿀 수 있습니다.

```
int a = 5;
int &ra = a;

ra = 7;                      // 실제로는 a의 값이 7로 바뀐다.
printf("%d, %d\n", ra, a);   // 7, 7이 출력된다.
```

그러면 레퍼런스 변수를 이용해 swap 함수를 작성해 보겠습니다. 매개변수의 자료형을 int를 가리키는 레퍼런스 변수로 설정하면 됩니다. 그러면 x, y가 각각 a, b의 별칭이 되기 때문에 a, b의 값을 수정할 수 있게 됩니다.

예제 6.12 레퍼런스 변수를 사용한 swap 함수

```
#include <stdio.h>

void swap(int &x, int &y) {
    int tmp = x;
    x = y;
    y = tmp;
}

int main() {
    int a, b;

    scanf("%d%d", &a, &b);   // a, b를 입력으로 받는다.

    swap(a, b);              // a, b를 swap 함수에 넣는다.

    printf("a=%d, b=%d\n", a, b);
}
```

입출력 예
```
3 5 ⏎
a=5, b=3
```

이 경우 함수를 호출할 때 **앞 두 방법과는 달리 값의 복사가 일어나지 않습니다**. 단지 x, y를 a, b의 별칭으로 각각 설정했을 뿐입니다. 이처럼 레퍼런스를 사용해 함수를 호출하는 방식을 call-by-reference(참조에 의한 호출)라고 합니다. 이런 호출 방식은 C++에만 있다는 것을 잊지 맙시다.

모든 개념을 다시 한 번 정리해 볼까요?

표 6.1 call-by-value, call-by-address, call-by-reference의 비교

	Call-by-value	Call-by-address	Call-by-reference
지원하는 언어	C, C++	C, C++	C++
매개변수의 자료형	int	int *	int &
넘겨주는 인수	원본 변수의 값	원본 변수의 주솟값	원본 변수의 이름
복사되는 값	원본 변수의 값	원본 변수의 주솟값	없음

6.6 프로토타입(함수 원형)

'프로토타입'(prototype)은 "원형", 또는 "시제품"이라는 뜻이 있습니다. 어느 쪽으로 해석하든, 프로토타입은 "함수의 모양이 이런 것이다."라는 것을 미리 알려주는 것을 말합니다. 프로토타입을 만들어 놓으면 함수를 나중에 가서 정의할 수도 있습니다. 아직 무슨 말인지 잘 와닿지 않을 것입니다. 예제를 보면서 이야기해보겠습니다.

https://youtu.be/k3BGMbOvpCI

이번 절에서는 로봇을 개발하고 있다고 가정해 보겠습니다. 이 로봇은 두 가지 기능이 있습니다. 첫 번째 기능은 걷기 기능입니다. 이 기능에 해당하는 함수를 호출하면 매개변수로 지정한 거리만큼 앞으로 전진합니다.

```
void walk(int distance) {
    printf("%dcm 앞으로 전진했습니다.\n", distance);
}
```

두 번째 기능은 돌기 기능입니다. 이 함수가 호출되면 지정된 각도만큼 회전합니다.

```
void rotate(int angle) {
    printf("%d도 회전했습니다.\n", angle);
}
```

또, 모종의 이유로 정사각형 모양으로 한 바퀴 움직이는 walkSquare라는 함수가 필요하다고 해보겠습니다. 10cm만큼 전진하고, 90도만큼 회전하는 작업을 4번 반복하면 됩니다.

```c
void walkSquare() {
    for (int i = 1; i <= 4; i++) {   // 4번 반복
        walk(10);
        rotate(90);
    }
}
```

마지막으로 main 함수에서 이 walkSquare 함수를 호출해보겠습니다. 완성된 코드는 다음과 같습니다.

예제 6.13 움직이는 로봇 코드

```c
#include <stdio.h>

void walk(int distance) {
    printf("%dcm 앞으로 전진했습니다.\n", distance);
}

void rotate(int angle) {
    printf("%d도 회전했습니다.\n", angle);
}

void walkSquare() {
    for (int i = 1; i <= 4; i++) {
        walk(10);
        rotate(90);
    }
}

int main() {
    walkSquare();
}
```

```
출력 결과
10cm 앞으로 전진했습니다.
90도 회전했습니다.
10cm 앞으로 전진했습니다.
90도 회전했습니다.
10cm 앞으로 전진했습니다.
90도 회전했습니다.
10cm 앞으로 전진했습니다.
90도 회전했습니다.
```

main 함수에서 walkSquare 함수를, walkSquare 함수에서 walk 함수와 rotate 함수를 호출하는 상황입니다. 만약 walkSquare 함수가 다음과 같이 main 함수보다 아래에 정의되어 있다면 어떻게 될까요?

```
int main() {
    walkSquare();   // 에러! 컴파일러는 walkSquare가 무엇인지 아직 모른다!
}

void walkSquare() {
    for (int i = 1; i <= 4; i++) {
        walk(10);
        rotate(90);
    }
}
```

컴파일 에러가 납니다. 컴파일러가 코드를 읽을 때는 첫 줄부터 시작해 아래로 읽어 내려갑니다. 그런데 컴파일러가 main 함수를 보다가 walkSquare 함수 호출을 만나는 순간에는 아직 walkSquare 함수의 정의를 보지 않았으므로 아직 walkSquare가 무슨 뜻인지를 모릅니다. 변수를 선언하기도 전에 변수에 값을 대입하는 셈이 되는 것입니다.

```
a = 50;   // 에러! 컴파일러는 a가 무슨 뜻인지 아직 모른다.
int a;
```

walk 함수가 walkSquare 함수 아래에 있어도 같은 이유로 에러가 생깁니다.

```
void walkSquare() {
    for (int i = 1; i <= 4; i++) {
        walk(10);   // 에러!
        rotate(90);
    }
}

void walk(int distance) {
    printf("%dcm 앞으로 전진했습니다.\n", distance);
}
```

따라서 이런 현상을 막으려면 당연히 함수를 호출 관계에 맞게 순서대로 정의하면 되겠지만, 함수의 호출관계가 복잡해질수록 이렇게 하는 데도 한계가 있습니다. 심지어 함수 A가 B를 호출하고 B가 A를 호출하는 관계라면 이런 방법으로는 함수를 정의하는 것 자체가 불가능해집니다. 이런 경우에 프로토타입을 쓸 수 있습니다. 컴파일러에게 "이런 이름의 함수가 있고, 이렇게 생겼어."라는 정보만 알려주고, 함수의 내용물(정의)은 나중으로 빼는 것입니다. walk 함수로 예를 들어보겠습니다.

```
void walk(int distance);   // 함수의 선언(프로토타입, 원형)
```

이렇게 함수의 리턴 타입, 이름, 매개변수까지만 적은 후, 중괄호 없이 세미콜론으로 그냥 끝마치면 됩니다. 이것이 바로 프로토타입니다. 이렇게 프로토타입을 위에 선언하고 그 아래 아무 데나 함수의 정의를 적으면 됩니다.

```
void walk(int distance) {   // 함수의 정의
    printf("%dcm 앞으로 전진했습니다.\n", distance);
}
```

이제 위의 코드를 프로토타입을 사용해 고칩시다. 여러 방법이 있겠지만 main 함수의 정의 위에 세 함수(walk, rotate, walkSquare)의 프로토타입을 적고, main 함수의 정의 밑에 세 함수의 정의를 적었습니다.

예제 6.14 프로토타입을 사용한 움직이는 로봇 코드

```
#include <stdio.h>

// 함수 프로토타입 선언
void walk(int distance);
```

```
void rotate(int angle);
void walkSquare();

// main 함수 정의
int main() {
    walkSquare();   // 위에서 walkSquare 함수가 정의되었으므로 에러가 나지 않는다!
}

// 위의 세 함수의 정의
void walk(int distance) {
    printf("%dcm 앞으로 전진했습니다.\n", distance);
}

void rotate(int angle) {
    printf("%d도 회전했습니다.\n", angle);
}

void walkSquare() {
    for (int i = 1; i <= 4; i++) {
        walk(10);
        rotate(90);
    }
}
```

출력 결과는 전과 같으므로 생략합니다.

main 함수 위에 모든 함수가 선언되었기 때문에 이제 컴파일러는 main 함수에서 walkSquare 함수를 보았을 때 이게 무슨 뜻인지 알 수 있습니다. 물론 컴파일러가 아직 함수의 내용물은 모르지만 프로토타입에는 컴파일하기에 충분한 정보(함수의 리턴 타입, 이름, 매개변수)가 들어 있습니다.

참고로 프로토타입에서는 다음과 같이 매개변수의 자료형만 적고 이름을 적어주지 않아도 상관없습니다. 함수의 프로토타입이 아닌 정의 부분에서는 당연히 매개변수의 이름도 써야 합니다.

```
void walk(int);
void rotate(int);
void walkSquare();
```

이렇게 프로토타입을 사용하면 함수의 호출 순서를 따지지 않아도 된다는 장점이 있습니다. 또 소스 코드가 매우 길 때 맨 위에 목차처럼 어떤 함수들이 있는지를 쭉 적어주면 코드를 읽는 데도 도움이 되겠죠?

6.7 재귀 함수

어릴 때 한자를 배우면서, 학교 교(校)라는 한자가 굉장히 이상하다고 생각했습니다. 왜냐하면 교(校)라는 한자의 뜻이 "학교"인데, "학교(學校)"에 또다시 교(校)라는 한자가 있기 때문입니다. 그러면 학교의 뜻을 알기 위해서는 교(校)의 뜻을 알아야 하고, 교(校)의 뜻이 또 학교이고, … 이런 식으로 무한 루프에 빠지게 됩니다. 이렇게 자기 자신의 정의에 자기 자신이 포함되어 있는 것을 '재귀'(recursion)라고 합니다.

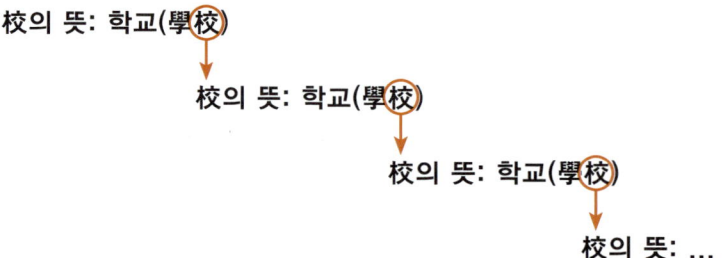

그림 6.14 학교 교(校)의 정의에는 자기 자신이 포함되어 있다.

다음과 같이 함수의 정의에도 자기 자신이 포함되어 있을 수 있습니다. 이런 함수를 '재귀 함수'(recursive function)라고 부릅니다. 다음 함수를 봅시다. rec은 'recursive'의 앞 세 글자를 딴 것입니다.

예제 6.15 가장 기본적인 재귀 함수

```c
#include <stdio.h>

void rec() {
    printf("rec() 호출됨\n");
    rec();
}

int main() {
    rec();
}
```

실행해보기 전에 직접 코드의 작동 과정을 따라가 봅시다. 처음에 main에서 rec을 호출하면 rec 함수의 정의를 찾아갑니다. rec 함수의 내용물을 보니 첫 줄에 printf가 있습니다. 그래서 "rec() 호출됨"을 출력하고 다음 문장을 봤더니 함수가 아직 끝나지도 않았는데 rec 함수를 또 호출하라고 되어 있습니다. 그래서 다시 rec 함수의 정의로 올라갑니다. 올라가서 또 "rec() 호출됨"을 출력하고 또 rec 함수가 호출됩니다. 이렇게 rec 함수가 **미처 종료(리턴)되기도 전에 다시 자기 자신을 호출**하는 과정이 반복됩니다. 결론적으로, "rec() 호출됨"이 무한 번 출력되는 것을 보게 됩니다.

```
출력 결과
rec() 호출됨
rec() 호출됨
rec() 호출됨
rec() 호출됨
rec() 호출됨
(무한 반복...)
```

이번에는 매개변수를 하나 넣어 보겠습니다. main에서 처음 rec을 호출할 때는 n에 1을 넘겨줍니다. 그런데 재귀 호출을 할 때는 인수로 n + 1이라는 값을 넣어보겠습니다.

예제 6.16 매개변수가 있는 재귀 함수

```c
#include <stdio.h>

void rec(int n) {
    printf("n = %d\n", n);
    rec(n + 1);
}

int main() {
    rec(1);
}
```

```
출력 결과                                    –  □  ×
n = 1
n = 2
n = 3
n = 4
n = 5
(무한 반복...)
```

n의 값이 1씩 증가하면서 무한정 출력되는 것을 볼 수 있습니다. 왜 이런 일이 벌어졌을까요?

처음 rec(1)이 호출되었을 때는 1을 넘겨주었으므로 n의 값이 1입니다. printf가 n이 1이라고 출력합니다. 그다음 rec 함수가 또 호출됩니다. 이번에는 인수가 n+1입니다. n+1의 값은 2이므로 이번에는 rec(2)가 호출됩니다.

rec 함수를 다음과 같이 커다란 네모로 표현해 보겠습니다.

```
┌─────────────────────────────────┐
│  rec(1)                         │
│    n = 1 출력                   │
│    rec(2) 호출                  │
│                                 │
│                                 │
│                                 │
└─────────────────────────────────┘
```

그림 6.15 rec 함수의 구조를 나타낸 모식도 1

rec(1)에서 또 rec(2)가 호출되었습니다. 이는 다음 페이지의 그림 6.16과 같이 네모 안에 또 다른 네모가 있는 것으로 표현할 수 있습니다. 이제 rec(2)가 호출됐으니 n=2가 될 것입니다. 그런데 중요한 점이 하나 있습니다. 첫 번째 호출된 rec 함수에서의 n과 두 번째 호출된 rec 함수에서의 n은 둘 다 n이라는 이름을 가진 rec 함수의 매개변수지만 서로 다른 변수입니다. 즉, 동명이인 같은 존재라고 볼 수 있습니다. 쉽게 말하면 네모별로 고유한 n이라는 변수를 가지고 있다는 것입니다.

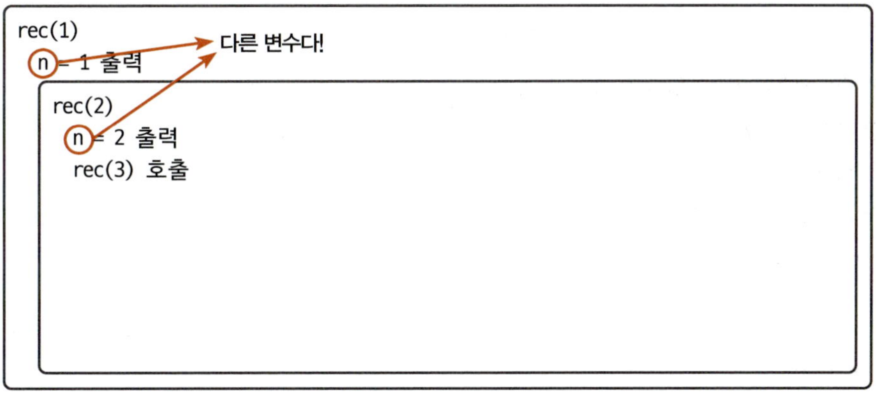

```
rec(1)
    n = 1 출력    다른 변수다!
    rec(2)
        n = 2 출력
        rec(3) 호출
```

그림 6.16 rec 함수의 구조를 나타낸 모식도 2

그러면 안쪽 네모에서는 printf에서 "n = 2"가 출력되고, 또 rec(3)이 호출됩니다. 이런 식으로 n의 값이 1씩 늘어나(는 것처럼 보이)면서 무한 반복하게 됩니다.

```
rec(1)
    n = 1 출력
    rec(2)
        n = 2 출력
        rec(3)
            n = 3 출력
            rec(4)
                .  .
                 .  .
```

그림 6.17 rec 함수의 구조를 나타낸 모식도 3

함수가 무한 루프에 빠지지 않게 n의 한곗값을 지정해 보겠습니다. 이 작업은 별로 어렵지 않습니다. n이 특정 값보다 커지면 함수를 종료하면 됩니다. 한곗값을 5라고 해봅시다.

예제 6.17 한곗값이 있는 재귀 함수
```
#include <stdio.h>

void rec(int n) {
    if (n > 5) {   // n이 5보다 크면 함수를 종료한다.
        return;
    }
```

```c
        printf("n = %d\n", n);
        rec(n + 1);
}

int main() {
    rec(1);
}
```

```
출력 결과
n = 1
n = 2
n = 3
n = 4
n = 5
```

이렇게 종료 조건을 주었더니 n이 5일 때까지만 출력되고 프로그램이 종료된 것을 볼 수 있습니다. 어떤 일이 벌어진 것인지 좀 더 자세하게 알아보겠습니다.

n이 5일 때까지 기본 작동은 앞의 예제와 같습니다. 그런데 n이 6이 되면 if문의 중괄호 안으로 들어가서 return을 만나 함수가 종료됩니다.

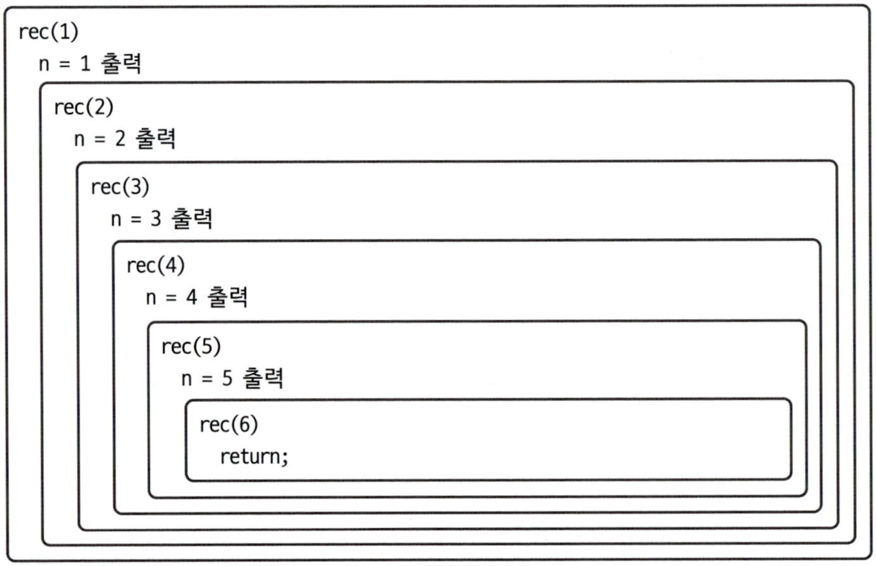

```
rec(1)
   n = 1 출력
   rec(2)
      n = 2 출력
      rec(3)
         n = 3 출력
         rec(4)
            n = 4 출력
            rec(5)
               n = 5 출력
               rec(6)
                  return;
```

그림 6.18 종료 조건이 있는 재귀 함수를 나타낸 모식도

이렇게 rec(6)(가장 안쪽의 네모)이 종료된 다음에는 어떻게 될까요? 함수가 종료되면 다시 함수가 호출되었던 지점으로 돌아온다고 언급했습니다. 그래서 rec(6)이 종료되면 rec(5)(안쪽에서 두 번째 네모)에서 rec(n + 1)을 호출했던 부분으로 다시 돌아가게 됩니다. 그런데 rec(n + 1); 부분 다음이 바로 함수의 끝입니다. 그래서 rec(5) 역시 종료됩니다. 이렇게 모든 네모가 연달아 종료되어 결국 main 함수로 다시 돌아오게 됩니다. main 함수에서도 역시 rec(1)을 호출한 다음 작업이 없기 때문에 프로그램이 종료됩니다. 결론적으로는 n이 1일 때부터 5일 때까지만 출력되었습니다.

사실 이런 경우는 반복문을 사용하는 것이 코드도 직관적이고 메모리상으로도 효율적이기 때문에 굳이 재귀를 사용할 이유가 없습니다. (사실 모든 재귀 코드는 이론적으로 반복문으로 고칠 수 있습니다.) 하지만 재귀를 사용할 때가 더 직관적인 경우도 많이 있습니다. 그런 예시들은 알고리즘을 배울 기회가 있다면 많이 보게 될 것입니다. 대신 이 책에서는 재귀를 사용한 예시로 많이 언급되는 팩토리얼 문제를 소개하겠습니다. 물론 팩토리얼도 반복문으로 쉽게 해결할 수 있지만 연습 삼아 해보겠습니다.

어떤 자연수의 팩토리얼이란, 1부터 그 자연수까지의 모든 자연수를 모두 곱한 값을 말합니다. 예를 들어 5 팩토리얼은 5!이라고 쓰고, 5!=1×2×3×4×5=120입니다. 팩토리얼은 다음과 같이 재귀적으로 정의할 수 있습니다.

> n! = n×(n-1)!

팩토리얼의 정의에 또다시 팩토리얼이 들어 있으므로 재귀적입니다. 예를 들어 5!=5×4!로 나타낼 수 있습니다. 4!=4×3×2×1이라는 것을 생각하면, 당연한 이야기입니다. 이런 재귀적 성질을 이용해서 팩토리얼을 구하는 코드를 작성해 보겠습니다.

n의 팩토리얼을 리턴하는 함수로 int fact(int n)이라는 함수를 정의해보겠습니다.

```
int fact(int n) {
    return n * fact(n - 1);
}
```

굵은 글씨를 봅시다. 예를 들어 fact(5)가 호출되었다면, n의 값이 5이므로 이 함수는 5 * fact(4)를 리턴할 것입니다. 그런데 이 값을 계산하기 위해 fact(4)가 또 호출됩니다. 여기서 재귀 호출이 일어난다는 것을 확인할 수 있습니다. 그림으로 나타내면 다음과 같습니다.

```
fact(5)
    return 5 * fact(4)
                return 4 * fact(3)
                            return 3 * fact(2);
                                        ...
```

그림 6.19 fact 함수의 구조를 나타낸 모식도 1

그림을 보면 알 수 있겠지만, 코드를 이 상태로만 두면 종료 조건이 없기 때문에 fact 함수가 무한히 호출될 것입니다. 그래서 n=1일 때쯤 이미 알고 있는 팩토리얼 값을 리턴하면서 함수를 종료해주면 됩니다. 그래서 n이 1일 때 1을 리턴해주겠습니다.

```c
int fact(int n) {
    if (n == 1) return 1;   // n이 1일 때 1을 리턴한다.
    return n * fact(n - 1);
}
```

이제 함수가 어떻게 작동하는지 볼까요?

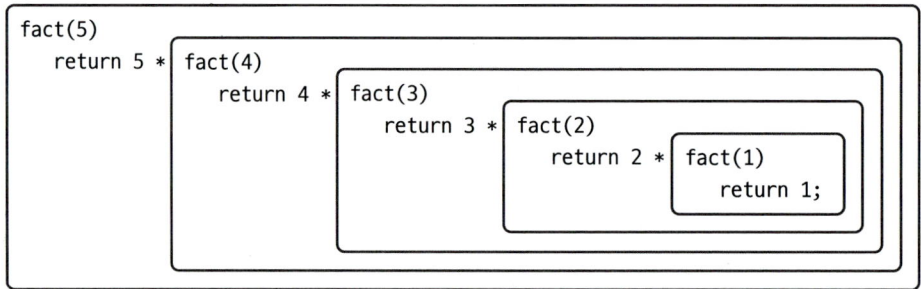

그림 6.20 fact 함수의 구조를 나타낸 모식도 2

이렇게 하면 쭉 재귀 호출이 되다가 fact(1)(가장 안쪽 네모)에서 1이 리턴됩니다. fact(2)(안쪽에서 두 번째 네모)로 돌아가서 보면 fact(1)의 값이 1인 것을 알았으니, 2 * fact(1)의 값은 2 * 1 = 2가 되어 2가 리턴됩니다. 이런 식으로 fact(3)은 6, fact(4)는 24, fact(5)는 120을 리턴합니다.

이제 이 함수를 이용해 팩토리얼 계산기를 만들어 봅시다. 그리고 팩토리얼은 n이 증가할수록 기하급수적으로 커지기 때문에 13!만 하더라도 int 범위를 벗어납니다. 그러므로 12보다 큰 숫자를 입력하면 제대로 된 값이 나오지 않는다는 것을 참고합시다.

예제 6.18 팩토리얼 계산기 프로그램

```c
#include <stdio.h>

int fact(int n) {
    if (n == 1) return 1;   // n이 1일 때 1을 리턴한다.
    return n * fact(n - 1);
}

int main() {
    int n;

    printf("정수 입력 : ");
    scanf("%d", &n);
    printf("%d! = %d\n", n, fact(n));
}
```

입출력 예

```
정수 입력 : 5 ↵
5! = 120
```

재귀 함수는 처음 이해하기에는 조금 어려운 내용입니다. 코드를 따라가 보면서 한두 번 반복해서 보다 보면 이해할 수 있을 거라 믿습니다.

6.8 배열을 매개변수로 넘기기

매개변수로 배열이 아닌 그냥 변수를 넘기는 것에 대해서는 살펴보았습니다. 그렇다면 배열을 매개변수로 넘기려면 어떻게 해야 할까요?

https://youtu.be/
mS-pdOCVBoo

6.8.1 일차원 배열 매개변수

답은 생각보다 직관적입니다. 그냥 매개변수 자체를 배열로 선언하면 됩니다. 바로 예제를 보겠습니다. main 함수에서 arr라는 배열을 만들고, printArr에 배열을 매개변수로 넘겨준 뒤, printArr 함수 내에서 이 배열의 내용물을 출력합니다.

예제 6.19 배열을 매개변수로 넘기기

```c
#include <stdio.h>

void printArr(int parr[4]) {
    for (int i = 0; i < 4; i++) {
        printf("%d ", parr[i]);
    }
}

int main() {
    int arr[4] = { 1, 2, 3, 4 };

    printArr(arr);
}
```

출력 결과
```
1 2 3 4
```

직관적으로 코드를 작성하고 실행해 보면 예상한 대로 실행되는 듯하지만 내부적인 작동 과정은 사실 그렇게 단순하지 않습니다. arr의 모든 칸이 call-by-value가 되어 매개변수 parr에 한 칸씩 복사된 것일까요? 아니면 arr과 parr이 사실 같은 배열을 가리키고 있는 걸까요? 같은 배열인지 아닌지 확인하고 싶으면 주솟값을 출력해보면 됩니다. 사실 배열의 이름 자체가 주솟값이므로 그냥 arr와 parr 자체의 값을 각각 출력해보면 됩니다.

예제 6.20 매개변수로 받은 배열의 주솟값

```c
#include <stdio.h>

void printArr(int parr[4]) {
    printf("parr의 값 : %d\n", parr);
}

int main() {
    int arr[4] = { 1, 2, 3, 4 };

    printf("arr의 값 : %d\n", arr);
    printArr(arr);
}
```

```
G:\  출력 결과(예시)                                    - □ ×
arr의 값 : 18349192
parr의 값 : 18349192
```

arr의 값과 parr의 값이 같음을 확인할 수 있습니다. 위 예제에서 **parr는 선언된 모양을 보면 배열처럼 생겼지만, 사실은 포인터입니다.** 그래서 위의 printArr 함수는 사실 다음과 완전히 같은 의미가 됩니다.

```
void printArr(int *parr) {
    printf("parr의 값 : %d\n", parr);
}
```

또, main 함수에서 printArr 함수에 넣어준 인수는 배열 자체가 아니라 &arr[0]의 값이 됩니다. arr과 &arr[0]이 같은 말이라는 말은 앞에서 많이 했으니 더 이상 강조하지 않겠습니다. 따라서 parr라는 **포인터**에 arr[0]의 주솟값을 집어넣어준 셈입니다.

```
printArr(arr);    // 배열의 내용물이 아닌, &arr[0]의 값이 넘어간다.
```

한 마디로 배열 자체가 복사되는 것이 아니라 arr의 값(&arr[0]의 값)이 복사되는 것입니다. 그래서 사실 엄밀히 말하자면 이번 절의 제목은 잘못된 것입니다. C에서 배열을 매개변수로 넘기는 것, 즉 배열의 모든 칸을 일일이 복사해서 call-by-value의 형태로 넘기는 것은 불가능합니다. 겉으로는 배열처럼 보여도 내부적으로는 주솟값이 넘어가는 call-by-address 형태인 것입니다.

호출 방식이 call-by-address이므로 printArr 함수 내부에서 배열의 내용을 바꿔버리면 main에 있는 arr의 내용물도 바뀌게 됩니다. 다음 예제를 통해 정말로 그런지 확인해 봅시다.

예제 6.21 함수에서 배열을 넘겨받아 배열의 값 바꾸기

```
#include <stdio.h>

void printArr(int parr[4]) {   // void printArr(int *parr)과 같은 말
    for (int i = 0; i < 4; i++) {
        parr[i]++;             // parr == &arr[0]이므로 arr의 내용물이 바뀐다.
    }
}
```

```
int main() {
    int arr[4] = { 1, 2, 3, 4 };

    printArr(arr);
    for (int i = 0; i < 4; i++) {
        printf("%d ", arr[i]);
    }
}
```

> **출력 결과**
> 2 3 4 5

i가 0부터 3까지 가며 parr[i]를 각각 1씩 증가시켰더니 arr[i]가 실제로 1 증가된 것을 확인할 수 있습니다.

앞의 내용을 잘 이해했다면 당연하게 느껴지겠지만, 함수가 호출될 때 무슨 일이 일어난 건지 그림으로 다시 살펴보겠습니다.

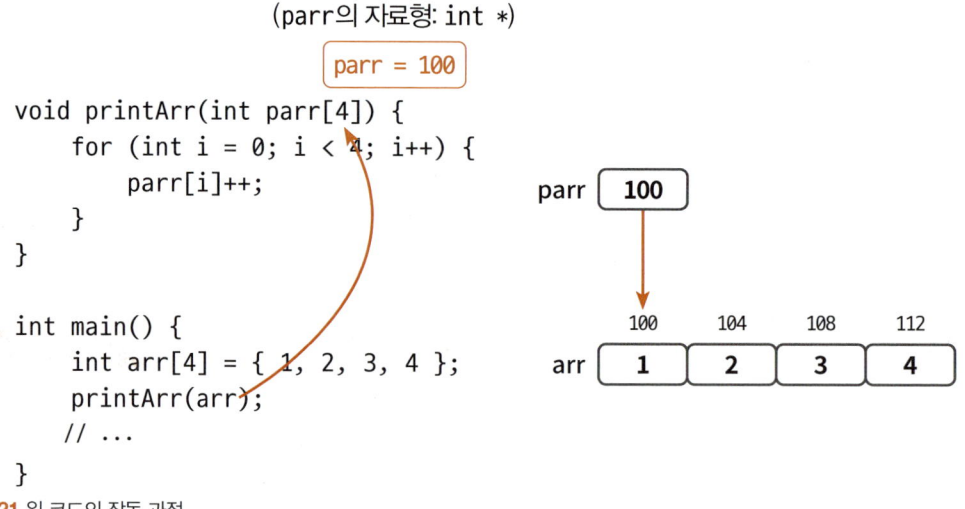

그림 6.21 위 코드의 작동 과정

printArr(arr);에서 printArr 함수가 호출되고, 매개변수인 parr에는 arr의 값, 즉 &arr[0]의 값인 100이 들어갑니다. 이제 parr이 arr[0]을 가리키고 있으므로 parr[i]와 arr[i]는 같은 의미가 됩니다. (5.6절에서 중요하다고 말한 바 있습니다.) 따라서 parr[0]++를 하게 되면 100번지에 들어 있는 값, 즉 arr[0]의 값이 1 증가할 것입니다. 또 parr[1]++를 하게 되면 마찬가지로 arr[1]의 값이 1 증가할 것입니다. 이런 식으로 printArr 함수(이름이 적절하지는 않지만)에서 arr의 모든 칸이 1 증가하고, main 함수로 돌아와 arr의 내용을 출력해 보면 역시 모든 칸이 1씩 증가해 있는 것입니다.

parr이 배열처럼 생겼어도 내부적으로는 그저 int를 가리키는 포인터이기 때문에 컴파일러 입장에서는 배열의 칸수가 별로 중요하지 않습니다. 따라서 매개변수로 배열을 받을 때는 다음과 같이 배열의 칸수를 생략할 수도 있습니다.

```
void printArr(int parr[])   // 역시 void printArr(int *parr)과 같은 의미
```

6.8.2 이차원 배열 매개변수

이차원 배열 매개변수도 일차원 배열과 같은 방식으로 선언할 수 있습니다. 대신 parr의 모양도 이차원 배열 모양이 돼야 합니다.

```
void printArr(int parr[3][4])
```

그리고 함수를 호출할 때는 다음과 같이 arr을 인수로 넣어줍니다.

```
int arr[3][4] = { { 1, 2, 3, 4 }, { 5, 6, 7, 8 }, { 9, 10, 11, 12 } };
printArr(arr);
```

앞에서 parr는 생긴 모양은 배열이지만 실제로는 포인터라고 말했었죠? 이차원 배열도 마찬가지입니다. 그런데 과연 parr는 어떤 자료형을 가리키는 포인터일까요? 바로 int 4칸짜리 배열을 가리키는 포인터여야 합니다. 따라서 위 함수의 parr는 아래와 같은 말이 됩니다.

```
void printArr(int (*parr)[4])
```

왜 그럴까요? 5.8절에서 다음과 같은 코드를 살펴본 적이 있습니다. 배열 포인터 ptr에 arr이라는 값을 집어넣어 ptr을 배열처럼 사용할 수 있었던 것과 같은 원리입니다.

```
int arr[3][4] = { { 1, 2, 3, 4 }, { 5, 6, 7, 8 }, { 9, 10, 11, 12 } };
int (*ptr)[4] = arr;
printf("%d\n", ptr[1][2]);   // arr[1][2]와 같은 말
```

그러니까 결국 int parr[3][4]라고 매개변수를 만들면 내부적으로는 int (*parr)[4]가 만들어지는 것입니다. 이렇게 어떤 이차원 배열이든 한 행이 4칸이기만 하면 넘길 수 있기 때문에 다음과 같이 앞쪽 대괄호 안의 숫자(행 수)를 생략할 수 있습니다. 뒤쪽 대괄호 안의 숫자는 생략하지 못합니다. 배열 포인터를 선언하려면 한 행의 칸수를 알아야 하기 때문입니다.

```
void printArr(int parr[][4])    // int (*parr)[4]와 같은 말
```

일차원 배열과 마찬가지로 이차원 배열도 실질적으로는 주솟값을 넘겨준 것이기 때문에 call-by-address입니다. 따라서 배열 전체의 내용물은 복사되지 않으며 함수 내에서 배열의 내용물을 바꾸면 실제 배열도 바뀝니다.

① 정수 하나를 매개변수로 받아 그 수가 짝수이면 0, 홀수이면 1을 반환하는 parity 함수의 본문을 작성해 보세요.

```c
#include <stdio.h>

int parity(int n) {
    // 작성
}

int main() {
    printf("%d\n", parity(5));
    printf("%d\n", parity(-2));
    printf("%d\n", parity(6));
}
```

② 다음 코드를 실행했을 때의 출력 결과를 예측해 보세요.

```c
#include <stdio.h>

int useCnt[5] = { 0 };

void useItem(int);

int main() {
    useItem(4);
    useItem(2);
    useItem(1);
    useItem(4);
    useItem(0);

    for (int i = 0; i < 5; i++) {
        printf("슬롯%d의 아이템을 %d번 썼습니다.\n", i, useCnt[i]);
    }
}

void useItem(int itemNum) {
    useCnt[itemNum]++;
}
```

③ 다음 코드를 실행했을 때의 출력 결과를 예측해 보세요.

```c
#include <stdio.h>

void rec(int n) {
    if (n == 0) return;
    printf("%d", n);
    rec(n - 1);
    printf("%d", n);
}

int main() {
    rec(5);
}
```

④ 문자열을 매개변수로 받아 그 문자열에서 공백을 제거해서 출력하는 printNoSpace 함수의 본문을 작성해보세요.

```c
#include <stdio.h>

void printNoSpace(/*작성*/) {
    // 작성
}

int main() {
    printNoSpace("Hello, World!\n");
    printNoSpace("My name is Doodle\n");
}
```

예시   Hello,World!
       MynameisDoodle

07

구조체

지금까지 정보를 다양한 자료형(int, float, char, 배열, 문자열, 포인터 등)으로 나타내 봤습니다. 그런데 우리가 사는 세계에는 보통 한 대상에 다양한 형태의 정보가 저장되어 있습니다. "책"이라는 대상만 놓고 봐도, 제목, 저자, 출판사, 가격, 출판 연도, 고유번호 등 여러 가지 정보가 있습니다. 구조체를 사용하면 이렇게 여러 정보를 묶어 하나의 대상으로 만들 수 있습니다.

7.1 typedef

구조체를 알아보기 전에 typedef라는 개념을 알면 도움이 됩니다. typedef는 type definition의 약자로, 새로운 자료형을 정의할 수 있게 해주는 기능입니다. 간단히 말하면 typedef를 쓰면 기존 자료형에 별칭을 붙일 수 있습니다. 별칭을 붙이면 두 가지 장점이 있습니다. 첫 번째는 긴 자료형 이름을 편리한 이름으로 줄일 수 있다는 것이고, 두 번째는 변수가 어떤 정보를 저장하는지 좀 더 분명히 드러난다는 것입니다. 예를 들어 다음과 같이 사용자의 나이를 저장하는 변수를 만들었다고 해봅시다.

```
unsigned short int userAge;
```

unsigned short int는 부호 없는 16비트 정수 자료형을 의미합니다. (물론 여기서 int는 생략할 수 있습니다.) 이런 변수를 한두 번 만들기는 별로 번거롭지 않아 보입니다. 그런데 코드 여기저기서 unsigned short int라는 자료형이 계속 등장한다면 코드를 적기도 귀찮고, 읽기도 어려워질 것입니다. typedef를 사용하면 이런 번거로움을 줄일 수 있습니다. 문법은 다음과 같습니다. 선언 위치는 함수 외부 또는 내부, 어디든 상관없습니다.

```
typedef 원래_타입_이름 새로운_타입_이름;
typedef unsigned short int age_t;
```

typedef만 빼고 보면 age_t라는 변수를 선언한 것과 같은 모양입니다. 하지만 이렇게 typedef가 앞에 있으면 age_t는 unsigned short int의 별칭이 됩니다. 따라서 이제 age_t를 다음과 같이 새로운 자료형처럼 쓸 수 있습니다. 참고로 뒤에 _t를 붙인 이유는 그냥 자료형이라는 것을 한눈에 볼 수 있게 하기 위해서입니다. 필수 사항은 아닙니다.

```
typedef unsigned short int age_t;
age_t userAge;
```

이렇게 하니 첫째로 길이가 짧아졌고, 둘째로 자료형 이름 자체에 age라는 단어가 들어가 변수가 '나이'를 저장하고 있다는 것을 강조할 수 있습니다.

일반 변수 외에 배열이나 포인터도 typedef로 정의할 수 있습니다. 예를 들어, 2차원 평면상 점의 좌표를 다음과 같은 float 2칸짜리 배열로 나타내어 x좌표를 0번 칸에, y좌표를 1번 칸에 저장했다고 해봅시다.

```
float pos[2] = { 1.5, 2.2 };   // x좌표: 1.5, y좌표: 2.2
printf("%f %f\n", pos[0], pos[1]);
```

이 경우도 마찬가지로 "float 2칸짜리 배열"이라는 타입에 대한 별칭을 줄 수 있습니다. 별칭을 point_t라고 해볼까요? 그러면 그냥 point_t라는 float 2칸짜리 배열을 만든다고 생각하고 맨 앞에 typedef만 붙여주면 됩니다.

```
typedef float point_t[2];
```

그러면 point_t라는 말 자체에는 배열 표시가 없어도 위의 typedef에 의해 point_t라고만 써도 그 자체가 float[2]라는 배열 타입을 의미하게 됩니다. 따라서 point_t pos라고만 하면 pos는 알아서 float[2] 타입을 갖게 됩니다.

```
typedef float point_t[2];
point_t pos = { 1.5, 2.2 };   // float pos[2] = { 1.5, 2.2 };와 같은 말
```

또 point_t의 배열도 만들 수 있습니다.

```
point_t pos[5];   // float pos[5][2];와 같은 말
```

pos[0], pos[1], … 각각은 point_t 타입을 가지고 있으며, point_t라는 타입은 원래 float의 일차원 배열이므로 point_t의 일차원 배열을 만들면 전체적으로는 float의 이차원 배열이겠죠? 규칙이 보이나요?

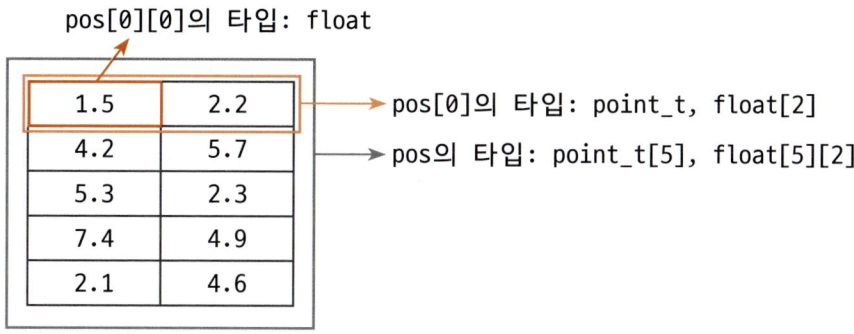

그림 7.1 pos, pos[0], pos[0][0]의 타입

그냥 float pos[5][2];라고 썼다면 막연하게 "pos가 float의 이차원 배열이다."라는 의미만 담고 있었겠지요. 하지만 point_t를 정의한 후 point_t pos[5];처럼 선언하니까 "pos가 점 5칸짜리 배열이다."라는 것이 눈에 확 들어와서 더 직관적으로 이해할 수 있습니다.

마지막으로, 포인터 타입도 typedef로 정의할 수 있습니다. 우선 다음과 같은 표현을 봅시다.

```
char *name = "Doodle";
```

만약 좌변이 char name[]이었다면 이 구문은 name이라는 문자열을 "Doodle"로 초기화한 것이 됩니다. 하지만 이번에는 좌변이 배열이 아닌 포인터죠? 이런 경우에는 작동 방식이 좀 다릅니다. 이 식의 우변인 "Doodle"은 상수형 문자열입니다. 이렇게 쓰면 "Doodle"이라는 상수형 문자열이 메모리 어딘가에 만들어진 후, 그 0번 칸의 주솟값이 name이라는 포인터에 들어갑니다. 간단히 말하면, 위와 같이 쓸 경우 **name이라는 포인터가 "Doodle"이라는 상수형 문자열을 가리키게 됩니다.**

> **Tip 컴파일 에러가 나요!**
>
> 대부분의 C 컴파일러에서는 위와 같은 코드가 문제없이 작동하지만 사실 컴파일 에러가 나는 것도 전혀 이상한 일이 아닙니다. 상수형 문자열인 "Doodle"의 주솟값을 상수형을 가리키는 포인터가 아닌 char*에 집어넣으려 했기 때문입니다. 원래는 `const char *name = "Doodle";`과 같이 써야 합니다. `const char*`의 의미는 "상수형 char를 가리키는 포인터"입니다. "Doodle"이 상수형 문자열이므로 그것을 가리키는 포인터 또한 상수형을 가리키게끔 설정해야 안전합니다. 지금은 그러려니 하고 넘어가고, const에 대한 자세한 이야기는 뒤에서 하겠습니다.

서론이 좀 길었네요. 아무튼 char*라는 자료형을 통해 문자열을 표현할 수 있다는 것을 알았으니 typedef를 사용해 char*라는 타입에 string이라는 별칭을 주겠습니다.

```
typedef char *string;
```

이제 string은 char*를 의미하게 됩니다. 따라서 다음과 같이 적을 수 있습니다.

```
typedef char *string;
string name = "Doodle";   // char *name = "Doodle";과 같은 말
```

이번에도 마찬가지로 string의 배열도 만들 수 있겠네요.

```
typedef char *string;
string names[2] = { "Doodle", "Google" };
```

string 하나가 char 포인터이므로 names의 실제 타입은 char 포인터 배열이 됩니다. 즉, 다음과 같은 말이 됩니다.

```
char *names[2] = { "Doodle", "Google" };
```

역시 "char형 포인터들의 배열"이라는 말보다 "string들의 배열"이라는 말이 인간인 우리에게는 뭔가 좀 더 잘 와닿습니다.

7.2 구조체 만들기

앞 절에서 이차원상의 점을 point_t라는 새로운 자료형으로 나타냈습니다. 이때 pos[0]
은 x좌표를, pos[1]은 y좌표를 나타냅니다.

```
typedef float point_t[2];
point_t pos = { 1.5, 2.2 };
printf("%f %f\n", pos[0], pos[1]);   // pos[0]: x좌표, pos[1]: y좌표
```

이렇게 해도 문제는 없지만 pos의 x좌표, y좌표를 0, 1로 나타내야 한다는 점이 썩 마음에 들지는 않습니다. 다음과 같은 기능이 있다면 어떨까요?

```
point_t pos = { 1.5, 2.2 };
printf("%f %f\n", pos.x, pos.y);   // pos.x: x좌표, pos.y: y좌표
```

이전보다 x좌표, y좌표라는 느낌이 확 살아납니다. 구조체를 쓰면 이런 일이 가능해집니다. 그러면 이제 구조체를 만드는 법을 자세히 알아보겠습니다.

7.2.1 구조체 만들기

구조체란 여러 변수를 한꺼번에 묶어서 만든 새로운 자료형입니다. 예를 들어 x, y라는 실수형 변수를 묶은 구조체는 다음과 같이 생겼습니다. struct라고 쓰고, 중괄호 안에 원하는 변수를 선언하면 됩니다.

```
struct { float x, y; }
```

이렇게 쓰면 저 큰 덩어리 전체가 하나의 자료형이 됩니다. 따라서 다음과 같이 쓰면 pos라는 '구조체 변수'가 만들어집니다.

```
struct { float x, y; } pos;
```

그러면 메모리상에는 pos라는 공간이 생기고, 이 공간 안에는 다시 x와 y라는 변수가 존재하게 됩니다. 이렇게 x, y처럼 한 구조체에 속한 변수들을 '멤버 변수'(member variable)라고 부릅니다.

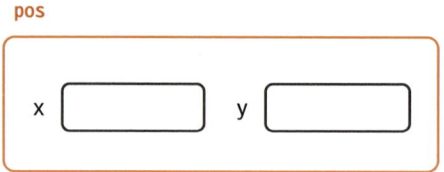

그림 7.2 구조체 변수 pos의 구조

구조체 변수 안의 변수에 접근하고 싶으면 마침표(.) 연산자를 사용하면 됩니다. 예를 들어 pos.x와 같이 적으면 pos 안에 있는 x라는 변수에 접근할 수 있습니다. pos.y도 마찬가지입니다. 다음 예제에서는 간단히 pos라는 구조체 변수를 선언한 뒤, pos.x와 pos.y에 각각 1.5, 2.2라는 값을 넣은 뒤 출력해 보겠습니다.

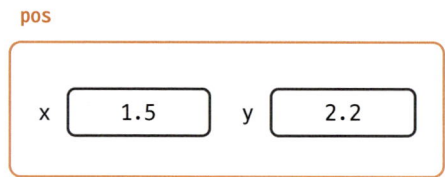

그림 7.3 pos.x와 pos.y에 각각 1.5와 2.2를 넣은 모습

예제 7.1 구조체 변수를 만들고 사용하기
```c
#include <stdio.h>

int main() {
    struct { float x, y; } pos;
    pos.x = 1.5;
    pos.y = 2.2;
    printf("좌표 : (%f, %f)\n", pos.x, pos.y);
}
```

출력 결과
```
좌표 : (1.500000, 2.200000)
```

구조체 변수도 배열처럼 중괄호를 사용해 초기화할 수 있습니다. 그러면 구조체 내에 변수가 선언된 순서대로 값이 들어갑니다. 즉, 다음 코드에서는 pos.x에 1.5, pos.y에 2.2가 순서대로 들어갑니다.

```c
struct { float x, y; } pos = { 1.5, 2.2 };
```

또 C에서는 배열과 마찬가지로 한 번 선언된 이후에는 중괄호를 사용해 멤버에 값을 집어넣을 수 없습니다. (참고로 C++에서는 가능합니다.)

```
struct { float x, y; } pos;
pos = { 1.5, 2.2 };    // 에러!(하지만 C++에서는 가능!)
```

7.2.2 구조체 타입 정의하기

구조체도 마찬가지로 typedef를 통해 별칭을 붙일 수 있습니다. 이번에는 별칭을 Point라고 해보겠습니다. 그러면 Point는 struct { float x, y; }를 의미하게 되겠죠?

```
typedef struct { float x, y; } Point;
Point pos = { 1.5, 2.2 };
```

구조체에 이름을 붙이는 또 다른 방법이 있습니다. 문법은 다음과 같습니다.

```
struct 구조체_이름 { 멤버_선언... };
```

앞의 Point는 다음과 같은 형태가 됩니다. 헷갈릴 수 있으니 typedef를 사용한 표현과 어떤 점이 다른지 잘 비교해 보고 넘어갑시다.

```
struct Point { float x, y; };
```

한 가지 주의할 점은, C에서는 위와 같이 선언했을 때는 구조체 변수를 만들 때도 구조체 이름 앞에 struct 키워드를 붙여야 한다는 것입니다. C++에서는 꼭 그러지 않아도 됩니다. 앞으로 이번 장에서는 두 번째 방법을 쓰고, 더 편한 C++ 문법을 따르겠습니다. C 컴파일러를 사용하고 있다면 구조체 이름 앞에 항상 struct를 붙여야 한다는 사실만 기억합시다.

```
typedef struct { float x, y; } Point;    // typedef를 사용했을 때는...
Point pos = { 1.5, 2.2 };                // Point 앞에 struct가 없어도 된다!

struct Point { float x, y; };    // 두 번째 방법을 사용했을 때는...
struct Point pos;                // 구조체 변수를 선언할 때도 struct를 붙여야 한다!(C에서만)
```

마지막으로, 한 구조체 안에 모두 같은 자료형의 멤버가 들어갈 필요는 없습니다. 그냥 변수 선언 규칙에 맞게만 선언하면 어떤 형태의 변수든(포인터나 배열, 그리고 다른 구조체 변수까지도…) 집어넣을 수 있습니다. 예를 들어, 다음과 같은 구조체도 자유롭게 만들 수 있습니다. 이렇게 멤버 변수가 많을 경우에는 한 줄에 모두 적는 것보다 여러 줄로 나누어 적는 것이 보기 편합니다.

```c
struct abcd { int a, b; char c[100]; double *d; };
```

```c
struct abcd {
    int a, b;
    char c[100];
    double *d;
};
```

7.2.3 구조체 활용

이론이 좀 길었죠? 이번에는 예제로 인터넷 쇼핑몰의 상품 정보를 저장하는 구조체를 만들고 다음과 같은 항목을 저장해보겠습니다.

표 7.1 인터넷 쇼핑몰의 상품 정보 예시

항목	내용	저장할 멤버 변수 선언
상품 번호	4797283	int num;
상품 이름	제주 한라봉	char name[100];
가격	19,900원	int cost;

따라서 다음과 같은 구조체를 정의할 수 있습니다. 이름은 ProductInfo라고 해보겠습니다.

```c
struct ProductInfo {
    int num;
    char name[100];
    int cost;
};
```

그다음 main 함수 안에서 myProduct라는 구조체 변수를 선언하고, 표 7.1에 나와있는 대로 myProduct를 초기화하겠습니다.

```
int main() {
    ProductInfo myProduct = { 4797283, "제주 한라봉", 19900 };
}
```

그다음 간단하게 printf를 통해 상품 정보를 출력해보겠습니다. 완성된 코드는 다음과 같습니다.

예제 7.2 구조체 변수에 상품 정보를 저장하고 출력하기

```
#include <stdio.h>

struct ProductInfo {
    int num;
    char name[100];
    int cost;
};

int main() {
    ProductInfo myProduct = { 4797283, "제주 한라봉", 19900 };

    printf("상품 번호 : %d\n", myProduct.num);
    printf("상품 이름 : %s\n", myProduct.name);
    printf("상품 가격 : %d원\n", myProduct.cost);
}
```

출력 결과

```
상품 번호 : 4797283
상품 이름 : 제주 한라봉
상품 가격 : 19900원
```

참고로 배열과는 다르게 구조체 변수에 다른 구조체 변수를 대입하는 것도 가능합니다. 그러면 모든 멤버들이 한꺼번에 복사됩니다.

```
ProductInfo myProduct = { 4797283, "제주 한라봉", 19900 };
ProductInfo yourProduct = myProduct;
```

7.3 구조체와 메모리

구조체는 메모리에 어떤 식으로 저장될까요? 이번 절의 내용이 그리 중요한 편은 아니지만, 다음 절을 위해서 간략히 알아보겠습니다. 앞의 한라봉 예제에서 ProductInfo라는 구조체를 만들었습니다. 이 구조체 변수 전체의 크기는 몇 바이트인지, 그리고 각 멤버의 주소는 어떤 식으로 배정되는지 한번 확인해보겠습니다. 참고로 myProduct.name은 배열의 이름이므로 이미 주솟값을 의미하기 때문에 굳이 앞에 &를 붙여주지 않아도 주솟값이 출력됩니다. (정확히는 myProduct.name[0]의 주솟값이겠죠?)

예제 7.3 구조체 변수에 상품 정보를 저장하고 출력하기

```c
#include <stdio.h>

struct ProductInfo {
    int num;
    char name[100];
    int cost;
};

int main() {
    ProductInfo myProduct = { 4797283, "제주 한라봉", 19900 };

    printf("%d\n", sizeof(myProduct));
    printf("%d\n", &myProduct);
    printf("%d\n", &myProduct.num);
    printf("%d\n", myProduct.name);
    printf("%d\n", &myProduct.cost);
}
```

출력 결과

```
108
13629824
13629824
13629828
13629928
```

우선 myProduct의 크기는 108바이트입니다. 멤버인 num이 4바이트, name이 100바이트, cost가 4바이트이므로 멤버들의 크기를 모두 합친 것과 같네요.

이제 주솟값을 볼까요? 편의상 앞 5자리는 같으므로 뒤 3자리만 봅시다. myProduct의 주솟값은 824, myProduct.num의 주솟값도 824, myProduct.name의 값은 828, myProduct.num의 주솟값은 928입니다. 그림으로 나타내면 다음과 같이 되겠네요.

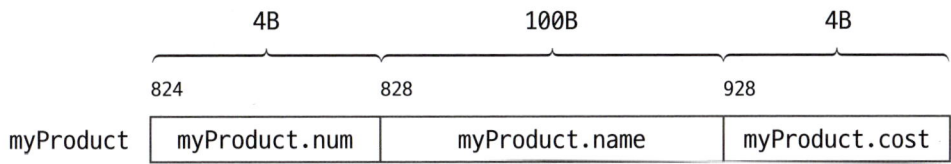

그림 7.4 myProduct 멤버들의 주솟값과 크기

메모리상에 모든 변수가 순서대로 들어간 것을 볼 수 있습니다. num은 첫 번째 멤버이므로 주솟값은 myProduct의 주솟값인 824와 같고, num의 크기가 4바이트이므로 다음 멤버인 name의 시작 주솟값이 828이 됩니다. 마찬가지로 cost의 주솟값은 100을 더한 928이 되는 것이죠. 그리고 모든 멤버의 크기를 더하면 myProduct의 크기가 나옵니다.

하지만 사실 항상 이런 법칙이 성립하는 것은 아닙니다. name의 크기가 4의 배수가 아닌 경우를 볼까요?

예제 7.4 구조체 변수에 상품 정보를 저장하고 출력하기

```c
#include <stdio.h>

struct ProductInfo {
    int num;
    char name[101];   // name의 크기를 101이라고 해보자.
    int cost;
};

int main() {
    ProductInfo myProduct = { 4797283, "제주 한라봉", 19900 };

    printf("%d\n", sizeof(myProduct));
    printf("%d\n", &myProduct);
    printf("%d\n", &myProduct.num);
    printf("%d\n", myProduct.name);
    printf("%d\n", &myProduct.cost);
}
```

```
112
5240744
5240744
5240748
5240852
```

name을 1바이트만 증가시켰을 뿐인데, 갑자기 myProduct의 크기가 4바이트 증가했네요. 이 상황도 그림으로 나타내 보겠습니다.

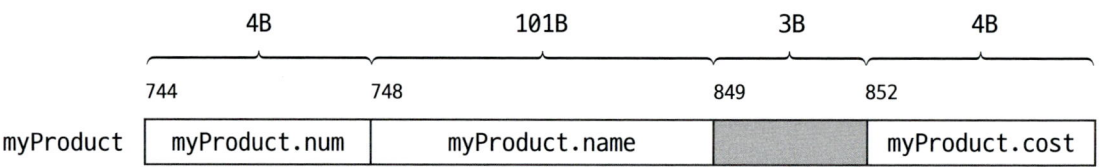

그림 7.5 name이 101바이트일 때 myProduct 멤버들의 주솟값과 크기

이런 현상이 발생하는 이유는 컴파일러가 다음 멤버인 cost를 할당할 때 cost의 주솟값을 cost 크기의 배수가 되게 맞추려는 경향이 있기 때문입니다. 그래서 cost는 849번지부터 할당되지 못하고 그다음 4의 배수인 852번지부터 할당됩니다. 그 사이의 3바이트(그림의 회색 부분)는 아깝지만 아무 데도 사용되지 못합니다. 이런 현상을 '구조체 정렬'(data structure alignment)이라고 합니다. 멤버들을 저렇게 배수에 맞게 띄워 놓으면 낭비되는 메모리 공간이 생기지만, 또 그렇다고 멤버들을 다닥다닥 붙여놓는다면 일부 시스템에서 프로그램의 실행 효율이 낮아질 수 있습니다. 이렇게 장단점이 있기 때문에 컴파일러에 따라 구조체 정렬 방식을 원하는 대로 설정할 수 있는 기능을 제공하긴 합니다. 하지만 이 책에서는 그렇게 깊이 들어가지는 않겠습니다.

궁금해할 수도 있는 주제여서 설명했지만 지금 단계에서 이것은 그리 중요하지 않으며, 구조체 변수를 만들면 메모리상에 멤버들이 여기저기 흩어져 생기는 것이 아니라 위의 그림과 같이 순서대로 모여서 할당된다는 느낌만 알면 됩니다.

7.4 구조체 변수 가리키기

포인터를 사용해 변수를 가리키는 방법에 대해서는 알아보았습니다. 또 배열을 가리키거나 심지어 다른 포인터를 가리키는 포인터도 만들어 보았습니다. 이번 절에서는 구조체 변수를 가리키는 포인터를 만들어 보겠습니다.

int를 가리키는 포인터는 int *, char를 가리키는 포인터는 char *라고 하듯이, 구조체 변수를 가리키는 포인터도 구조체의 이름에 별표를 붙이면 됩니다. 다음 예제를 볼까요?

예제 7.5 구조체 포인터로 구조체 변수를 가리키고 멤버 출력하기

```c
#include <stdio.h>

struct ProductInfo {
    int num;
    char name[100];
    int cost;
};

int main() {
    ProductInfo myProduct = { 4797283, "제주 한라봉", 19900 };
    ProductInfo *ptr_product = &myProduct;   // myProduct를 가리키는 포인터 ptr_product

    printf("상품 번호 : %d\n", (*ptr_product).num);
    printf("상품 이름 : %s\n", (*ptr_product).name);
    printf("상품 가격 : %d원\n", (*ptr_product).cost);
}
```

출력 결과
```
상품 번호 : 4797283
상품 이름 : 제주 한라봉
상품 가격 : 19900원
```

별로 새로운 내용은 없습니다. `ptr_product`는 ProductInfo라는 타입을 가리키는 포인터이고, myProduct의 주솟값을 저장하고 있습니다. 그다음 `ptr_product`가 가리키는 구조체 변수에 접근하기 위해 * 연산자를 사용했습니다.

이때 한 가지 주의할 점은 **괄호 없이 `*ptr_product.num`과 같이 쓰면 안 된다**는 것입니다. 그러면 그것은 `*(ptr_product.num)`과 같은 말이 되어버립니다. 즉, "ptr_product라는 구조체 변수의 멤버인 num이 가리키는 것"이라는 의미가 됩니다.

(*ptr_product).num: ptr_product가 가리키는 구조체 변수의 num이라는 멤버

(ptr_product는 구조체 포인터, num은 ptr_product가 가리키는 구조체 변수의 멤버 변수)

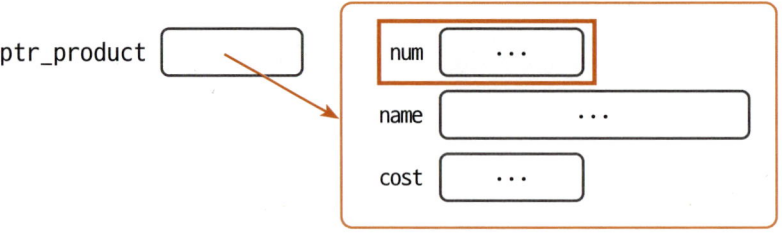

*ptr_product.num: ptr_product의 멤버 num이 가리키는 것, 즉 *(ptr_product.num)

(ptr_product는 구조체 변수, num은 ptr_product의 멤버인 포인터)

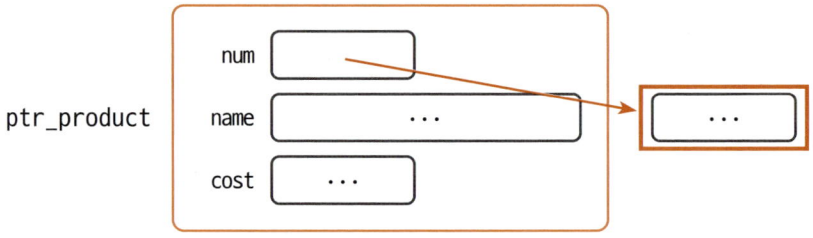

그림 7.6 (*ptr_product).num과 *ptr_product.num의 차이

이렇게 "구조체 포인터가 가리키는 구조체 변수의 멤버"에 접근하고 싶을 때마다 괄호와 별표 연산자를 사용하는 일은 매우 번거롭기 때문에 다음과 같은 연산자를 사용할 수 있습니다. 모양 자체가 화살표(→)를 본뜬 것이기 때문에 간혹 화살표 기호를 찾아서 입력해야 하냐고 물어보는 사람이 있는데, 그게 아니고 그냥 보이는 그대로 빼기 기호(-)와 꺾쇠 표시(>)를 합쳐 놓은 것(->)입니다.

```
ptr_product->num   // (*ptr_product).num과 같은 말
```

앞의 예제를 방금 설명한 화살표를 사용해 바꿔볼까요? 출력 결과는 역시 생략합니다.

예제 7.6 구조체 포인터로 구조체 변수를 가리키고 멤버 출력하기
```
#include <stdio.h>

struct ProductInfo {
    int num;
    char name[100];
    int cost;
};
```

```c
int main() {
    ProductInfo myProduct = { 4797283, "제주 한라봉", 19900 };
    ProductInfo *ptr_product = &myProduct;

    printf("상품 번호 : %d\n", ptr_product->num);
    printf("상품 이름 : %s\n", ptr_product->name);
    printf("상품 가격 : %d원\n", ptr_product->cost);
}
```

정리하자면 구조체 **변수**의 멤버에 접근할 때는 마침표(.) 연산자를 사용하고, 구조체 **포인터**가 가리키는 구조체 변수의 멤버에 접근할 때는 화살표(->) 연산자를 사용합니다. 또 **구조체의 멤버 중에 포인터**가 있는데, 그 포인터가 가리키는 변수에 접근하고 싶을 때는 *product.num과 같이 괄호 없이 앞에 별표를 붙이면 됩니다. 포인터의 기본 원리와 구조체에 대한 지식이 잘 잡혀 있다면(전제가 중요합니다!) 별문제 없이 이해할 수 있을 거라 생각합니다.

다음 예제는 구조체 포인터를 매개변수로 받아(call-by-address) 두 구조체 변수를 스왑하는 예제입니다. int를 스왑하는 함수 코드에서 int를 ProductInfo로 고치기만 하면 됩니다.

예제 7.7 상품 정보 구조체 변수를 스왑하기

```c
#include <stdio.h>

struct ProductInfo {
    int num;
    char name[100];
    int cost;
};

void productSwap(ProductInfo *a, ProductInfo *b) {
    ProductInfo tmp = *a;
    *a = *b;
    *b = tmp;
}

int main() {
    ProductInfo myProduct = { 4797283, "제주 한라봉", 19900 };
    ProductInfo yourProduct = { 4797284, "성주 꿀참외", 10000 };
```

```
    productSwap(&myProduct, &yourProduct);

    // swap 이후 myProduct에는 성주 꿀참외가 담겨 있다.
    printf("상품 번호 : %d\n", myProduct.num);
    printf("상품 이름 : %s\n", myProduct.name);
    printf("상품 가격 : %d원\n", myProduct.cost);
}
```

```
출력 결과
상품 번호 : 4797284
상품 이름 : 성주 꿀참외
상품 가격 : 10000원
```

7.5 구조체와 함수

7.5.1 구조체 매개변수의 Call-by-value와 Call-by-address

다음과 같은 Time이라는 구조체를 만들어 시간을 저장하는 데 쓴다고 해봅시다.

```
struct Time {
    int h;   // 시
    int m;   // 분
    int s;   // 초
};
```

그러면 예를 들어 다음과 같이 선언된 변수는 1시간 22분 48초를 의미하게 됩니다.

```
Time t = { 1, 22, 48 };
```

이제 이 시간 구조체를 매개변수로 받아 그게 총 몇 초인지를 계산하여 반환하는 함수를 만들어 봅시다. 식은 다음과 같겠죠?

```
총 초 =  60*60*시 + 60*분 + 초
```

따라서 함수는 다음과 같습니다. 함수 이름은 totalSec(total seconds)이라고 하겠습니다.

```
int totalSec(Time t) {   // Time 타입의 변수를 매개변수로 받아...
    return 60 * 60 * t.h + 60 * t.m + t.s;   // 총 몇 초인지 리턴한다.
}
```

그럼 함수가 잘 작동하는지 볼까요?

예제 7.8 Time 구조체 변수를 입력받아 총 몇 초인지 리턴하는 totalSec 함수

```
#include <stdio.h>

struct Time {
    int h, m, s;
};

int totalSec(Time t) {
    return 60 * 60 * t.h + 60 * t.m + t.s;
}

int main() {
    Time t = { 1, 22, 48 };

    printf("%d\n", totalSec(t));
}
```

출력 결과
```
4968
```

60×60×1+60×22+48=4968이므로 맞게 나오는 것 같습니다.

지금 함수를 만들고 구조체 변수를 매개변수로 넘겨보았는데, 한 가지 단점이 있습니다. 바로 매개변수가 전달되는 과정에서 구조체 전체가 복사된다는 점입니다. 앞에서 잠깐 구조체 변수에 다른 구조체 변수를 대입하면 멤버들이 모두 복사된다고 얘기했었죠?

```
Time t1 = { 1, 22, 48 };
Time t2 = t1;   // t1의 모든 멤버가 t2에 복사된다.
```

07 _ 구조체 215

위 예제에서도 매개변수의 전달이 call-by-value이기 때문에 구조체를 넘기면 구조체의 내용물 전체가 복사됩니다. 지금은 어차피 멤버 변수가 3개뿐이므로 그렇게 큰 문제는 아니지만, 구조체의 크기가 크다면 복사가 많이 일어날수록 프로그램의 효율이 떨어집니다. 따라서 (특히 크기가 큰) 구조체를 다른 함수로 넘길 때는 다음과 같이 call-by-address로 넘기는 것이 좋습니다. 그러면 복사되는 것은 주솟값밖에 없으니 함수 호출이 가벼워집니다. 출력 결과는 당연히 같겠죠?

예제 7.9 call-by-address를 통해 총 몇 초인지 리턴하는 totalSec 함수

```c
#include <stdio.h>

struct Time {
    int h, m, s;
};

int totalSec(Time *t) {
    return 60 * 60 * t->h + 60 * t->m + t->s;
}

int main() {
    Time t = { 1, 22, 48 };

    printf("%d\n", totalSec(&t));
}
```

이런 호출 방식도 문제가 있기는 합니다. 함수 내에서 실수로 t의 내용물을 바꿔버렸다면 원본 main 함수에 있던 t도 바뀐다는 것인데요(그게 바로 call-by-address의 특징이죠?), 이 주제에 대해서는 뒤에서 자세히 다루겠습니다.

7.5.2 구조체에 함수 집어넣기

이런 방법도 좋지만 totalSec이라는 함수는 오직 Time에만 관련된 함수이기 때문에 그 함수 자체를 Time에 마치 멤버처럼 넣어버리고 그것을 t.totalSec()과 같이 호출할 수 있다면 좋을 것 같습니다. 그래서 함수를 멤버처럼 구조체 안으로 집어넣을 수가 있습니다. 이런 함수를 "멤버 함수"라고 합니다. **이 기능은 C++에만 있는 기능입니다.** 우선 멤버 함수를 만들어 보고 자세히 이야기해보겠습니다.

```
struct Time {
    int h, m, s;

    int totalSec() {
        return 60 * 60 * h + 60 * m + s;
    }
};
```

여기서 두 가지 변화가 있습니다. 첫째는 더이상 매개변수로 `Time t` 혹은 `Time *t`를 받지 않는다는 것입니다. 대신에 멤버에 접근할 때 `t.h`나 `t->h`가 아닌 그냥 `h`라고만 써도 그 자체로 멤버를 의미하게 됩니다.

그리고 위에서 언급한 대로 함수를 멤버 접근 연산자(`.`)를 사용해 `t.totalSec()`과 같이 호출할 수 있습니다. 다음 예제를 봅시다. 출력 결과는 앞에서와 같습니다.

예제 7.10 멤버 함수로 구현한 totalSec 함수

```
#include <stdio.h>

struct Time {
    int h, m, s;

    int totalSec() {
        return 60 * 60 * h + 60 * m + s;
    }
};

int main() {
    Time t = { 1, 22, 48 };

    printf("%d\n", t.totalSec());   // t의 멤버 함수 호출
}
```

멤버 함수를 만들면 구조체의 크기는 어떻게 될까요? "바뀌지 않는다"가 정답입니다. 눈으로 보기에는 함수가 구조체 안에 들어가 있는 것처럼 보이지만 사실 **내부적으로는 예제 7.9와 똑같이 작동합니다.** 즉, Time에 속해 있지 않은 그냥 일반적인 함수가 만들어지고, 눈에 보이지 않는 매개변수가 만들어져 t의 주솟값이 넘어가는 것이죠.

이렇게 구조체 안에 함수를 집어넣는 것은 C++에서 등장하는 '클래스'라는 개념과 많은 관련이 있기 때문에 가볍게 한번 미리 알아보았습니다.

종·합·문·제

① 다음 코드를 실행했을 때의 출력 결과를 예측해 보세요.

```c
#include <stdio.h>

typedef int Point[2];
typedef Point *PointPtr;

int main() {
    Point p = { 3, 4 };
    PointPtr pp = &p;

    printf("%d %d %d\n", **pp, (*pp)[0], (*pp)[1]);
}
```

② Point 타입의 구조체 포인터를 매개변수로 받아 그 포인터가 가리키는 구조체 변수의 x와 y좌표를 스왑하는 swapXY 함수의 본문을 작성해 보세요. 함수를 올바르게 작성했다면 (4, 3)이 출력되어야 합니다.

```c
#include <stdio.h>

struct Point {
    int x, y;
};

void swapXY(Point *p) {
    // x좌표와 y좌표를 교환
}

int main() {
    Point pos = { 3, 4 };

    swapXY(&pos);

    printf("(%d, %d)\n", pos.x, pos.y);
}
```

③ ②번의 swapXY 함수를 Point 구조체 안으로 집어넣어 보세요. (C++에서만 가능합니다.)

08

C언어 고급 기능

지금까지 정말 많은 내용을 배우느라 고생하셨습니다. 지금까지 배운 큼지막한 주제들을 정리해보자면 변수, 연산자, 입출력, 제어문, 배열, 문자열, 포인터, 함수, 구조체 정도가 되겠네요. 이제는 C언어의 가장 기본이 되는 핵심 내용은 다 배웠다고 할 수 있습니다. 물론 아직 다루지 않은 몇몇 주제가 있지만 그것들에 대해서는 뒤에서 알아보기로 하고 이번 장에서는 코딩을 좀 더 편하고 깔끔하게 해주는 고급 기능에 대해 알아보겠습니다.

8.1 상수 만들기

수학, 과학 관련 프로그램이나 게임을 만들다 보면 원주율을 정말 많이 쓰게 됩니다. 그래서 다음과 같이 원주율의 값(π=3.14159265358979…)을 변수에 저장해두고 쓰면 편리합니다. 물론 원주율은 무리수이기 때문에 정확한 값을 컴퓨터상에 저장할 수는 없지만 근삿값을 저장할 수는 있습니다.

https://youtu.be/nSxNgDJEnN0

```
double pi = 3.14159265358979;

// 반지름이 r인 원의 넓이를 반환
double getArea(double r) {
    return pi * r * r;
}
```

원주율을 한 번 pi에 저장해 놓으면 앞으로 pi라고만 써도 원주율을 사용할 수 있습니다. 그런데 문제는 pi도 변수이다 보니 실수로 pi 자체의 값이 바뀌면 어떤 대참사가 벌어질지 모른다는 것입니다.

```
double pi = 3.14159265358979;

// 반지름이 r인 원의 넓이 반환
double getArea(double r) {
    return pi * r * r;
}

int main() {
    // ...
    pi = 3;
    double area = getArea(10);    // pi의 값이 3으로 바뀌어 300이 리턴된다.
}
```

지금은 코드 길이가 매우 짧아서 pi의 값을 3으로 바꿨다는 가정 자체가 우습게 보일지도 모르겠지만 여러 사람들이 작업하는 큰 프로젝트일수록 실제로 이런 일들이 벌어질 확률이 높아지므로 이를 막기 위해 노력해야 합니다. 그 방법 중 하나가 바로 pi라는 '상수'를 만드는 것입니다.

상수는 변수와 반대되는 개념으로, 변하지 않는 수를 말합니다. 5도 상수이고, 3.141592…도 상수입니다. 하지만 int a는 상수가 아니라 변수입니다. a의 값은 언제든지 바뀔 수 있으니까요.

상수를 "만든다"라는 말은 어떤 상수에 특별한 이름을 붙인다는 말입니다. 예를 들어, 3.141592…에 PI라는 이름을 붙일 수 있습니다. C에서는 이러한 상수를 여러 가지 방법으로 만들 수 있습니다. 그중 처음 알아볼 것은 const 키워드를 사용한 방법입니다.

8.1.1 const 키워드

const는 '상수'를 뜻하는 단어 'constant'의 약어입니다. 어떤 변수를 초기화할 때 앞에 const 키워드를 붙이면 변수가 생성된 이후로 변수가 소멸될 때까지 **변수에 새로운 값을 대입할 수 없습니다.** 만약 새로운 값을 대입하려고 하면 컴파일 에러가 납니다. 즉, const 속성이 있는 변수들은 값을 수정할 수 없습니다. 또, 필수사항은 아니지만 상수는 PI와 같이 모든 글자를 대문자로 쓰는 것이 일반적입니다.

```
const double PI = 3.14159265358979;

// 반지름이 r인 원의 넓이를 반환
double getArea(double r) {
    return PI * r * r;
}
```

```c
int main() {
    // ...
    PI = 3;   // 컴파일 에러!(PI가 const로 선언되었기 때문에 새로운 값을 대입할 수 없다.)
    // ...
}
```

const 속성이 있는 변수는 반드시 생성과 동시에 값을 넣어야 합니다. 즉, 초기화를 반드시 해야 합니다. 그러지 않으면 에러가 납니다. 생성된 이후에는 새로운 값을 대입할 수 없다고 했으니 당연한 얘기겠죠?

```c
const double PI;   // 컴파일 에러!(const는 초기화가 필수)
```

위의 코드를 올바로 해서 간단히 실행해 보겠습니다.

예제 8.1 const 속성의 PI 변수를 사용한 원의 넓이 구하기

```c
#include <stdio.h>

const double PI = 3.14159265358979;   // PI는 상수로 선언

double getArea(double r) {
    return PI * r * r;
}

int main() {
    printf("%f", getArea(10));   // 반지름이 10인 원의 넓이를 출력
}
```

출력 결과
```
314.159265
```

참고로, **const**로 선언된 변수일지라도 원주율이라든지 숫자 1, 2, 3 같은 **상수만 대입할 수 있는 것은 아닙니다**. const는 한번 선언된 이후에 값을 수정할 수 없을 뿐이지 초기화할 때 꼭 상수를 넣을 필요는 없습니다.

```c
int a = 5;           // a는 상수가 아니지만
const int b = a;     // 상수 b를 만들 때 a의 값으로 초기화하는 것은 문제가 없다.
```

const의 또 다른 쓰임새를 잠깐 소개하겠습니다. 바로 함수의 매개변수에도 const 키워드를 사용할 수 있다는 것입니다.

```
int f(const int a) { ... }

int main() {
    int b = 5;

    f(1);   // 상수를 넣어도 OK
    f(b);   // 변수를 넣어도 OK
}
```

이때 const가 뜻하는 것은 매개변수인 a에 상수를 집어넣어야 한다는 것이 **아니라** 매개변수로 넘어온 **a의 값을 함수 내에서 수정할 수 없다는 것뿐입니다.** 따라서 함수를 호출할 때 역시 굳이 상수를 넣어야 하는 것은 아닙니다.

8.1.2 매크로

const 외에도 매크로라는 기능을 사용해서 상수를 정의할 수 있습니다.

매크로는 간단히 말하면 컴파일 전에 특정 단어를 다른 표현으로 바꾸는 역할을 합니다. 매크로의 다른 여러 기능과 사용법에 대해서는 바로 뒤 절에서 알아보기로 하고, 지금은 매크로를 사용해 상수만 만들어보겠습니다. 매크로의 사용법은 다음과 같습니다. #include와 마찬가지로 끝에 세미콜론을 붙이지 않습니다.

```
#define PI 3.14159265358979
```

이렇게 쓰면 프로그램이 컴파일되기 전에 코드의 PI라고 쓰여 있는 모든 부분이 3.1415265358979로 아예 교체되어 버립니다. 그러니까 컴파일러는 PI라고 쓰여 있으면 그것을 아예 3.1415265358979라고 생각하는 것이죠. 따라서 PI를 상수처럼 쓸 수 있습니다. PI는 메모리상의 변수가 아닌 그냥 3.1415265358979라는 수의 별칭과 같은 존재일 뿐입니다.

위의 예제에서 상수 정의를 #define을 사용한 방법으로만 바꾸어 실행해보겠습니다. 당연히 출력 결과는 같습니다.

예제 8.2 #define으로 PI를 정의한 후 원의 넓이 구하기

```
#include <stdio.h>
#define PI 3.14159265358979

double getArea(double r) {
    return PI * r * r;
}

int main() {
    printf("%f", getArea(10));   // 반지름이 10인 원의 넓이를 출력
}
```

8.1.3 enum

컴퓨터 게임을 만들 때 흔히 현재 게임의 상태(메인 메뉴, 플레이 중, 일시 정지, 게임 오버 등등)를 저장해 놓습니다. 예를 들어 메인 메뉴를 0, 플레이 중을 1, …과 같은 식으로 번호를 부여한 뒤 int형 변수에 저장해 놓을 수 있겠죠? 그런 다음 무한 루프를 돌면서 루프마다 게임의 상태를 체크하면서 상태에 따라 서로 다른 코드를 실행시킵니다.

```
int main() {
    int currState = 0;   // 현재 게임 상태를 저장하는 변수

    while (true) {
        switch (currState) {   // currState의 값에 따라 다른 코드를 실행한다.
        case 0:
            // 메인 메뉴일 때 작동할 코드...
            break;
        case 1:
            // 플레이 중일 때 작동할 코드...
            break;
        case 2:
            // 일시정지일 때 작동할 코드...
            break;
        case 3:
            // 게임 오버일 때 작동할 코드...
            break;
```

            }
        }
}
```

그런데 0, 1, 2, 3만 봐서는 이게 어떤 상태를 의미하는지를 알 수가 없습니다. 물론 코드를 작성한 본인만 잘 알고 있다면 큰 상관은 없지만, 그래도 시간이 지나면 까먹을 수도 있고, 남이 코드를 본다면 굉장히 헷갈리겠죠? 그래서 이런 방식은 별로 좋아 보이지 않습니다. 이때 다음과 같이 0, 1, 2, 3 대신 의미 있는 이름의 상수를 만들어줄 수 있습니다.

```c
const int MAINMENU_STATE = 0;   // 메인 메뉴
const int PLAYING_STATE  = 1;   // 플레이 중
const int PAUSED_STATE   = 2;   // 일시 정지
const int GAMEOVER_STATE = 3;   // 게임 오버

int main() {
    int currState = MAINMENU_STATE;   // 현재 게임 상태를 저장하는 변수

    while (true) {
        switch (currState) {
        case MAINMENU_STATE:
            // ...
            break;
        case PLAYING_STATE:
            // ...
            break;
        case PAUSED_STATE:
            // ...
            break;
        case GAMEOVER_STATE:
            // ...
            break;
        }
    }
}
```
```

이제 각 case가 어떤 경우인지를 훨씬 쉽게 알게 되었습니다. 지금 보고 있는 이 게임 상태 예제처럼 한 대상이 가질 수 있는 다양한 가능한 값들을 0, 1, 2 등의 상수로 나타낸 것을 '열거형'(enumeration)이라고 합니다. enum이라는 키워드를 사용하면 열거형을 편하게 만들 수 있습니다. 다음과 같이 enum이라고 쓰고 중괄호 안에 원하는 상수 이름을 쉼표로 구분해 넣으면 됩니다.

```
enum {
    MAINMENU_STATE,
    PLAYING_STATE,
    PAUSED_STATE,
    GAMEOVER_STATE
};
```

그러면 첫 번째 상수부터 시작해서 알아서 0, 1, 2, …와 같이 순차적인 정숫값을 갖게 됩니다. 만약 순차적인 번호가 아니라 어떤 특별한 값을 가지게 하고 싶다면 다음과 같이 어떤 값인지를 명시적으로 적을 수도 있습니다.

```
enum {
    MAINMENU_STATE  = 10,
    PLAYING_STATE   = 20,
    PAUSED_STATE    = 30,
    GAMEOVER_STATE  = 40
};
```

또, 값을 생략한 표기와 값을 명시적으로 지정한 표기를 섞어 쓸 수도 있습니다. 이 경우에는 생략한 상수의 값은 '바로 전 상수의 값 + 1'이 됩니다. 다음의 경우 PLAYING_STATE는 11, GAMEOVER_STATE는 21이라는 값을 갖게 됩니다.

```
enum {
    MAINMENU_STATE  = 10,
    PLAYING_STATE,
    PAUSED_STATE    = 20,
    GAMEOVER_STATE
};
```

이제 위 코드에서 4개의 const를 enum으로 고쳐 봅시다. 이번 예제는 출력이 없기 때문에 각 상수가 실제로 0, 1, 2, 3이라는 값을 가지고 있는지만 출력해 보겠습니다.

예제 8.3 enum을 사용해 게임 상태를 타나내는 상수 정의하기

```c
#include <stdio.h>

enum {
    MAINMENU_STATE,
    PLAYING_STATE,
    PAUSED_STATE,
    GAMEOVER_STATE
};

int main() {
    printf("%d\n", MAINMENU_STATE);
    printf("%d\n", PLAYING_STATE);
    printf("%d\n", PAUSED_STATE);
    printf("%d\n", GAMEOVER_STATE);
}
```

출력 결과
```
0
1
2
3
```

enum 값들도 컴파일 시간에 완전히 정해질 수 있기 때문에 메모리상에 저장되지는 않습니다.

8.2 매크로 자세히 알아보기

매크로의 원리는 그냥 지정된 이름을 다른 표현으로 교체하는 것이기 때문에 값이 아니더라도 웬만한 표현은 다 정의할 수 있습니다. 참고로 *이름*은 한 단어여야 하지만, *다른_표현*은 여러 단어여도 됩니다.

https://youtu.be/
taq4xn_ET9s

```
#define 이름 다른_표현
```

다음은 그냥 재미로 다양한 대상을 #define으로 정의한 후 써보는 예제입니다.

예제 8.4 #define으로 다양한 표현을 정의하고 사용하기

```c
#include <stdio.h>

#define MAIN int main
#define ULL unsigned long long
#define NUM 1234
#define PLUS +
#define PNT printf

MAIN() {   // int main()
    ULL m = NUM PLUS 1;   // unsigned long long m = 1234 + 1;

    PNT("%d", NUM);   // printf("%d", 1234);
}
```

출력 결과
```
1234
```

매크로는 함수와 비슷하게 정의할 수도 있습니다. 예를 들어 다음 매크로는 어떤 수의 제곱을 쉽게 계산할 수 있게 해줍니다.

예제 8.5 매크로를 사용해 a의 제곱 계산하기

```c
#include <stdio.h>

#define SQUARE(X) X * X

int main() {
    int a = 5;

    printf("%d", SQUARE(a));
}
```

출력 결과
```
25
```

a의 값이 매크로의 X에 매개변수처럼 넘어가서 a * a이 계산되어 25가 출력된 것을 확인할 수 있습니다. 그런데 코드에 중요한 문제점이 하나 있습니다. 만약 SQUARE(a+1)을 출력하면 어떻게 될까요?

예제 8.6 매크로를 사용해 a+1의 제곱 계산하기

```
#include <stdio.h>

#define SQUARE(X) X * X

int main() {
    int a = 5;

    printf("%d", SQUARE(a + 1));
}
```

출력 결과
```
11
```

놀랍게도 6의 제곱인 36이 출력되지 않고, 11이라는 값이 갑자기 튀어나왔습니다. 이 현상의 원인은 바로 매크로가 해석되는 방식에 있습니다.

SQUARE(X)를 X * X로 정의했으므로 SQUARE(a+1)은 정말 정의에 충실하게 X 대신에 a+1을 집어넣습니다. 즉, a+1 * a+1이 됩니다. 그런데 여기서 +의 우선순위보다 *의 우선순위가 높기 때문에 중간의 1 * a가 먼저 계산되어 5+1×5+1=11이라는 값이 출력된 것입니다. 정말 어이가 없네요. 이런 문제를 방지하려면 SQUARE(X)를 정의할 때 X 양쪽에 괄호를 씌우면 됩니다.

```
#define SQUARE(X) (X) * (X)
```

그러면 SQUARE(a+1)을 실행해도 (a+1) * (a+1)과 같이 묶여 제대로 된 계산 결과가 나오겠죠?

그런데 아직도 문제가 있습니다. 100 / SQUARE(a)를 계산하면 어떻게 될까요?

예제 8.7 매크로를 사용해 100 나누기 a의 제곱 계산하기

```
#include <stdio.h>

#define SQUARE(X) (X) * (X)
```

```
int main() {
    int a = 5;

    printf("%d", 100 / SQUARE(a));
}
```

C:\ 출력 결과	– □ ×
100	

a의 제곱이 25이므로 100/25=4가 출력되어야 하는데, 100이 출력되었습니다. 이것도 역시 직접 100 / SQUARE(a)를 계산해보면 이유를 알 수 있습니다. SQUARE(X)의 정의에 a를 넣어보면 100 / (a) * (a)가 되는데, /와 *의 우선순위는 같으므로 왼쪽부터 순서대로 계산됩니다. 그러니까 100에서 a가 한 번 나뉘어 20이 되고, 다시 a가 곱해져 계산 결과가 100이 된 것입니다.

그래서 마지막으로 전체 식을 괄호로 한 번 감싸야 제대로 된 결과가 나옵니다.

```
#define SQUARE(X) ((X) * (X))
```

그러면 100 / SQUARE(a)가 100 / ((a) * (a))과 같아지므로 ((a) * (a))가 먼저 계산되어 원하는 결과인 4가 출력됩니다.

예제 8.8 제대로 작동하는 제곱 매크로
```
#include <stdio.h>

#define SQUARE(X) ((X) * (X))

int main() {
    int a = 5;

    printf("%d", 100 / SQUARE(a));
}
```

C:\ 출력 결과	– □ ×
4	

이제 더 이상은 예외가 없습니다. 여기서 얻을 수 있는 교훈은 함수 형태의 매크로를 사용하려면 괄호에 매우 주의해야 한다는 것입니다.

다음 예제에서는 매크로를 사용해 "간편" for문(?)을 만들어 보겠습니다. (물론 제가 만든 용어입니다.) 반복할 변수 이름, 시작 수, 끝 수만 입력하면 해당 for문을 만들어 줍니다.

예제 8.9 매크로를 사용한 "간편" for문

```c
#include <stdio.h>

// I: 변수 이름, S: 시작 수, E: 끝 수
#define FOR(I,S,E) for (int I = S; I <= E; I++)

int main() {
    FOR(i, 1, 10) {  // for (int i = 1; i <= 10; i++)
        printf("%d ", i);
    }
}
```

출력 결과
```
1 2 3 4 5 6 7 8 9 10
```

8.3 비트 연산

컴퓨터는 모든 데이터를 0과 1로 표현합니다. 이때 0 또는 1이 들어갈 수 있는 자리를 '비트'라 부른다고 했죠? 비트 연산은 이렇게 0과 1로 이루어진 자료에 대해서 비트 단위로 특정 연산을 가능하게 합니다. 비트 연산을 이해하려면 정수가 컴퓨터에 어떤 식으로 저장되는지를 깊이 알 필요가 있습니다. 이번 절을 읽기 전에 2.2.3절을 읽지 않았다면 지금 보고 오는 것을 권장합니다.

비트 연산이 왜 필요하고, 어디에 사용되는지를 이해하려면 컴퓨터에 관한 배경지식과 내공이 좀 필요합니다. 해당 내용은 이 책의 범위를 벗어나기 때문에 이 책에서는 비트 연산자의 종류와 기능에 관해서만 소개하고 지나가겠습니다.

8.3.1 비트 연산자의 종류

우선은 비트 연산자에 어떤 것들이 있는지 먼저 보겠습니다.

표 8.1 비트 연산자

연산자	사용 예시	이름
&	a & b	비트 AND 연산자
|	a | b	비트 OR 연산자
^	a ^ b	비트 XOR 연산자
~	~a	비트 NOT 연산자
<<	a << 3	왼쪽 시프트 연산자
>>	a >> 3	오른쪽 시프트 연산자

106과 83이라는 두 정수를 이진법으로 나타내면 각각 01101010, 01010011이 됩니다. (편의상 8비트로 나타내겠습니다.) 이때 10과 3에 대해 '비트 AND 연산'이라는 것을 해보겠습니다. 비트 AND 연산에서는 두 수의 각 자리 비트를 대조해서 두 숫자의 비트가 모두 1일 때는 결과 비트도 1, 하나라도 0일 때는 결과 비트가 0이 됩니다. 무슨 말인지는 그림을 보면 알 수 있을 겁니다.

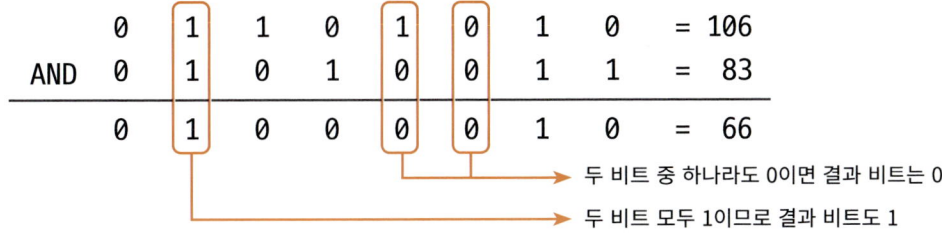

그림 8.1 106과 83의 비트 AND 연산

그래서 그림과 같이 연산을 직접 해보면 106(01101010)과 83(01010011)을 비트 AND 연산한 결과는 66(01000010)입니다. 둘 다 1일 때는 1이고, 하나라도 0일 때는 0이 된다는 점에서 논리 연산자 &&와 비슷하죠?

마찬가지로 비트 OR 연산도 있습니다. 두 비트 중 하나라도 1이면 1, 둘 다 0이면 0입니다. 따라서 106(01101010)과 83(01010011)을 비트 OR 연산한 결과는 123(01111011)입니다.

0 1 1 0 1 0 1 0 = 106
OR 0 1 0 1 0 0 1 1 = 83
0 1 1 1 1 0 1 1 = 123
두 비트 모두 0이므로 결과 비트는 0
두 비트 중 하나라도 1이면 결과 비트도 1

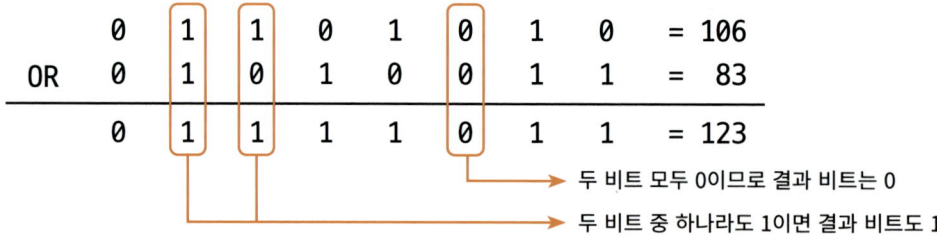

그림 8.2 106과 83의 비트 OR 연산

그다음으로, 비트 XOR 연산이라는 게 있습니다. XOR은 exclusive or의 약어로, OR와 비슷하지만 둘 다 1일 때는 0이 됩니다. 즉, 둘 중 하나만 1일 때 결과 비트가 1이고, 그렇지 않으면 0이 됩니다. 또는 그냥 두 비트가 같을 때 0, 다를 때 1이라고 기억해도 됩니다.

0 1 1 0 1 0 1 0 = 106
XOR 0 1 0 1 0 0 1 1 = 83
0 0 1 1 1 0 0 1 = 57
두 비트가 다르므로 결과 비트는 1
두 비트가 같으므로 결과 비트는 0

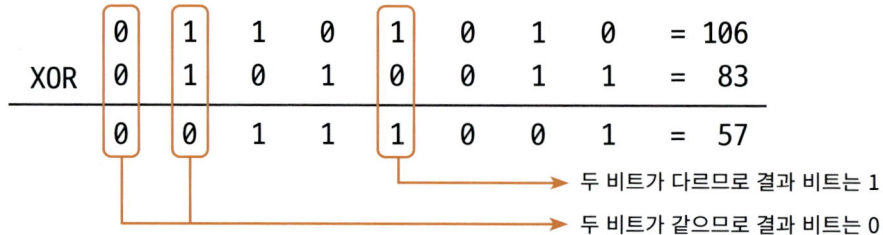

그림 8.3 106과 83의 비트 XOR 연산

마지막으로, 비트 NOT 연산자는 모든 비트를 뒤집습니다. 즉, 1인 비트를 0으로 만들고, 0인 비트를 1로 만듭니다. 위 3개의 연산과는 달리, 항이 1개만 있어도 됩니다. 아래 그림은 부호 있는 자료형, 즉 맨 앞 비트가 부호 비트라고 가정한 경우를 나타냅니다. 따라서 양수를 NOT 연산하면 부호 비트도 뒤집혀 1이 되기 때문에 결과적으로 음수가 됩니다. (혹시 1의 보수라는 말을 들어본 적이 있나요? NOT 연산의 역할이 바로 어떤 수의 1의 보수를 취하는 것입니다.)

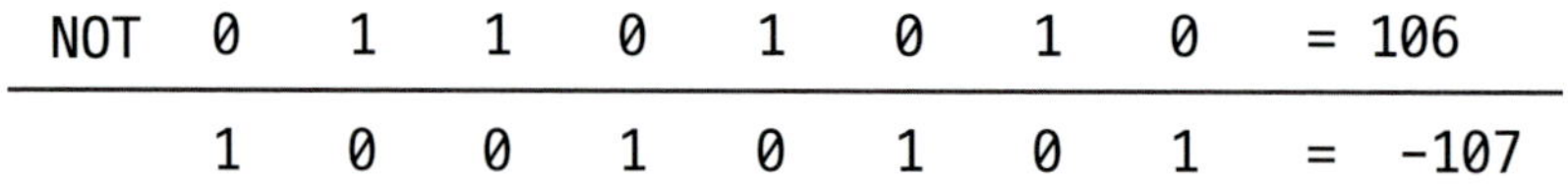

NOT 0 1 1 0 1 0 1 0 = 106
1 0 0 1 0 1 0 1 = -107

그림 8.4 106의 비트 NOT 연산

위 4개의 연산자만 먼저 간단한 예제를 통해 잘 작동하는지 확인해보겠습니다. 위의 예시에서는 숫자를 8비트로만 나타냈지만, `int`를 사용해 보겠습니다. 잘 생각해보면, `int`를 쓴다고 해도 비트 연산의 결과가 달라지지는 않습니다.

예제 8.10 비트 AND, OR, XOR, NOT 연산자

```c
#include <stdio.h>

int main() {
    int a = 106, b = 83;

    printf("a & b = %d\n", a & b);    // 비트 AND
    printf("a | b = %d\n", a | b);    // 비트 OR
    printf("a ^ b = %d\n", a ^ b);    // 비트 XOR
    printf("~a    = %d\n", ~a);       // 비트 NOT
}
```

출력 결과
```
a & b = 66
a | b = 123
a ^ b = 57
~a    = -107
```

그림과 비교해보면서 맞는지 확인해봅시다.

그다음 나머지 두 연산자인 시프트 연산자에 대해 알아보겠습니다.

시프트(shift)는 "옮기다"라는 뜻이 있습니다. 시프트 연산자를 사용하면 비트를 왼쪽 또는 오른쪽으로 밀어서 "옮길" 수 있습니다. 여기서 중요한 점은 a + 1은 "a에 1을 더한 수"를 의미할 뿐 a의 값이 바뀌지는 않듯이, **변수에 시프트 연산을 해도 변수 자체의 값이 바뀌지는 않는다는 것입니다. 그냥 그 변수에 시프트 연산한 결괏값을 의미합니다.**

예를 들어, a << 3은 a의 비트들을 왼쪽으로 3칸 밀겠다는 뜻입니다. 비트들이 왼쪽으로 3칸씩 밀리고, 오른쪽에 생긴 새로운 공간은 0으로 채워집니다. 참고로 그림과 같이 a가 8비트더라도 연산의 결괏값은 크기가 알아서 int로 늘어납니다.

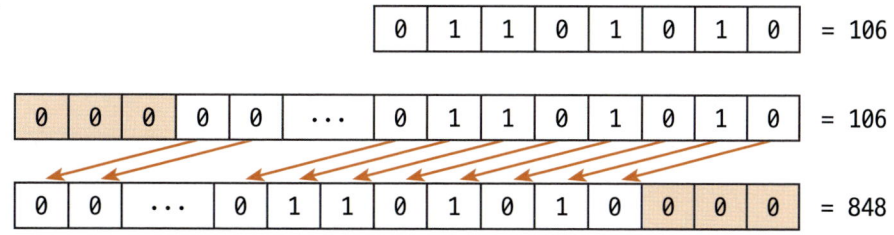

그림 8.5 왼쪽 시프트 연산자의 작동 방식

마찬가지로 a >> 3은 a의 비트들을 오른쪽으로 3칸 밀겠다는 뜻입니다. 맨 오른쪽의 3개의 비트는 버려지고, 나머지 비트가 3칸씩 오른쪽으로 밀립니다. 그러고 나서 왼쪽에 생긴 새로운 공간은 (후술할 한 가지 예외를 제외하면) 0으로 채워집니다.

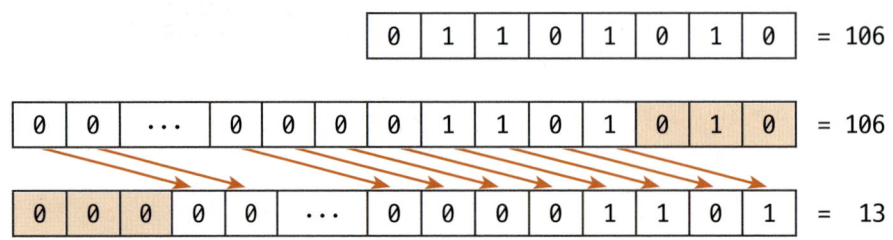

그림 8.6 오른쪽 시프트 연산자의 작동 방식

부호 있는 정수 자료형에서 **음수**를 오른쪽 시프트 연산할 경우, (즉 맨 왼쪽 부호 비트가 1인 경우) 왼쪽 새로운 공간이 0이 아닌 1로 채워집니다. 물론 부호 없는 정수 자료형에서는 항상 0으로 채워집니다. 규칙을 이렇게 복잡하게 설정해 놓은 데는 다 이유가 있지만, 여기서는 그렇게 깊게 들어가지는 않겠습니다. 대신 이진법의 특성상 비트를 왼쪽으로 한 칸 밀 때마다 2배가 되고, 오른쪽으로 한 칸 밀 때마다 1/2배(소수점 이하는 버림)가 된다는 사실 정도는 알고 있으면 좋겠습니다. (그림 8.5에서는 앞의 011이 버려지지 않았다고 가정하면 8배가 됩니다.)

다음 예제에서는 몇 가지 시프트 연산의 결과를 출력해 보겠습니다. 예제의 주석은 시프트 연산 전의 비트들과 시프트 연산 후의 비트들의 상태를 8비트로만 적어 놓은 것입니다. (원래는 32비트지만, 편의상 그렇게 표현했습니다.)

예제 8.11 시프트 연산
```c
#include <stdio.h>

int main() {
    printf("%d\n", 1 << 4);       // 00000001 -> 00010000
    printf("%d\n", (-3) << 2);    // 11111101 -> 11110100
    printf("%d\n", 31 >> 2);      // 00011111 -> 00000111
    printf("%d\n", (-24) >> 3);   // 11101000 -> 11111101
}
```

```
16
-12
7
-3
```

그리고 +=, -= 등과 같이 비트 연산자들도 복합 대입 버전이 있습니다.

표 8.2 비트 복합 대입 연산자

연산자	사용 예	의미
&=	a &= b	a = a & b
|=	a |= b	a = a | b
^=	a ^= b	a = a ^ b
<<=	a <<= 3	a = a << 3
>>=	a >>= 3	a = a >> 3

8.3.2 비트 연산자 활용

비트 AND 연산은 여러 비트 중 원하는 비트만 남기고 나머지는 0으로 만들고 싶을 때 사용합니다. 예를 들어, int a라는 변수의 비트 중 맨 뒤 4개의 비트만 남기고 싶다면 15가 이진법으로 1111이므로 a와 15를 & 연산하면 됩니다. 그림을 통해 확인해보면 실제로 앞 4자리는 0이 되고, 뒤 4자리는 그대로 남아있는 것을 볼 수 있습니다.

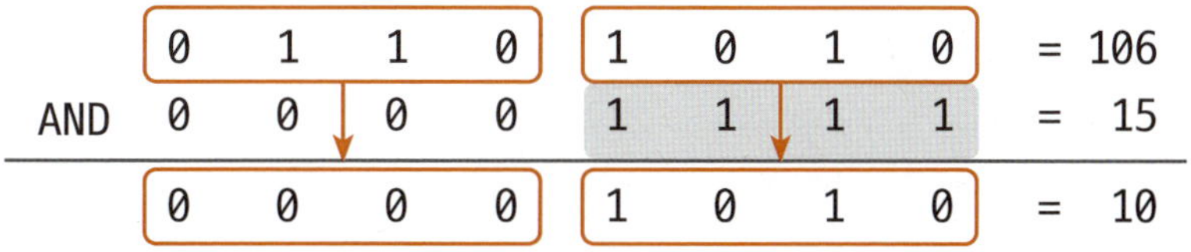

```
        0  1  1  0    1  0  1  0   = 106
AND     0  0  0  0    1  1  1  1   =  15
        ─────────────────────────
        0  0  0  0    1  0  1  0   =  10
```

그림 8.7 비트 AND 연산으로 원하는 비트만 남기기

어떤 변수의 특정 비트를 1로 설정하고 싶으면 1을 적당히 시프트한 후 비트 OR 연산을 하면 됩니다. 다음은 a의 오른쪽에서 3번째 비트를 1로 만드는 과정입니다. 나머지 비트는 건드리지 않고 오른쪽에서 3번째 비트만 1로 바뀌었습니다. 만약 해당 비트가 원래 1이었다면 아무 일도 일어나지 않겠죠?

```
int a = 106;
a |= (1<<2);
```

```
        0   1   1   0   1   0   1   0   = 106
  OR    0   0   0   0   0   1   0   0   =   4  = 1<<2
        ─────────────────────────────────
        0   1   1   0   1   1   1   0   = 110
```

그림 8.8 비트 OR 연산으로 원하는 비트를 1로 만들기

어떤 변수의 특정 비트를 0으로 만들고 싶으면 1을 적당히 시프트한 후 비트들을 뒤집어서 비트 AND 연산을 하면 됩니다. 말이 조금 어렵지만, 다음 그림을 보면 이해가 될 겁니다. 나머지 비트는 바뀌지 않고 오른쪽에서 4번째 비트만 0으로 바뀝니다. 마찬가지로 비트가 원래부터 0이었다면 아무 일도 일어나지 않습니다.

```
int a = 106;
a &= ~(1<<3);
```

```
        0   1   1   0   1   0   1   0   = 106
  AND   1   1   1   1   0   1   1   1   =  -8  = ~(1<<3)
        ─────────────────────────────────
        0   1   1   0   0   0   1   0   =  98
```

그림 8.9 비트 AND 연산으로 원하는 비트를 0으로 만들기

1과 비트 XOR 연산을 하면 비트를 뒤집을 수도 있습니다. 즉, 0을 1로 만들고, 1을 0으로 만들 수 있습니다.

```
int a = 106;
a ^= (1<<2);
```

```
        0   1   1   0   1   0   1   0   = 106
  XOR   0   0   0   0   0   1   0   0   =   4  = 1<<2
        ─────────────────────────────────
        0   1   1   0   1   1   1   0   = 110
```

그림 8.10 비트 XOR 연산으로 원하는 비트 뒤집기

참고로 비트 XOR 연산을 사용하면 다음과 같이 두 변수를 스왑할 수 있습니다. a, b가 정수일 때만 사용할 수 있고, 임시 변수가 필요 없다는 것 외에는 특별한 장점이 없어서 잘 쓰이지는 않습니다. 증명이 궁금하면 인터넷에서 XOR 스왑으로 검색해 보기 바랍니다. 여기서는 하지 않겠습니다.

```
a ^= b;
b ^= a;
a ^= b;
```

8.4 파일 입출력

지금까지는 입력을 받을 때는 키보드로, 출력을 할 때는 화면으로 출력했습니다. 이번 절에서는 파일을 통해 입력과 출력을 하는 방법을 알아보겠습니다.

8.4.1 스트림

스트림(stream)은 사전적으로는 흐르는 물줄기를 의미합니다. 컴퓨터에서 스트림이라고 하면 물이 아닌 데이터가 지나다니는 통로 정도로 생각할 수 있습니다. C 프로그램에서는 이런 스트림을 통해 입력과 출력을 수행합니다. 프로그램을 실행하면 기본적으로 몇 가지 스트림이 자동으로 생기는데, 그중에 '표준 입력 스트림'과 '표준 출력 스트림'이라는 것이 있습니다. 말은 좀 어렵지만, 말 그대로 일반적인 입출력을 담당하는 스트림입니다. 즉 표준 입력 스트림으로 키보드에서 정보를 읽어올 수 있고, 표준 출력 스트림으로 화면에 글자를 표시할 수 있습니다. 지금까지 많이 써왔던 `scanf`와 `printf` 함수가 바로 이 표준 입력 스트림과 표준 출력 스트림을 통해 입출력을 수행합니다.

그림 8.11 표준 입출력 스트림과 프로그램의 관계

입출력 스트림은 키보드와 모니터뿐만 아니라 컴퓨터상의 파일이 될 수도 있고, 아니면 프로그램상의 어떤 문자열이 될 수도 있습니다. 지금은 파일을 열어서 '파일 스트림'을 만들고, 이 파일 스트림을 통해 입력을 받고 출력을 하는 방법을 알아보겠습니다.

8.4.2 Visual Studio에서 파일 만들기

파일에서 입력을 받아오거나 파일에 글자를 출력하려면 우선은 파일이 필요하겠죠? Visual Studio에서 파일을 만드는 방법은 cpp 파일을 추가하는 것과 비슷합니다. 솔루션 탐색기에서 프로젝트 이름을 마우스 오른쪽 버튼으로 클릭한 후 [추가] → [새 항목]을 클릭합니다.

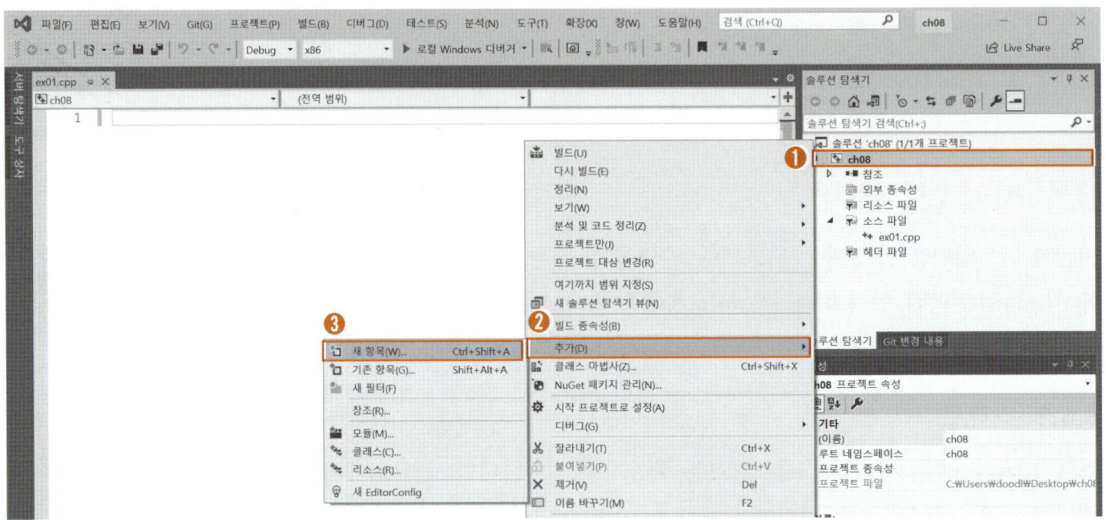

그림 8.12 프로젝트에 새로운 파일 추가하기

파일 종류는 신경 쓰지 말고 이름만 `input.txt`라고 쓰면 됩니다. 확장자가 `.txt`라는 점에 주의하세요.

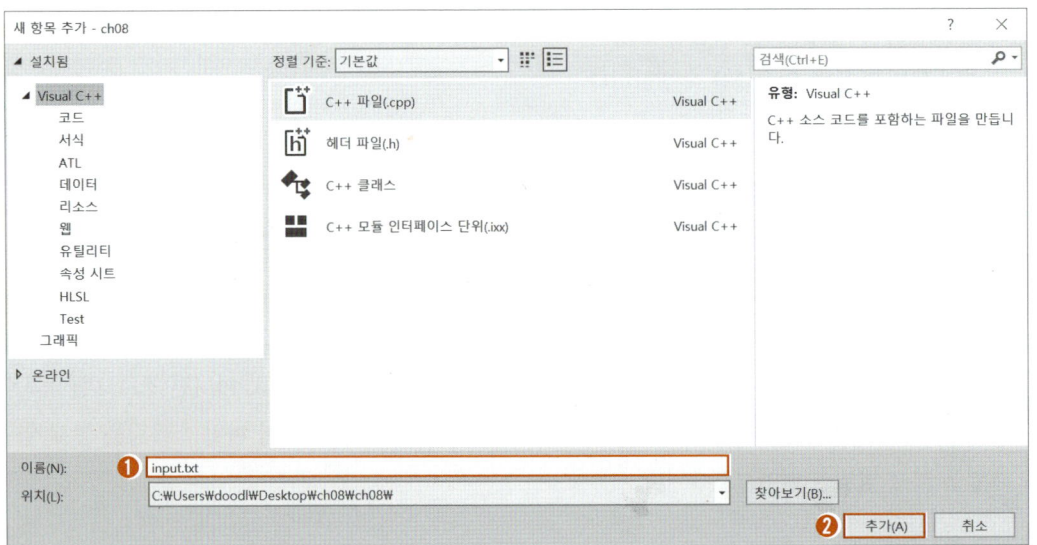

그림 8.13 파일 이름 및 확장자 설정하기

이렇게 하면 프로젝트에 input.txt라는 파일이 추가된 것을 확인할 수 있습니다.

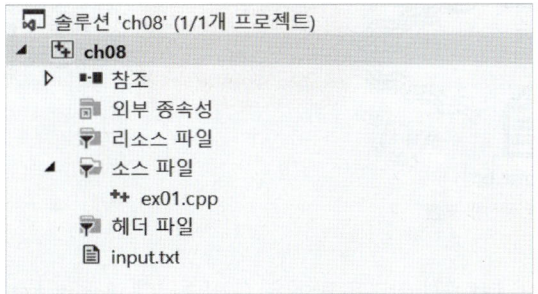

그림 8.14 input.txt가 프로젝트에 추가된 모습

마찬가지로 output.txt도 만듭니다.

이렇게 파일 두 개를 만들었는데, 파일을 열어보면 지금은 아무 내용도 없이 비어 있을 것입니다. 일단은 이렇게 파일을 열어 두기만 하고 다시 소스 파일로 돌아오겠습니다.

8.4.3 파일 입출력

파일 입출력을 하려면 파일 스트림이 필요합니다. 파일 스트림은 다음과 같이 만들 수 있습니다.

```
FILE *in;   // 파일 스트림 만들기
```

파일 스트림은 실제로는 이렇게 FILE이라는 타입을 가진 구조체 변수를 가리키는 포인터입니다. 그런데 아직은 포인터가 아무것도 안 가리키고 있죠? 이제 파일을 열어서 그 파일을 in이 가리키게 하면 됩니다. 파일을 열 때는 fopen(file open)이라는 함수를 씁니다. 우선 다음 코드를 보고 설명해보겠습니다.

```
in = fopen("input.txt", "r");
```

이렇게 fopen을 호출하면 fopen 함수는 input.txt라는 이름의 파일을 엽니다. 뒤에 있는 "r"은 읽기(read)용, 즉 입력을 받는 용도로 열겠다는 소리입니다. 그러면 그 파일에 해당하는 FILE 구조체가 만들어지고, 그 구조체의 주솟값이 리턴됩니다. 말이 어려울 수 있지만 그냥 "input.txt라는 이름의 파일을 읽기용으로 열고, 그 파일에 해당하는 스트림이 리턴된다."라고만 알고 있으면 됩니다.

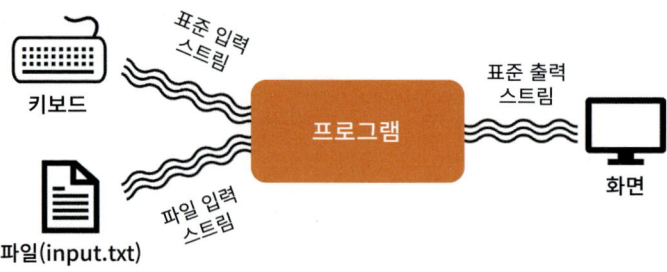

그림 8.15 input.txt 파일 스트림이 생성된 모습

이제 드디어 in을 통해 input.txt에서 입력을 받아올 수 있습니다. input.txt를 열고 다음과 같이 숫자를 넣겠습니다.

파일: input.txt
```
123
```

파일 입력은 다음과 같이 받을 수 있습니다.

```c
int n;
fscanf(in, "%d", &n);
```

맨 아랫줄에 fscanf라는 함수가 등장했네요. fscanf 함수는 말 그대로 파일에서 scanf를 받아오는 함수입니다. scanf와 문법은 비슷한데, 첫 번째 인수로 스트림(지금의 경우에는 in이죠?)을 넣어야 합니다. 이렇게 하면 in이 가리키는 파일 스트림으로부터 정수 하나를 n에 입력받게 됩니다. 마지막으로 n을 평범한 printf를 통해 화면에 출력해보겠습니다. 완성된 코드는 다음과 같습니다.

예제 8.12 input.txt로부터 정수를 입력받고, 화면에 출력하기
```c
#include <stdio.h>

int main() {
    FILE *in;
    in = fopen("input.txt", "r");
    
    int n;
    fscanf(in, "%d", &n);
    printf("%d\n", n);
}
```

```
C:\  입력 예(input.txt)                                          — □ ×
123
```

```
C:\  출력 예(화면)                                               — □ ×
123
```

키보드로는 아무것도 입력하지 않았는데 콘솔 창에 123이 출력되었습니다. `scanf`가 아니라 `fscanf`로 입력받았기 때문에 키보드가 아닌 input.txt로부터 입력을 받아온 것입니다.

이제 출력도 화면이 아닌 output.txt에 해보겠습니다. 쓰기, 즉 출력용으로 파일을 열 때는 "w"(write)를 씁니다. 그 외의 문법은 규칙을 통해 충분히 유추할 수 있을 겁니다.

예제 8.13 input.txt로부터 정수를 입력받고, output.txt로 출력하기

```c
#include <stdio.h>

int main() {
    FILE *in;
    FILE *out;
    in = fopen("input.txt", "r");
    out = fopen("output.txt", "w");

    int n;
    fscanf(in, "%d", &n);
    fprintf(out, "%d\n", n);
}
```

```
C:\  입력 예(input.txt)                                          — □ ×
123
```

```
C:\  출력 예(output.txt)                                         — □ ×
123
```

프로그램이 끝나면 열었던 파일이 자동으로 닫히긴 하지만 한꺼번에 너무 많은 파일을 열면 과부하가 걸릴 수도 있고, 그 파일을 사용하는 다른 프로세스에 지장을 줄 수도 있습니다. 따라서 파일을 다 쓰고 난 후에는 파일을 닫는 것이 좋습니다. 파일을 닫으려면 `fclose`를 사용합니다. 사용법은 다음과 같습니다. `fopen`과는 달리 스트림 포인터 이름을 인수로 넘겨줍니다.

```
    fclose(in);
    fclose(out);
```

fopen에서 파일을 여는 데 실패할 수도 있습니다. 보통 그런 이름을 가진 파일이 존재하지 않을 때 많이 생기는 현상입니다. 이때는 fopen 함수가 널 포인터를 리턴합니다. 따라서 다음과 같이 in이 널 포인터일 때는 "파일을 여는 데 실패했습니다."라고 출력하게 하고, 널 포인터가 아닐 때만 프로그램을 실행시킬 수도 있습니다. 다음 예제에서는 오타로 input.txt가 아닌 intput.txt를 입력했다고 가정하고, 파일 열기를 시도해보겠습니다. 또, 마지막에 fclose를 할 때도 in, out이 널이 아닐 때만 fclose를 실행하게 해야겠죠?

예제 8.14 존재하지 않는 파일 열기 시도하기

```c
#include <stdio.h>

int main() {
    FILE *in;
    FILE *out;
    in = fopen("intput.txt", "r");
    out = fopen("output.txt", "w");

    if (in == NULL) {
        printf("파일을 여는 데 실패했습니다.\n");
    }
    else {
        int n;
        fscanf(in, "%d", &n);
        fprintf(out, "%d\n", n);
    }
    if (in != NULL) fclose(in);
    if (out != NULL) fclose(out);
}
```

출력 결과(화면)

파일을 여는 데 실패했습니다.

참고로 읽기용 파일과는 달리 쓰기용 파일이 존재하지 않을 때는 파일이 자동으로 생기기 때문에 out은 따로 처리하지 않았는데, 원래는 모든 파일에 대해서 제대로 열렸는지 확인하는 것이 좋습니다.

fscanf 함수는 사실 void가 아니기 때문에 리턴 값이 있습니다. 만약 파일에서 더 이상 읽어올 값이 없을 경우 EOF(End of file)라는 값을 리턴합니다. (내부적으로 EOF는 보통 -1과 같은 값입니다.) 따라서 파일의 끝까지 읽고 싶은 경우, while문을 통해 scanf의 리턴 값이 EOF가 아닐 동안 반복하면 됩니다.

다음 예제는 파일 끝까지 한 글자씩 읽어 글자를 출력하는 프로그램입니다. while문의 조건 안에 fscanf를 넣었다는 점이 특이한데, 반복문을 한 바퀴 돌 때마다 반복 조건을 확인하려고 할 때 fscanf가 실행되면서 ch에 한 글자씩 입력이 받아진다고 생각하면 됩니다. 그러다가 파일의 끝에 다다르면 fscanf의 리턴 값이 EOF가 되어 while문이 종료됩니다.

예제 8.15 파일의 끝에 도달할 때까지 한 글자씩 읽어오기

```c
#include <stdio.h>

int main() {
    FILE *in;
    in = fopen("input.txt", "r");

    char ch;
    while (fscanf(in, "%c", &ch) != EOF) {
        printf("%c", ch);
    }
}
```

입력 예(input.txt)

```
Hello, world!
My name is Doodle.
```

출력 예(화면)

```
Hello, world!
My name is Doodle.
```

8.5 유용한 함수들

지금까지 C에서 제공하는 내장 함수 중에서 입출력(stdio.h)이나 문자열(string.h)에 관련된 함수에 대해서는 알아보았는데, C에는 이것들 외에도 정말 다양한 내장 함수들이 있습니다. 그것들을 모두 다룰 수는 없지만, 유용하고 자주 쓰이는 몇 가지 함수를 소개하겠습니다.

https://youtu.be/ XuILAciYBYI

8.5.1 getchar, putchar, gets, puts - 문자와 문자열 입출력

getchar와 putchar는 말 그대로 char형 문자 한 글자를 입력받거나 출력하는 함수입니다. getchar는 인수가 없고, 입력받은 문자를 그대로 리턴합니다. putchar는 인수로 문자 한 글자를 받고, 그 글자를 화면에 출력합니다. 예제를 볼까요?

예제 8.16 getchar와 putchar

```c
#include <stdio.h>

int main() {
    char ch;

    ch = getchar();
    putchar(ch);
}
```

입출력 예 1
```
a ⏎
a
```

입출력 예 2
```
abc ⏎
a
```

입력한 글자가 그대로 출력된 것을 볼 수 있습니다. 여러 글자를 입력하면 가장 첫 번째 입력된 글자만 출력됩니다.

여러 글자를 입력받고 싶다면 getchar를 여러 개 쓰면 됩니다. 예를 들어 엔터 키를 누를 때까지 입력받고 싶다면 다음과 같이 하면 됩니다. getchar는 '\n'까지도 입력받습니다.

예제 8.17 getchar로 엔터 키를 누를 때까지 입력받기

```c
#include <stdio.h>

int main() {
    char ch;

    while (true) {
        ch = getchar();
```

```
        if (ch == '\n') break;   // ch가 '\n'일 때 break
        putchar(ch);
    }
}
```

```
입출력 예                                              —  □  ×
Hello, world! ⏎
Hello, world!
```

사실 이렇게 엔터 키가 나올 때까지 입력을 받는 함수가 바로 gets(get string)입니다. gets는 엔터가 나오기 전까지의 모든 문자를 한꺼번에 문자열에 입력받을 수 있습니다. scanf에서 %s를 사용했을 때와의 차이점은 scanf는 단어 단위로(즉, 공백으로 구분되어) 받아지고, gets는 무조건 한 줄 전체가 받아진다는 것입니다.

안타깝게도, scanf처럼 gets도 보안 문제가 있기 때문에 대부분의 컴파일러에서는 이 함수를 사용하는 것을 권장하지 않거나 함수를 아예 삭제했습니다. 비주얼 C++ 컴파일러 기준으로는 C에서는 사용할 수 있지만 C++에서는 사용할 수 없습니다. 대신 fgets라는 함수를 사용해야 합니다. 본래 fgets 함수는 파일에서 한 줄을 읽어올 때 쓰는 함수지만, 입력 스트림을 표준 입력으로 설정하면 fgets를 사용하여 키보드로도 입력할 수 있습니다. fgets의 사용법은 다음과 같습니다.

`fgets(문자열_이름, 최대_글자_수, 입력_스트림);`

예를 들어, 키보드를 통해 str이라는 문자열에 최대 20글자까지 입력받고 싶으면 다음과 같이 쓰면 됩니다. 이때 글자 수는 널 문자도 포함한 개수입니다. 또, stdin은 표준 입력 스트림을 뜻합니다. (마찬가지로 표준 출력 스트림은 stdout입니다.)

`fgets(str, 20, stdin);`

참고로 fgets는 맨 끝의 엔터 키도 함께 입력받습니다. 예를 들어, 콘솔 창에 abc라고 치고 엔터를 눌렀으면 문자열에는 실제로 "abc\n"이 들어갑니다.

다음으로, puts를 사용하면 문자열을 출력할 수 있습니다. 사용법은 간단히 출력할 문자열 이름을 인수로 넘겨주면 됩니다. printf와 다른 점은 맨 끝에 '\n'이 알아서 출력된다는 점입니다. 즉, 줄 끝에 따로 '\n'을 출력하지 않아도 됩니다.

```
puts(문자열_이름);
```

다음 예제에서는 20칸짜리 str 문자열을 만들고 fgets를 통해 입력을 받은 후, puts를 통해 출력해 보겠습니다.

예제 8.18 fgets와 puts
```c
#include <stdio.h>

int main() {
    char str[20];

    fgets(str, 20, stdin);
    puts(str);
}
```

입출력 예 1
```
Hello, world! ⏎
Hello, world!
```

입출력 예 2
```
abcdefghijklmnopqrstuvwxyz ⏎
abcdefghijklmnopqrs
```

입출력 예 2에서 s까지만 출력된 이유는 처음에 fgets에서 최대 20글자까지만 입력받겠다고 했기 때문입니다. 여기서 20글자는 널 문자를 포함해서 20글자이므로 실질적으로는 19글자까지만(a부터 s까지) 입력되었습니다.

8.5.2 sscanf와 sprintf – 문자열 스트림 입출력

앞서 스트림에 대해 이야기할 때 입출력 스트림은 키보드, 화면이나 파일 또는 문자열이 될 수도 있다고 말했습니다. scanf와 printf는 표준 입출력, 즉 키보드와 화면을 스트림으로, fscanf와 fprintf는 앞에서 살펴봤듯이 파일을 스트림으로 사용합니다. sscanf와 sprintf는 바로 문자열을 스트림으로 사용하여 입출력할 수 있게 해줍니다. sprintf는 특히 다른 자료형의 값을 문자열로 바꿀 때, sscanf는 문자열을 다른 자료형으로 바꿀 때 사용하면 매우 유용합니다.

> **Tip 다른 입출력 함수들도 f와 s 버전이 있나요?**
>
> 정확히는 f 버전은 있지만 s 버전은 없습니다. 예를 들어 puts의 파일 입출력 버전인 fputs는 있지만 sputs는 존재하지 않습니다. 만약 sputs 함수가 존재한다면 그 역할은 아마 문자열을 다른 문자열에다 출력하는 것이겠지만 이 역할은 이미 strcpy 함수가 하고 있죠? 마찬가지로 getchar, putchar의 f 버전인 fgetc, fputc는 있지만 s 버전은 다른 방법으로 쉽게 해결 가능하므로 존재하지 않습니다.

sscanf와 sprintf의 사용법은 fscanf 및 fprintf와 매우 비슷하지만 파일 스트림 대신 문자열의 이름을 넣어줍니다. 그러면 그 문자열에서 입력을 받아오거나 그 문자열로 출력할 수 있습니다.

그러면 sscanf를 사용한 예시부터 알아보겠습니다. 다음 프로그램은 "123"이라는 값을 가진 문자열을 sscanf를 사용하여 정수 123으로 변환하는 예제입니다. %d 대신에 %f를 쓰면 실수로도 변환할 수 있겠죠?

예제 8.19 sscanf를 사용하여 문자열을 정수로 변환하기
```c
#include <stdio.h>

int main() {
    char sa[] = "123";
    int a;

    sscanf(sa, "%d", &a);   // 문자열 sa가 정수 a로 변환된다.
    printf("%d", a);
}
```

출력 결과
```
123
```

다음은 sprintf를 사용한 예제입니다. int형 변수 a를 문자열 sa로 변환한 뒤에 sa의 길이를 구해 a가 몇 자릿수인지를 세는 프로그램입니다. 물론 지금 상황에서는 입력받을 때부터 문자열로 받았다면 굳이 sprintf가 필요 없겠지만, a가 정수여야만 하는 상황도 충분히 가능할 거라고 생각할 수 있습니다. strlen을 사용해야 하므로 까먹지 말고 string.h를 꼭 인클루드해줍시다.

예제 8.20 sprintf를 사용하여 a가 몇 자리 수인지 세기

```c
#include <stdio.h>
#include <string.h>

int main() {
    int a;

    printf("정수 입력 : ");
    scanf("%d", &a);

    char sa[10];
    sprintf(sa, "%d", a);    // 정수 a가 문자열 sa로 변환된다.

    int len = strlen(sa);    // 문자열 sa의 길이가 바로 a의 자릿수와 같다.
    printf("%d은(는) %d자리 수입니다.\n", a, len);
}
```

입출력 예

```
정수 입력 : 1234321 ↵
1234321은(는) 7자리 수입니다.
```

8.5.3 rand와 time – 난수 발생과 현재 시각 얻어오기

프로그램을 만들 때 (특히 게임에서) 특정한 일을 랜덤으로 발생시키려면 난수를 사용해야 합니다. 컴퓨터는 항상 설계된 대로만 작동하기 때문에 예측 불가능한 난수를 발생시키는 것은 불가능하지만 랜덤인 것처럼 보이는(pseudo-random) "난수"들을 어떤 일정한 알고리즘에 의해 발생시킬 수는 있습니다. 게임에서 랜덤으로 일어나는 무언가가 있다면 백이면 백 이런 과정을 통해 생성된 난수일 것입니다.

C에서 난수를 발생시키는 함수는 rand()입니다. 이 함수는 stdlib.h라는 라이브러리에 들어 있습니다. for문을 사용해 난수를 연속으로 5개만 출력해 보겠습니다.

예제 8.21 rand 함수를 사용해 난수 출력하기

```c
#include <stdio.h>
#include <stdlib.h>   // 인클루드하는 것을 잊지 말 것!

int main() {
```

```
    for (int i = 1; i <= 5; i++)
        printf("%d\n", rand());
}
```

```
C:\  출력 결과(예시)                                          —  □  ×
41
18467
6334
26500
19169
```

rand 함수는 0부터 32767까지의 값 중 하나를 리턴합니다. 참고로 32767이라는 값은 short형이 나타낼 수 있는 최댓값입니다. 만약 0부터 9까지의 난수만 발생시키고 싶다면 rand()를 10으로 나눈 나머지를 출력하면 됩니다. 또, 1부터 10까지의 난수를 발생시키고 싶으면 거기에다가 또 1을 더하면 되겠죠? 다음 예제에서는 이 방법으로 1부터 10까지의 난수를 발생시켜보겠습니다.

예제 8.22 rand 함수를 사용해 1부터 10까지의 난수 출력하기
```
#include <stdio.h>
#include <stdlib.h>   // 인클루드하는 것을 잊지 말 것!

int main() {
    for (int i = 1; i <= 5; i++)
        printf("%d\n", rand() % 10 + 1);
}
```

```
C:\  출력 결과(예시)                                          —  □  ×
2
8
5
1
10
```

그런데 이상한 점이 하나 있습니다. 창을 닫고 같은 코드를 다시 실행해봐도 출력 결과가 같을 것입니다. 심지어 각자 실행해본 결과와 위에 나온 예시 출력 결과가 일치할 수도 있습니다. (물론 컴파일러가 다르다면 일치하지 않을 수 있습니다.) 그 이유는 우연의 일치가 아니고, 난수 발생 알고리즘 고유의 작동 방식 때문입니다. 난수 발생 알고리즘은 '시드'(seed)라는 값이 필요합니다. 시드는 말 그대로 난수 발생의 씨앗과 같

은 존재입니다. 시드 값이 같다면 매번 프로그램을 실행할 때마다 같은 난수가 발생합니다. 그런데 특별히 지정하지 않으면 비주얼 C++ 컴파일러는 시드 값을 항상 1로 설정합니다. 그래서 실행할 때마다 같은 난수가 발생하는 것입니다. 이런 현상을 피하려면 실행할 때마다 다른 시드 값을 줘야 하는데, 어떻게 그렇게 할 수 있을까요? 여러 방법이 있겠지만 가장 많이 쓰이는 방법은 바로 현재 시각을 시드 값으로 주는 것입니다. 그러면 이제 현재 시각을 얻어오는 방법을 알아봐야겠군요.

C에서 현재 시각을 얻어오려면 time이라는 함수를 쓰면 됩니다. 이 함수는 time.h라는 라이브러리에 들어 있습니다. 이 함수는 매개변수 하나를 받는데, 이 매개변수는 거의 쓰이지 않고, 정말로 특별한 경우가 아니라면 NULL을 넣습니다. 그냥 통으로 time(NULL)처럼 쓰인다고 생각해도 됩니다.

아무튼 이 함수의 리턴 값은 1970년 1월 1일 0시 0분 0초로부터 지난 시간을 초 단위로 나타낸 것입니다. (이런 방식을 UNIX 타임스탬프라고 부르는데, 실제 규칙은 이보다는 좀 더 복잡합니다.) 예를 들어 2020년 3월 10일 0시 12분 16초는 1970년 1월 1일 0시 0분 0초로부터 1583766736초만큼 지났으므로 이때 time(NULL)을 호출하면 1583766736이 리턴됩니다.

그러면 다시 본론으로 돌아와서 현재 시각으로 시드 값을 설정해 줍시다. 시드 값은 srand라는 함수로 설정할 수 있습니다. srand는 rand와 같은 stdlib.h에 들어 있습니다. 원하는 시드 값을 매개변수로 넣기만 하면 됩니다.

예제 8.23 현재 시각으로 시드 값을 설정한 후 난수 발생시키기

```c
#include <stdio.h>
#include <stdlib.h>
#include <time.h>

int main() {
    srand(time(NULL));   // 현재 시각을 시드 값으로 설정
    for (int i = 1; i <= 5; i++)
        printf("%d\n", rand() % 10 + 1);
}
```

출력 결과 1(예시)

```
5
7
10
8
4
```

```
출력 결과 2(예시)
1
2
10
1
1
```

이제 실행할 때마다 다른 난수 값이 생성되는 것을 확인할 수 있습니다.

8.5.4 exit – 프로그램 종료하기

main 함수가 종료되면 프로그램도 종료됩니다. 사실은 main 함수가 종료될 때 리턴하는 값이 있는데, 프로그램이 정상적으로 리턴되었을 경우 0을 리턴해야 합니다. 0을 리턴하지 않았다면 프로그램이 비정상적으로 종료된 것입니다. 그런데 지금까지는 왜 main 함수를 작성할 때 아무것도 리턴하지 않았냐고요? main 함수에서는 특별히 return 문을 쓰지 않아도 알아서 0이 리턴되기 때문입니다. 프로그램 중간에 return 0; 을 넣으면 프로그램을 그 자리에서 종료할 수 있습니다.

다음 예제는 양수 5개를 입력받아서 합을 구하되, 음수가 한 번이라도 입력되면 프로그램을 그 자리에서 바로 종료하는 프로그램입니다. 한 번이라도 음수가 입력되어 return 0;을 만나게 되면 프로그램이 바로 종료되므로 합이 출력되지 않습니다. 반대로 한 번도 음수가 입력되지 않았다면 for문 밖을 빠져나와 sum의 값, 즉 합을 출력합니다.

예제 8.24 return문을 사용하여 잘못된 입력 시 프로그램 종료하기

```c
#include <stdio.h>

int main() {
    int sum = 0;

    for (int i = 1; i <= 5; i++) {
        int n;
        scanf("%d", &n);
        if (n < 0) {     // 음수가 입력되면
            printf("INPUT ERROR\n");
            return 0;    // 프로그램을 바로 종료한다.
        }
```

```
        sum += n;
    }
    printf("합: %d\n", sum);   // for문 안에서 한 번도 종료되지 않은 경우 합계를 출력
}
```

```
입출력 예 1
1 ↵
2 ↵
3 ↵
4 ↵
5 ↵
합: 15
```

```
입출력 예 2
1 ↵
2 ↵
-3 ↵
INPUT ERROR
```

프로그램을 종료하고 싶을 때 물론 이렇게 return 0;을 사용해도 되지만 main이 아닌 다른 함수 안에 있을 때는 어떨까요? 다음과 같이 getSum이라는 함수를 만들어 놓고, getSum에서 숫자 5개를 입력받고 합을 리턴하는 상황이라면 getSum 안에서 0을 리턴한다고 해도 getSum 함수가 종료되는 것이지, main 함수가 종료되지는 않기 때문에 프로그램은 종료되지 않을 겁니다.

```
// 숫자 5개를 입력받아 그 합을 리턴하는 함수
int getSum() {
    int sum = 0;

    for (int i = 1; i <= 5; i++) {
        int n;
        scanf("%d", &n);
        if (n < 0) {
            printf("INPUT ERROR\n");
            // 여기서 0을 리턴한다고 해도 프로그램 자체가 종료되지는 않는다!
            return 0;
        }
```

```
        sum += n;
    }
    return sum;    // 입력이 정상적일 때는 합을 리턴한다.
}
```

하지만 exit를 사용하면 언제 어디서든 프로그램을 바로 종료할 수 있습니다. exit 함수 역시 stdlib.h에 들어 있습니다. exit의 인수로는 main에서 리턴할 때와 마찬가지로 정상적으로 종료되었다는 뜻으로 0을 넣으면 됩니다. 위의 함수를 exit를 사용해 고쳐 보겠습니다.

예제 8.25 exit 함수를 사용해 프로그램 종료하기

```c
#include <stdio.h>
#include <stdlib.h>

// 숫자 5개를 입력받아 그 합을 리턴하는 함수
int getSum() {
    int sum = 0;
    for (int i = 1; i <= 5; i++) {
        int n;
        scanf("%d", &n);
        if (n < 0) {
            printf("INPUT ERROR\n");
            // 이제는 프로그램이 잘 종료된다.
            exit(0);
        }
        sum += n;
    }
    return sum;
}

int main() {
    printf("합: %d\n", getSum());
}
```

```
입출력 예 1
1 ↵
2 ↵
3 ↵
4 ↵
5 ↵
합: 15
```

```
입출력 예 2
1 ↵
2 ↵
-3 ↵
INPUT ERROR
```

여기까지 해서 C언어 관련 내용은 마무리되었습니다. 이제 다음 장부터 C++에 등장하는 새로운 문법에 대해 알아볼 준비가 되었네요. 설레는 마음으로 다음 장에서 뵙겠습니다.

09

C++ 스타일 기본 문법

이제 본격적인 C++의 세계로 들어가 봅시다. C언어 파트에서 배운 것은 대부분 C++에서 그대로 사용할 수 있지만 C++의 기초적인 문법 중에서 C에는 없는 몇 가지 편리한 기능이 있습니다. 이번 장에서는 그런 점에 대해 살펴보면서 "C++적인" 코딩 스타일에 적응해보겠습니다.

9.1 C++ 스타일 입출력

C++에는 `printf`, `scanf`보다 좀 더 세련된 입출력 방법인 `cout`(console output)과 `cin`(console input)이 있습니다.

우선 출력에 대해 먼저 알아볼까요? C++에서는 `cout`이 출력을 담당합니다. `cout`을 사용해 C++ 버전으로 Hello, world! 프로그램을 작성해본 후에 자세한 설명을 이어가겠습니다.

예제 9.1 C++ 버전의 Hello, world! 프로그램

```cpp
#include <iostream>

int main() {
    std::cout << "Hello, world!" << std::endl;
}
```

출력 결과
```
Hello, world!
```

C에 비해 꽤 많은 것이 바뀌었네요. 너무 겁먹을 필요는 없고, 1장에서 했던 것처럼 하나씩 뜯어보면서 각 단어의 의미를 알아보겠습니다.

우선 인클루드하는 파일이 달라졌습니다. `cout`을 쓰려면 `stdio.h`가 아닌 `iostream`을 사용해야 합니다. 그렇기 때문에 아쉽게도 앞으로는 `stdio.h`를 보게 될 일이 별로 없을 겁니다. `iostream`은 입출력 스트림(input output stream)에 관련된 것을 모아 놓은 라이브러리입니다.

`int main()` 부분은 C와 똑같고, `main` 함수 안쪽을 봤더니 `std::cout`이라고 적혀 있네요. 앞쪽의 `std`는 '네임스페이스'(namespace)라는 것인데, 말 그대로 이름(name)을 담는 공간(space)입니다. (우리나라 말로 이름 공간이라고도 합니다.) 네임스페이스에 대해서는 다음 장에서 자세히 알아볼 테니, 지금은 `cout`이 `std`라는 이름 공간 안에 들어 있다는 사실만 알아둡시다.

`printf`와는 달리, `cout`의 정체는 함수가 아니라 '객체'(object)라는 존재입니다. 객체가 무엇인지에 대해서도 뒤에서 다루겠지만, 지금은 그냥 구조체 변수 같은 것이라고 생각하면 됩니다. `cout`에는 여러 가지 멤버 변수가 있고, `<<` 같은 연산자와 여러 함수를 통해 화면에 무언가를 출력할 수 있는 기능을 제공합니다.

`cout`과 `<<` 연산자를 적었으면(C에서 봤던 비트 시프트 연산자와 형태는 같지만 의미는 다릅니다.) 그 오른쪽에는 출력하고자 하는 내용을 그냥 적으면 됩니다. 위의 경우에는 `"Hello, world!"`라는 상수형 문자열을 적어 주었네요. 여러 개를 한꺼번에 출력하고 싶으면 `<<` 연산자를 사이에 두고 여러 개를 적으면 됩니다. 위의 경우에는 `std::endl`이라는 객체를 추가했는데, 이 친구는 `cout`에서 줄 바꿈을 할 때 쓰는 객체입니다. `endl`도 마찬가지로 `std`라는 네임스페이스에 들어 있기 때문에 앞에 `std::`를 붙였습니다. `endl`을 안 쓰고 그냥 `'\n'`을 사용할 수도 있지만 C++에서는 `endl`을 사용하는 것을 권장합니다.

`std::`를 쓰는 게 귀찮으면 `main` 함수 밖에 다음과 같은 문장을 쓰면 `cout`이나 `endl`을 쓸 때 `std::`를 생략할 수 있습니다. 지금은 편의를 위해 미리 알아보는 것이고, 그것이 정확히 무슨 뜻인지는 네임스페이스 단원에서 자세히 알아보겠습니다. 예제 9.2처럼 사용하면 됩니다.

```
using namespace std;   // 이렇게 적으면...
// ...
    cout << a << ' ' << b << ' ' << c << endl;   // std:: 생략 가능!
```

`cout`의 장점은 자료형에 상관없이 알아서 적절한 형태로 출력한다는 것입니다. `printf`를 사용할 때는 정수는 `%d`, 실수는 `%f`, 문자는 `%c` 등 자료형에 맞는 형식을 지정해야 하는데, `cout`은 그럴 필요 없이 그냥 값을

넣기만 하면 됩니다. 간단히 몇 가지 값들을 넣어볼까요? int, double, char형 변수를 만든 후 각각 공백으로 구분해 출력해보겠습니다.

예제 9.2 cout으로 다양한 자료형의 값을 출력해보기

```cpp
#include <iostream>
using namespace std;

int main() {
    int a = 5;
    double b = 3.14159265358979;
    char c = 'd';

    cout << a << ' ' << b << ' ' << c << endl;
}
```

출력 결과

```
5 3.14159 d
```

서식이 자동으로 자료형에 맞춰져서 알아서 잘 출력되는 것을 볼 수 있습니다. 물론 printf에서처럼 서식을 더 자세히 지정(소수점 자릿수 등등)할 수 있는 기능도 있지만, 여기서는 다루지 않겠습니다.

이번에는 입력을 받는 객체인 cin을 사용해 보겠습니다. cout과 비슷하지만 연산자 방향이 반대(>>)입니다. 또, scanf에서처럼 주솟값을 넘겨주지 않고, 변수 이름 자체를 적으면 됩니다. 바로 예제를 보겠습니다. 다음 예제에서는 정수 두 개를 입력받아 그 둘의 합을 출력합니다.

예제 9.3 정수 두 개를 입력받아 합 출력하기

```cpp
#include <iostream>
using namespace std;

int main() {
    int a, b;

    cin >> a >> b;
    cout << a << " + " << b << " = " << a + b << endl;
}
```

```
입출력 예
4 7 ↵
4 + 7 = 11
```

scanf보다 훨씬 더 직관적이죠? 딱히 설명하지 않아도 직관적으로 이해할 수 있으리라 생각합니다.

9.2 string

C++에서는 문자열을 다루는 방법도 C에 비해 간편해졌습니다. 물론 C에서 했던 것처럼 char 배열을 만들고 strlen 같은 함수를 사용하는 등의 일도 가능하지만 string을 사용하면 그에 비해 편한 점이 많습니다.

우선 string이라는 파일을 인클루드합니다. string.h가 아니라 끝에 .h가 없는 string입니다.

```
#include <string>
```

그러면 다음과 같이 a라는 문자열을 선언할 수 있습니다. 문자열의 길이는 알아서 정해지므로 길이에 대한 정보는 쓰지 않아도 됩니다. string이 자료형이고, a가 변수 이름이라고 생각하면 됩니다.

```
string a;
```

string은 그냥 일반 변수처럼 취급할 수 있기 때문에 a를 선언한 이후에도 strcpy 같은 함수의 도움 없이 그냥 다른 문자열을 바로 대입할 수 있습니다.

```
a = "abcd";
```

그리고 다른 자료형과 마찬가지로 cin과 cout을 통해 입출력을 할 수 있습니다.

```
cin >> a;
cout << a;
```

또, 문자열의 n번째 칸에 들어 있는 문자를 얻어오거나 다른 문자로 바꿀 수도 있습니다. 배열에서도 그랬듯이 n은 0부터 시작합니다.

```
char c = a[0];   // a의 0번 문자를 얻어 온다.
a[1] = 'x';      // a의 1번 문자를 'x'로 바꾼다.
```

문자열의 길이는 length()라는 함수를 통해 알 수 있습니다. 이런 형태의 함수에 대해서는 7.5.2절에서 잠깐 알아봤습니다.

```
a = "abcd";
cout << a.length() << endl;    // 4 출력
```

마지막으로, + 연산자를 사용하여 문자열끼리 이어 붙인 새로운 문자열을 만들 수 있습니다. 물론 +=도 사용할 수 있습니다.

```
string name = "Doodle";
string greeting = "Hello, " + name + ".";
cout << greeting << endl;    // "Hello, Doodle." 출력
```

정말 편리하죠? 또, 이 모든 과정에서 문자열의 길이는 알아서 할당되므로 길이가 배열 범위를 벗어나는 등의 문제도 일어나지 않습니다. string의 모든 기능을 알아본 것은 아니지만 지금까지 살펴본 내용을 예제로 정리해 보겠습니다. 참고로 한글을 입력하면 첫 글자가 제대로 나타나지 않으니, 되도록 입력은 영어로 하는 것이 좋습니다. (한글 한 글자는 char형 변수에 담을 수 없다고 앞에서 얘기했었죠?)

예제 9.4 string 활용해보기
```cpp
#include <iostream>
#include <string>
using namespace std;

int main() {
    string name;
    string greeting;

    cout << "이름 입력: ";
    cin >> name;

    greeting = "안녕하세요, " + name + " 님!";

    cout << greeting << endl;
    cout << name << "은 총 " << name.length() << "글자입니다." << endl;
    cout << name << "의 첫 글자는 " << name[0] << "입니다." << endl;
}
```

```
C:\ 입출력 예                                    - ☐ ×
이름 입력: Doodle ↵
안녕하세요, Doodle 님!
Doodle은 총 6글자입니다.
Doodle의 첫 글자는 D입니다.
```

9.3 C++에서는 의미가 좀 다른 초기화

C에서 변수를 초기화한다는 것은 선언과 대입을 동시에 하는 것이라고 배웠습니다. 그런데 C++에서는 초기화라는 것이 좀 더 특별한 의미를 지닙니다. 다음은 a라는 정수형 변수를 10으로 초기화하는 코드입니다.

https://youtu.be/
lv5K2fF2LuM

```
int a = 10;
```

위 코드는 C에서는 다음 코드와 별 차이가 없습니다.

```
int a;
a = 10;
```

그런데 C++에서는 선언 후 대입하는 것과 선언과 동시에 초기화하는 것에는 의미상 차이가 있습니다. 또 C++에서는 다음과 같은 형태로도 초기화할 수 있습니다. 괄호 안에 초기화하고자 하는 값을 넣으면 됩니다.

```
int a(10);  // int a = 10;과 같은 의미
```

물론 결과만 놓고 보면 a가 10으로 초기화된다는 점은 똑같습니다. 이 문장이 갖고 있는 뜻이 무언인지, 그리고 선언 후 대입하는 것과는 어떤 차이가 있는지에 대해서는 나중에 알아보겠습니다. 하지만 변수를 이렇게도 초기화할 수 있다는 사실은 알고 있기 바랍니다.

9.4 레퍼런스와 r-value 참조

9.4.1 레퍼런스 변수

레퍼런스 변수는 6.5절에서 call-by-reference를 설명할 때 잠깐 다룬 바 있습니다. 기억이 잘 안 난다면 다시 보고 오시길 권장합니다. 그래도 간략하게나마 다시 설명하자면, 레퍼런스 변수를 사용하면 어떤 변

수에 별칭을 부여할 수 있습니다. 예를 들어 다음과 같이 변수 a가 있을 때, a를 가리키는 레퍼런스 변수 b를 만들어 b를 마치 a인 것처럼 사용하여 값을 바꾸거나 얻어올 수 있습니다. 이런 특성 때문에 call-by-reference가 가능해집니다.

```
int a(10);
int &b = a;      // 레퍼런스 변수 b가 생성되고, b는 a를 가리킨다.
b = 15;          // b를 통해 a의 값을 바꿀 수 있다.
cout << b << endl;  // a의 값이 출력된다.
```

레퍼런스 변수는 반드시 생성되는 동시에 어떤 변수를 가리켜야 합니다.

```
int a(10);
int &b;   // 에러: 생성과 동시에 가리키는 변수를 적어야 한다.
```

또 레퍼런스 변수는 메모리상에 저장된 공간이 있는 값만 가리킬 수 있습니다. 따라서 변수가 아닌 상수나 함수의 리턴 값, 식 등은 가리킬 수 없습니다.

```
int a(10);
int &b1 = a;       // OK
int &b2 = 5;       // 에러: 상수는 가리킬 수 없다.
int &b3 = f(a);    // 에러: 함수의 리턴 값을 가리킬 수는 없다.
int &b4 = a + 1;   // 에러: 식을 가리킬 수는 없다.
```

레퍼런스 변수는 일반 변수와 달리 **대입 연산자를 사용했을 때 아무 값도 복사되지 않고 우변의 변수를 가리키는 역할만 합니다.** 이렇게 레퍼런스 변수가 다른 변수를 가리키는 상황을 '참조'(reference)라고 합니다.

```
int a = 5;
int &b = a;   // a의 값이 복사되지 않는다.
```

변수를 참조했을 때의 장점은 두 가지가 있습니다. 첫 번째는 call-by-reference를 통해 원본 변수를 다른 함수에서 직접 수정할 수 있다는 것이고, 두 번째는 불필요한 변수의 복사를 피할 수 있다는 것입니다. 이게 왜 중요한지는 뒤에서 천천히 알아보겠습니다.

9.4.2 r-value 참조

r-value 참조는 C++11에 추가된 기능으로, C++ 외의 다른 언어에서는 찾아보기 힘든 특이한 기능 중 하나입니다 r-value 참조를 이해하려면 먼저 r-value가 무엇인지 알아야 합니다. C/C++의 모든 값은 r-value 혹은 l-value입니다. r과 l은 각각 right와 left의 첫 글자를 딴 것으로, 엄밀한 정의는 많이 복잡하지만, 기본적으로는 대입 연산자(=)의 좌변에 올 수 있으면 l-value, 올 수 없으면 r-value입니다.

l-value는 메모리상의 어딘가에는 저장되어 있고, const가 아닌 이상 새로운 값을 대입할 수 있습니다. 변수, 배열의 각 칸, 구조체 변수 등과 같은 값은 모두 l-value입니다. 이런 값들은 대입 연산자의 좌변에 오는 것이 전혀 이상하지 않죠?

```
int a;
a = 10;   // 가능! a는 l-value(변수)
```

```
int b[5];
b[0] = 10;   // 가능! b[0], b[1], ...은 l-value(배열의 칸)
```

```
struct { int x; } c, d;
c = d;        // 가능! c는 l-value(구조체 변수)
c.x = 10;     // 가능! c.x는 l-value(구조체 변수의 멤버 변수)
```

r-value는 (몇몇 예외를 제외하고) 메모리상에 존재하지 않으며 등호의 좌변에 올 수 없습니다. 다음과 같이 상수, 식, 주솟값, 함수의 리턴 값 등등은 모두 r-value입니다. 잘 생각해보면 이런 값들이 등호의 좌변에 온다면 말이 안 되겠죠?

```
10 = 15;   // 불가능! 10은 r-value(상수)
```

```
int b = 5;
b + 1 = 10;   // 불가능! b + 1은 r-value(식). 반면 당연히 b는 l-value다.
```

```
int c, d, e[10], f[10];
&c = &d;   // 불가능! &c는 r-value(주솟값)
e = f;     // 불가능! e는 r-value(주솟값; e는 &e[0]과 같은 말이므로)
```

```
func() = 1;   // 불가능! func()는 함수의 리턴 값
```

앞서 레퍼런스 변수는 메모리상에 저장된 공간이 있는 값만 가리킬 수 있다고 했습니다. 달리 말하면, 레퍼런스 변수는 l-value만 가리킬 수 있습니다. r-value를 가리키는 무언가를 만들고 싶다면, 이때 바로 r-value 참조를 사용할 수 있습니다. r-value 참조의 사용법은 레퍼런스와 비슷하지만 선언할 때 & 대신 &&를 씁니다.

```
int a = 10;
int &&b = a + 1;    // 가능!
int &&c = func();   // 가능!
```

레퍼런스 변수가 나온 김에 r-value 참조까지 설명했습니다. 지금은 이런 게 있다는 것만 알아두고, 이런 타입이 왜 필요한지는 뒤에서 알아보겠습니다.

9.5 범위 기반 for문

범위 기반 for문은 C++11에 새로 추가된 for문의 좀 더 현대적인 버전입니다. 지금까지는 다음과 같은 형태의 for문만 사용해 왔습니다.

```
for (초기 조건; 반복 조건; 증가/감소) {
    반복 내용
}
```

범위 기반 for문을 사용하면 일정한 "범위" 안의 값을 좀 더 편하게 다룰 수 있습니다. 여기서 범위라는 말이 좀 애매한데, 그냥 여러 값이 모여 있는 배열 같은 것을 범위라고 볼 수 있습니다. 배열 외에도 이런 것들이 몇 가지 더 있지만, 지금은 배열에서 범위 기반 for문을 사용하는 방법만 알아보겠습니다.

범위 기반 for문은 두 가지 부분으로 이루어져 있습니다. 첫째 부분에는 범위 안의 각 원소를 저장하는 변수를 적고, 둘째 부분에는 범위를 적습니다. 두 부분은 콜론(:)으로 구분됩니다.

```
for (원소 : 범위) {
    반복 내용
}
```

무슨 말인지 하나도 와닿지 않죠? 이해를 돕기 위해 바로 예시를 들어보겠습니다. 예를 들어 배열을 출력하는 코드를 기존에 알던 for문으로 작성한 코드를 봅시다.

```
int arr[] = { 1, 2, 3, 4, 5, 6, 7, 8, 9, 10 };

for (int i = 0; i < 10; i++) {
    cout << arr[i] << ' ';
}
cout << endl;
```

이 코드를 범위 기반 for문으로 고치면 다음과 같습니다.

```
int arr[] = { 1, 2, 3, 4, 5, 6, 7, 8, 9, 10 };

for (int i : arr) {
    cout << i << ' ';
}
cout << endl;
```

int i가 바로 배열의 원소에 해당합니다. int i : arr이라고 쓰면 i라는 변수에는 arr에서 각 원소의 값이 순차적으로 대입됩니다. 이제는 i 자체가 arr의 칸 번호가 아닌, 칸 안에 들어 있는 값 자체를 의미하기 때문에 출력해야 하는 값도 arr[i]가 아닌 그냥 i가 됩니다. 처음에는 i에 arr[0]의 값인 1이 들어가고, 1이 출력됩니다. 그다음에는 i에 arr[1]의 값인 2가 들어가고, 2가 출력됩니다. 이런 과정을 arr의 모든 칸에 대해 순서대로 실행한 후 루프가 종료됩니다.

이것을 완성된 예제로 만들어서 출력 결과까지 한번 확인해보겠습니다.

예제 9.5 배열에서 범위 기반 for문 사용해보기

```
#include <iostream>
using namespace std;

int main() {
    int arr[] = { 1, 2, 3, 4, 5, 6, 7, 8, 9, 10 };

    for (int i : arr) {
        cout << i << ' ';
    }
    cout << endl;
}
```

```
출력 결과
1 2 3 4 5 6 7 8 9 10
```

이번에는 범위 기반 for문을 사용해 arr의 각 칸에 들어있는 값을 1씩 증가시켜 보겠습니다. 우선 다음 코드를 한 번 볼까요?

예제 9.6 범위 기반 for문을 사용하여 배열의 각 칸의 값 바꿔보기(?)

```cpp
#include <iostream>
using namespace std;

int main() {
    int arr[] = { 1, 2, 3, 4, 5, 6, 7, 8, 9, 10 };

    for (int i : arr) {
        i++;   // arr의 각 칸에 들어있는 값을 1씩 증가시킨다.
    }
    for (int i : arr) {
        cout << i << ' ';
    }
    cout << endl;
}
```

```
출력 결과
1 2 3 4 5 6 7 8 9 10
```

왠지 잘 작동할 줄 알았는데 배열을 출력해보니 실제로는 배열에 아무 변화가 없습니다. 왜 그럴까요? 바로 int i : arr에서 arr의 각 칸의 값이 i에 복사되기 때문입니다. 예를 들어 첫 번째 차례에서 i가 arr[0]의 값을 담고 있는 건 맞지만 이 둘은 각각 다른 변수이고 arr[0]의 값이 i에 복사되어 있는 상황입니다. 따라서 i의 값을 바꿔도 arr[0]의 값은 바뀌지 않습니다.

이 문제는 레퍼런스 변수를 사용하면 깔끔하게 해결할 수 있습니다. i를 레퍼런스 변수로 바꾸기만 하면 됩니다. 그러면 i는 arr의 각 칸의 레퍼런스가 되어 그것들을 가리키기만 할 뿐, 값의 복사는 일어나지 않습니다. int &i = arr[0];이라고 해놓고 i++;라 했을 때 arr[0]이 바뀌는 것과 똑같은 원리입니다. (i가 레퍼런스이니까요.) 그러면 위의 예제 코드를 레퍼런스를 사용해 고쳐보겠습니다.

예제 9.7 범위 기반 for문을 사용하여 배열의 각 칸의 값 바꿔보기(레퍼런스 사용)

```cpp
#include <iostream>
using namespace std;

int main() {
    int arr[] = { 1, 2, 3, 4, 5, 6, 7, 8, 9, 10 };

    for (int &i : arr) {      // i를 레퍼런스로 선언하면...
        i++;                  // arr의 각 칸을 바꿀 수 있다.
    }
    for (int i : arr) {       // 여기서는 배열이 변경될 일이 없으므로 일반 변수로 선언
        cout << i << ' ';
    }
    cout << endl;
}
```

출력 결과
```
2 3 4 5 6 7 8 9 10 11
```

이번에는 배열의 값들이 잘 바뀌었네요. 두 번째 for문에서 레퍼런스를 사용하지 않은 이유는 두 번째 for문에서는 배열이 변경될 일이 없기 때문입니다. arr의 내용물을 출력만 하고 있는 상황이니까 당연히 그렇겠죠? 이런 경우에는 굳이 레퍼런스를 적을 필요는 없습니다.

기존의 for문에 너무 익숙해져 있다면 적응하는 데 시간이 좀 걸릴 수도 있지만 사용하다 보면 훨씬 편하다는 것을 느낄 수 있을 겁니다. 물론 그렇다고 C++에서 C 스타일의 for문을 사용하지 않는 것은 아니므로 둘 다 잘 사용합시다.

9.6 C++ 스타일 함수

C++에서는 C보다 함수를 좀 더 유연하게 만들 수 있게 "오버로딩"과 "디폴트 매개변수"라는 기능을 제공합니다.

https://youtu.be/
8oAo31isO70

9.6.1 함수 오버로딩

C에서는 같은 이름의 변수를 같은 네임스페이스에 여러 개 만들 수 없듯이, 같은 이름의 함수도 여러 개 만들 수 없습니다. 그런데 C++에서는 매개변수의 종류만 다르다면 같은 이름의 함수를 여러 개 정의할 수 있습니다. 이런 기능을 '오버로딩'(overloading)이라고 부릅니다.

다음과 같이 레퍼런스를 사용하여 int 타입의 두 변수를 스왑하는 함수를 만들었다고 해보겠습니다.

```
void swap(int &a, int &b) {
    tmp = a;
    a = b;
    b = tmp;
}
```

swap 함수를 잘 쓰고 있었는데 갑자기 double 타입의 두 변수를 스왑하는 함수도 필요해졌다고 해봅시다. 만약 오버로딩이 없었다면 함수 이름이 중복되지 않게끔 만들어야 할 것입니다. (물론 레퍼런스 자체가 C에는 존재하지 않지만 있었다고 가정하고 봅시다.) 아래 예시에서는 double의 d를 붙여 swapd라고 이름을 지었습니다.

```
void swap(int &a, int &b) {    // int를 스왑하는 함수
    ...
}
void swapd(double &a, double &b) {    // double을 스왑하는 함수
    ...
}
```

이런 식으로 매개변수의 자료형이 달라질 때마다 새로운 함수 이름을 고안해내야 했을 것입니다. 또 함수를 사용하는 사람도 매개변수의 자료형별로 함수 이름을 따로따로 외워야 할 것입니다. 오버로딩을 사용하면 이런 불편함을 줄일 수 있습니다. 어떤 자료형이 들어오든 기능이 비슷하다면 이름을 하나로 통일할 수 있습니다.

```
void swap(int &a, int &b) {    // int를 스왑하는 함수
    ...
}
```

```cpp
void swap(double &a, double &b) {   // double을 스왑하는 함수
    ...
}

void swap(char &a, char &b) {   // char를 스왑하는 함수
    ...
}
```

바로 예제를 통해 잘 되는지 확인해보겠습니다.

예제 9.8 swap 함수 오버로딩해보기

```cpp
#include <iostream>
using namespace std;

void swap(int &a, int &b) {   // int를 스왑하는 함수
    int tmp = a;
    a = b;
    b = tmp;
}
void swap(double &a, double &b) {   // double을 스왑하는 함수
    double tmp = a;
    a = b;
    b = tmp;
}
void swap(char &a, char &b) {   // char를 스왑하는 함수
    char tmp = a;
    a = b;
    b = tmp;
}

int main() {
    int a = 10, b = 20;
    double da = 12.34, db = 56.78;
    char ca = 'A', cb = 'B';

    swap(a, b);     // swap(int &a, int &b) 호출
    swap(da, db);   // swap(double &a, double &b) 호출
```

```
    swap(ca, cb);    // swap(char &a, char &b) 호출

    cout << a << " " << b << endl;
    cout << da << " " << db << endl;
    cout << ca << " " << cb << endl;
}
```

```
출력 결과
20 10
56.78 12.34
B A
```

예제에서 3개의 swap 함수는 이름은 같지만 인수로 넘겨준 타입에 따라 서로 다른 오버로딩된 함수들이 호출됩니다.

함수를 오버로딩하더라도 새로운 자료형의 변수를 스왑하고 싶을 때마다 그 자료형에 해당하는 함수를 새로 오버로딩해야 한다는 불편함이 아직 남아있습니다. 참고로, 이후에 알아보겠지만 템플릿이라는 것을 사용하면 오버로딩 없이도 임의의 자료형을 받을 수 있습니다.

그런데 매개변수의 자료형이 다르다는 게 정확히 무슨 뜻인지를 정확히 짚고 넘어가지 않았네요. 매개변수의 자료형을 순서대로 쭉 나열했을 때 그 개수가 다르거나 종류가 하나라도 다른 것이 있다는 뜻입니다. 예를 들어 다음 함수의 쌍은 서로 오버로딩할 수 있습니다.

```
void f(int a)  /  void f(double a)           // 매개변수 자료형이 다르다.
void g(int a, int b)  /  void g(int a, double b)  // 두 번째 매개변수의 자료형이 다르다.
void h(int a)  /  void h(int a, int b)       // 매개변수의 개수가 아예 다르다.
void k(int a, double b)  /  void k(double a, int b)  // 종류는 같지만 순서가 다르다.
```

하지만 다음 쌍은 서로 오버로딩할 수 없습니다.

```
void f(int a)  /  void f(int b)     // 매개변수의 이름은 달라도 자료형이 같다.
void g(int a)  /  int g(int a)      // 리턴 타입이 달라도 매개변수의 자료형이 같으면 안 된다.
```

예를 들어, 어떤 게임에서 아이템을 주웠을 때 실행되는 함수를 작성해 보겠습니다. 아이템의 종류는 0번부터 7번까지 번호가 매겨져 있습니다. 아이템을 한 개 주울 수도 있고, 여러 개를 주울 수도 있습니다. 또 아이템을 주웠을 때 점수가 올라갈 수도 있습니다. 이런 여러 가지 경우에 대해 함수를 오버로딩

해 보겠습니다. inventory 배열은 각 아이템 번호별로 현재 몇 개를 보유하고 있는지를 저장합니다. 가령 inventory[2] = 3이라면 2번 아이템을 3개 보유하고 있다는 뜻입니다. 또 score는 현재까지 얻은 총 점수입니다.

예제 9.9 오버로딩을 통해 작성한 아이템 획득 함수

```cpp
#include <iostream>
using namespace std;

int inventory[8] = { 0 };
int score = 0;

// 아이템을 한 개 주웠을 때
void getItem(int itemId) {
    inventory[itemId]++;
}
// 아이템을 여러 개 주웠을 때(cnt: 아이템 개수)
void getItem(int itemId, int cnt) {
    inventory[itemId] += cnt;
}
// 아이템을 여러 개 줍고, 점수도 얻었을 때(sc: 얻은 점수)
void getItem(int itemId, int cnt, int sc) {
    inventory[itemId] += cnt;
    score += sc;
}

int main() {
    getItem(6, 5);        // 6번 아이템을 5개 얻음
    getItem(3);           // 3번 아이템을 하나 얻음
    getItem(5, 4, 7000);  // 5번 아이템을 4개 얻고 7000점을 얻음

    // 보유하고 있는 아이템 개수 출력
    for (int i : inventory) {
        cout << i << " ";
    }
    cout << endl;
    cout << "점수 : " << score << endl;
}
```

```
■ 출력 결과                                                          — □ ×
0 0 0 1 0 4 5 0
점수 : 7000
```

이렇게 아이템을 하나만 얻는 코드가 많이 등장할 경우, 하나만 얻을 때 실행되는 함수를 하나 오버로딩해 두면 함수를 호출하는 사람은 아이템 번호만 넘겨줘도 되므로 좀 더 편하게 이용할 수 있습니다.

9.6.2 디폴트 매개변수

'디폴트 매개변수'(default parameter)는 매개변수가 어떤 기본값을 갖게 하는 기능입니다. 인수를 넘겨주는 것을 생략하면 매개변수는 기본값으로 초기화되고, 인수를 넘기면 그 값으로 초기화됩니다. 예를 들어 다음과 같이 함수를 만들면 a의 기본값이 1이라는 의미입니다.

```
int f(int a = 1);
```

따라서 f를 호출할 때 인수를 적어주면 a는 그 인수의 값으로 초기화되지만, 아무 인수도 넘기지 않는다면 a는 기본값 1로 초기화됩니다.

간단한 예제를 통해 확인해볼까요?

예제 9.10 디폴트 매개변수 사용해보기
```cpp
#include <iostream>
using namespace std;

void f(int a = 1) {
    cout << a << endl;
}

int main() {
    f(123);   // a에 123이 들어간다.
    f();      // a에 기본값인 1이 들어간다.
}
```

```
■ 출력 결과                                                          — □ ×
123
1
```

매개변수가 여러 개일 경우, 맨 뒤쪽 매개변수부터 시작하여 순서대로 원하는 변수의 개수만큼 디폴트 값을 지정할 수 있습니다. 만약 그렇지 않다면 어떤 인수가 몇 번째 매개변수에 해당하는지가 애매해질 것입니다.

이게 무슨 말인가 하면, 다음 그림과 같이 `f`라는 함수에서 `a`에는 디폴트 값이 지정되어 있지 않고, 나머지 `b`와 `c`에는 디폴트 값이 지정되어 있다고 해봅시다. 이 경우 `f(4,5)`를 호출하면 `a`에는 4, `b`에는 5가 들어가고, 생략된 마지막 `c`에는 기본값인 3이 들어갑니다. 또 `f(4, 5, 6)`을 호출하면 생략된 것이 없으므로 그냥 `a`, `b`, `c`에 각각 4, 5, 6이 들어갑니다.

void f(int a, int b = 2, int c = 3);
f(4, 5);
void f(int a, int b = 2, int c = 3);
f(4, 5, 6);

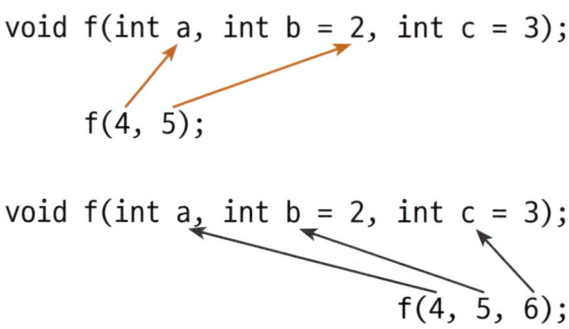

그림 9.1 여러 매개변수에 디폴트 값이 지정된 경우

그런데 다음과 같이 `a`와 `c`에만 디폴트 값이 지정되어 있다면 인수를 2개만 넘겼을 때 `a`가 생략된 것인지, `c`가 생략된 것인지가 모호해집니다.

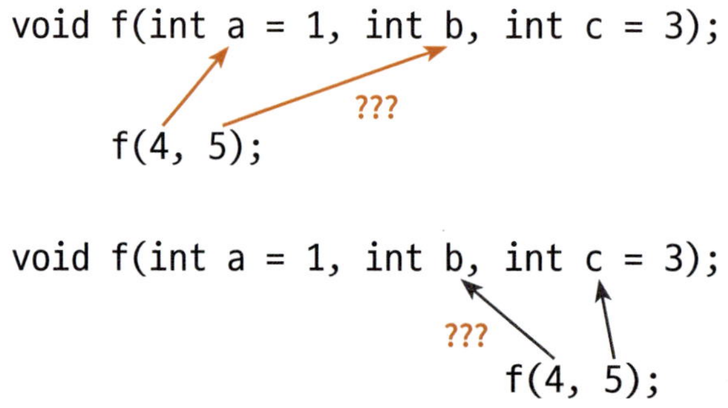

void f(int a = 1, int b, int c = 3);
???
f(4, 5);
void f(int a = 1, int b, int c = 3);
???
f(4, 5);

그림 9.2 여러 매개변수에 디폴트 값이 (잘못) 지정된 경우

따라서 반드시 맨 뒤의 인수부터 차례대로 생략할 수 있고, 매개변수의 디폴트 값도 그에 따라 맨 뒤의 인수부터 차례대로 지정해야 합니다.

다음 예제는 예제 9.9에서 오버로딩 대신에 디폴트 매개변수를 사용하여 고친 것입니다. sc에 해당하는 인수가 생략되었을 때는 sc에 기본값 0이 들어가 score에는 어차피 0이 더해지므로 점수가 변하지 않을 것입니다. 또 sc와 cnt에 해당하는 인수가 모두 생략되었을 때는 점수에도 변동이 없을 것이고, cnt는 기본값 1로 초기화되어 인벤토리에 아이템의 개수가 정확히 1만 증가할 것입니다. 따라서 오버로딩을 사용하든 아래 예제처럼 디폴트 매개변수를 사용하든 결과는 같습니다. (따라서 출력 결과는 생략합니다.) 두 방법 모두 장단점이 있기 때문에 둘 중 어느 방법이 특별히 낫다고는 하지 않겠습니다. 그냥 여러 가지 방법이 있다는 것을 알아 두고, 상황에 맞게 잘 사용하면 됩니다.

예제 9.11 디폴트 매개변수를 사용해 고쳐본 아이템 예제

```cpp
#include <iostream>
using namespace std;

int inventory[8] = { 0 };
int score = 0;

void getItem(int itemId, int cnt = 1, int sc = 0) {
    inventory[itemId] += cnt;    // cnt가 생략된 경우, 아이템 개수는 1만 증가
    score += sc;                 // sc가 생략된 경우, score는 변화 없음
}

int main() {
    getItem(6, 5);        // 6번 아이템을 5개 얻음
    getItem(3);           // 3번 아이템을 하나 얻음
    getItem(5, 4, 7000);  // 5번 아이템을 4개 얻고 7000점을 얻음

    // 보유하고 있는 아이템 개수 출력
    for (int i : inventory) {
        cout << i << " ";
    }
    cout << endl;
    cout << "점수 : " << score << endl;
}
```

종·합·문·제

① 이름과 점수를 입력받고, 다음과 같이 출력하는 프로그램을 만들어 보세요. 반드시 cout과 cin을 사용해야 합니다.

> 예시
> 이름 입력: **두들낙서** ⏎
> 점수 입력: **80** ⏎
> 두들낙서 님의 점수는 80점입니다.

② 다음 코드를 실행했을 때의 출력 결과를 예측해 보세요.

```cpp
#include <iostream>
using namespace std;

int main() {
    char str[] = "Hello, World!";
    cout << str << endl;
    cout << *str << endl;
}
```

③ 범위 기반 for문을 사용해 이차원 배열의 내용물을 출력해 보세요.

```cpp
#include <iostream>
using namespace std;

int main() {
    int arr[2][3] = { { 1, 2, 3 }, { 4, 5, 6 } };

    // 작성
}
```

④ 다음과 같은 함수 정의에서 컴파일 오류가 나는 이유를 찾아보세요.

```cpp
void drawRectangle(int l, int r, int t, int b) {

}
void drawRectangle(int x = 0, int y = 0, int w, int h) {

}
```

5 다음과 같은 함수 정의에서 컴파일 오류가 나는 이유를 찾아보세요.

```
void drawRectangle(int w, int h, int x = 0, int y = 0) {

}
void drawRectangle(int x, int y) {

}
```

10

객체와 클래스

C++가 C와 구별되는 가장 중요한 지점은 바로 객체지향이라는 특징일 것입니다. 객체지향 프로그래밍(object-oriented programming)이라는 주제는 굉장히 방대하기 때문에 이 개념을 이해하려면 많은 시간이 필요합니다. 실제로 이번 장부터 시작해 앞으로 배울 대부분의 내용은 객체지향 프로그래밍에 관한 내용이라 할 수 있습니다. 이번 장에서는 그 첫걸음으로 객체지향 프로그래밍의 기본이 되는 객체가 무엇인지 알아보겠습니다.

10.1 네임스페이스

'네임스페이스'(namespace)는 cin과 cout을 배우면서 아주 잠깐 알아보았습니다. 이번 절에서는 이 네임스페이스라는 것에 대해 자세히 알아봅니다. 설명하는 내용은 많지만 C++라는 언어를 배우기 위해 그렇게까지 비중을 두어야 하는 부분은 아니니 대강 느낌으로만 알아두고 넘어갔다가 나중에 네임스페이스를 쓰다가 헷갈리는 게 생기면 그때 다시 보러 와도 됩니다.

10.1.1 네임스페이스의 개념

OO학교에 홍길동이라는 학생이 2명 있다고 합시다. 어느 날 이 학교에서 방송이 나옵니다. "홍길동 학생은 교무실로 내려와 주세요." 그러면 교무실에는 두 명의 홍길동이 모두 도착해 있을 것입니다. 그런데 "1학년 3반 홍길동 학생은 교무실로 내려와 주세요."라고 했다면 어떻게 될까요? 정말 우연히도 두 홍길동 모두 1학년 3반이었다면 어쩔 수 없지만 그렇지 않다면 두 홍길동을 구별할 수 있게 됩니다.

네임스페이스가 하는 역할 중 하나가 바로 이것입니다. C/C++에서는 같은 스코프에 같은 이름의 전역 변수나 함수를 만들 수 없습니다. 프로그램이 커질수록 변수나 함수에 동명이인이 생기기 쉬운데, 이때 변수나 함수를 어떤 네임스페이스 안에 잘 나누어서 선언하게 되면 그것들의 "소속"을 만들어 동명이인의 모호함을 어느 정도 피할 수 있게 해줍니다.

cout과 cin은 std라는 네임스페이스 안에 들어 있다고 했습니다. 이렇게 C++에서 기본으로 제공하는 라이브러리는 모두 std라는 네임스페이스 안에 들어 있습니다. std는 이 라이브러리가 C++의 표준(standard) 라이브러리라는 의미입니다. 지금까지 보통 using namespace std;를 사용하느라 잊어버렸을지 모르겠지만 기본적으로 std::cout이라고 적으면 "std 네임스페이스 안에 들어 있는 cout"이라는 뜻이라고 했죠?. 그러니까 ::을 기준으로 왼쪽에는 네임스페이스의 이름을, 오른쪽에는 그 네임스페이스 안에 들어 있는 접근하고자 하는 것의 이름을 적으면 됩니다.

10.1.2 네임스페이스 만들고 사용하기

그럼 네임스페이스를 직접 만들어볼까요? 예를 들어 다음과 같이 doodle이라는 네임스페이스를 만들고, 그 안에 n이라는 변수와 set이라는 함수를 만들어 보겠습니다. 그러면 n과 set은 doodle이라는 네임스페이스에 속하게 됩니다.

```
namespace doodle {
    int n;
    void set() {
    }
}
```

n과 set을 사용하려면 원칙적으로 네임스페이스 이름을 밝혀주어야 합니다. 예를 들어 방금 만든 set 함수 안에서 n을 사용하려면 doodle::n과 같이 적으면 됩니다.

```
namespace doodle {
    int n;
    void set() {
        doodle::n = 20;
    }
}
```

그런데 사실 **같은 네임스페이스 안에 있는 무언가에 접근하려면 굳이 네임스페이스를 명시하지 않아도 됩니다.** 위 예시에서 set 함수와 n은 같은 네임스페이스 안에 들어 있으므로 set 함수 내부에서 doodle::n을 사용할 때는 n의 소속을 굳이 밝히지 않아도 됩니다. 다른 반에 길동이가 있다 하더라도 1학년 3반에서 대화할 때는 그냥 "길동이"라고만 해도 1학년 3반 길동이로 알아들을 수 있는 것과 같은 이치입니다.

```
namespace doodle {
    int n;
    void set() {
        n = 20;    // 네임스페이스 이름을 생략 가능!
    }
}
```

위의 예시와 달리, 아무 명시적인 네임스페이스 안에도 포함되지 않으면 '전역 네임스페이스'에 포함되어 있다고 말합니다. 지금까지 네임스페이스를 만들기 이전에 선언한 변수, 함수 등은 모두 전역 네임스페이스에 선언한 것입니다.

```
int n;          // 전역 네임스페이스
void set() {    // 전역 네임스페이스
    n = 20;
}
```

전역 네임스페이스에 포함되어 있다는 것을 명시하고 싶다면 이름 앞에 ::만 붙이고 :: 왼쪽에 아무것도 적지 않으면 됩니다. 이것을 "아무 네임스페이스에도 포함되어 있지 않다"라고 이해해도 되고, 또는 "전역 네임스페이스는 이름이 없다"라고 이해해도 됩니다.

```
int n;
void set() {
    ::n = 20;    // 전역 네임스페이스의 n을 의미한다.
}
```

이때도 당연히 ::을 생략할 수 있습니다. 그 이유는 set과 n 모두 같은 네임스페이스인 전역 네임스페이스에 포함되어 있기 때문입니다.

```
int n;
void set() {
    n = 20;
}
```

네임스페이스를 여러 개 만들 수도 있습니다. 예를 들어 doodle과는 별개로 google이라는 네임스페이스 안에 똑같이 n과 set을 만들어 봅시다.

```
namespace doodle {
    int n;
    void set() {
        n = 20;   // doodle::n
    }
}

namespace google {
    int n;
    void set() {
        n = 30;   // google::n
    }
}
```

이름이 같은 변수와 함수가 한 쌍씩 있는데, 각각 다른 네임스페이스에 포함되어 있으므로 에러가 나지 않습니다. 또 굵게 표시한 n = 20;과 n = 30;에 주목해 봅시다. n = 20;은 doodle 네임스페이스 안의 set 함수에서 같은 네임스페이스의 n이라는 변수를 사용한 것입니다. n = 30;도 마찬가지로 google 네임스페이스 안의 set 함수에서 같은 네임스페이스(즉, google)의 n이라는 변수를 의미합니다. 따라서 doodle::set()과 google::set()을 한 번씩 호출한 다음에 doodle::n과 google::n의 값을 출력해보면 각각 20과 30이 출력될 것입니다. 정말로 그런지 확인해볼까요?

예제 10.1 각 네임스페이스의 변수 및 함수 사용하기

```
#include <iostream>
using namespace std;

namespace doodle {
```

```
    int n;
    void set() {
        n = 20;
    }
}

namespace google {
    int n;
    void set() {
        n = 30;
    }
}

int main() {
    doodle::set();
    google::set();

    cout << doodle::n << endl;
    cout << google::n << endl;
}
```

> 출력 결과
> 20
> 30

위의 예제에서 main 함수는 전역 네임스페이스에 속해 있습니다. 즉 main에서 다른 doodle이나 google 네임스페이스 안의 함수나 변수를 사용하려면 반드시 네임스페이스를 밝혀야 합니다. 서로 다른 네임스페이스에 접근하는 것이니까요.

마찬가지로 전역 네임스페이스가 아니더라도 한 네임스페이스에서 다른 네임스페이스에 있는 무언가를 사용하고 싶다면 네임스페이스를 밝혀야 합니다. 다음 예제의 google::set 함수에서는 doodle::n의 값을 바꿉니다. 이때는 반드시 네임스페이스를 명시해야 합니다.

예제 10.2 서로 다른 네임스페이스의 변수 사용하기

```
#include <iostream>
using namespace std;
```

```
namespace doodle {
    int n;
    void set() {
        n = 20;
    }
}

namespace google {
    void set() {
        doodle::n = 30;
    }
}

int main() {
    doodle::set();
    cout << doodle::n << endl;

    google::set();
    cout << doodle::n << endl;
}
```

실행하기 전에 출력 결과를 먼저 예상해 볼까요? doodle::set()을 호출하면 같은 네임스페이스 안에 있는 doodle::n이 20으로 바뀌어 20이 출력됩니다. 그다음 google::set()을 호출하면 doodle::n이 또다시 30으로 바뀌어 30이 출력됩니다.

```
출력 결과
20
30
```

10.1.3 네임스페이스와 함수 정의

함수 단원에서 잠깐 살펴보았던 내용 중 하나를 잠시 살펴볼까요? 함수는 다음과 같이 선언과 정의를 분리할 수 있다고 했습니다. 기억하시나요?

```
int n;
void set();    // 선언(프로토타입)
```

```
void set() {   // 정의
    int n = 10;
}
```

함수가 어떤 네임스페이스 안에 들어 있을 때도 마찬가지로 같은 네임스페이스 안에 적으면 됩니다.

```
namespace doodle {
    int n;
    void set();   // 선언(프로토타입)

    void set() {   // 정의
        int n = 10;
    }
}
```

그런데 소스가 여러 파일로 이루어져 있는 경우에는 함수의 선언과 정의가 다른 파일에 분리되어 있는 경우가 많습니다. 이런 경우에는 같은 이름의 네임스페이스를 파일별로 만들면 됩니다.

```
// 어떤 파일(함수 선언)
namespace doodle {
    int n;
    void set();   // 선언(프로토타입)
}

// 또 다른 파일(함수 정의)
namespace doodle {
    void set() {   // 정의
        int n = 10;
    }
}
```

이런 방법도 있지만 함수를 한 번 선언한 이후에는 정의를 굳이 네임스페이스 안에 넣을 필요가 없습니다. 하지만 ::를 통해 어느 네임스페이스 소속의 함수인지는 꼭 밝혀야 합니다.

```
// 어떤 파일(함수 선언)
namespace doodle {
```

```
    int n;
    void set();        // 선언(프로토타입)
}

// 또 다른 파일(함수 정의)
void doodle::set() {    // 정의
    int n = 10;
}
```

10.1.4 중첩 네임스페이스

네임스페이스 안에 또 네임스페이스가 있는 것을 중첩 네임스페이스라고 합니다. 예를 들어 다음은 doodle 네임스페이스 안에 google 네임스페이스가 중첩된 경우입니다. 이렇게 중첩된 네임스페이스 안에 선언된 무언가에 접근하고 싶을 때는 doodle::google::set처럼 가장 바깥쪽 네임스페이스부터 차례대로 적으면 됩니다.

```
namespace doodle {
    int m;
    int n;
    void set();
    namespace google {
        int n;
        void set();
    }
}

void doodle::set() {
    m = 20;
}
void doodle::google::set() {
    n = 30;
}
```

중첩된 네임스페이스 안에서는 그 네임스페이스가 포함된 바깥 네임스페이스에 정의된 다른 것들에도 네임스페이스 표시 없이 접근할 수 있습니다. 이게 무슨 말인지는 예제를 통해 설명하겠습니다. 다음 예제에서는 doodle 네임스페이스 안에 두 변수 m, n과 함수 set을 만들고, doodle 안에 google이라는 네임스페이스를 만들어 그 안에 n과 set을 만들어 보겠습니다. 그다음 각 변수의 값을 출력한 결과를 예상해봅시다. 우선 한 가지 힌트는 아래 코드는 에러가 나지 않는다는 것입니다.

예제 10.3 중첩 네임스페이스에서의 이름 검색

```
#include <iostream>
using namespace std;

namespace doodle {
    int m, n;
    void set();
    namespace google {
        int n;
        void set();
    }
}

void doodle::set() {
    n = 20;
}
void doodle::google::set() {
    m = 30;
    n = 40;
}

int main() {
    doodle::set();
    doodle::google::set();

    cout << doodle::m << endl;
    cout << doodle::n << endl;
    cout << doodle::google::n << endl;
}
```

가장 핵심부는 doodle::google::set() 함수의 정의 부분입니다. 이 함수 내부에서는 네임스페이스 표시 없이 m과 n의 값을 각각 30과 40으로 바꾸고 있습니다. 우선 n의 경우에는 doodle::google 네임스페이스 안에 n이 있으므로 이 n의 값이 바뀝니다. m의 경우에는 doodle::google 네임스페이스 안에는 m이라는 변수가 없으므로 doodle 네임스페이스 안에 있는 m이 알아서 검색됩니다. google 네임스페이스도 결국 **doodle 안에** 들어 있기 때문에 doodle::m 또한 네임스페이스 표시를 생략하고 사용할 수 있는 것입니다. 6.3.1절에서 살펴본 중첩 블록 스코프와 비슷한 점이 있죠? doodle::set의 작동은 앞의 예제와 같으므로 설명은 생략합니다.

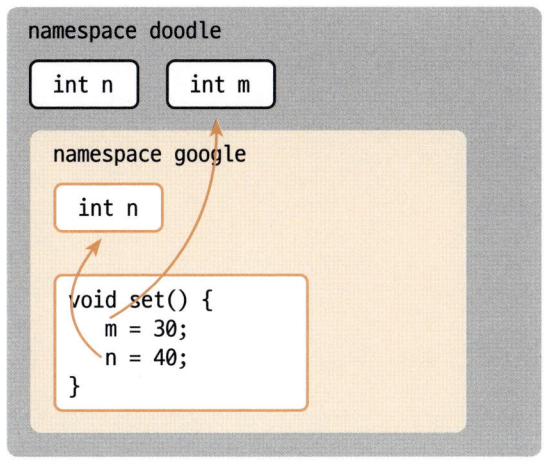

그림 10.1 중첩 네임스페이스에서 네임스페이스 표시가 생략된 m과 n의 의미

```
출력 결과
30
20
40
```

마지막으로, doodle::google::set 안에서 doodle::n의 값을 바꾸고 싶다면 반드시 doodle::n과 같이 네임스페이스를 명시해야 합니다. (그러지 않을 경우 google 안에 있는 n이 인식되는 것을 방금 확인했죠?)

10.1.5 using문

cout과 cin은 std라는 네임스페이스 안에 들어 있음에도 불구하고 네임스페이스 표시 없이 사용할 수 있었습니다. 그것이 바로 `using namespace std;`라는 문장이 하는 역할입니다. using을 사용하면 다른 네임스페이스 안에 선언된 모든 이름을 네임스페이스를 명시하지 않고도 자기 네임스페이스에 선언된 것처럼 사용할 수 있습니다. using문을 어떤 함수나 블록 안에 적으면 using의 효력은 그 함수/블록 안에서만 적용됩니다. 다음 예제를 통해 간단히 확인해볼까요?

예제 10.4 using문 사용해보기

```cpp
#include <iostream>
using namespace std;

namespace doodle {
    int n;
    void set() {
        n = 20;
    }
}

int main() {
    using namespace doodle;

    set();
    cout << n << endl;
}
```

출력 결과
```
20
```

using이 없었다면 main이 속한 전역 네임스페이스 안에는 set이라는 함수가 없으므로 에러가 나겠죠? 하지만 지금은 using을 통해 doodle 안의 모든 변수와 함수가 마치 자기 네임스페이스 안의 것인 양 사용할 수 있게 됩니다. std::cout이 아니라 그냥 cout이라고만 적어도 되는 이유도 바로 맨 처음에 using namespace std;를 작성했기 때문입니다. 편리하죠?

물론 using을 사용했을 때도 다음과 같이 네임스페이스를 명시하는 것은 상관없습니다.

```cpp
using namespace doodle;

doodle::set();
cout << doodle::n << endl;
```

using의 문제점은 거꾸로 다시 의미의 모호성이 발생할 수 있다는 것입니다. 예를 들어 main 함수가 속한 전역 네임스페이스에도 set이라는 함수가 있다면 컴파일러는 전역 네임스페이스의 set을 택할지, doodle에 있는 set을 택할지 결정하지 못하고 컴파일 에러가 납니다. using을 사용하면 한 네임스페이스(특히

std 같은…) 안의 모든 기능을 편리하게 사용할 수 있지만 이렇게 네임스페이스를 쓰는 이유 자체가 무의미해질 수 있으므로 때에 따라 가려서 사용할 필요가 있습니다.

```cpp
#include <iostream>
using namespace std;

int n;
void set() {
    n = 10;
}
namespace doodle {
    int n;
    void set() {
        n = 20;
    }
}

int main() {
    using namespace doodle;

    set();   // 에러! ::set과 doodle::set 사이가 모호하다.
    cout << n << endl;   // 마찬가지로 에러!
}
```

10.2 클래스와 객체

이제 본격적으로 객체지향 프로그래밍의 기본 중의 기본인 클래스와 객체에 대해 알아보겠습니다.

https://youtu.be/
iIQXlLv_yHI

10.2.1 클래스와 객체의 개념

우선 객체라는 것은 도대체 무엇일까요? 아주 간단하게 말하자면, '객체'(object)는 "자료 저장 + 기능"입니다. 즉 자료를 저장하고 그 자료들을 가지고 특정한 기능을 수행하는 무언가가 객체라는 뜻입니다. 자료를 저장하려면 어떻게 해야 할까요? 변수를 사용할 수 있습니다. 또 어떤 기능을 수행하는 것은 함수를 통해서 할 수 있습니다. 그래서 객체는 결국 변수와 함수를 묶어놓은 것입니다. 그리고 '클래스'(class)는 바로 이 객체들을 찍어내는 틀이라고 할 수 있습니다.

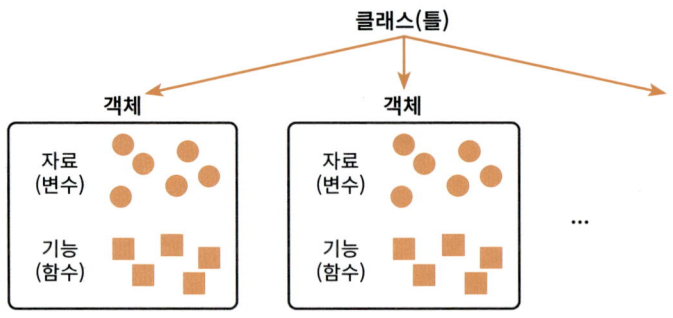

그림 10.2 클래스와 객체

여기서 "틀"이라는 말이 중요합니다. 객체와 달리 **클래스는 실체가 없고, 객체가 어떤 식으로 만들어져야 하는가에 대한 정보만 가지고 있습니다.** 흔한 예로 붕어빵 틀과 붕어빵으로 비유하자면 붕어빵 틀은 붕어빵이 어떤 모양으로 구워져야 하는지에 대한 정보를 담고 있습니다. 그러면 붕어빵 틀 하나만 있으면 그 붕어빵 틀대로 여러 개의 붕어빵을 찍어낼 수가 있습니다. 이와 비슷하게, 클래스는 객체에 어떤 변수와 어떤 함수가 있어야 하는지에 대한 정보를 담고 있고, 한 가지 클래스를 가지고 여러 개의 객체를 찍어낼 수가 있습니다. 일종의 객체 설계도라고도 볼 수 있습니다.

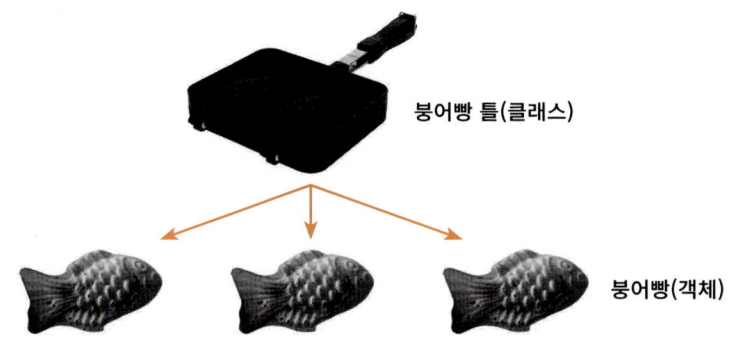

그림 10.3 붕어빵 틀과 붕어빵 비유

`int`라는 자료형이 있으면 `int a, b, c;`와 같이 정수형 변수를 만들 수 있었죠? C++에서 클래스와 객체는 각각 자료형과 변수에 해당합니다. 즉, **클래스는 자료형처럼 취급할 수 있고, 객체는 변수처럼 취급할 수 있습니다.**

그런데 앞에서 배웠던 것 중에 뭔가 비슷한 게 생각나지 않나요? 바로 구조체입니다. 구조체도 결국은 여러 변수와 함수를 묶어놓은 새로운 자료형이었습니다. 사실 C에서의 구조체는 변수들을 묶어 새로운 자료형을 만드는 기능 외에는 별다른 기능이 없었습니다. 하지만 C++의 구조체에는 C의 구조체보다 훨씬 더 많은 기능이 있습니다. 그중 하나가 바로 앞서 7.5.2절에서 알아본 구조체 안에 함수를 집어넣는 것입니다. 그리고 C++의 클래스는 C++의 구조체와 비슷하지만 딱 한 가지 차이가 있습니다. 그 차이점에 대해서는 조금 뒤에 알아보도록 하고, 그전까지는 "클래스 == 구조체"라고 생각해도 무방합니다.

다음 표는 앞의 문단을 좀 더 시각적으로 나타낸 것인데, 표 안의 단어들의 뜻은 당연히 몰라도 되지만 어떤 공통점과 차이점이 있는지는 알고 넘어가면 좋겠습니다.

표 10.1 C 구조체, C++ 구조체, C++ 클래스 비교

	C 구조체	C++ 구조체	C++ 클래스
기능	멤버 변수	멤버 변수 멤버 함수(메서드) 접근 제어 상속 생성자와 소멸자 정적 멤버 다형성 …	멤버 변수 멤버 함수(메서드) 접근 제어 상속 생성자와 소멸자 정적 멤버 다형성 …
기본 접근 제어자	public*	public	private

* 접근 제어자가 존재하지는 않지만, public과 같은 성격을 지님

우선 설명을 길게 쭉 해보았습니다. 객체의 개념을 아무리 자세히 설명해도 한 번에 완벽히 이해하는 사람은 없을 거라고 생각합니다. 앞으로 많은 예제를 통해 "객체라는 게 이런 것이구나."라는 감을 조금씩 잡을 수 있을 것입니다.

10.2.2 TV 클래스 만들기

그러면 이제 첫 예제를 만들어 볼까요? 이 예제에서는 텔레비전 클래스(구조체)를 만들 것입니다. 같은 모델의 텔레비전이 여러 개 있다면 이 하나하나는 서로 다른 객체지만 서로 똑같이 생겼고, 똑같은 기능을 하겠죠? 하나하나의 텔레비전 자체는 객체, 그 텔레비전의 모델은 클래스라고 할 수 있습니다. 이 모델의 텔레비전은 세 가지 정보를 갖고 있습니다. 전원 상태, 현재 채널, 그리고 현재 볼륨입니다. 그리고 전원을 켜고 끄는 기능과 볼륨과 채널을 조절하는 기능을 갖고 있습니다.

TV의 전원 상태는 bool 자료형의 멤버 변수로 표현할 것입니다. bool은 참/거짓을 저장할 때 쓰는 자료형이었죠? TV가 켜져 있으면 true(또는 1), 꺼져 있으면 false(또는 0)를 저장하겠습니다. 현재 채널과 볼륨은 그냥 int형 멤버 변수에 담으면 되겠죠? 사실 아직까지는 일반적인 구조체와 별다른 차이가 없습니다.

```
struct TV {
    bool powerOn;      // 현재 전원 상태를 저장하는 변수
    int channel;       // 현재 채널을 저장하는 변수
    int volume;        // 현재 볼륨을 저장하는 변수
};
```

이렇게 만들어 놓고 main 함수에서는 TV라는 타입을 가진 mytv라는 객체(구조체 변수)를 만들 수 있습니다. 이때 TV가 클래스(자료형), mytv가 객체(변수)입니다. 앞서 언급했듯이 원한다면 TV mytv, yourtv;와 같이 객체를 여러 개 만들 수도 있습니다.

```
int main() {
    TV mytv;
}
```

이번에는 여러 가지 초깃값을 넣어보겠습니다. 혹시나 해서 언급하지만 true는 1과 같은 말, false는 0과 같은 말입니다. bool 자료형에서는 1, 0보다는 true, false를 사용하는 것이 좋습니다.

```
int main() {
    TV mytv;
    mytv.powerOn = true;
    mytv.channel = 10;
    mytv.volume = 50;
}
```

그런데 이런 설계에는 문제점이 하나 있습니다. 예를 들어, TV의 볼륨이 0~100 사이의 값이어야 하는데, 다른 프로그래머가 실수로 이 범위 밖의 값을 넣으면 어떻게 될까요?

```
mytv.volume = 200;
```

지금 소개하는 예제는 단순한 것이어서 이런 실수가 말도 안 돼 보이지만, 실전 개발에서는 이런 일이 충분히 벌어질 수 있습니다. 특히 여러 사람이 개발하는 상황에서 TV 클래스를 만든 사람과 mytv 객체를 사용하는 사람이 다르다면 더욱 그렇습니다. 이런 실수를 하지 않는 것이 최선이지만 예방할 수 있는 방법이 있다면 더 좋겠죠?

그래서 TV 클래스를 만든 사람은 변수의 값을 직접 바꾸지 말고 다음과 같은 멤버 함수를 추가해 변수의 값을 바꾸게 할 수 있습니다. 멤버 함수에 대한 설명은 7.5.2절에서 했으니 바로 코드를 보여 드리겠습니다.

```
struct TV {
    bool powerOn;
    int channel;
    int volume;

    void setVolume(int vol) {            // vol을 매개변수로 받아서
        if (vol >= 0 && vol <= 100) {    // 그 값이 정상적인 범위 안에 있을 때만
            volume = vol;                // TV의 볼륨을 그 값으로 바꾼다.
        }
    }
};
```

TV 클래스 안에 setVolume이라는 멤버 함수를 만들었습니다. 이 함수가 하는 역할은 다음과 같습니다. 우선 vol이라는 매개변수를 통해 원하는 볼륨을 받습니다. 그다음, 그 값이 0~100 범위에 들어 있는지 확인하고, 범위에 들어 있다면 TV의 볼륨을 vol로 바꿉니다. vol이 0~100 범위 밖에 있을 때는 아무 작업도 하지 않습니다. 물론 else문을 추가해서 vol이 범위 밖에 있을 때 할 작업을 추가할 수도 있습니다. (오류 메시지를 출력한다든지…)

예를 들어 mytv.setVolume(70)을 호출하면 mytv.volume의 값은 70으로 바뀔 것입니다. mytv.setVolume(30)을 호출하면 mytv.volume의 값이 30으로 바뀝니다. 하지만 mytv.setVolume(-10)이나 mytv.setVolume(150)을 호출하면 아무 일도 일어나지 않습니다.

이렇게 mytv.volume = 70;과 같이 변수를 직접 수정하지 말고 mytv.setVolume(70);과 같이 함수를 호출하면 실수로 잘못된 값을 넣는 오류가 생기더라도 내부적으로는 그 오류에 대해 나름대로 대처할 수 있습니다.

보다시피 지금 만든 setVolume 함수가 TV의 볼륨을 바꾸는 일종의 "기능"을 하고 있습니다. 앞서 이야기했던 "객체는 자료 저장과 기능으로 이루어져 있다"라는 말이 결국 이것입니다. 내부적으로는 volume이라는 변수를 저장하고 있고, setVolume이라는 함수를 통해 volume을 수정하는 기능을 외부적으로 제공합니다. 이처럼 객체를 가지고 어떤 작업을 하는 "방법"(method)을 마련해준다는 의미에서 '멤버 함수'라는 말 대신 '멤버 메서드' 또는 그냥 '메서드'(method)라고 하기도 합니다.

10.2.3 접근 제어

하지만 아직 문제가 본질적으로 해결된 것은 아닙니다. setVolume 함수를 만들었더라도 volume이라는 변수를 직접 수정하는 것이 불가능한 것은 아니기 때문입니다.

```
int main() {
    TV mytv;
    mytv.setVolume(150);    // 이렇게 메서드로만 값을 바꿨으면 좋겠지만,
    mytv.volume = 150;      // 여전히 멤버 변수를 직접 수정하는 것이 불가능한 것은 아니다!
}
```

따라서 누구나 마음만 먹으면(?) mytv의 볼륨을 원하지 않는 값으로 설정할 수 있다는 취약점이 남아 있습니다.

이 문제는 '접근 제어'(access control)라는 것으로 해결할 수 있습니다. 접근 제어란, 특정 멤버에 접근하는 것을 특정 범위까지로 제한하는 것을 말합니다. 즉 접근 제어를 하게 되면 어디선가는 멤버를 사용할 수 있고, 어디선가는 멤버를 사용하지 못하게 됩니다. 접근 제어는 '접근 제어 지시자'(access modifier; '접근 제어자'라고도 함)를 통해 할 수 있습니다. 이 접근 제어 지시자의 종류는 public, protected, private으로 총 3가지가 있습니다. 지금은 그중 public과 private에 대해서만 알아보겠습니다. (protected는 '상속'이라는 개념을 배운 뒤 다시 살펴보겠습니다.)

public은 사전적으로 "공공의"라는 뜻을 가지고 있습니다. 즉 누구든지 어디서나 접근할 수 있다는 것입니다. public 속성을 가진 멤버 변수의 경우 어디서나 값을 읽거나 수정할 수 있고, 메서드의 경우 어디서나 호출할 수 있습니다.

반대로 private은 "개인의"라는 뜻을 가지고 있습니다. private 속성을 가진 멤버는 말 그대로 개인적으로만 사용할 수 있습니다. 개인적이라는 것은 클래스(구조체) 내부, 즉 struct TV의 정의(중괄호 안)에서만 접근할 수 있다는 뜻입니다. struct의 바깥, 즉 그 클래스의 내부가 아닌 다른 곳(main 함수도 여기에 포함되겠죠?)에서는 private 속성의 멤버에 접근할 수 없습니다.

자, 여기서 넘어가기 전에 한 가지만 생각해보겠습니다. 지금까지는 구조체의 멤버에 접근 제어 지시자를 쓰지 않았는데, 그럴 경우 기본적으로 public과 private 중 어떤 접근 제어가 적용될까요? 지금껏 구조체를 사용해 오면서 구조체 바깥에서 멤버를 사용하는 데 아무런 지장이 없었죠? 그러니 당연히 public입니다. 한 마디로 **구조체에서 접근 제어를 특별히 지정하지 않으면 기본적으로 public 속성이 적용됩니다.**

그럼 이제 위의 TV 예제에 접근 제어 지시자를 추가해 보겠습니다. 다음 코드를 볼까요? 예를 들어 접근 제어를 private으로 만들고 싶으면 "private:"과 같이 지시자 이름 뒤에 콜론(:)을 붙여서 씁니다. 그러면 그 이후에 선언된 모든 멤버는 private 속성을 가집니다. 중간에 "public:"과 같이 다른 접근 제어 지시자가 새로 나오면 그 이후부터는 그 지시자의 속성을 따라갑니다. 그림을 보면 무슨 말인지 이해될 것입니다.

```cpp
struct TV {
private:   // 접근 제어 지시자
    bool powerOn;
    int channel;
    int volume;

public:   // 접근 제어 지시자
    void setVolume(int vol) {
        if (vol >= 0 && vol <= 100) {
            volume = vol;
        }
    }
};
```

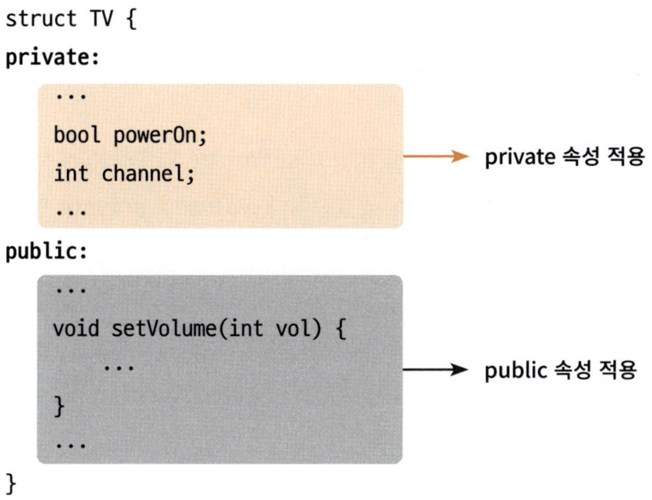

그림 10.4 접근 제어 지시자의 사용법

TV 구조체를 이와 같이 바꾸면 원래 있던 3개의 멤버 변수들(powerOn, channel, volume)이 private 속성을 갖게 되어 TV 구조체 내부(예를 들어 setVolume 함수 내부)에서는 접근할 수 있지만(❶), 외부에 있는 main 함수에서는 이 변수들에 대한 접근이 제한됩니다(❷). 하지만 setVolume 함수의 경우 접근 제어가 public으로 지정되어 있기 때문에 main 함수 내부에서도 접근할 수 있습니다(❸).

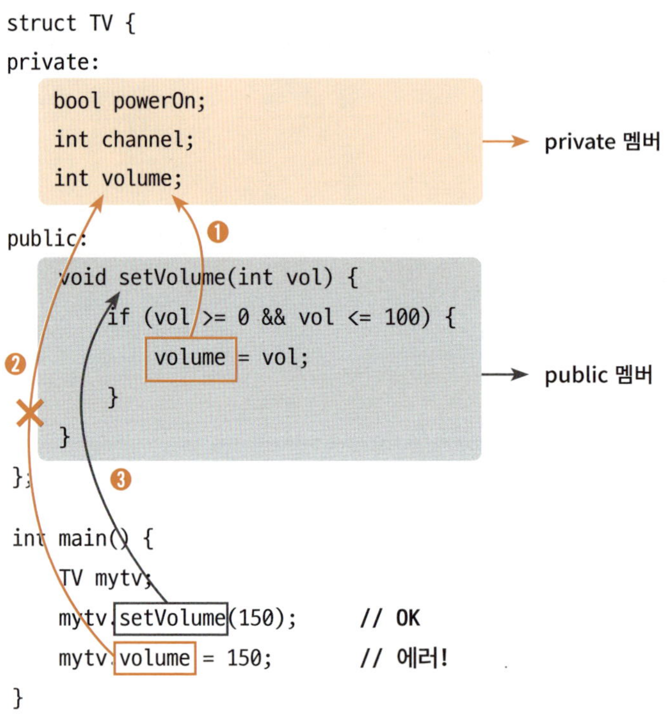

```
struct TV {
private:
    bool powerOn;
    int channel;         → private 멤버
    int volume;

public:
    void setVolume(int vol) {
        if (vol >= 0 && vol <= 100) {
            volume = vol;    → public 멤버
        }
    }
};

int main() {
    TV mytv;
    mytv.setVolume(150);   // OK
    mytv.volume = 150;     // 에러!
}
```

그림 10.5 public과 private 접근 제어자의 비교

이제 volume이라는 멤버 변수를 직접 건드리지 못하고 setVolume 함수를 통해서만 안전하게 volume을 바꿀 수 있게 되었습니다. 하지만 또 다른 문제가 생겼습니다. volume을 private 멤버로 설정하면서 현재 볼륨 값을 읽어오는 것도 못하게 되었습니다.

이 문제는 생각보다 단순하게 해결할 수 있습니다. public 부분에 volume 값을 단순히 리턴하는 메서드를 만들면 됩니다. 리턴 타입은 volume과 똑같이 int로 맞추면 되고, 그저 volume의 값을 리턴하는 것이 목표이기 때문에 매개변수는 받을 필요가 없습니다.

```
struct TV {
private:
    // (생략)

public:
```

```
        void setVolume(int vol) {
            // (생략)
        }
        int getVolume() {
            return volume;
        }
    };

    int main() {
        TV mytv;
        cout << mytv.getVolume() << endl;   // mytv의 volume을 읽어오고 싶을 때는
                                            // getVolume 메서드 사용
    }
```

지금까지 한 것을 정리해 보겠습니다. 처음에 TV의 멤버 변수들은 기본 접근 제어자인 `public` 속성을 갖고 있었습니다. 이때의 문제는 이 TV의 객체를 사용하는 사람이 실수로 잘못된 값으로 volume을 수정할 수 있다는 것이었습니다. 그래서 멤버 변수인 volume은 `private`으로 지정하고, 새로운 메서드 `setVolume`을 만들어, 외부에서 volume에 직접 접근하는 것을 막고 이 메서드를 통해서만 volume을 수정할 수 있게 했습니다. 그런데 volume을 `private`으로 만들면서 volume 값을 읽어오는 것도 불가능해졌기 때문에 `getVolume` 메서드를 새로 만들어 이 값을 읽어올 수 있게 했습니다. 이렇게 `setVolume`, `getVolume`과 같이 멤버변수에 값을 쓰거나 읽어오는 메서드를 각각 set 함수, get 함수라고 부릅니다.

비슷하게 `setChannel`과 `getChannel` 메서드도 만들어 보겠습니다. 아래 예제 코드와 같이 채널 값은 1~999 사이의 값으로 제한하겠습니다. 그리고 powerOn은 채널과 볼륨과는 조금 다르게 `void on()`과 `void off()` 메서드를 통해 수정하게끔 해보겠습니다. `on`, `off`를 호출하면 단순히 powerOn의 값이 각각 `true`, `false`로 설정됩니다. 이 예제에서는 하지 않을 테지만 현재 전원 상태를 리턴하는 함수를 추가로 만들어도 됩니다.

이번에는 `main` 함수에 간단한 출력문을 작성한 뒤 실행까지 해보겠습니다.

예제 10.5 TV 클래스(구조체) 사용해보기

```
#include <iostream>
using namespace std;

struct TV {
```

```cpp
private:
    bool powerOn;
    int channel;
    int volume;

public:
    void on() {
        powerOn = true;
    }
    void off() {
        powerOn = false;
    }

    void setChannel(int chn) {
        if (chn >= 1 && chn <= 999) {
            channel = chn;
        }
    }
    int getChannel() {
        return channel;
    }

    void setVolume(int vol) {
        if (vol >= 0 && vol <= 100) {
            volume = vol;
        }
    }
    int getVolume() {
        return volume;
    }
};

int main() {
    TV mytv;

    mytv.on();
    mytv.setChannel(10);
    mytv.setVolume(50);
```

```
    cout << "현재 채널은 " << mytv.getChannel() << endl;
    cout << "현재 볼륨은 " << mytv.getVolume() << endl;
}
```

출력 결과

현재 채널은 10
현재 볼륨은 50

여기까지 정리됐다면 드디어 구조체와 클래스의 차이점을 알려 드리겠습니다. 혹시 표 10.1에서 C++ 구조체와 C++ 클래스의 차이점을 보셨나요? 바로 기본 접근 제어 지시자입니다. 앞서 언급했듯이 구조체의 "기본" 접근 제어 지시자는 `public`입니다. 아무 접근 제어자도 쓰지 않았을 때는 `public`이 기본으로 적용된다는 뜻입니다. 하지만 클래스는 기본 접근 제어 지시자가 `private`입니다. 따라서 다음과 같이 아무 접근 제어자도 쓰지 않은 상황에서는 `struct`와 달리 `main` 함수에서 `mytv`의 멤버변수에 접근할 수 없습니다.

```cpp
class TV {
    bool powerOn;
    int channel;
    int volume;
};

int main() {
    TV mytv;
    mytv.volume = 150;   // 에러!!
}
```

앞에서 만든 TV 구조체를 클래스로 바꾸려면 `struct`를 `class`로 바꾸기만 하면 됩니다.

```cpp
class TV {
private:
// ...
```

사실 지금 살펴본 텔레비전 예제에서는 어차피 접근 제어가 명시적으로 설정되어 있기 때문에 여기서는 `struct`를 `class`로 바꾼다 해도 아무 차이가 없습니다. 이해를 돕기 위해 이번 절에서는 이미 알고 있는 `struct`로 시작하여 마지막에 `class`로 바꿨지만, 앞으로의 예제에서는 `struct`를 사용하지 않고 `class`를 주로 사용할 것입니다.

지금까지의 내용을 요약하자면, 원래 있던 멤버 변수 3개는 구조체 또는 클래스 내부에서만 접근할 수 있게 **private**으로 설정하고, 외부에서는 이 변수들에 직접 접근하지 못하게 하는 대신 **public** 속성의 메서드를 노출시켜 텔레비전에 원하는 작업을 하게 했습니다. 이렇게 멤버 변수는 감추고 외부에는 메서드만 노출시키는 것을 '캡슐화'(encapsulation)라고 이야기합니다.

10.3 this 포인터

this 포인터라는 주제답게 이번 절의 내용은 포인터를 모르면 이해할 수 없습니다. 혹시 포인터가 잘 기억 나지 않는다면 해당 단원으로 돌아가서 다시 읽어보고 오는 것을 권장합니다. this 포인터란 클래스 내부에서 자기 자신을 가리킬 때 사용하는 특별히 약속된 포인터입니다. 이게 무슨 말인지는 다음 예제를 보면서 이야기해 보겠습니다.

예제 10.6 this 포인터 사용해 보기

```cpp
#include <iostream>
using namespace std;

class MyClass {
public:
    void PrintThis() {
        cout << "나의 주소는 " << this << endl;
    }
};

int main() {
    MyClass a, b;

    cout << "객체 a의 주소는 " << &a << endl;
    cout << "객체 b의 주소는 " << &b << endl;

    a.PrintThis();
    b.PrintThis();
}
```

```
C:\  출력 결과(예시)                                    _  □  ×
객체 a의 주소는 00D7F75F
객체 b의 주소는 00D7F753
나의 주소는 00D7F75F
나의 주소는 00D7F753
```

> **Tip 주솟값에 알파벳이 들어 있는데, 이게 뭐죠?**
>
> C++의 cout을 사용하여 주솟값을 출력하면 기본적으로 16진법으로 출력됩니다. 2진법은 0과 1, 10진법은 0~9까지의 숫자를 사용해 수를 나타내듯이, 16진법에서는 0~9까지의 숫자로 0~9를 표현하고 A~F까지의 알파벳으로 10~15를 표현합니다. 그리고 한 자리가 커질 때마다 16배씩 증가합니다. 예를 들어 16진법에서 B7이라는 숫자를 10진법으로 바꾸면 B는 11을 나타내므로 11×16+7×1=183이 됩니다.

MyClass 클래스에는 멤버 변수는 없고 PrintThis라는 메서드만 있습니다. 멤버 변수가 없더라도 이 클래스를 타입으로 하는 객체 a, b를 만들면 어쨌든 간에 메모리상에 공간을 차지하게 됩니다. 객체도 일종의 변수처럼 생각할 수 있다고 언급했죠? 객체도 변수처럼 메모리상에 저장되며, 크기와 주솟값이 있습니다. 그 다음 두 줄에서 cout을 통해서 하는 일이 바로 이 두 객체의 주솟값을 출력하는 것이죠. 여기까지는 어렵지 않습니다.

이제 본격적으로 PrintThis 메서드 안을 들여다볼까요? 이 함수 안에서는 this라는 특별한 값을 출력하고 있습니다. a.PrintThis()를 호출했을 때는 a의 주솟값인 00D7F75F가 출력되었고, b.PrintThis()를 호출했을 때는 b의 주솟값인 00D7F753이 출력되었습니다. 즉, 이 this가 의미하는 것은 바로 PrintThis 메서드가 호출된 **객체 자기 자신의 주솟값**, 즉 **메서드를 호출한 장본인이 되는 객체의 주솟값**입니다. 이해가 되나요?

this 포인터가 내부적으로 작동하는 방식을 좀 더 자세히 알아보겠습니다. 일단 우리는 멤버 변수들이 각 객체별로 고유하게 존재한다는 것을 알고 있습니다. 그러니까 앞의 예제에서 MyClass 안에 x라는 멤버 변수가 선언되어 있다고 가정한다면, **a.x와 b.x**는 메모리상의 서로 다른 공간을 차지하는 서로 다른 변수입니다. 구조체의 연장선에서 생각해보면 당연한 말이죠?

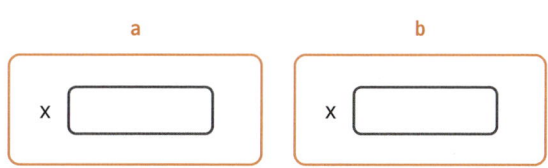

그림 10.6 객체 a와 b에 각각 멤버 변수 x가 들어 있는 모습

그런데 메서드는 조금 다릅니다. 메서드도 결국에는 명령들의 나열이기 때문에 메모리상의 어딘가에는 저장됩니다. 하지만 객체 하나가 생성될 때마다 이 함수들이 하나씩 새로 생성되는 것은 아닙니다. 함수와 변수가 컴퓨터상에 저장되는 방식에도 근본적인 차이가 있고, 객체별로 메서드를 하나씩 다 갖고 있기에는 용량을 너무 많이 잡아먹을 것이기 때문입니다.

대신 멤버 메서드는 내부적으로 다음과 같이 처리됩니다. 위의 예제에서 PrintThis 멤버 메서드는 만들어지는 객체의 개수와는 상관없이 메모리에 일반적인 함수의 형태로 하나만 저장됩니다.

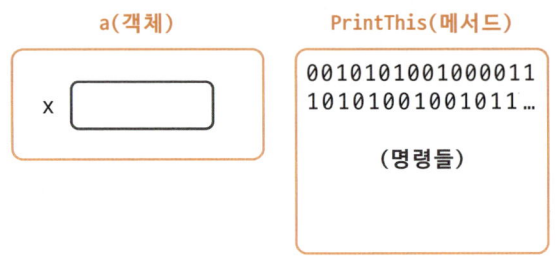

그림 10.7 메서드가 멤버 변수와는 달리 메모리상의 다른 공간에 저장된 모습

대신 a.PrintThis();와 같이 멤버 메서드를 호출하면 눈에는 보이지 않는 매개변수를 통해 a의 주솟값이 비밀스럽게 넘어가게 됩니다. **이 눈에는 보이지 않는 매개변수가 바로 this입니다.** 다시 말하지만 PrintThis 함수는 실제로는 객체 안에 포함된 것이 아니기 때문에 this 포인터를 받지 않으면 어느 객체의 PrintThis를 호출한 것인지를 알 수 없습니다.

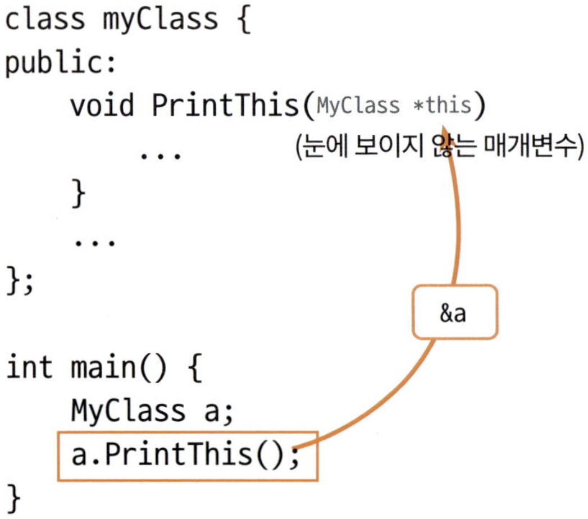

```
class myClass {
public:
    void PrintThis(MyClass *this)
        ...              (눈에 보이지 않는 매개변수)
    }
    ...
};

int main() {
    MyClass a;
    a.PrintThis();    &a
}
```

그림 10.8 멤버 메서드의 눈에 보이지 않는 매개변수 this에 a의 주솟값이 넘어가는 모습

사실 앞에서 비슷한 것을 한 적이 있습니다. 예제 7.9와 예제 7.10을 비교해 볼까요? 예제 7.9에서는 일반 함수에 구조체의 주솟값을 넘겨주고, 그 주솟값을 가지고 구조체의 멤버 변수에 접근했습니다. 예제 7.10은 함수를 구조체 안에 집어넣은 경우입니다. (결국에는 이게 멤버 메서드죠?) 구조체에 함수를 집어넣으면서 totalSec(&t)가 아닌 t.totalSec()과 같이 호출할 수 있었죠? 그렇게 바꿨을 때 사라지는 (것처럼 보이는) 인수인 &t가 바로 this 포인터의 역할이라고 생각하면 됩니다. 예제 7.10과 같이 코드를 작성해도 실제로 내부적으로는 예제 7.9와 같이 작동하고, 그때 보이지 않게 함수로 넘어가는 값이 바로 t의 주솟값이며, 이 값을 멤버 메서드 안에서 사용하고 싶을 때 바로 this를 사용하면 된다는 이야기입니다.

TV 예제의 getVolume 메서드를 다시 잠깐 볼까요?

```
class TV {
    // 생략
    int getVolume() {
        return volume;
    }
};
```

여기서 return volume;이라는 문장에 주목해봅시다. a.getVolume()을 호출하면 a에 있는 volume 멤버(a.volume)가 리턴되고, b.getVolume()을 호출하면 b에 있는 volume 멤버(b.volume)가 리턴됩니다. 즉, **TV의 멤버 메서드인 getVolume 함수 내부에서 volume이라고 적는 것은 결국 this->volume이라고 적는 것과 똑같습니다.** (화살표의 의미는 (*this).volume과 같은 말이라고 앞에서 말했었죠?) 지금은 당연한 말일 수 있지만, 나중에 헷갈릴 수 있으니 이 점을 확실히 하고 넘어가기 바랍니다.

```
int getVolume() {
    return this->volume;
}
```

10.4 객체의 생성과 소멸

C++에서는 객체가 생성되고 소멸될 때 자동으로 실행되는 특별한 함수가 있습니다. 이것들을 각각 '생성자'(constructor)와 '소멸자'(destructor)라고 부릅니다. 생성자에서는 주로 객체를 초기화하는 일을 하고, 소멸자에서는 주로 객체가 할당했던 메모리를 해제하는 일이 이루어집니다. (메모리 해제에 관한 내용은 뒤에서 다룰 것이므로 지금은 이 말의 의미는 중요하지 않습니다.)

https://youtu.be/
YL8SgKEyRu4

생성자와 소멸자는 다음과 같이 생겼습니다. 일반적인 함수 선언과는 다르게 **리턴 타입을 적지 않고, 생성자의 이름은 그 생성자가 포함된 클래스의 이름과 같습니다.** 소멸자의 이름은 클래스 이름 앞에 물결표(~)를 하나 달면 됩니다. 생성자나 소멸자의 중괄호 안에는 일반적인 메서드라고 생각하고 실행할 여러 명령을 작성하면 됩니다. 그러면 이 명령들이 객체가 각각 생성되고 소멸될 때 실행됩니다.

```
class MyClass {
public:
    MyClass() {    // 생성자
         // 객체 생성 시 실행될 명령...
    }

    ~MyClass() {   // 소멸자
         // 객체 소멸 시 실행될 명령...
    }
};
```

생성자와 소멸자는 대부분의 경우 `public` 범위에 선언합니다. 이들을 `private` 범위에 선언했다면 클래스 외부에서 호출하지 못하게 됩니다. 즉, 클래스 외부에서는 객체를 생성하지 못하게 됩니다. 외부에서 객체를 생성하지 못하면 무슨 쓸모가 있나 싶겠지만 이런 식의 클래스 설계가 사용되는 곳도 간혹 있습니다.

10.4.1 객체의 생성과 소멸 시기

그런데 객체는 언제 생성되고 소멸될까요? 이 질문의 답은 객체가 선언된 범위(스코프)가 어디냐에 따라 달라집니다. 다음 두 예제는 지역 범위와 전역 범위에 객체를 각각 하나씩 만들어 본 후, 생성자와 소멸자 안에서 간단한 출력을 해보는 예제입니다. 전역 범위에는 `globalObj`라는 객체가 선언되어 있고, `testLocalObj`라는 함수 안에는 `localObj`라는 객체가 선언되어 있습니다. 그리고 `MyClass` 내부에는 생성자와 소멸자가 있는데, 이 안에서는 간단하게 생성자 또는 소멸자가 호출되었다고 출력하고 있습니다. 마지막으로 `main` 함수와 `testLocalObj` 함수의 시작과 끝에도 마찬가지로 출력을 통해 생성자가 언제 호출되는지 따져 보겠습니다. 우선은 헷갈림을 방지하기 위해 전역 객체의 선언은 잠시 주석 처리를 해놓고 지역 객체만 가지고 실행해 보겠습니다.

예제 10.7 지역 객체의 생성자와 소멸자의 호출 시기 알아보기

```cpp
#include <iostream>
using namespace std;

class MyClass {
public:
    MyClass() {   // 생성자
        cout << "생성자가 호출되었다!!" << endl;
    }
    ~MyClass() {   // 소멸자
        cout << "소멸자가 호출되었다!!" << endl;
    }
};

// MyClass globalObj;   // 전역 객체(잠시 주석 처리)

void testLocalObj() {
    cout << "=== testLocalObj 함수 시작 ===" << endl;
    MyClass localObj;   // 지역 객체
    cout << "=== testLocalObj 함수 끝 ===" << endl;
}

int main() {
    cout << "=== main 함수 시작 ===" << endl;
    testLocalObj();
    cout << "=== main 함수 끝 ===" << endl;
}
```

출력 결과

```
=== main 함수 시작 ===
=== testLocalObj 함수 시작 ===
생성자가 호출되었다!!
=== testLocalObj 함수 끝 ===
소멸자가 호출되었다!!
=== main 함수 끝 ===
```

지역 범위에 선언된 객체에서는 객체가 선언된 testLocalObj 함수가 시작되고 나서 객체가 선언될 때 생성자가 호출되었습니다. 그리고 testLocalObj의 마지막 cout("testLocalObj 함수 끝")을 실행한 후 함수가 종료되면서 소멸자가 호출되었음을 볼 수 있습니다.

이번에는 반대로 지역 객체를 주석 처리하고 전역 객체를 주석 해제한 후 다시 실행해 보겠습니다.

예제 10.8 지역 객체의 생성자와 소멸자의 호출 시기 알아보기

```cpp
#include <iostream>
using namespace std;

class MyClass {
public:
    MyClass() {   // 생성자
        cout << "생성자가 호출되었다!!" << endl;
    }
    ~MyClass() {   // 소멸자
        cout << "소멸자가 호출되었다!!" << endl;
    }
};

MyClass globalObj;   // 전역 객체(주석 해제)

void testLocalObj() {
    cout << "=== testLocalObj 함수 시작 ===" << endl;
    // MyClass localObj;   // 지역 객체(주석 처리)
    cout << "=== testLocalObj 함수 끝 ===" << endl;
}

int main() {
    cout << "=== main 함수 시작 ===" << endl;
    testLocalObj();
    cout << "=== main 함수 끝 ===" << endl;
}
```

```
C:\  출력 결과                                    —  □  ×
생성자가 호출되었다!!
=== main 함수 시작 ===
=== testLocalObj 함수 시작 ===
=== testLocalObj 함수 끝 ===
=== main 함수 끝 ===
소멸자가 호출되었다!!
```

전역 범위에 선언된 객체의 경우 main 함수 시작 전에 생성되어 main 함수 종료 후에 소멸된 것을 볼 수 있습니다. 아니면 그냥 프로그램 시작과 함께 생성되고, 프로그램 종료와 함께 사라진다고 생각해도 됩니다.

표를 통해 위의 내용을 정리해 보겠습니다. 이 사실은 객체뿐만 아니라 int, float와 같은 타입의 일반 변수에도 해당합니다. 물론 이들은 객체가 아니므로 일반 변수에서는 생성자나 소멸자 같은 개념은 없고, 단지 생성과 소멸 시기가 객체든 일반 변수든 차이가 없다는 것입니다.

표 10.2 지역 객체와 전역 객체의 생성과 소멸 시기

	지역 변수 / 지역 객체	전역 변수 / 전역 객체
생성 시기	선언 시	main 함수 시작 전(프로그램 시작 시)
소멸 시기	객체가 선언된 함수 종료 시	main 함수 종료 후(프로그램 종료 시)

10.4.2 생성자 활용하기

생성자는 주로 객체를 초기화할 때 쓴다고 했습니다. 객체를 초기화한다는 말은 객체의 멤버 변수들을 초기화한다는 뜻입니다. 예제를 통해 자세히 알아봅시다.

이번 예제에서는 복소수를 저장하는 Complex 클래스를 한번 만들어 보겠습니다. 복소수가 뭔지 몰라도 상관없습니다. 그냥 실수부와 허수부라는 두 개의 실수로 이루어진 수라고 생각하면 됩니다. (x, y좌표가 있는 좌표평면상의 점으로 생각할 수도 있습니다.) 그 이상의 지식은 없더라도 이 예제를 이해하는 데는 문제가 없습니다.

Complex 클래스에는 실수부를 저장하는 double real과 허수부를 저장하는 double imag라는 멤버 변수가 있습니다. 이 멤버 변수들은 private으로 지정하고, public 범위에 이 변수들에 해당하는 set 함수와 get 함수를 만들겠습니다. 이 메서드들이 무슨 역할을 하는지는 함수 내용물을 대충 읽어보면 알 수 있습니다.

```
class Complex {
public:
    double GetReal() {
        return real;
    }
    void SetReal(double real_) {
        real = real_;
    }

    double GetImag() {
        return imag;
    }
    void SetImag(double imag_) {
        imag = imag_;
    }
private:
    double real;
    double imag;
};
```

> **Tip** 매개변수 real_과 imag_ 뒤에 언더스코어(_)를 붙인 이유는?
>
> 멤버 변수 real 및 imag와 이름이 같은 것을 방지하기 위해서입니다. **매개변수의 이름도 real, imag였다면 매개변수가 멤버 변수보다 우선순위가 높기 때문에 멤버 변수 real, imag에는 일반적인 방법으로 접근할 수 없게 됩니다.** 이 문제는 this 포인터를 사용하여 this->real과 같이 나타내면 해결할 수 있는데, 구체적인 내용은 뒤의 예제에서 본격적으로 알아볼 것입니다.

이제 생성자를 만들어 멤버들을 초기화해 볼까요? 지금 클래스에는 두 개의 매개변수 real과 imag가 있는데, 특별한 이유가 없다면 초기화는 0으로 하는 것이 가장 합리적일 것 같습니다. (물론 상황에 따라 다른 값으로 초기화하는 것이 더 합리적이라면 그렇게 하면 됩니다.) 이 말을 그대로 코드로 옮겨, 클래스 정의 안에 생성자를 다음과 같이 만들 수 있습니다. 별로 어렵지 않죠? 완성된 코드는 다음 절에서 또 다른 개념과 함께 살펴보겠습니다.

```
Complex() {
    real = 0;
    imag = 0;
}
```

10.4.3 생성자 오버로딩과 기본 생성자

9.6.1절에서 함수를 오버로딩하는 방법을 알아보았는데, 클래스의 멤버 메서드 또한 함수이므로 이들도 오버로딩할 수 있습니다. 그리고 생성자도 오버로딩할 수 있습니다. 그런데 생성자를 오버로딩하려면 매개변수가 필요하겠죠? 실제로 생성자에도 매개변수를 줄 수 있습니다. 그런데 생성자는 그저 객체가 만들어질 때 호출되는 함수인데, 어떻게 매개변수가 있을까요? 그 답은 잠시 뒤 알아보겠습니다. 우선 매개변수가 있는 생성자를 한번 만들어 오버로딩해 보겠습니다.

```
Complex() {
    real = 0;
    imag = 0;
}
Complex(double real_, double imag_) {   // 매개변수가 있는 오버로딩된 생성자
    real = real_;
    imag = imag_;
}
```

이 새로운 생성자가 하는 일은 단순합니다. 실수부(real_)와 허수부(imag_)를 매개변수로 받아 멤버들을 각각 그 값으로 초기화하는 것입니다. 예를 들어, Complex(2, 3)이 호출되면 real은 2로, imag는 3으로 초기화되겠죠?

Complex 객체를 다음과 같이 만들면 매개변수가 없는 생성자가 호출됩니다.

```
Complex c1;   // Complex() 호출
```

객체를 만들 때 매개변수가 있는 생성자를 호출하고 싶다면 다음과 같이 적으면 됩니다. 별로 어렵지 않죠? 이렇게 하면 real_과 imag_에 각각 2, 3이 들어가 2, 3으로 호출될 것입니다.

```
Comoplex c2 = Complex(2, 3);   // Complex(double, double) 호출
```

이것보다 조금 더 간편한 방법으로 다음과 같이 적을 수 있습니다. 작동하는 방식은 앞에서 본 방법과 완전히 같습니다.

```
Complex c3(2, 3);   // Complex(double, double) 호출
```

그러면 완성된 클래스 코드와 함께 main 함수에 앞에서 소개한 3가지 방법으로 객체를 만든 후 제대로 만들어졌는지 간단한 출력을 통해 확인해보겠습니다.

예제 10.9 복소수를 저장하는 객체에서 생성자 오버로딩하기

```cpp
#include <iostream>
using namespace std;

class Complex {
public:
    Complex() {
        real = 0;
        imag = 0;
    }
    Complex(double real_, double imag_) {
        real = real_;
        imag = imag_;
    }

    double GetReal() {
        return real;
    }
    void SetReal(double real_) {
        real = real_;
    }

    double GetImag() {
        return imag;
    }
    void SetImag(double imag_) {
        imag = imag_;
    }
```

```
private:
    double real;
    double imag;
};

int main() {
    Complex c1;    // Complex() 호출
    Complex c2 = Complex(2, 3);   // Complex(double, double) 호출
    Complex c3(2, 3);   // Complex(double, double) 호출

    cout << "c1 = " << c1.GetReal() << ", " << c1.GetImag() << endl;
    cout << "c2 = " << c2.GetReal() << ", " << c2.GetImag() << endl;
    cout << "c3 = " << c3.GetReal() << ", " << c3.GetImag() << endl;
}
```

출력 결과
```
c1 = 0, 0
c2 = 2, 3
c3 = 2, 3
```

c1은 매개변수가 없는 생성자가 호출되므로 0, 0으로 초기화되었고, c2와 c3는 매개변수가 있는 생성자에 각각 2, 3이라는 값이 넘어가므로 2, 3으로 초기화됩니다.

이 밖에도 다음과 같이 중괄호를 사용해 생성자를 호출할 수도 있습니다. 이런 문법을 '리스트 초기화'(list-initialization)라고 하는데, 지금은 이런 방법도 있다는 것만 알아두고 넘어가겠습니다.

```
Complex c4 = {2, 3};
Complex c5 = Complex{2, 3};
Complex c6{2, 3};
```

방금 Complex 클래스에 두 생성자가 정의되어 있는 상황에서 Complex c1;과 같이 객체를 만들면 Complex() 생성자가 호출된다고 했습니다. 그런데 조금 이상한 일이 벌어집니다. Complex 클래스에서 매개변수가 없는 생성자 Complex()만 지우고 Complex(double, double)만 남겨 보겠습니다.

```
class Complex {
public:
    // Complex() 생성자는 삭제

    Complex(double real_, double imag_) {
        real = real_;
        imag = imag_;
    }

    // ...
}
```

그러고 나서 main 함수를 보면 Complex c1;에서 에러가 나는 것을 확인할 수 있습니다.

```
int main() {
    Complex c1;   // 에러! Complex() 생성자를 호출할 수 없다!!
    Complex c2 = Complex(2, 3);
    Complex c3(2, 3);

    cout << "c1 = " << c1.GetReal() << ", " << c1.GetImag() << endl;
    cout << "c2 = " << c2.GetReal() << ", " << c2.GetImag() << endl;
    cout << "c3 = " << c3.GetReal() << ", " << c3.GetImag() << endl;
}
```

그 이유는 매개변수 2개짜리 생성자(Complex(double, double))를 만들면서 자동으로 생성되었던 '기본 생성자'가 삭제되었기 때문입니다. 기본 생성자란 매개변수가 없는, 말 그대로 기본적인 생성자를 뜻합니다. **클래스에 따로 생성자를 만들지 않았을 때는 기본 생성자가 자동으로 (암묵적으로) 만들어집니다.** 그렇기 때문에 앞에서 생성자를 특별히 적어주지 않았을 때도 Complex c1;과 같은 식으로 객체를 만들 수 있었던 것입니다. 그런데 **클래스에 생성자가 어떤 것이든 하나라도 있으면 기본 생성자는 사라지고 직접 만든 생성자만 사용할 수 있습니다.** 위의 예제에서도 Complex(double, double) 생성자만 만들고 기본 생성자는 직접 만들지 않았기 때문에 기본 생성자를 호출할 수 없어 에러가 발생하는 것입니다. 보기 쉽게 표로 정리해보겠습니다.

표 10.3 명시적으로 만들어준 생성자에 따른 결과

명시적으로 만든 생성자	결과

없음(기본 생성자가 자동 생성)	`Complex c1;         // OK(자동 생성된 기본 생성자가 호출됨)`
	`Complex c2(1, 2);   // 에러`

`Complex(double, double)`	`Complex c1;         // 에러(기본 생성자가 삭제됨)`
	`Complex c2(1, 2);   // OK`

`Complex()`
`Complex(double, double)`
	`Complex c1;         // OK`
	`Complex c2(1, 2);   // OK`

10.5 생성자의 다양한 사용법

9.6.2절에서 디폴트 매개변수라는 것에 대해 알아보았습니다. 이 디폴트 매개변수는 이전에 알아보았듯이 함수는 물론이고 어떤 클래스의 멤버 메서드와 생성자에서도 사용할 수 있습니다. 그러면 디폴트 매개변수를 사용하여 예제 10.9의 코드를 수정해 보겠습니다. 원래 있던 매개변수가 없는 생성자를 없애고 매개변수 두 개짜리 생성자의 매개변수에 디폴트 값을 추가하면 됩니다.

`Complex c1;`과 같이 생성자에 인수를 주지 않으면 생성자의 매개변수인 real_과 imag_에는 디폴트 값인 0, 0이 들어갈 것입니다. `Complex c3(2, 3);`처럼 인수를 넣으면 당연히 디폴트 값 대신 2, 3이 각각 real_과 imag_에 들어가겠죠?

예제 10.10 생성자에 디폴트 매개변수 사용하기

```cpp
#include <iostream>
using namespace std;

class Complex {
public:
    Complex(double real_ = 0, double imag_ = 0) {
        real = real_;
        imag = imag_;
    }

    double GetReal() {
        return real;
    }
```

```
    void SetReal(double real_) {
        real = real_;
    }

    double GetImag() {
        return imag;
    }
    void SetImag(double imag_) {
        imag = imag_;
    }
private:
    double real;
    double imag;
};
int main() {
    Complex c1;   // real_, imag_에 해당하는 인수가 없으므로 디폴트 값으로 초기화
    Complex c2 = Complex(2, 3);
    Complex c3(2, 3);

    cout << "c1 = " << c1.GetReal() << ", " << c1.GetImag() << endl;
    cout << "c2 = " << c2.GetReal() << ", " << c2.GetImag() << endl;
    cout << "c3 = " << c3.GetReal() << ", " << c3.GetImag() << endl;
}
```

출력 결과는 전과 같으므로 생략합니다.

다음으로 생성자에서만 쓸 수 있는 특이한 기능을 하나 소개하겠습니다. 위 클래스의 생성자들이 아까처럼 오버로딩된 상태였다고 해보겠습니다.

```
Complex() {
    real = 0;
    imag = 0;
}
Complex(double real_, double imag_) {
    real = real_;
```

```
        imag = imag_;
}
```

생성자 안에 두 멤버 변수가 초기화되는 것을 볼 수가 있는데, 이렇게 생성자에서 멤버 변수를 초기화할 때는 멤버 변수들을 다음과 같이 조금 특이한 방법으로 초기화할 수 있습니다.

```
Complex() : real(0), imag(0) {
}
Complex(double real_, double imag_) : real(real_), imag(imag_) {
}
```

변수를 초기화할 때 int a = 5; 대신에 int a(5);처럼 적을 수 있다는 사실을 기억할 것입니다. 그것과 비슷한 형태로 생성자의 소괄호 부분 다음에 콜론(:)을 적고, 그다음에 쉼표로 분리해서 멤버들을 어떤 값으로 초기화할지 적으면 됩니다. (real이라는 매개변수를 0이라는 값으로 초기화하고 싶으면 real(0)과 같은 식으로…) 그리고 나면, 생성자에서 멤버 변수를 초기화하는 일은 모두 처리되었으므로 중괄호 안에는 아무것도 적지 않고 비워 놓아도 됩니다. 이런 방법을 '멤버 초기화 목록'(member initializer list)이라고 부릅니다. 중괄호를 사용해서 객체를 초기화하는 방법인 "리스트 초기화"와는 다른 것입니다. (물론 이런 용어 자체는 전혀 중요하지 않습니다.)

위와 같이 생성자의 소괄호 다음이 아닌, 생성자 내부나 다른 멤버 메서드 내에서는 저런 형태를 사용할 수 없습니다. 변수가 생성되는 동시에만(즉, 초기화할 때만) 괄호를 사용한 초기화 문법을 사용할 수 있다는 점을 고려하면 당연한 이야기입니다.

```
Complex() {
    real(0);  // 에러
    imag(0);  // 에러
}
```

매개변수와 멤버 변수의 이름이 같으면 생성자나 메서드 안에서 멤버 변수가 제대로 인식되지 않기 때문에 지금까지는 매개변수 이름에 언더스코어(_)를 붙여 구별했습니다.

```
Complex(double real, double imag) {
    real = real;  // 둘 다 멤버 변수가 아닌 매개변수인 real로 인식된다!
    imag = imag;  // 마찬가지!
}
```

```cpp
Complex(double real_, double imag_) {
    real = real_;   // 이렇게 하면 real은 멤버 변수, real_은 매개변수를 뜻하므로 구별 가능!
    imag = imag_;   // 마찬가지
}
```

그런데 멤버 초기화 목록을 사용하면 멤버 변수와 매개변수의 이름이 같아도 됩니다. 왜냐하면 real(real)이라고 썼을 때 괄호 앞의 real은 멤버 변수를 뜻할 수밖에 없기 때문입니다. 따라서 멤버 초기화 목록을 사용할 때는 다음과 같이 멤버 변수와 매개변수의 이름이 같아도 무방합니다. 이러면 괄호 앞의 real은 멤버 변수 real을, 괄호 안의 real은 매개변수 real을 뜻합니다.

```cpp
Complex(double real, double imag) : real(real), imag(imag) {
}
```

이와 비슷하게, '생성자 위임'(constructor delegation)이라고 부르는 문법도 있습니다. 이 문법에 대해서는 새로운 예제와 함께 알아보겠습니다.

다음 코드에 나와 있는 Time 클래스는 말 그대로 시간을 저장하는 데 사용하는 클래스입니다. 시, 분, 초에 해당하는 멤버 변수 h, m, s가 있고, 4가지 생성자가 있습니다. 각 생성자가 어떤 역할을 하는지는 코드를 읽어만 봐도 쉽게 알 수 있습니다. 한 가지 새로운 점은 멤버 변수와 매개변수의 이름이 같다는 것입니다 (굵게 표시한 부분). 이 경우 멤버 변수는 this 포인터를 활용해 this->s처럼, 매개변수는 그냥 s처럼 표시해 구별할 수 있습니다. 매개변수 이름 앞이나 뒤에 언더스코어(_)를 붙이는 것보다 편하고 또 많이 쓰는 방법이니 알아둡시다.

```cpp
class Time {
public:
    Time() {
        h = 0;
        m = 0;
        s = 0;
    }
    Time(int s) {
        h = 0;
        m = 0;
        this->s = s;   // this->s: 멤버 변수, s: 매개변수
    }
```

```
    Time(int m, int s) {
        h = 0;
        this->m = m;
        this->s = s;
    }
    Time(int h, int m, int s) {
        this->h = h;
        this->m = m;
        this->s = s;
    }
private:
    int h;
    int m;
    int s;
};
```

보다시피 각 생성자에 중복되는 부분이 좀 있다는 것을 확인할 수 있습니다. 이때 사용하면 좋은 것이 바로 생성자 위임입니다. 생성자 위임은 쉽게 말하면 생성자가 또 다른 생성자를 호출하는 것, 즉 생성자가 해야 할 일의 일부를 다른 생성자에게 "위임"하는 것을 말합니다. 코드를 볼까요?

```
class Time {
public:
    Time() : h(0), m(0), s(0) {
    }
    Time(int s) : Time() {
        this->s = s;
    }
    Time(int m, int s) : Time(s) {
        this->m = m;
    }
    Time(int h, int m, int s) : Time(m, s) {
        this->h = h;
    }
private:
    int h;
    int m;
```

```
    int s;
};
```

앞에서 본 멤버 초기화 목록과 모양이 비슷하지만, 멤버 변수에 값을 넣는 것이 아니라 생성자를 호출하고 있습니다.

예를 들어 Time(3, 4)를 호출했다고 가정해 보겠습니다. 그러면 세 번째 오버로딩된 생성자(Time(int, int))가 호출되고, 매개변수인 m에는 3, s에는 4가 들어갈 것입니다. 그런데 이 **생성자의 본문이 실행되기 전에 콜론(:) 옆에 있는 Time(s) 생성자를 먼저 호출합니다.** 따라서 다시 두 번째 생성자 Time(int s)에서 매개변수 s에 4가 들어가고, Time() 생성자를 호출합니다. Time() 생성자 안에서는 h, m, s가 모두 0으로 초기화된 후 종료되면 그제서야 Time(int s) 생성자의 본문이 실행됩니다. 따라서 this->s가 4로 초기화되고, 마지막으로 Time(int, int) 생성자의 본문이 실행되어 this->m이 3으로 초기화됩니다. 말로 해서 어렵지만, 그림을 보면 이해될 것입니다. 호출 및 실행 순서가 동그라미 안의 숫자로 표현되어 있습니다.

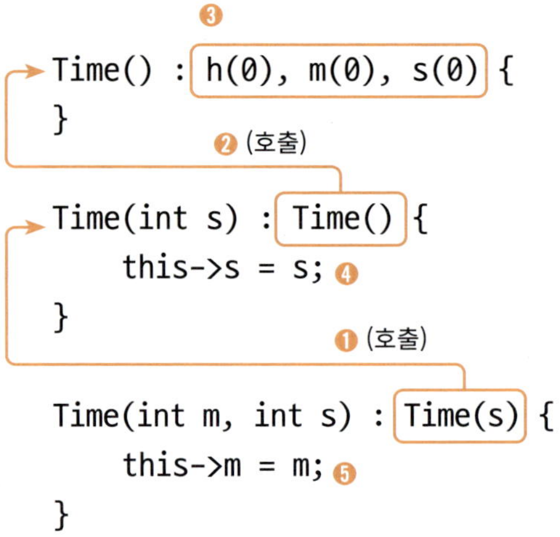

```
    Time() : h(0), m(0), s(0) {   ❸
    }
                       ❷ (호출)
    Time(int s) : Time() {
        this->s = s;   ❹
    }
                       ❶ (호출)
    Time(int m, int s) : Time(s) {
        this->m = m;   ❺
    }
```

그림 10.9 생성자 위임의 호출과 실행 순서

나머지 생성자들도 어떤 식으로 작동할지는 같은 방법으로 생각해보면 알 수 있을 것입니다.

이렇게 C++에서는 생성자를 다양한 방법으로 사용할 수 있습니다. 상황에 따라 이 방법 중 가장 편하고 알아보기 쉬운 방법을 택해서 사용하면 됩니다.

10.6 정적 멤버

다음 코드를 잠깐 볼까요?

```
class A {
public:
    int x;
    void y() {}
};
int main() {
    A a, b;
}
```

이 코드에서 멤버 변수 x는 총 몇 개가 만들어질까요? 객체가 2개 만들어졌으니 x는 a.x와 b.x, 이렇게 2개가 만들어질 것입니다. 지금까지 알아본 모든 멤버는 이렇게 어떤 "객체"에 "소속"되어 있는 형태였습니다. 객체를 만들지 않으면 멤버 변수도 존재하지 않고, 객체를 만들 때마다 새로운 멤버 변수가 생깁니다. 또 멤버 메서드의 경우에도 객체를 만들지 않으면 사용할 수 없고, 객체 단위로 작동합니다. 따라서 (엄밀히 말하면 객체 자체에 메서드가 들어가 있는 것은 아니지만) 메서드도 객체에 포함되어 있는 것처럼 생각할 수 있습니다. 중요한 것은 지금까지 만든 멤버들은 **어떤 한 객체에 소속되어 있다**는 것입니다.

그런데 멤버를 객체 소속이 아니라 클래스 소속으로 만들 수도 있습니다. 그것을 바로 정적 멤버라고 부릅니다. 즉, 정적 멤버 변수가 있고 정적 멤버 메서드가 있는데, 일단 정적 멤버 메서드부터 자세히 다뤄보겠습니다.

10.6.1 정적 멤버 메서드

다음 코드에는 색깔을 저장하는 클래스 `Color`가 구현되어 있습니다. 컴퓨터로 색깔을 표현할 때는 보통 빨간 빛(R), 초록빛(G), 파란빛(B) 각각의 양으로 나타냅니다. 예를 들어 노란색을 표현하기 위해서는 R, G, B 값을 각각 1, 1, 0으로 설정하면 됩니다. (여기서는 각 빛의 양이 0~1 사이의 실숫값을 가진다고 하겠습니다.)

이 클래스와 더불어 `MixColors`라는 함수도 만들어 보겠습니다. 이 함수는 말 그대로 두 색을 "섞은" 색을 리턴합니다. 즉, 두 색깔을 입력받아 각 색깔끼리 R값, G값, B값을 각각 평균 낸 새로운 색을 리턴합니다. 예를 들어 한 색깔의 R값이 0.8이고, 나머지 한 색깔의 R값이 0.2였다면 이 함수가 리턴하는 새로운 색깔의 R값은 이 둘의 평균인 0.5가 됩니다.

```
class Color {
public:
    Color() : r(0), g(0), b(0) { }
    Color(float r, float g, float b) : r(r), g(g), b(b) { }

    float GetR() {
        return r;
    }
    float GetG() {
        return g;
    }
    float GetB() {
        return b;
    }
private:
    float r;
    float g;
    float b;
};
Color MixColors(Color a, Color b) {
    Color result((a.GetR()+b.GetR())/2, (a.GetG()+b.GetG())/2, (a.GetB()+ b.GetB())/2);
    return result;
}
```

굵게 표시한 부분은 다음과 같이 한꺼번에 적을 수도 있습니다.

```
Color MixColors(Color a, Color b) {
    return Color((a.GetR()+b.GetR())/2, (a.GetG()+b.GetG())/2, (a.GetB()+ b.GetB())/2);
}
```

그러면 main 함수에서는 두 개의 Color 객체를 만들어서 MixColors 함수를 호출해 두 색을 섞은 새로운 색을 얻어올 수 있습니다.

```
Color red = Color(1, 0, 0);
Color blue = Color(0, 0, 1);
Color purple = MixColors(red, blue);
```

여기서 이 MixColors라는 함수는 Color 클래스와 아주 밀접한 관련이 있습니다. 왠지 MixColors 함수를 클래스 내부에 두면 좋겠다는 생각이 들지 않나요? 그래서 다음과 같이 클래스 안에 멤버 메서드로 만들어 보겠습니다.

```
class Color {
public:
    Color() : r(0), g(0), b(0) { }
    Color(float r, float g, float b) : r(r), g(g), b(b) { }

    float GetR() {
        return r;
    }
    float GetG() {
        return g;
    }
    float GetB() {
        return b;
    }

    Color MixColors(Color a, Color b) {
        return Color((a.GetR()+b.GetR())/2, (a.GetG()+b.GetG())/2, (a.GetB()+b.GetB())/2);
    }
private:
    float r;
    float g;
    float b;
};
```

이렇게 했을 때의 한 가지 장점은 일단 Color 클래스 내부이므로 private 멤버에 접근할 수 있다는 것입니다.

```
Color MixColors(Color a, Color b) {
    return Color((a.r + b.r)/2, (a.g + b.g)/2, (a.b + b.b)/2);
}
```

그렇지만 또 다른 문제가 생깁니다. 이 함수는 클래스 안에 들어 있는 메서드죠? 그런데 메서드를 호출하기 위해서는 Color 타입을 가지는 객체를 이용해야 합니다. 예를 들자면 다음과 같이 되겠죠?

```
Color red = Color(1, 0, 0);
Color blue = Color(0, 0, 1);
Color purple = red.MixColors(red, blue);
```

그런데 이런 표현은 별로 깔끔해 보이지 않습니다. 물론 다음과 같이 자기 자신(this)과 매개변수로 받은 다른 색(other)을 섞은 새로운 색을 리턴하도록 메서드를 수정할 수도 있습니다. (메서드 이름도 뉘앙스에 맞게 살짝 바꿨습니다.) 물론 아래 코드에서 this-> 부분은 생략할 수 있습니다. (this->r이나 r이나 같은 표현이라 했죠?)

```
Color MixWith(Color other) {
    return Color((this->r + other.r)/2, (this->g + other.g)/2, (this->b + other.b)/2);
}
```

그러고 나서 다음과 같이 호출하면 됩니다. 이것도 나쁘지 않은 방법이지만 지금 상황에서는 완벽한 해결책은 아닌 것 같습니다.

```
Color purple = red.MixWith(blue);
```

문제점을 요약해 보자면, 두 색깔을 섞는 역할을 하는 MixColors 함수는 Color 클래스 내부에 있으면 좋겠지만 그렇게 했을 때 **어떤 "객체를 통해" 이 함수를 호출해야만 하는 상황이 썩 깔끔하지는 않다는 것입니다.**

이때 사용할 만한 좋은 방법이 바로 이 메서드를 '정적'(static)으로 만들어주는 것입니다. 지금까지는 모든 멤버들이 객체 단위로 작동했죠? 예를 들어 Color 타입의 어떤 객체 a를 만들어서 a.GetR()이라는 함수를 호출하면 a라는 객체 안에 들어 있는 a.r의 값이 리턴됩니다. 그런데 정적 멤버는 객체에 "소속"되어 있지 않습니다. 다시 말해, 만약 정적이 아닌 a.GetR() 메서드를 호출하면 a의 주솟값이 숨겨진 this라는 매개변수로 넘어갑니다. (앞서 메서드를 호출하면 보이지 않는 this라는 매개변수가 넘어간다고 한 적이 있었죠?) 그에 반해 객체에 소속되어 있지 않은 정적 멤버 메서드는 메서드를 호출할 때 this 포인터가 넘어가지 않는다는 뜻입니다. 따라서 정적 메서드는 애초에 객체 없이도 실행할 수 있습니다.

그럼 정적 메서드를 만들어 볼까요? 일반적인 메서드를 만들듯이 클래스 안에 넣어주되 앞에 **static**이라는 키워드만 붙이면 메서드가 static으로 선언됩니다.

```
static Color MixColors(Color a, Color b) {
    return Color((a.r + b.r)/2, (a.g + b.g)/2, (a.b + b.b)/2);
}
```

정적 메서드는 객체에 "소속"되어 있지 않기 때문에 **this** 포인터가 넘어가지도, 존재하지도 않습니다. 따라서 "자기 자신"의 멤버라는 개념이 정적 메서드에서는 존재하지 않습니다. 위의 **MixWith** 메서드와 비교해보자면 정적 메서드에서는 **this->r** 또는 그냥 **r**과 같은 표현 자체를 쓸 수 없고, 그런 개념 자체가 애초에 말이 되지 않는다는 뜻입니다.

정적 메서드는 객체를 통해서가 아닌, 클래스 이름을 통해 호출할 수 있습니다.

```
Color purple = Color::MixColors(red, blue);
```

어떻게 보면 **정적 메서드는 클래스 이름을 네임스페이스로 하는 전역 함수처럼 생각할 수도 있습니다**. 하지만 클래스 내부에 선언되어 있기 때문에 전역 함수와 달리 매개변수로 받은 두 색깔의 **private** 멤버들(**float r, g, b**)까지도 접근할 수 있습니다.

그러면 위 코드의 클래스와 **main** 함수도 작성해서 실행해 보겠습니다.

예제 10.11 색깔 저장 클래스에서 두 색을 섞는 정적 멤버 메서드를 만들고 사용하기

```
#include <iostream>
using namespace std;

class Color {
public:
    Color() : r(0), g(0), b(0) { }
    Color(float r, float g, float b) : r(r), g(g), b(b) { }

    float GetR() {
        return r;
    }
    float GetG() {
        return g;
```

```cpp
    }
    float GetB() {
        return b;
    }

    static Color MixColors(Color a, Color b) {
        return Color((a.r + b.r) / 2, (a.g + b.g) / 2, (a.b + b.b) / 2);
    }
private:
    float r;
    float g;
    float b;
};

int main() {
    Color red = Color(1, 0, 0);
    Color blue = Color(0, 0, 1);
    Color purple = Color::MixColors(red, blue);

    cout << red.GetR() << ", " << red.GetG() << ", " << red.GetB() << endl;
    cout << blue.GetR() << ", " << blue.GetG() << ", " << blue.GetB() << endl;
    cout << purple.GetR() << ", " << purple.GetG() << ", " << purple.GetB() << endl;
}
```

```
출력 결과
1, 0, 0
0, 0, 1
0.5, 0, 0.5
```

10.6.2 정적 멤버 변수

다음으로 정적 멤버 변수에 대해 알아보겠습니다. 정적 멤버 변수는 "객체"에 포함되어 있지 않기 때문에 객체를 새로 만든다고 해서 새로 생겨나지 않고, 객체를 하나도 만들지 않아도 존재합니다. 정적 멤버 변수도 다음과 같이 앞에 static 키워드를 붙여 선언할 수 있습니다.

```
static int a;
```

그렇게 하면 a라는 멤버 변수는 객체 소속이 아닌 클래스 소속인 정적 멤버가 됩니다. 그럼 정적 멤버 변수는 어디에 쓸 수 있을까요?

예를 들어, 앞의 Color 클래스에 id라는 새로운 멤버 변수를 하나 만들어서 객체가 하나씩 생길 때마다 1, 2, 3, …과 같은 식으로 일련번호를 매기고 싶다고 해보겠습니다. 즉, 처음 만들어진 Color 타입의 객체는 id가 1, 두 번째 만들어진 Color 타입의 객체는 id가 2가 되는 식입니다.

```
class Color {
public:
    // ...
private:
    int id;
    float r;
    float g;
    float b;
};
```

이럴 때 할 수 있는 가장 쉬운 방법은 다음번에 Color 객체를 만들 때 id 값이 어떻게 되어야 하는지를 저장하는 전역 변수를 만드는 것입니다. 이런 변수를 idCounter라고 하겠습니다.

```
int idCounter = 1;
```

그렇게 해놓고 생성자에서 다음과 같은 작업을 해주면 idCounter가 하나씩 늘어나면서 생성자가 호출될 때마다 일련번호가 매겨지겠죠?

```
Color(float r, float g, float b) : r(r), g(g), b(b) {
    id = idCounter;
    idCounter++;
}
```

또는 좀 더 간단하게 다음과 같이 쓸 수도 있습니다. 후치 증가 연산자 기억나시죠?

```
Color(float r, float g, float b) : r(r), g(g), b(b) {
    id = idCounter++;
}
```

또는 아예 다음과 같이도 쓸 수 있겠죠?

```
Color(float r, float g, float b) : r(r), g(g), b(b), id(idCounter++) { }
```

물론 이렇게만 해놓고 실행해서 id가 제대로 매겨지는지 확인해봐도 실제로 잘 작동하는 것을 관찰할 수 있을 것입니다. 그런데 한 가지 관찰할 수 있는 사실은 idCounter가 지금 전역 변수로 선언되어 있지만, 클래스 외부에서는 쓰일 일이 없다는 것입니다. 프로그램의 규모가 커질수록 이렇게 전역 변수를 많이 사용하는 것은 바람직하지 않습니다. (물론 네임스페이스를 사용하면 이름 충돌의 문제는 어느 정도 해결할 수 있습니다.) 하지만 idCounter라는 변수는 Color 클래스와 밀접한 관련이 있고 클래스 밖에서는 사용할 일이 없기 때문에 idCounter를 Color 클래스 안의 정적 멤버 변수로 선언하는 것을 고려해볼 수 있습니다.

```
class Color {
public:
    // ...

private:
    static int idCounter;

    // ...
};
```

일단은 idCounter에 초깃값을 주지 않은 상태에서(실제로 지금 단계에서 초깃값을 주려고 하면 에러가 납니다) 무슨 일이 일어났는지를 보겠습니다.

정적 멤버는 객체와는 관련이 없다는 것을 다시 한번 명심합시다. 그러니까 idCounter의 경우도 Color 타입의 어떤 "객체"에 포함되어 있는 형태가 아닌 것입니다. 객체에 소속되어 있지는 않지만, Color 클래스에는 소속되어 있기 때문에 정적 멤버 메서드와 비슷하게 일종의 Color가 네임스페이스인 전역 변수처럼 생각할 수 있습니다.

이제 idCounter를 초기화하는 방법을 알아보겠습니다. 먼저 다음과 같이 클래스 내부에서 초깃값을 주려고 하면 에러가 납니다. 그 이유는 클래스 내부에서 등호(=)를 사용해 초기화하는 것은 **객체가 생성될 때 초**

기화하라는 것을 의미하기 때문입니다. 그런데 정적 멤버 변수는 객체의 생성과는 무관하게 존재해야 하므로 이런 방법으로는 초기화할 수가 없는 것입니다.

```cpp
class Color {
public:
    // ...

private:
    static int idCounter = 1;   // 에러!

    // ...
};
```

대신 조금 이상할 수 있지만, 정적 멤버 변수는 아래에 굵게 표시한 줄과 같은 방법으로 초기화할 수 있습니다. main 함수 안에 적는 것이 아니라 전역 범위에 작성해야 한다는 점에 주의합시다.

```cpp
class Color {
public:
    // ...

private:
    static int idCounter;

    // ...
};

int Color::idCounter = 1;
```

일반 전역 변수를 "초기화한다"라고 하면 int a = 1;과 같이 선언(int a)과 대입(a = 1)을 동시에 하는 것을 말합니다. 초기화는 단순 대입과 다릅니다. 초기화(int a = 1;)는 **새로운 변수를 만들고** 값을 대입하는 것을 말하지만, 단순 대입(a = 1;)은 **이미 만들어진** 변수에 값만 새로 집어넣는 것입니다.

정적 멤버 변수의 초기화도 비슷하지만 클래스 이름을 네임스페이스로 갖는 전역 변수처럼 생각할 수 있다고 했으므로 형태가 int *클래스이름*::*변수이름* = 1;과 같이 되는 것이죠. 또 앞에 int가 붙어 있는 점에 주목합시다. int가 없었다면 단순히 값을 대입하는 것을 의미하지만, 그게 아니라 앞에 int를 붙여 정적 변수를 "초기화"한 것임을 강조합니다.

정적 멤버는 private이든 public이든 상관없이 초기화할 수 있습니다. 하지만 단순 대입은 그렇지 않습니다. 예를 들어, 다음과 같이 main 함수 내부에서 idCounter의 값을 바꾸려고 하면 idCounter의 접근 제어자가 private이기 때문에 에러가 납니다.

```cpp
int main() {
    Color::idCounter = 1;   // 정적 멤버라도 private이면 단순 대입은 하지 못한다!!
}
```

설명이 조금 길었네요. 이제 완성된 코드를 보겠습니다. 더 이상 별도로 설명할 내용은 없어 보입니다.

예제 10.12 정적 멤버 변수를 사용하여 객체에 일련번호 매기기

```cpp
#include <iostream>
using namespace std;

class Color {
public:
    Color() : r(0), g(0), b(0), id(idCounter++) { }
    Color(float r, float g, float b) : r(r), g(g), b(b), id(idCounter++) { }

    int GetId() { return id; }
    float GetR() { return r; }
    float GetG() { return g; }
    float GetB() { return b; }

    static Color MixColors(Color a, Color b) {
        return Color((a.r + b.r) / 2, (a.g + b.g) / 2, (a.b + b.b) / 2);
    }

private:
    static int idCounter;

    int id;
    float r, g, b;
};

int Color::idCounter = 1;
```

```
int main() {
    Color red = Color(1, 0, 0);
    Color blue = Color(0, 0, 1);
    Color purple = Color::MixColors(red, blue);

    cout << red.GetId() << endl;
    cout << blue.GetId() << endl;
    cout << purple.GetId() << endl;
}
```

출력 결과
```
1
2
3
```

10.7 상수형 메서드

8.1.1절에서 const 키워드를 사용해 상수를 만드는 방법을 알아보았습니다. 예를 들어 int a 앞에 const를 붙이면 a는 상수로 선언되어 처음 초기화된 값을 그대로 유지하고 다른 값을 새로 대입할 수 없습니다.

ii9ZAOxlOU0

```
const int a = 10;
// ...
a = 20;   // 에러!
```

또 함수의 매개변수에 const 키워드를 붙일 수도 있었습니다. 여기서 말한 함수에는 사실 일반적인 함수나 클래스 안의 메서드와 생성자도 포함됩니다.

하지만 const의 또 다른 쓰임새가 있습니다. 바로 멤버 메서드를 상수형으로 지정할 수 있다는 것입니다. 메서드가 상수형이라는 건 무슨 뜻일까요? 우선 어떤 형태인지 보겠습니다.

```
리턴_타입 메서드_이름(매개변수...) const {
    ...
}
```

메서드의 소괄호 뒤에 const를 적으면 됩니다. 메서드가 상수형이라는 것은 메서드 내부에서 자기 객체 (*this)의 멤버를 바꿀 수 없다는 것을 의미합니다.

다음 코드의 클래스는 어떤 은행 계좌의 예금과 출금을 담당하는 클래스라고 해보겠습니다. (물론 실제 은행에서는 이렇게 단순할 리는 없겠죠?) money라는 매개변수 안에는 계좌 잔액이 저장되고, Deposit과 Draw 메서드를 통해 각각 예금과 출금을 할 수 있습니다.

```cpp
class Account {
public:
    Account() : money(0) { }
    Account(int money) : money(money) { }

    void Deposit(int d) {
        money += d;
        cout << d << "원을 예금했다!!" << endl;
    }
    void Draw(int d) {
        if (money - d >= 0) {
            money -= d;
            cout << d << "원을 인출했다!!" << endl;
        }
    }
    int GetMoney() {   // 계좌 잔액을 리턴
        return money;
    }

private:
    int money;
};
```

위 코드에 별문제가 있는 것은 아닙니다. 그런데 개발자가 실수로 GetMoney 메서드를 다음과 같이 잘못 작성했다면 어떻게 될까요?

```cpp
int GetMoney() {
    money++;
    return money;
}
```

328   두들낙서의 C/C++ 한꺼번에 배우기

이제 은행에는 큰 문제가 생겼습니다. GetMoney를 호출할 때마다 계좌의 잔고가 1원씩 올라갑니다. 이 버그를 발견한 어떤 이용자가 계좌 잔액을 계속 조회하기만 해도 계좌 잔액이 늘어날 것입니다.

클래스를 설계하다 보면 메서드 중에 객체의 상태를 바꾸지 않고 읽어오기만 하는 것들이 꽤 있다는 사실을 발견할 수 있습니다. 대표적인 것이 바로 위와 같은 get 함수입니다. 이런 경우에 메서드를 상수형으로 만들면 위와 같은 어이없는 버그를 예방할 수 있습니다. 상수형 메서드 안에서 객체의 멤버 변수를 다른 값으로 바꾸려고 하면 컴파일 에러가 납니다.

```
int GetMoney() const {      // 상수형 메서드
    money++;                // 컴파일 에러!!
    return money;
}
```

따라서 에러를 통해 객체의 상태가 바뀌는 것을 예방할 수 있습니다.

물론 웬만한 개발자라면 이렇게까지 어이없는 실수는 하지 않을 것입니다. 하지만 아무리 꼼꼼한 사람이라도 언제 어떻게 실수를 할지 모르기 때문에 상식적으로 const를 붙일 수 있는 곳에는 최대한 붙이는 게 좋습니다. 그보다도 중요한 사실은 객체를 상수형으로 선언한 경우에는 상수형 메서드만 호출할 수 있다는 점입니다. 이는 상수형 메서드를 쓸 수 있는 곳에 최대한 상수형 메서드를 쓰면 좋은 또 다른 이유입니다.

```
const Account doodle;
doodle.Deposit(50);    // doodle은 상수이므로 상수형이 아닌 메서드를 호출할 수 없다!
cout << doodle.GetMoney() << endl;   // GetMoney는 상수형 메서드이므로 호출할 수 있다!
```

또 한 가지 팁은, Deposit과 Draw 메서드의 매개변수인 d 역시 실수로 메서드 내에서 다른 값으로 바뀐다면 위험해질 수 있다는 점입니다. 따라서 이런 값도 웬만하면 상수로 선언하면 좋겠죠?

```
void Deposit(int d) {
    d = money;
    money += d;
    cout << d << "원을 예금했다!!" << endl;
}
```

```
void Deposit(const int d) {
    d = money;    // 컴파일 에러!!
```

```
        money += d;
        cout << d << "원을 예금했다!!" << endl;
}
```

10.8 메서드 선언과 정의 분리하기

6.6절에서 프로토타입을 사용해 함수의 선언과 정의를 분리해 보았습니다. 이번 절에서는 멤버 메서드의 선언과 정의를 분리하는 방법을 알아보겠습니다.

이번에 살펴볼 예제에서는 벡터를 저장하는 클래스를 만들어 보겠습니다. 벡터라 해서 당황하지 맙시다. 벡터란 간단히 말하면 여러 개의 실수를 묶어놓은 것을 말합니다. (크기와 방향을 갖는 물리량이라고 배웠다면 그것도 맞는 말이지만 그 정의는 잠시 잊어버립시다.) 예를 들어 (2, 3)은 두 개의 실수를 묶어놓은 벡터입니다. 이때 2와 3을 각각 이 벡터의 "성분"이라고 부릅니다. 예제에서는 이렇게 성분이 2개인 벡터를 만들어볼 것입니다. 이렇게 각 성분을 x와 y라 하고, 다음과 같이 클래스를 만들어보겠습니다.

```
// 성분이 2개인 벡터를 저장하는 클래스
class Vector2 {
public:
    Vector2() : x(0), y(0) {}
    Vector2(float x, float y) : x(x), y(y) {}

    float GetX() const { return x; }   // get 함수는 상수형 메서드로 선언 가능
    float GetY() const { return y; }

private:
    float x, y;
};
```

여기까지는 어려운 부분이 없죠? 이제 클래스 안에 들어 있는 생성자와 메서드를 선언만 남겨놓고 정의는 따로 분리해 보겠습니다. 우선 코드를 먼저 보고, 아래에 이어서 설명하겠습니다.

```
// 선언 부분
class Vector2 {
```

```
public:
    Vector2();
    Vector2(float x, float y);

    float GetX() const;
    float GetY() const;

private:
    float x, y;
};

// 정의 부분
Vector2::Vector2() : x(0), y(0) {}
Vector2::Vector2(float x, float y) : x(x), y(y) {}

float Vector2::GetX() const { return x; }
float Vector2::GetY() const { return y; }
```

코드를 보면 알 수 있듯이 선언만 클래스 안에 하고, **정의는 클래스 밖에서** 했습니다. 조금 특이하죠? 그리고 이전에 클래스 이름을 네임스페이스처럼 볼 수 있다고 했는데, 이때도 똑같은 원리가 적용됩니다. 생성자, 소멸자, 또는 멤버 메서드의 정의를 따로 분리해 적을 때는 이름 앞에 `Vector2::`와 같이 클래스 이름을 써야 합니다. 주의할 점은 생성자나 소멸자는 리턴 타입이 없으므로 `Vector2::Vector2()`처럼 그냥 이름 앞에 붙이면 되지만 메서드의 경우에는 `float Vector2::GetX()`처럼 리턴 타입 뒤, 그리고 메서드 이름 앞에 네임스페이스를 적어야 한다는 사실입니다.

생성자의 선언을 보면 `Vector2()`처럼 생성자 이름과 괄호, 그리고 멤버 변수만 놔두고, 중괄호 안의 내용과 멤버 초기화 목록이 정의 부분으로 옮겨진 것을 볼 수 있습니다. 그다음 get 함수들을 살펴보면 C에서 했던 방식과 거의 같지만 `const`는 선언부에도 쓰여 있는 것을 볼 수 있네요. 선언 부분에 적어야 할 내용은 "함수가 어떤 모양으로 생겼는지"이고, 정의 부분에서 적어야 할 것은 "함수가 어떤 일을 하는지"입니다. 그런 시각으로 보면 이해하기 편할 것입니다.

우선 여기까지 잘 되는지 간단한 `main` 함수를 작성해 실행해볼까요? 함수 정의는 `main` 함수 아래에 두겠습니다.

예제 10.13 생성자와 메서드의 선언과 정의 분리하기

```cpp
#include <iostream>
using namespace std;

class Vector2 {
public:
    Vector2();
    Vector2(float x, float y);
    float GetX() const;
    float GetY() const;

private:
    float x, y;
};

int main() {
    Vector2 a(2, 3);
    cout << "a = (" << a.GetX() << ", " << a.GetY() << ")" << endl;
}

Vector2::Vector2() : x(0), y(0) {}
Vector2::Vector2(float x, float y) : x(x), y(y) {}
float Vector2::GetX() const { return x; }
float Vector2::GetY() const { return y; }
```

출력 결과
```
a = (2, 3)
```

10.9 연산자 오버로딩

그동안 기본 타입(int, double 등)에 +, -, *, /과 같은 연산자를 사용하여 사칙연산을 해왔습니다. 그런데 앞 절에서 만들어본 Vector2와 같은 타입은 이런 연산자들을 사용하여 사칙연산을 할 수가 없습니다. '연산자 오버로딩'(operator overloading)이란 이처럼 원래는 연산이 되지 않는 타입끼리의 연산자를 새로 정의하는 것을 말합니다. 이 기능을 사용하면 앞에서 알아본 벡터 클래스의 객체끼리도 +, - 등의 연산자를 사용하여 사칙연산을 할 수 있게 됩니다.

10.9.1 멤버 메서드로 객체끼리 연산하기

연산자 오버로딩에 대해 알아보면서 벡터에서의 사칙연산에 대해 소개하겠습니다. 사칙연산을 어떻게 하는지에 대해서만 알아보고, 절대로 어려운 수학 내용까지 들어가지는 않을 테니 벡터를 몰라도 "아, 이렇게 하는 거구나." 하고 넘어가면 됩니다.

벡터 두 개는 더하고 뺄 수 있습니다. 이때는 각 성분끼리 더하거나 빼면 됩니다. 예를 들어 (2, 3) + (5, 6)을 하고 싶으면 각 벡터의 첫 번째 성분인 2와 5를 더하고, 두 번째 성분인 3과 6을 더한 다음, 각각을 원소로 갖는 벡터를 만들면 됩니다. 그러니까 (2, 3) + (5, 6) = (2+5, 3+6) = (7, 9)라고 할 수 있습니다. 뺄셈도 마찬가지로 할 수 있겠죠?

앞에서 만든 벡터 클래스에 이렇게 덧셈과 뺄셈을 할 수 있는 기능을 추가하면 좋을 것 같습니다. 어떻게 할 수 있을까요?

한 가지 방법은 그냥 다음과 같이 두 벡터를 더해 리턴하는 역할을 하는 전역 함수를 사용하는 것입니다. 별로 어렵지 않죠?

```
// 전역 함수 사용
Vector2 Sum(Vector2 a, Vector2 b) {
    return Vector2(a.GetX() + b.GetX(), a.GetY() + b.GetY());
}
```

```
// main 함수 내부
Vector2 a = Sum(Vector2(2, 3), Vector2(5, 6));
```

main 함수에서는 두 개의 Vector2 객체를 새로 만들어(Vector2(2, 3)과 Vector2(5, 6)) Sum 함수의 인수로 넣어줍니다.

물론 정적 멤버 단원에서 알아본 대로 전역 함수 대신 정적 메서드를 활용해도 됩니다. 이 내용이 잘 이해되지 않는다면 10.6.1절을 다시 읽어보고 오기 바랍니다.

```
// 정적 메서드 사용
class Vector2 {
public:
    // ...
    static Vector2 Sum(Vector2 a, Vector2 b) {
```

```
        return Vector2(a.x + b.x, a.y + b.y);
    }
    // ...
};
```

```
// main 함수 내부
Vector2 a = Vector2::Sum(Vector2(2, 3), Vector2(5, 6));
```

또 다음과 같은 방법도 있습니다. 이번에는 메서드가 정적이 아니라는 점에 주의합시다. this와 other에 해당하는 두 벡터를 더하는 것입니다. 앞에서 비슷한 것을 한 적이 있죠? 굳이 뭐 하러 이렇게 하나 싶겠지만 연산자 오버로딩과 밀접한 관련이 있으니 알아두도록 합시다. (이름도 일부러 다르게 썼습니다.)

```
// 일반 메서드 사용
class Vector2 {
public:
    // ...
    Vector2 Add(Vector2 other) {
        return Vector2(x + other.x, y + other.y);
    }
    // ...
};
```

```
// main 함수 내부
Vector2 a(2, 3), b(5, 6);
Vector2 c = a.Add(b);
```

좀 기괴할 수도 있지만 위의 표현을 그냥 다음과 같이 적을 수도 있습니다.

```
Vector2 c = Vector2(2, 3).Add(Vector2(5, 6));
```

우선 여기까지 이렇게 3가지 함수만 추가해보고 실행해 볼까요? 완성된 코드는 다음과 같습니다. 덤으로 메서드는 선언과 정의를 분리했습니다. 부연 설명이 필요할 수도 있는 부분은 주석으로 표시해 두겠습니다.

예제 10.14 다양한 형태의 함수를 사용하여 객체끼리 연산해보기

```cpp
#include <iostream>
using namespace std;

/***************** 클래스 정의 *****************/

class Vector2 {
public:
    Vector2();
    Vector2(float x, float y);
    float GetX() const;
    float GetY() const;
    static Vector2 Sum(Vector2 a, Vector2 b);   // 정적 메서드 선언
    Vector2 Add(Vector2 other);                 // 일반 메서드 선언

private:
    float x, y;
};
Vector2 Sum(Vector2 a, Vector2 b);              // 전역 함수 선언

/***************** main 함수 *****************/

int main() {
    Vector2 a(2, 3), b(5, 6);
    Vector2 c1 = Sum(a, b);            // 전역 함수 호출
    Vector2 c2 = Vector2::Sum(a, b);   // 정적 메서드 호출
    Vector2 c3 = a.Add(b);             // 일반 메서드 호출

    cout << "c1 = (" << c1.GetX() << ", " << c1.GetY() << ")" << endl;
    cout << "c2 = (" << c2.GetX() << ", " << c2.GetY() << ")" << endl;
    cout << "c3 = (" << c3.GetX() << ", " << c3.GetY() << ")" << endl;
}

/***************** 함수 정의 *****************/

Vector2::Vector2() : x(0), y(0) {}
Vector2::Vector2(float x, float y) : x(x), y(y) {}
float Vector2::GetX() const { return x; }
float Vector2::GetY() const { return y; }
```

```cpp
// 정적 메서드 정의
// Tip: 정적 메서드의 정의에서는 static 키워드를 붙일 필요가 없다.
Vector2 Vector2::Sum(Vector2 a, Vector2 b) {
    return Vector2(a.x + b.x, a.y + b.y);
}
// 일반 메서드 정의
Vector2 Vector2::Add(Vector2 other) {
    return Vector2(x + other.x, y + other.y);
}
// 전역 함수 정의
Vector2 Sum(Vector2 a, Vector2 b) {
    return Vector2(a.GetX() + b.GetX(), a.GetY() + b.GetY());
}
```

```
G:\ 출력 결과
c1 = (7, 9)
c2 = (7, 9)
c3 = (7, 9)
```

벡터의 뺄셈을 구현하는 것은 과제로 남겨두겠습니다. (덧셈에서 + 기호를 -로만 고치면 되겠죠?) 지금 중요한 것은 이런 식으로 메서드를 사용해서 객체끼리 연산할 수 있다는 사실입니다. 세 가지 방법 모두 알아 둡시다.

10.9.2 사칙연산자 오버로딩

https://youtu.be/BavSqcfb9Ns

지금까지 진행된 상황을 요약하면, Vector2 클래스에 덧셈과 뺄셈 기능이 추가되었습니다. 그 방식으로는 함수(메서드)를 사용합니다. 하지만 우리가 원하는 것은 그렇게 복잡하게 하지 않고 Vector2 객체에 +, - 연산자를 직접 사용하는 것입니다. 연산자를 오버로딩하면 이런 것이 가능해집니다.

그러면 + 연산자를 먼저 오버로딩해 보겠습니다. 이때 해야 할 일은 단순합니다. 멤버 메서드 가운데 Add라는 함수가 있었죠? 그 이름만 operator+라는 특별한 이름으로 바꾸면 됩니다.

```cpp
// 선언
class Vector2 {
public:
```

```
    ...
    Vector2 operator+(Vector2 other);
    ...
};

// 정의
Vector2 Vector2::operator+(Vector2 other) {
    return Vector2(x + other.x, y + other.y);
}
```

그러고 나면 main 함수에서 실제로 a + b라고 써도 에러가 나지 않는 것을 확인할 수 있습니다.

```
Vector2 a(2, 3), b(5, 6);
Vector2 c = a + b;
cout << "c = (" << c.GetX() << ", " << c.GetY() << ")" << endl;
```

이것이 가능한 이유는 생각보다 단순합니다. 사실 operator+라는 이름이 특별히 약속된 이름이긴 하지만 그 자체도 사실은 하나의 메서드 이름처럼 볼 수 있습니다. 그러니까 원래처럼 operator+를 그냥 일반적인 메서드 이름이라 생각했다면 다음과 같이 쓸 수 있었겠죠?

```
Vector2 c = a.operator+(b);
```

실제로 이렇게 작성하고 실행해봐도 아무 문제가 없습니다. 그런데 이 operator+라는 메서드를 정의하면 a.operator+(b)라고 쓰지 않고 그냥 a + b라고만 적어도 같은 의미가 되게끔 특별히 약속한 것이죠. 즉, **형태적으로는 a + b라고 쓴다고 해도 실제로는 a.operator+(b)라는 메서드가 호출되는 것입니다**. 그래서 사실 특별한 형태로 호출할 수 있을 뿐, 연산자도 실상은 메서드인 셈이죠.

그러면 뺄셈 연산자까지 구현해서 main 함수에서 간단히 테스트해보겠습니다. 추가로 const 키워드도 붙일 수 있는 곳에 붙여보겠습니다. a, b 모두 덧셈/뺄셈 연산을 하는 동안 값이 바뀌면 안 되겠죠?

예제 10.15 덧셈, 뺄셈 연산자 오버로딩해보기

```
#include <iostream>
using namespace std;

class Vector2 {
```

```cpp
public:
    Vector2();
    Vector2(float x, float y);
    float GetX() const;
    float GetY() const;
    Vector2 operator+(const Vector2 other) const;
    Vector2 operator-(const Vector2 other) const;

private:
    float x, y;
};

int main() {
    Vector2 a(2, 3), b(5, 6);
    Vector2 c1 = a + b;
    Vector2 c2 = a - b;

    cout << "c1 = (" << c1.GetX() << ", " << c1.GetY() << ")" << endl;
    cout << "c2 = (" << c2.GetX() << ", " << c2.GetY() << ")" << endl;
}

Vector2::Vector2() : x(0), y(0) {}
Vector2::Vector2(float x, float y) : x(x), y(y) {}
float Vector2::GetX() const { return x; }
float Vector2::GetY() const { return y; }

Vector2 Vector2::operator+(const Vector2 other) const {
    return Vector2(x + other.x, y + other.y);
}
Vector2 Vector2::operator-(const Vector2 other) const {
    return Vector2(x - other.x, y - other.y);
}
```

출력 결과

```
c1 = (7, 9)
c2 = (-3, -3)
```

다음으로 곱셈을 구현해보겠습니다. 벡터의 곱셈에서는 실수와 벡터를 곱하거나 벡터와 벡터를 곱할 수 있습니다. 실수와 벡터를 곱할 경우에는 벡터의 각 성분에 실수를 곱합니다. 예를 들어, 2×(3, 4) = (2×3, 2×4) = (6, 8)입니다. 그러기 위해서는 다음과 같이 우변에 float를 받는 operator*를 클래스 안에 만들면 되겠죠?

```
Vector2 operator*(const float k) const;
```

그러면 Vector2 * float 형태의 연산이 가능해집니다. 하지만 float * Vector2와 같이 실수가 왼쪽에 오는 연산은 하지 못합니다. 그러니까 (3, 4)×2는 되는데, 2×(3, 4)는 안 되는 이상한 상황입니다. 그럴 때는 어떻게 해야 할까요? 이런 경우, 전역 함수를 통해 연산자를 오버로딩할 수 있습니다. 전역 함수를 사용할 경우 연산자 양변에 오는 두 변수(객체)를 모두 매개변수로 넣으면 됩니다. 앞 절에서 만들어본 전역 Sum 함수와 형태가 비슷하죠? Vector2 * float에 해당하는 연산자는 Vector2 클래스 안에 하지만, float * Vector2에 해당하는 연산자는 전역 범위에 선언해야 된다는 것을 잊지 맙시다.

```
Vector2 operator*(const float k, const Vector2 v);
```

이 두 함수에 대한 정의 부분은 다음과 같이 작성할 수 있습니다.

```
Vector2 Vector2::operator*(const float k) const {     // Vector2 * float
    return Vector2(x * k, y * k);
}
Vector2 operator*(const float k, const Vector2 v) {   // float * Vector2
    return Vector2(k * v.GetX(), k * v.GetY());
}
```

혹시 전역 함수 대신에 정적 메서드로 연산자 오버로딩을 할 수는 없을까 궁금할 수도 있을 것 같습니다. 하지만 아쉽게도 그렇게 하지는 못합니다.

그다음으로, 벡터와 벡터를 곱하는 방법에는 여러 가지가 있는데, 그중 "내적"을 계산하려면 각 성분끼리 곱한 다음 그 결과를 모두 더하면 됩니다. 예를 들어, (2, 3)□(5, 6) = (2×5) + (3×6) = 28입니다. 두 벡터를 내적한 결과는 벡터가 아니라 실수라는 것을 알 수 있습니다. 이 경우 연산자의 리턴 타입을 float로 지정하면 됩니다.

```
// 선언(클래스 안)
float operator*(const Vector2 other) const;
```

```
// 정의
float Vector2::operator*(const Vector2 other) const {
    return x * other.x + y * other.y;
}
```

지금까지 덧셈, 뺄셈, 곱셈(Vector2 * float, float * Vector2, Vector2 * Vector2)으로 총 5가지 연산자를 오버로딩해 보았습니다. 덧셈, 뺄셈이 잘 되는 것은 앞에서 확인했으니 다음 예제에서는 곱셈 3개가 잘 되는지만 확인해보겠습니다.

예제 10.16 곱셈 연산자 오버로딩해보기

```
#include <iostream>
using namespace std;

class Vector2 {
public:
    Vector2();
    Vector2(float x, float y);
    float GetX() const;
    float GetY() const;
    Vector2 operator+(const Vector2 other) const;
    Vector2 operator-(const Vector2 other) const;
    Vector2 operator*(const float k) const;        // 벡터 * 실수
    float operator*(const Vector2 other) const;    // 벡터 * 벡터

private:
    float x, y;
};
Vector2 operator*(const float k, const Vector2 v);  // 실수 * 벡터

int main() {
    Vector2 a(2, 3), b(5, 6);
    Vector2 c1 = a * 3.1;
    Vector2 c2 = 3.1 * a;
    float c3 = a * b;
```

```
        cout << "c1 = (" << c1.GetX() << ", " << c1.GetY() << ")" << endl;
        cout << "c2 = (" << c2.GetX() << ", " << c2.GetY() << ")" << endl;
        cout << "c3 = " << c3 << endl;
}

Vector2::Vector2() : x(0), y(0) {}
Vector2::Vector2(float x, float y) : x(x), y(y) {}
float Vector2::GetX() const { return x; }
float Vector2::GetY() const { return y; }

Vector2 Vector2::operator+(const Vector2 other) const {
    return Vector2(x + other.x, y + other.y);
}
Vector2 Vector2::operator-(const Vector2 other) const {
    return Vector2(x - other.x, y - other.y);
}
Vector2 Vector2::operator*(const float k) const {
    return Vector2(x * k, y * k);
}
Vector2 operator*(const float k, const Vector2 v) {
    return Vector2(k * v.GetX(), k * v.GetY());
}
float Vector2::operator*(const Vector2 other) const {
    return x * other.x + y * other.y;
}
```

출력 결과

```
c1 = (6.2, 9.3)
c2 = (6.2, 9.3)
c3 = 28
```

c1, c2, c3에 대해서 각각 어느 오버로딩된 연산자가 실행되었는지는 설명하지 않아도 알 수 있겠죠?

종·합·문·제

1 다음 코드를 실행했을 때의 출력 결과를 예측해 보세요.

```cpp
#include <iostream>
using namespace std;

int n = 0;
namespace A {
    int n = 0;
    namespace B {
        void set() { n = 10; }
        int n = 0;
    }
}
namespace C {
    void set();
    int n = 0;
}
void C::set() { n = 20; }

int main() {
    using namespace A::B;

    set();
    C::set();

    cout << ::n << endl;
    cout << A::n << endl;
    cout << A::B::n << endl;
    cout << C::n << endl;
}
```

2 코드를 보고 각 물음에 답하세요.

```cpp
#include <iostream>
using namespace std;

class GameWindow {
public:
    GameWindow();
    GameWindow(int, int);

    int GetWidth();
    int GetHeight();

private:
    int width;
    int height;
};

GameWindow::GameWindow() : width(800), height(600) { }
GameWindow::GameWindow(int w, int h) : width(w), height(h) { }

int GameWindow::GetWidth() { return width; }
int GameWindow::GetHeight() { return height; }

int main() {
    GameWindow mainWindow;
    mainWindow.ResizeWindow(1366, 768);
    cout << mainWindow.GetWidth() << "x" << mainWindow.GetHeight() << endl;
}
```

1) 위의 GameWindow 클래스에 창 너비와 높이를 매개변수로 받는 ResizeWindow 함수를 추가해 다음 조건과 같이 width와 height의 값을 바꿀 수 있도록 하세요.

- 들어온 매개변수의 값과 일치하도록 창 크기를 설정할 것.
- 단, 너비가 800보다 작거나 높이가 600보다 작을 때는 값을 바꾸지 말 것.
- 단, 너비와 높이 모두 0이 들어올 경우 기본 800×600 크기로 설정할 것.

2) GameWindow::GameWindow(int w, int h) 생성자도 마찬가지로 1)의 조건을 만족하도록 수정하세요.

3) 작성한 코드에서 상수화가 가능한 부분을 모두 상수화하세요.

③ 다음 코드를 실행했을 때의 출력 결과를 예측해 보세요.

```cpp
#include <iostream>
using namespace std;

class MyClass {
public:
    MyClass() : num(cnt++), ch('\0') { }

    void Check(MyClass *ptr) {
        if (ptr + num == this) {
            cout << num << endl;
        }
    }

    static int cnt;

private:
    int num;
    char ch;
};
int MyClass::cnt = 0;

int main() {
    MyClass obj[5];

    cout << "Test #1 : " << endl;
    for (int i = 0; i < 5; i++) {
        obj[i].Check(obj);
    }

    cout << "Test #2 : " << endl;
    for (MyClass &i : obj) {
        i.Check(obj);
    }

    cout << "cnt = " << MyClass::cnt << endl;
}
```

11

동적 할당과 객체 복사

객체가 하는 중요한 일 중 하나는 메모리를 할당하고 관리하는 것입니다. 또 객체가 복사될 때 그 데이터에 어떤 작업을 해야 하는지 알아야 합니다. 이번 장에서는 메모리를 동적으로 할당하는 동적 할당과 객체에서 일어나는 메모리 복사에 관해 깊이 있게 알아보겠습니다.

11.1 동적 할당

질문을 하나 해보겠습니다. 다음 코드에서 a와 b라는 변수는 각각 언제 생성되고 언제 없어질까요?

```
int b;
void foo() {
    int a;
}
int main() {
    foo();
}
```

a는 지역 변수이기 때문에 foo 함수가 시작하고 나서 선언되는 시점에 생기고, foo 함수가 끝나면 사라집니다. b는 전역 범위에 선언된 변수이기 때문에 프로그램이 시작할 때 생기고, 프로그램이 끝날 때 소멸됩니다. (10.4.1절에서 다뤘었죠? 변수의 수명도 객체와 똑같습니다.)

이렇게 지금까지 변수를 만들 때 사용해온 방법은 정적 할당입니다. 정적 할당은 선언된 변수들이 메모리를 얼마나 사용할지를 컴파일 시간에 예측할 수 있고, 무엇보다 사용하기 편리하다는 장점이 있습니다. 하지만 메모리가 언제 할당되고 해제되는지(변수가 언제 생기고 없어지는지)가 정확히 정해져 있기 때문에 이를 통제할 수 있는 방법이 없습니다.

'동적 할당'(dynamic allocation)이란 프로그램 실행 **도중에** 새로운 메모리 공간을 사용할 수 있게 할당하는 것입니다. 동적 할당을 사용하면 정확히 언제 메모리를 얼마만큼 할당하고, 그 할당된 메모리를 언제 해제할 것인지를 코드를 짜는 사람이 직접 지정할 수 있습니다. 이렇게 하면 필요할 때 필요한 만큼만 메모리를 할당해서 쓰고 필요 없을 때는 폐기할 수 있어 메모리를 좀 더 효율적으로 사용할 수 있겠죠?

지금까지 한 말이 잘 와닿을지 모르겠습니다. 일단 C++에서 동적 할당을 하는 방법을 먼저 알아보고, 더 자세한 설명을 이어가겠습니다.

11.1.1 변수 동적 할당하기

우선 다음을 볼까요?

```
int a = 5;
```

전형적인 정적 할당입니다. 그런데 C++에서는 위의 표현을 다음과 같이 쓸 수도 있습니다.

```
int a(5);
int a = int(5);
```

여기서 마지막 줄은 생성자와 비슷한 형태를 사용한 것입니다. 정적 할당에서는 위의 3가지 형태 모두 사용할 수 있습니다. 이제 이 표현을 동적 할당으로 바꾸려면 두 가지만 바꾸면 됩니다. (여기서 포인터가 등장하네요. 포인터 개념이 잘 기억나지 않는다면 포인터를 다시 공부하고 옵시다.)

```
int *a = new int(5);
```

a를 포인터로 만들었고, int(5) 앞에는 new라는 키워드를 붙였습니다. 이렇게 new 키워드를 사용하면 동적 할당을 할 수 있습니다. 앞으로 new가 등장하는 곳에서는 "동적으로 할당했구나."라고 생각하면 됩니다.

new int(5);라고 하면 크게 3가지 일이 일어난다고 볼 수 있습니다. ❶ 메모리상에 int를 담는 공간 하나가 "동적으로" 만들어지고, ❷ 거기에 5라는 값이 들어갑니다. 공간이 만들어졌고, 거기에 값이 들어가는 것까지는 되었는데, 이제 그 공간에 접근할 수 있는 방법이 필요하겠죠? 그래서 마지막으로 ❸ 그 새로 만들어진 공간의 **주솟값**이 리턴됩니다. 그 값을 int *a라는 포인터를 통해 받으면 그 공간에 접근할 수 있게 되겠죠? 그림에서는 동적 할당된 공간의 주솟값을 100이라고 가정하겠습니다.

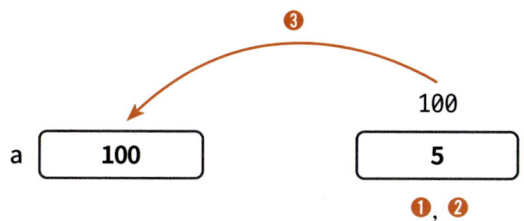

그림 11.1 동적 할당이 일어나는 과정

이렇게 새로 만들어진 메모리상의 공간은 이름은 없지만 a라는 포인터가 이 공간을 가리키고 있으므로 a를 통해 이 공간에 접근하면 됩니다. 예를 들면 다음과 같은 일을 할 수 있겠죠?

```
cout << *a << endl;
*a = 10;
```

*a가 의미하는 것은 "a가 가리키는 공간"입니다. 그러니 *a를 출력하면 a가 가리키는 동적 할당된 공간에 들어 있는 5라는 값이 출력될 것이고, *a = 10;을 하면 그 공간에 10이라는 새로운 값이 들어가겠죠? 포인터를 잘 공부했다면 별로 어렵지 않을 것입니다.

동적 할당에서 아주 중요한 개념이 있습니다. 바로 메모리 해제입니다. 메모리를 '해제'(release)한다는 말은 쉽게 말해 "더 이상 이 메모리 공간을 사용하지 않는다"라고 컴퓨터에게 알려주는 것입니다. 그런데 **메모리를 다 썼는데도 해제하지 않으면 나중에 새로운 메모리 공간이 필요할 때 그 공간을 다시 쓰지 못하게 되므로 메모리의 낭비가 일어납니다.** 더 심각한 문제는 그런 일이 어떤 에러도 발생하지 않고 조용히 일어난다는 것입니다. 이런 현상을 '메모리 누수'(memory leak)라고 합니다. 또 이미 해제된 메모리를 다시 해제하려고 해도 에러가 납니다. 따라서 **모든 동적 할당된 메모리는 반드시 해제되어야 하고, 반드시 한 번만 해제되어야 합니다.** 중요한 사실이므로 동적 할당을 할 때는 항상 이 점을 기억하고, 메모리 누수가 일어나지 않도록 주의를 기울여 프로그램을 설계하기 바랍니다.

> **Tip 해제되지 않은 메모리는 프로그램이 종료되어도 남아있나요?**
>
> 그건 아닙니다. 대부분의 경우, 프로그램 내에서 메모리가 해제되지 않았다 하더라도 프로그램이 종료되면 다시 사용할 수 있게 됩니다. 하지만 메모리 해제를 하지 않으면 프로그램이 실행되는 동안에는 메모리 관리가 제대로 되지 않으므로 웬만하면 동적 할당된 메모리는 무조건 해제하는 것이 좋습니다.

여기까지 이해했다면 바로 메모리 해제를 해보겠습니다. 메모리를 해제할 때는 `delete`라는 키워드를 사용하면 됩니다.

```
delete a;
```

이렇게 하게 되면 a가 가리키는 곳에 동적 할당되어 있던 메모리가 해제됩니다. 보다시피 사용법은 별로 어렵지 않죠? 그러면 완성된 코드를 보고 실행해 보겠습니다.

예제 11.1 메모리를 동적 할당 및 해제해보기

```cpp
#include <iostream>
using namespace std;

int main() {
    int *a = new int(5);

    cout << a << endl;
    cout << *a << endl;
    *a = 10;
    cout << a << endl;
    cout << *a << endl;

    delete a;
}
```

출력 결과(예시)
```
008C9EB0
5
008C9EB0
10
```

물론 주솟값은 사람마다, 실행할 때마다 다르게 나타나겠지만 위의 출력 결과를 기준으로 **008C9EB0**이라는 주소에 새로운 `int` 공간을 동적 할당한 후, 그 값을 출력하거나 10을 새로 대입하는 등 여러 작업을 해 줄 수 있음을 알 수 있습니다. 그리고 나서 `delete`를 통해 메모리 해제를 해주었습니다. (지금 상황에서는 `delete`가 제대로 작동하는지 눈으로 확인할 방법은 없지만 제대로 되었다고 믿고 넘어갑시다.)

11.1.2 배열 동적 할당하기

배열도 마찬가지로 동적 할당할 수 있습니다. 똑같이 포인터를 사용하지만 원리가 조금 다릅니다. 유심히 살펴보기 바랍니다.

```
int *arr = new int[10];
```

이렇게 하게 되면 10칸짜리 `int`형 배열이 생기고, **그 첫 번째 칸(0번 칸)의 주솟값이 리턴**되어 `arr`로 들어갑니다. `arr`은 배열 포인터가 아니라 `int` 하나를 가리키는 포인터라는 점에 주의합시다.

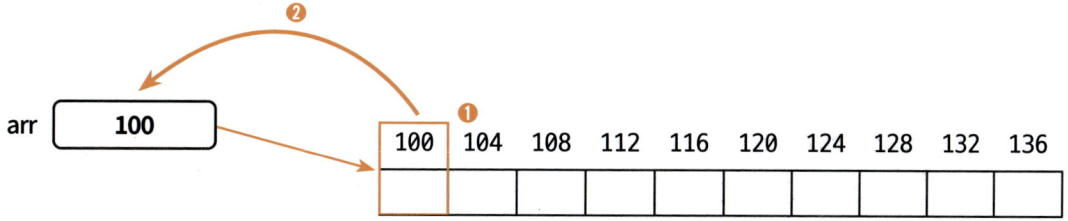

그림 11.2 배열의 동적 할당이 일어나는 과정

5.6절을 잘 공부했다면, 배열에 접근할 때 위의 `arr` 포인터를 배열 이름처럼 사용할 수 있다는 것을 알 것입니다. 즉, `arr[0]`이 동적 할당된 배열의 0번 칸, `arr[1]`이 동적 할당된 배열의 1번 칸, …과 같은 셈입니다.

```
arr[0] = 1;
arr[1] = 3;
// ...
```

배열을 동적 할당하는 동시에 초기화하고 싶으면 다음과 같이 적으면 됩니다.

```
int *arr = new int[5] { 1, 2, 3, 4, 5 };
```

또 한 가지 특이한 점은 동적 할당된 배열의 칸수에는 변수를 넣을 수 있다는 것입니다. 물론 처음 배열을 만들어줄 때 칸수를 변수로 설정할 수 있다는 것이지, 배열을 만든 이후로 배열의 칸수가 시시때때로 변할 수 있다는 말은 아닙니다.

```
int n = 5;
int *arr = new int[n];
n++;   // n의 값은 변해도, 배열 칸수가 변하지는 않음!!
```

배열 메모리를 해제할 때는 delete 뒤에 []를 붙여야 합니다. 그렇지 않으면 arr이 가리키는 int 한 칸(즉, *arr 하나)만 삭제됩니다. (arr 포인터는 int 한 칸만 가리키는 포인터였죠?) 동적 할당된 int 변수 하나를 가리킬 때나 동적 할당된 배열을 가리킬 때나 똑같이 int* 포인터로 가리키고 있으므로 그 둘을 구별하기 위해 배열을 해제할 때는 []를 붙이는 것입니다. 그림을 보면 바로 이해할 겁니다.

delete[] arr

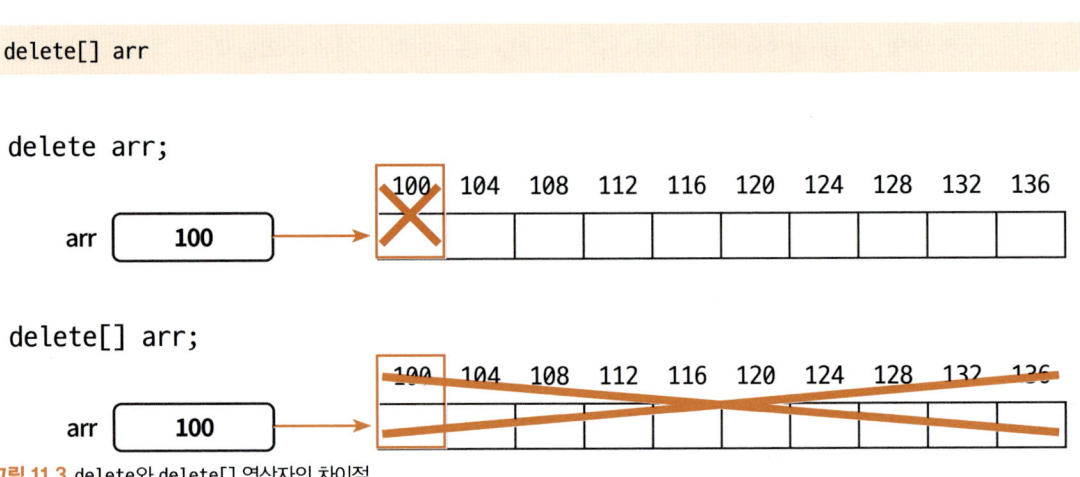

그림 11.3 delete와 delete[] 연산자의 차이점

11.1.3 객체 동적 할당하기

마지막으로 객체를 동적 할당하는 법을 알아보겠습니다. 객체를 동적 할당하려면 new 뒤에 객체의 생성자를 호출하면 됩니다. 객체의 생성자는 객체가 생성되는 new에서 실행되고, 소멸자는 객체가 소멸되는 delete에서 실행됩니다.

별로 어려운 내용은 없으니 바로 예제를 작성해보겠습니다. 앞에서 만들었던 Vector2 클래스를 또 사용하겠습니다. 생성자와 소멸자에서는 어떤 객체의 생성자와 소멸자가 호출되었는지를 확인하기 위해 this의 값을 출력합니다.

예제 11.2 객체 동적 할당하기

```cpp
#include <iostream>
using namespace std;

class Vector2 {
public:
    Vector2() : x(0), y(0) {
        cout << this << " : Vector2()" << endl;
    }
    Vector2(float x, float y) : x(x), y(y) {
        cout << this << " : Vector2(float, float)" << endl;
    }
    ~Vector2() {
        cout << this << " : ~Vector2()" << endl;
    }

    float GetX() const { return x; }
    float GetY() const { return y; }

private:
    float x, y;
};

int main() {
    cout << "main 시작" << endl;

    // 정적 할당된 객체
    Vector2 s1;
    Vector2 s2(2, 3);

    // 동적 할당된 객체
    Vector2 *d1 = new Vector2;
    Vector2 *d2 = new Vector2(4, 5);

    cout << "(" << d1->GetX() << ", " << d1->GetY() << ")" << endl;
    cout << "(" << d2->GetX() << ", " << d2->GetY() << ")" << endl;

    delete d1;
```

```
        delete d2;

    cout << "main 끝" << endl;
}
```

```
main 시작
00CFF7EC : Vector2()
00CFF7DC : Vector2(float, float)
0106EAB0 : Vector2()
0106E9D0 : Vector2(float, float)
(0, 0)
(4, 5)
0106EAB0 : ~Vector2()
0106E9D0 : ~Vector2()
main 끝
00CFF7DC : ~Vector2()
00CFF7EC : ~Vector2()
```

앞의 내용을 별문제 없이 이해했다면 출력 결과 또한 이해하기 어렵지 않을 것입니다. s1과 s2는 정적 할당된 객체입니다. 위의 출력 결과에는 주솟값 00CFF7EC와 00CFF7DC에 들어 있네요. 이때는 객체를 선언하는 동시에 생성자가 호출되고, "main 끝"을 출력하고 나서 마지막에 main 함수가 종료되면서 소멸자가 호출됩니다. 반면 동적 할당된 객체인 d1과 d2(주솟값 0106EAB0, 0106E9D0)는 new가 실행될 때 생성되어 delete가 실행될 때 소멸됩니다. 따라서 "main 끝"이 출력되기 전에 소멸자가 호출된 것을 볼 수 있습니다.

그리고 직관적으로 이해할 수 있는 부분이지만 new Vector2라고 하면 Vector2의 기본 생성자가 호출되어 x, y에 각각 0, 0이 들어가고, new Vector2(4, 5)라고 하면 매개변수로 float 두 개를 받는 생성자가 호출되어 x, y에 각각 4, 5가 들어갔다는 것을 알 수 있습니다.

11.2 깊은 복사와 얕은 복사

질문을 하나 해보겠습니다. 다음 코드의 출력 결과는 무엇일까요?

```
int *a = new int(3);
int *b = a;
```

```
*a = 5;
cout << *a << endl;
cout << *b << endl;
delete a;
```

*a는 5, *b는 3이 출력된다고 대답했다면 다시 한 번 생각해보기 바랍니다. 정답은 "둘 다 5가 출력된다."입니다. 왜 그럴까요? int *b = a; 부분을 다시 보겠습니다. 이 부분은 두 가지 파트로 쪼갤 수 있습니다.

```
int *b;
b = a;
```

즉, b라는 포인터를 만들고, a에 들어 있는 주솟값을 b에도 넣으라는 말입니다. a에는 앞에서 동적 할당된 int 공간의 주솟값이 들어 있겠죠? 그러니 a, b 모두 그 공간을 똑같이 가리키고 있는 상황이 됩니다. 이 상황에서 *a = 5;라고 쓰면 a가 가리키는 그 동적 할당된 공간에 5라는 값이 들어갑니다.

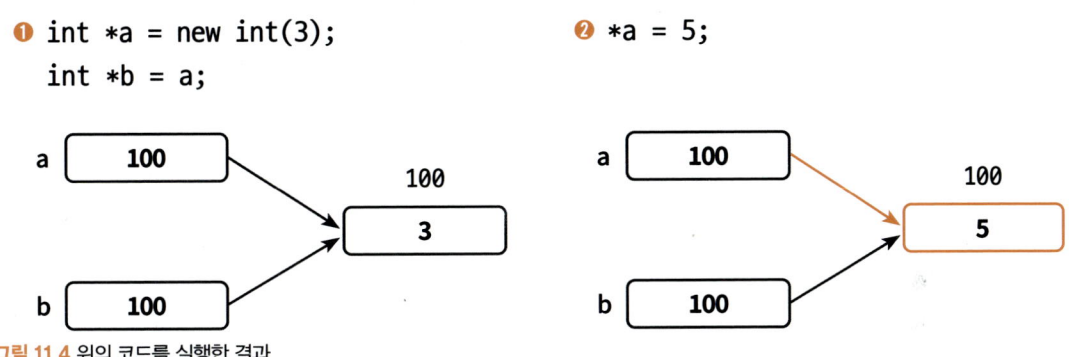

그림 11.4 위의 코드를 실행한 결과

여기서 중요한 사실 하나를 알아야 합니다. int *b = a;에서 실제 int를 담는 공간과 그 공간에 들어 있는 값이 복사된 것이 아니라 **주솟값만 복사되었다**는 것입니다. 이것을 "참조만 복사되었다."라고도 이야기합니다. 이런 복사를 '얕은 복사'(shallow copy)라고 합니다.

이번에는 다음 코드를 보겠습니다.

```
int *a = new int(3);
int *b = new int(*a);
*a = 5;
cout << *a << endl;
```

```
cout << *b << endl;
delete a;
delete b;
```

이번 경우는 조금 다릅니다. 이번에는 동적 할당이 두 번 일어났습니다. b는 a가 가리키는 공간이 아닌 새로 만들어진 int 공간을 가리키고 있고, 그 공간에 단순히 *a의 값(a가 가리키는 공간에 들어 있는 값)이 들어갑니다. 따라서 *a를 5로 바꾼다 해도, b는 다른 공간을 가리키고 있으므로 *b의 값은 변하지 않고 그대로 남습니다.

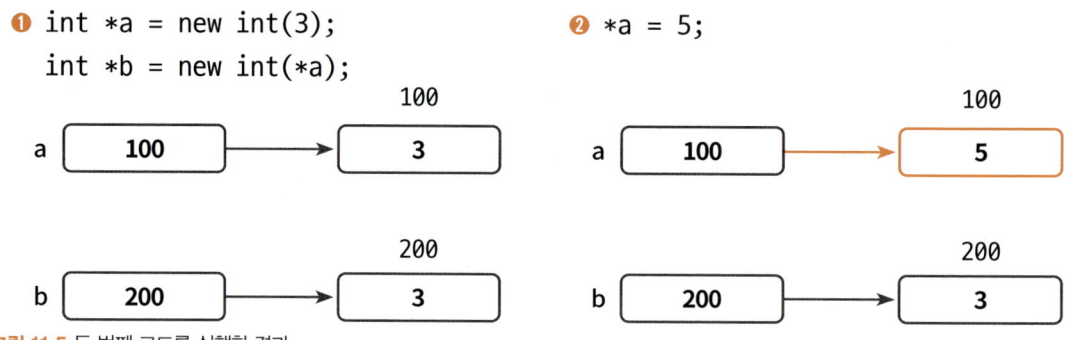

그림 11.5 두 번째 코드를 실행한 결과

이러한 복사를 '깊은 복사'(deep copy)라고 부릅니다. **얕은 복사와 깊은 복사의 차이는 뒤에서 객체의 복사를 다룰 때 매우 중요하기 때문에 꼭 정확히 숙지해야 합니다.** 앞으로 자세히 알아보겠지만, 상황에 따라서는 깊은 복사를 해야 할 수도 있고, 얕은 복사를 해야 할 수도 있습니다. 따라서 이렇게 포인터가 동반된 상황에서 무언가를 대입할 때는 항상 깊은 복사가 일어날지, 얕은 복사가 일어날지를 잘 생각해 보고 코드를 작성해야 합니다.

이번에는 객체의 멤버가 포인터인 경우를 보겠습니다. 아래 코드를 보면 객체가 데이터를 "담는" 두 가지 방법을 알 수 있습니다. 첫 번째는 a.x와 같이 직접 담는 것입니다. 이것은 C에서 구조체를 배웠을 때와 같은 방식입니다. 그런데 앞으로는 a.y와 같이, **멤버를 포인터로 만들어서 그 포인터가 동적 할당된 데이터를 가리키게 하는 방법**도 자주 보게 될 것입니다. A a(1, new int(2));를 통해 a를 초기화하면 다음 페이지의 그림 11.6과 같이 a.x에는 1이 들어가고, a.y는 어떤 동적 할당된 int 공간을 가리키고 거기에 2가 들어 있을 것입니다.

```
class A {
public:
    A(int x, int *y) : x(x), y(y) {}
```

```
    int x;
    int *y;
};

int main() {
    A a(1, new int(2));
}
```

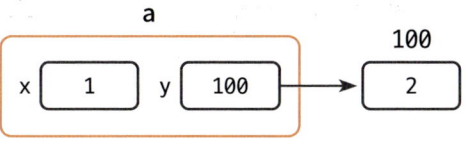

그림 11.6 위와 같이 객체 a를 초기화했을 때의 상황

그러면 이제 다음과 같이 객체 안의 멤버들이 복사되는 상황을 보겠습니다. 과연 b.x와 *b.y는 어떤 값일까요? 천천히 생각해보기 바랍니다.

```
int main() {
    A a(1, new int(2));
    A b = a;
    a.x = 3;
    *a.y = 4;   // *a.y는 *(a.y)와 같은 말이라 했었죠?
    cout << b.x << endl;
    cout << *b.y << endl;
    delete a.y;
}
```

정답은 1, 4입니다. 그 이유를 간단히 말하자면, 멤버 x는 원래처럼 복사되었지만, 멤버 y에서는 얕은 복사가 일어났기 때문입니다. 다음 페이지의 그림 11.7을 볼까요? ❶ A b = a;와 같이 어떤 객체를 다른 객체에 대입하려고 하면 기본적으로 객체 a에 들어 있는 모든 멤버가 복사됩니다. 하지만 그 멤버가 일반 변수든 포인터든 상관없이 거기 들어 있는 값이 그냥 복사되는 것입니다. 따라서 b.x에는 a.x의 원래 값인 1이 들어가고, b.y에는 a.y에 저장된 주솟값이 무엇이든 그 주솟값이 그대로 복사됩니다. 그러니 a.y와 b.y는 같은 공간을 가리키고 있겠죠? 즉, 얕은 복사가 일어났습니다.

❷ 이런 상황에서 a.x에는 3을 새로 대입해도 b.x의 값이 바뀌지는 않을 테지만, a.y와 b.y는 같은 공간을 가리키고 있으므로 *a.y에 4를 대입하면 *b.y의 값도 같이 변할 것입니다.

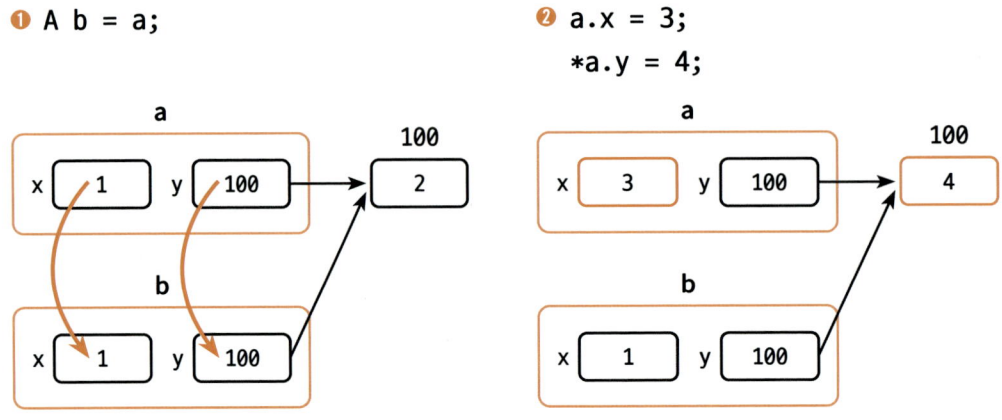

그림 11.7 위 코드를 실행하면 벌어지는 일

이렇듯 y의 경우는 객체의 멤버 중에서 얕은 복사가 일어난 경우라고 할 수 있습니다. 이런 일이 벌어진 것은 대체로 좋지 못한 현상입니다. 그래서 객체를 복사할 경우 이런 일이 벌어지지 않도록 객체 차원에서 적절히 처리해야 하는데, 그 방법에 대해서 다음 절부터 자세히 알아보겠습니다.

11.3 복사 생성자와 복사 대입 연산자

이번 절에서 알아볼 복사 생성자와 복사 대입 생성자를 사용하면 앞에서 말한 문제를 해결할 수 있습니다. 그 전에 우선 String이라는 클래스를 직접 만들어 보겠습니다.

11.3.1 String 클래스 만들기

C++ 초반부에 문자열을 저장하는 string이라는 자료형(실제로는 클래스입니다)이 있다고 한 적이 있습니다. 물론 C++에서 기본으로 제공하는 string 클래스를 사용해 문자열을 저장해도 되지만, 공부를 위해서 이와는 다른 새로운 String 클래스를 만들어 볼 것입니다. 조금 복잡할 수 있지만, 클래스를 차근차근 만들어 보겠습니다. String 클래스에는 두 가지 멤버 변수가 있습니다. String 객체를 만들면 String 클래스 내부에서는 C 스타일 문자열(널 문자로 끝나는 char 배열)을 동적 할당한 후, strData라는 포인터를 통해 그것을 가리킬 것입니다. 또 문자열의 길이는 len이라는 int형 변수에 저장할 것입니다.

```
class String {
private:
    char *strData;
    int len;
};
```

표 11.1 String 클래스의 멤버 변수와 그 역할

멤버 변수 이름	타입	역할
strData	char *	동적 할당된 char형 배열을 가리킴
len	int	문자열의 길이를 저장

그다음에 생성자를 볼까요? 생성자는 다음과 같이 두 가지를 만들 것입니다.

```
class String {
public:
    String() { /* 내용물... */ }
    String(const char *str) { /* 내용물... */ }

private:
    // ...
};
```

첫 번째 생성자인 String()은 아무 매개변수도 받지 않습니다. 이때는 당연히 비어 있는 문자열을 만들면 되겠죠? 그래서 아무것도 동적 할당하지 않고, strData에는 NULL을, len에는 0을 집어넣을 것입니다.

```
String() {
    strData = NULL;
    len = 0;
}
```

반면 두 번째 생성자인 String(const char *str)에서는 포인터 형태의 문자열을 받고 있습니다. 여기서 해야 할 일은 세 가지입니다. 우선 strlen 함수를 사용해 문자열의 길이를 알아내고, len에 그 길이를 저장합니다. 그다음 문자열을 저장할 공간을 동적 할당합니다. 이때 조심할 점은 문자열의 길이보다 한 칸 많은 공간을 할당해야 한다는 것입니다. 왜 그럴까요? 바로 널 문자 때문이겠죠? 마지막으로 strcpy 함수를 사

용해 방금 할당한 strData에 str을 복사합니다. 이 부분이 잘 이해되지 않는다면 5.4절을 다시 읽어보고 오기 바랍니다.

```
String(const char *str) {
    len = strlen(str);
    strData = new char[len + 1];
    strcpy(strData, str);   // 깊은 복사!!
}
```

혹시라도 "그냥 다음과 같이 해도 되지 않나요?"라는 의문을 품고 있을지도 모르겠습니다.

```
String(const char *str) {
    strData = str;
}
```

하지만 그렇게 하면 얕은 복사가 일어나게 되겠죠? 매개변수로 들어오는 str이라는 문자열은 지금 만들어지는 String 객체가 어떤 문자열을 담고 있어야 하는지를 알려주기 위한 것이기 때문에 그 주소에 들어 있는 문자열을 그대로 갖다 쓰는 게 아니고 strcpy를 통해 문자열의 전체 내용을 깊은 복사를 해야 합니다.

> **Tip** const char*가 정확히 어떤 뜻이고, 왜 사용한 건가요?
>
> const char*는 말 그대로 const char를 가리키는 포인터입니다. const char*를 통해 문자열을 받으면 cout << str[0] << endl;처럼 문자열을 읽어오는 것은 가능하지만 str[0] = 'A'와 같이 새로운 값을 쓰는 것은 할 수 없습니다.
>
> 생성자에서 매개변수를 받을 때 그냥 char*가 아닌 const char*를 사용한 이유는 상수형 문자열도 넘겨줄 수 있게 하기 위해서입니다. 뒤에서 살펴보겠지만 String s("ABC");와 같이 상수형 문자열을 사용해 객체를 생성했을 때(이와 같이 배열에 들어 있지 않고 큰따옴표 안에 들어 있는 형태로 적은 문자열이 상수형 문자열이라고 했었죠?) 매개변수를 그냥 char*로 받으면 에러가 날 수 있습니다.

지금 객체 내에서 이렇게 메모리를 동적 할당했는데, 이처럼 **객체 내에서 동적 할당된 메모리는 별다른 이유가 없으면 반드시 해제도 객체 내에서 해야 합니다.** 이 작업은 보통 소멸자에서 이루어집니다. 그러면 이제 소멸자를 만들어 볼까요?

```
~String() {
    delete[] strData;
}
```

strData를 해제하는 평범한 코드입니다. 그런데 strData가 NULL일 때는 어떻게 될까요? 아무것도 가리키지 않는 포인터를 주고 메모리를 해제하라고 하면 에러가 나지 않을까요? 그러나 이미 NULL인 포인터는 사실 delete 또는 delete[] 연산을 해도 아무 일도 일어나지 않습니다. 그래서 따로 strData가 널인지 아닌지를 체크할 필요는 없습니다. 물론 체크해도 문제는 없고, 오히려 좋은 습관이라고 생각합니다.

```
~String() {
    if (strData != NULL) {
        delete[] strData;
    }
}
```

마지막으로, 각 멤버 변수에 대한 get 함수를 만들어보겠습니다. 각 함수에 대한 설명은 아래 표의 내용만으로 충분할 것으로 보입니다.

표 11.2 String 클래스의 멤버 메서드와 그 역할

멤버 메서드 이름	리턴 타입	역할
GetStrData()	const char *	strData를 리턴. strData에 할당된 메모리가 없을 경우(NULL일 경우) 빈 문자열("")을 리턴
GetLen()	int	문자열의 길이를 리턴

```
const char *GetStrData() const {
    if (strData != NULL) return strData;
    return "";
}
```

GetStrData 함수 역시 const char*를 리턴하게 해야 합니다. 그렇지 않으면 빈 문자열("")을 리턴할 때 에러가 날 수도 있습니다. GetLen 함수는 직관적이므로 설명을 생략하고, 바로 다음 페이지의 완성된 코드를 참조하기 바랍니다.

우선 지금까지 작성한 코드가 잘 작동하는지 간단하게 확인해보겠습니다.

예제 11.3 String 클래스 만들어보기

```cpp
#include <iostream>
#include <string.h>
using namespace std;

class String {
public:
    String() {
        strData = NULL;
        len = 0;
    }
    String(const char *str) {
        len = strlen(str);
        strData = new char[len + 1];
        strcpy(strData, str);
    }
    ~String() {
        if (strData) {
            delete[] strData;
        }
    }

    const char *GetStrData() const {
        if (strData) return strData;
        return "";
    }
    int GetLen() const {
        return len;
    }
private:
    char *strData;
    int len;
};

int main() {
    String s1;
    String s2("Hello");
```

```
    cout << s1.GetLen() << endl;
    cout << s1.GetStrData() << endl;
    cout << s2.GetLen() << endl;
    cout << s2.GetStrData() << endl;
}
```

```
출력 결과
0

5
Hello
```

s1은 빈 문자열이므로 길이는 0, 내용물은 아무것도 출력되지 않은 것을 볼 수 있고, s2의 경우에는 길이는 5이고 내용물도 "Hello"로 잘 출력되었네요.

11.3.2 복사 생성자 오버로딩

여기까지는 문제가 없어 보이는데, 다음 코드를 실행해봅시다. 클래스는 그대로 놔두고 main 함수만 고치면 됩니다.

```
int main() {
    String s1("Hello");
    String s2 = s1;

    cout << s2.GetLen() << endl;
    cout << s2.GetStrData() << endl;
}
```

코드를 실행하면 런타임 에러가 날 것입니다. 왜 그럴까요? 문제는 객체가 복사되는 방식에 있습니다. 앞서 `String s2 = s1;`과 같이 객체를 복사하면 기본적으로 모든 멤버의 값이 다른 객체로 복사된다고 했습니다. 그리고 그 멤버가 어떤 메모리 공간을 가리키는 포인터라면 얕은 복사가 일어난다는 것도 확인했습니다. 따라서 `s1.strData`와 `s2.strData`는 같은 메모리상의 공간을 가리키게 됩니다.

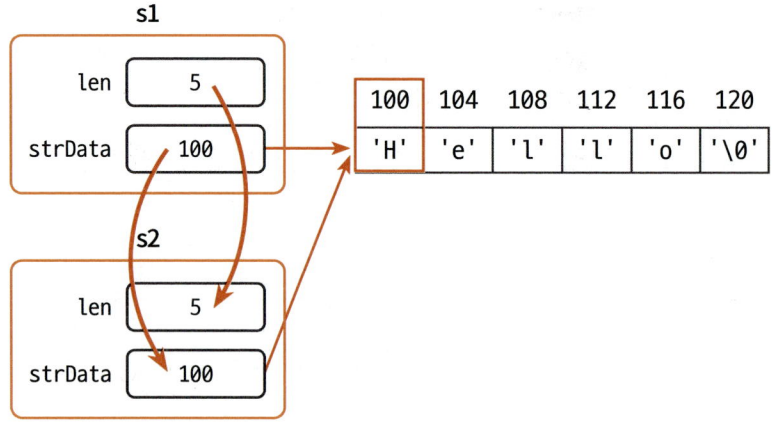

그림 11.8 String 객체가 복사 생성될 때 멤버에 대해 얕은 복사가 일어난 경우

그런 상황에서 s1의 소멸자와 s2의 소멸자가 호출될 때, 같은 메모리를 두 번 해제하려고 하기 때문에 런타임 에러가 납니다. "메모리를 한 번만 해제하도록 코드를 수정하면 되지 않나요?"라고 생각할 수도 있겠지만 가만히 생각해보면 우리가 원하는 것은 **애초에 String 객체가 복사될 때부터 strData가 가리키는 데이터를 얕은 복사가 아닌 깊은 복사를 해주는 것**입니다. 새로운 문자열(s2)을 만들어 복사했는데, 원래 문자열(s1)과 같은 메모리상의 공간을 가리키고 있다면 그것은 새로운 문자열이라 할 수 없기 때문입니다. 즉, 다음 그림과 같은 상황을 말하는 것입니다.

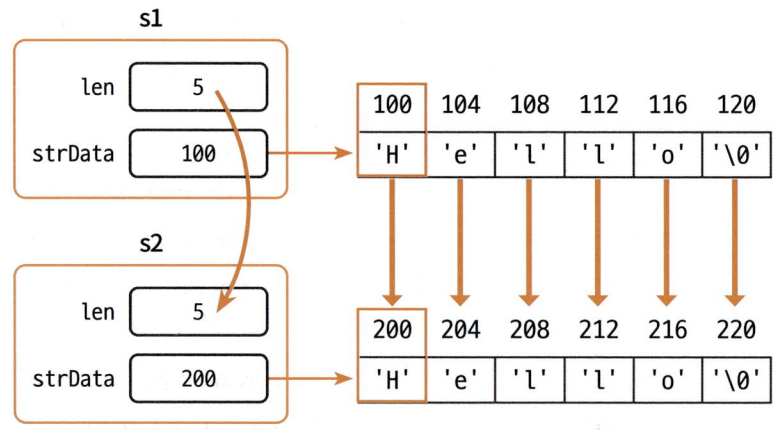

그림 11.9 String 객체가 복사 생성될 때 실제로 일어났으면 하는 일(깊은 복사)

두 그림의 차이가 무엇인지 알겠나요? 동적 할당된 `"Hello"` 문자열 자체가 복사되었고, 따라서 **s1.strData**가 가리키는 데이터의 주소와 **s2.strData**가 가리키는 데이터의 주소가 다릅니다. 그렇다면 어떻게 해야 할까요? 그런 상황에 대비해서 존재하는 것이 바로 복사 생성자입니다. 복사 생성자는 말 그대로 객체가 '복사

생성'(copy construction)될 때 실행되는 생성자입니다. 다음 두 경우와 같이 객체를 선언하는 동시에 어떤 다른 객체의 값(?)으로 초기화하는 경우가 복사 생성에 해당합니다.

```
String s2 = s1;
String s2(s1);
```

C++에서 위 코드의 윗줄과 아랫줄이 같은 의미인 것은 기억하고 있겠죠? 아랫줄을 보면 확실히 알 수 있듯이, 실제로 s2가 생성될 때는 어떤 생성자가 호출되는데, 그 생성자가 바로 복사 생성자입니다. 즉, 윗줄과 같이 쓰더라도 내부적으로는 아랫줄처럼 해석되어 복사 생성자가 호출되는 것이죠.

복사 생성자를 특별히 만들어 놓지 않은 상태에서 복사 생성을 하게 되면 앞서 살펴보았듯이 모든 멤버가 단순히 복사됩니다. 하지만 지금은 String 객체가 복사될 때 strData가 깊은 복사가 일어나야 하므로 복사 생성자를 별도로 만들어서 복사 생성자 내에서 깊은 복사가 일어나게끔 해줄 것입니다.

복사 생성자는 다음과 같이 생겼습니다. 매개변수로는 String에 대한 레퍼런스를 받습니다. (즉 원본 객체인 s1에 대해 call-by-reference가 일어납니다. 6.5절 참고.) rhs라는 이름은 등호의 "우변"을 뜻하는 right-hand side의 머리글자인데, 다른 이름으로 써도 아무 상관은 없습니다.

```
String(String &rhs) { }
```

이렇게 선언하면 다음과 같이 복사 생성자를 호출할 수 있습니다.

```
String s2(s1);
```

이제 대략적인 구조가 보이나요? s2 객체를 만들 때 생성자의 인수로 s1를 넘기면 String(String &rhs) 생성자가 그것을 받아 객체가 복사될 때 일어나야 하는 일(strData를 깊은 복사한다든지…)을 하는 것입니다.

그러면 복사 생성자의 내용물을 작성해 볼까요? 원래 있던 클래스에 다음과 같이 생긴 생성자만 하나 추가하면 됩니다. 복사 생성 도중에 rhs 객체 자체가 바뀌면 안 되므로 그런 일을 방지하기 위해 const 레퍼런스로 받겠습니다. 그러면 복사 생성자 내에서는 rhs의 값(즉, rhs라는 레퍼런스 변수가 가리키는 객체의 값)을 바꿀 수 없게 됩니다.

```
String(const String &rhs) {   // 복사 생성자
    len = rhs.len;
    strData = new char[len + 1];
    strcpy(strData, rhs.strData);
}
```

복사 생성자의 내용물은 앞에서 했던 String(const char*) 생성자와 비슷합니다. 그림과 함께 볼까요? rhs로 들어오는 객체와 똑같은 내용의 문자열이 복사될 것이므로 ❶ len의 값은 rhs.len을 가져와 그대로 설정합니다. strData는 깊은 복사가 일어나야 하므로 ❷ 새로운 공간을 할당한 후, (칸수는 len+1이어야 하겠죠?) ❸ strcpy 함수를 사용하여 원본 객체에 들어있던 문자열을 그대로 복사하는 것입니다. 그러면 깊은 복사가 제대로 일어날 수 있겠죠?

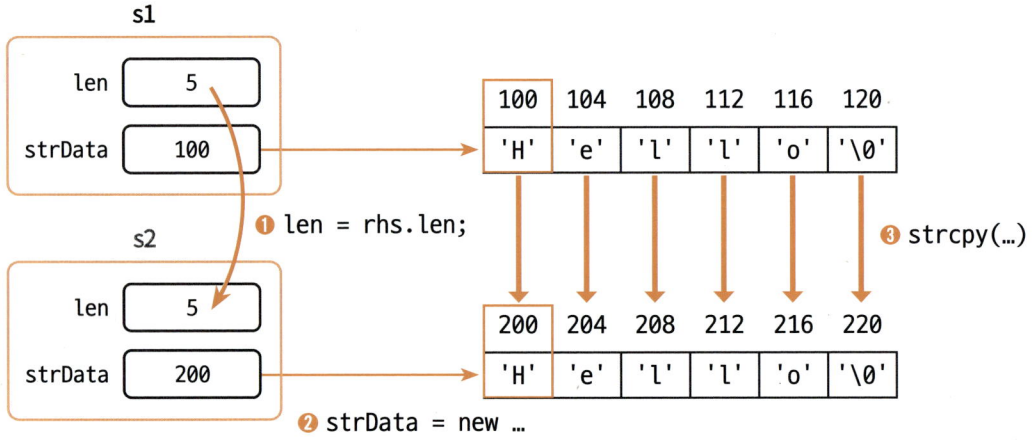

그림 11.10 String 클래스의 복사 생성자의 작동 과정

그러면 전체 코드를 실행해 보겠습니다.

예제 11.4 String 클래스에 복사 생성자 추가하기

```
#include <iostream>
#include <string.h>
using namespace std;

class String {
public:
    String() {
        strData = NULL;
```

```cpp
        len = 0;
    }
    String(const char *str) {
        len = strlen(str);
        strData = new char[len + 1];
        strcpy(strData, str);
    }
    String(const String &rhs) {   // 복사 생성자
        len = rhs.len;
        strData = new char[len + 1];
        strcpy(strData, rhs.strData);
    }
    ~String() {
        if (strData) {
            delete[] strData;
        }
    }

    const char *GetStrData() const {
        if (strData) return strData;
        return "";
    }
    int GetLen() const {
        return len;
    }

private:
    char *strData;
    int len;
};

int main() {
    String s1("Hello");
    String s2 = s1;   // String s2(s1);과 같은 말. 복사 생성자가 호출된다.

    cout << s1.GetStrData() << endl;
    cout << s2.GetStrData() << endl;
}
```

```
C:\  출력 결과                                                          —  □  ×
Hello
Hello
```

이제 결과도 제대로 나오고 에러도 나지 않습니다. 각 객체에서 메모리를 **각자** 할당하고, **각자** 할당한 메모리를 **각자** 해제했기 때문입니다.

> **Tip** 복사 생성자에서 매개변수를 call-by-reference로 받아야 하는 이유가 무엇인가요?
>
> 복사 생성자를 call-by-value로 호출하는 것이 허용된다면, 즉 그냥 `String rhs`를 통해 인수를 받는다면 우변에 해당하는 인수를 rhs로 넘기는 과정에서 rhs 객체의 복사 생성이 일어나게 됩니다. 그런데 그러기 위해서는 또 복사 생성자가 호출돼야 하고, 그러면 일종의 재귀호출이 무한히 일어나게 되겠죠? 즉, 복사 생성자의 인수를 레퍼런스가 아닌 call-by-value로 받으면 복사 생성자 안에서 부득이하게 다시 복사 생성자를 호출할 수밖에 없는 상황이 벌어집니다. 그래서 C++에서는 복사 생성자를 만들 때 우변에 대한 인수를 레퍼런스로만 받을 수 있게끔 되어 있습니다.
>
> 또 다른 이유는 프로그램의 성능입니다. 객체 하나당 멤버 변수가 100개라면, 객체 하나를 매개변수로 넘기기 위해서 멤버 변수 100개를 일일이 복사해야 합니다. 하지만 그냥 레퍼런스로 넘기면 그럴 필요가 없겠죠? (실제 내부적으로는 포인터가 넘어가기 때문에 포인터 하나만 넘기는 것이 멤버 변수 전체를 복사하는 것보다 훨씬 빠르겠죠?) 이는 뒤에서 알아볼 복사 대입 연산자에도 똑같이 적용되고, 언제든 객체를 매개변수로 받을 때는 const 레퍼런스로 받는 게 가능한 상황이라면 그렇게 하는 것이 좋습니다.

11.3.3 복사 대입 연산자 오버로딩

하지만 아직도 해결되지 않은 문제가 있습니다. 바로 다음과 같이 객체가 선언된 이후에 대입하는 경우입니다.

```
String s1("Hello");
String s2;      // 선언
s2 = s1;        // 대입
```

C++에서는 위와 같은 표현과 초기화(선언과 대입을 한꺼번에)하는 것은 다르다고 말했습니다. 왜냐하면 **단순 대입에서는 어떠한 객체도 새로 생겨나지 않기 때문에 생성자가 호출되지 않기 때문**입니다. 생성자는 오직 객체가 처음 생성될 때만 호출될 수 있습니다. 한번 생성된 객체의 생성자를 다시 호출할 수 있는 방법은 없습니다.

이런 문제는 대입 연산자(=)를 새로 오버로딩하여 해결할 수 있습니다. 등호 연산자의 우변에는 당연히 String 객체가 와야 합니다. 이런 대입 연산자를 특별히 '복사 대입 연산자'(copy assignment operator)라 부르고, 그 모습은 다음과 같습니다. (전역 함수가 아니라, 클래스 안에 정의해야 합니다.)

```
String &operator=(const String &rhs) { ... }
```

10.9절에서 알아본 것과 같은 원리를 적용하면 s2 = s1;는 s2.operator=(s1);와 같은 말입니다. 따라서 이렇게 String 객체에서 String 객체로 단순 대입을 할 경우 실제로는 위와 같이 생긴 연산자가 호출됩니다. s2 = s1;라고 했을 때 this 포인터는 s2를 가리키고, rhs는 s1을 가리키고 있을 테니, 결국 복사 대입 연산자에서 해야 하는 일은 rhs의 내용물을 *this로 적절히 복사하는 것이겠죠?

그런데 이상한 점은 등호 연산자에 리턴 값이 있다는 것입니다. 특이하게도 String 객체에 대한 레퍼런스(String&)를 리턴하고 있습니다. 이것은 a = b = c;와 같이 다중으로 대입을 하는 경우에 필요합니다. a = b = c;라는 문장은 a = (b = c);와 같은 말입니다. 이와 같은 문장을 실행하면 실제로 벌어지는 일은 다음과 같습니다. 예를 들어 세 변수의 타입이 모두 int이고, c에는 5가 들어 있다고 해봅시다. 가장 먼저 b = c가 실행된 후, b의 값이 리턴됩니다. 즉 b = c라는 연산의 "결괏값"으로 b의 값이 리턴되는 것입니다. 그다음 a = (b = c);에서 b = c의 결괏값이 b의 값, 즉 5라는 것을 알았으므로 그 값을 a에도 대입하는 것입니다.

따라서 복사 대입 연산자를 오버로딩할 때도 마찬가지로 복사 대입을 수행한 후 자기 자신을 리턴하게끔 만들면 됩니다.

그러면 복사 대입 연산자의 내용을 작성해 볼까요?

```
String &operator=(const String &rhs) {
    if (this != &rhs) {
        len = rhs.len;
        delete[] strData;
        strData = new char[len + 1];
        strcpy(strData, rhs.strData);
    }
    return *this;
}
```

복사 대입 연산자는 복사 생성자보다는 좀 더 복잡합니다. 나머지는 복사 생성자에서 설명했으므로 굵게 표시한 부분만 설명하면 되겠죠?

우선 if문은 잠깐 없다고 생각하고, delete 부분부터 보겠습니다. 복사 생성과 다른 점은 코드가 실행되는 시점에서 복사의 대상이 되는 객체(등호 좌변의 객체)가 이미 존재한다는 것입니다. 그래서 다음 코드처럼 대입 연산을 수행하기 전부터 이미 메모리를 할당하고 있는 상태일 수도 있습니다.

```
String s1("Hello");
String s2("World");
s2 = s1;    // 대입 연산 실행 전, s2.strData에는 이미 할당된 문자열이 있다!!
```

이때 원래 할당하고 있는 공간의 주솟값(그림에서 200)을 지우고 새로 할당된 공간의 주솟값(300)을 넣으면 원래 공간(200)은 삭제되지 않은 채 더 이상 접근할 방법이 없어져 버립니다. 즉, 메모리 누수가 일어나게 됩니다.

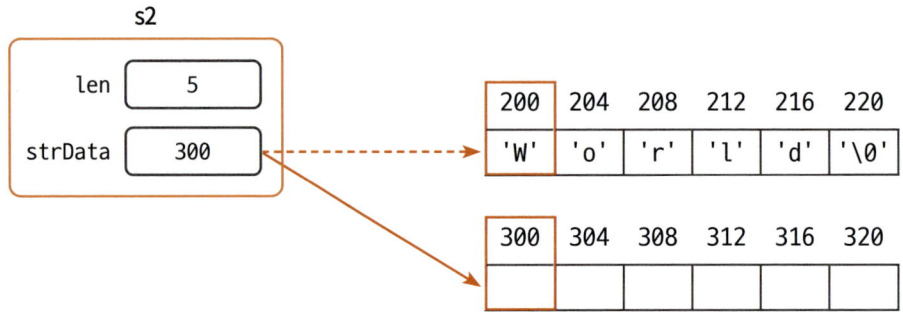

그림 11.11 복사 대입 시 메모리 누수가 일어나는 상황

그런 상황을 방지하기 위해서 우선 strData가 가리키는 공간이 있을 경우 delete를 합니다. (strData가 아무것도 가리키고 있지 않을 경우, 즉 NULL인 경우에는 아무 일도 일어나지 않으므로 상관없습니다.)

그러면 if문은 왜 있는 것일까요? 바로 자기 자신에 자기 자신을 대입하는 경우(a = a;)가 벌어질 수 있기 때문입니다. (실제로 실수가 아니더라도 간혹 그런 일이 생길 수 있습니다.) 즉 this == &rhs인 경우입니다. 그런 경우에 if문이 없다면 어떻게 될까요? delete가 있는 문장에서 strData가 가리키고 있던 메모리는 사라질 것이고, 그 객체가 결국은 rhs와 같으니 rhs.strData도 사라질 것입니다. 그런 상황에서 strcpy(strData, rhs.strData);를 실행하면 rhs.strData는 더 이상 없는 문자열이므로 제대로 작동하지 않겠죠? 따라서 이런 경우는 if문을 통해 따로 처리해야 합니다. 물론 이때의 처리란 아무것도 하지 않는 것입니다. 자기 자신에 자기 자신을 대입하는 것이므로 특별히 뭘 할 게 없죠?

마지막 return *this;는 앞에서 말했던 다중 대입 때문에 있는 것입니다. 대입 연산이 끝난 다음 자기 자신을 그저 리턴만 해주면 됩니다. 그러면 굵은 글씨로 표시한 부분도 다 설명되겠죠?

여기까지 하고 전체 코드를 실행해보겠습니다. 원한다면 다중 대입(s3 = s2 = s1)이나 자기 자신에 대입(s1 = s1) 같은 상황에도 제대로 작동하는지 확인해보면 더 좋겠죠?

예제 11.5 String 클래스에 복사 대입 연산자 추가하기

```cpp
#include <iostream>
#include <string.h>
using namespace std;

class String {
public:
    String() {
        strData = NULL;
        len = 0;
    }
    String(const char *str) {
        len = strlen(str);
        strData = new char[len + 1];
        strcpy(strData, str);
    }
    String(const String &rhs) {   // 복사 생성자
        len = rhs.len;
        strData = new char[len + 1];
        strcpy(strData, rhs.strData);
    }
    ~String() {
        if (strData) {
            delete[] strData;
        }
    }

    String &operator=(const String &rhs) {   // 복사 대입 연산자
        if (this != &rhs) {
            len = rhs.len;
            delete[] strData;
            strData = new char[len + 1];
```

```cpp
            strcpy(strData, rhs.strData);
        }
        return *this;
    }

    const char *GetStrData() const {
        if (strData) return strData;
        return "";
    }
    int GetLen() const {
        return len;
    }
private:
    char *strData;
    int len;
};

int main() {
    String s1("Hello");
    String s2("World");
    s2 = s1;
    cout << s1.GetStrData() << endl;
    cout << s2.GetStrData() << endl;
}
```

```
출력 결과
Hello
Hello
```

이렇게 복사 생성자와 복사 대입 연산자를 사용하여 객체가 복사될 때 객체 내에서 동적 할당한 메모리에 얕은 복사가 일어나는 것을 방지하는 법까지 알아보았습니다. 결국 객체 복사 시에는 다음 세 가지를 항상 염두에 두고 있으면 됩니다.

01. 객체 내에서 동적 할당된 메모리는 특별한 이유가 없으면 깊은 복사가 일어나야 한다.

02. 객체 내에서 동적 할당된 메모리는 특별한 이유가 없으면 객체 내에서 해제되어야 한다.

03. 한 번 할당된 메모리는 반드시 해제되어야 하고, 한 번만 해제되어야 한다.

이제 복사 생성자와 복사 대입 연산자를 통해 깊은 복사와 관련해서 객체 차원에서 할 수 있는 일은 전부 해주었습니다.

11.4 이동 시맨틱

바로 앞 절에서는 객체 내에서 동적 할당된 메모리는 **특별한 이유가 없다면** 얕은 복사가 일어나면 안 되고, 복사 생성자와 복사 대입 연산자를 오버로딩해 그런 상황이 일어나지 않게 방지해야 한다고 배웠습니다.

그런데 이번 절에서는 그와는 반대로 깊은 복사 대신 얕은 복사를 일부러 발생시키는 게 나은 경우에 대해 다룰 것입니다. 이 말은 앞 절의 내용과 모순되는 것처럼 들릴 수도 있지만, 그렇지 않습니다. 어떤 경우에는 깊은 복사를 해야만 할 때가 있는 반면, 이번 절에서 알아볼 몇몇 특수한 경우에는 얕은 복사를 해도 아무 문제가 되지 않습니다. 이렇게 깊은 복사가 굳이 필요 없는 특별한 경우에는 오히려 얕은 복사를 하면 프로그램의 효율을 높일 수 있습니다. 그게 바로 방금 강조한 "특별한 이유가 없다면"의 의미입니다. 물론 효율과 관련된 것이기 때문에 깊은 복사와 달리 얕은 복사는 구현하지 않는다고 해서 큰 문제가 생기지는 않습니다.

그럼 과연 어떤 경우에 깊은 복사 대신 얕은 복사를 이용할 수 있을까요? 다음 코드를 보겠습니다. 참고로 이번 절에서도 앞에서 만들어 놓은 `String` 클래스를 그대로 사용할 텐데, 아래 코드를 작성할 때는 예제 11.5에 나온 `String` 클래스를 그대로 갖다 쓰는 상황이라고 생각하면 됩니다.

```
class String { /* 생략 - 예제 11.5와 동일 */ };

String getName() {
    String res("Doodle");
    return res;
}
```

이 함수를 자세히 살펴보면 `String` 타입의 객체 하나를 함수 내에서 만들어서 그 객체를 리턴하고 있는 상황입니다. 그런 다음에 `main` 함수에서 다음과 같은 코드를 작성했다고 해보겠습니다.

```
int main() {
    String a;
```

```
    a = getName();
}
```

별로 이해하기 어려운 상황은 아닙니다. getName 함수는 "Doodle"이라는 내용물이 담긴 String 객체를 리턴할 것이고, 그 객체가 a에 그대로 깊은 복사가 될 것입니다. 깊은 복사가 되는 이유는 클래스 안에 복사 대입 연산자를 정의해 놓았기 때문이겠죠?

위 코드를 실행했을 때 일어나는 일은 사실은 좀 더 복잡합니다. 우선 최종적인 목표는 getName 함수 안에서 만들어진 res 객체를 main에서 정의된 a에 대입하는 것입니다.

문제는 res 객체가 getName 함수 안에 정의된 지역 객체라는 점입니다. a = getName();은 사실 두 부분으로 이루어져 있습니다. ❶ 먼저 getName()의 값이 계산된 후, 즉 getName 함수가 리턴된 후, ❷ 그 리턴 값을 a에 대입합니다. 이렇게 대입 연산이 함수 종료 **이후에** 나타나기 때문에 res 객체를 바로 a로 복사할 수는 없습니다. 함수가 종료되면 그 함수의 지역 객체인 res도 사라지기 때문입니다.

이런 문제를 해결하기 위해 C++에서는 리턴 값을 저장하는 특별한 공간이 있습니다. 함수가 종료될 때 이 공간에 리턴 값을 저장하는 **"임시 객체"가 생성**되어 res가 거기에 복사됩니다. 즉 이 **임시 객체의 복사 생성자가 호출**된다는 뜻입니다. 이 임시 객체는 함수의 지역 변수가 아닌 특별한 객체이기 때문에 함수가 종료되어도 res는 사라지지만 임시 객체는 사라지지 않습니다. 이렇게 함수가 종료되고 나면 임시 객체에서 a로 또다시 복사가 일어납니다.

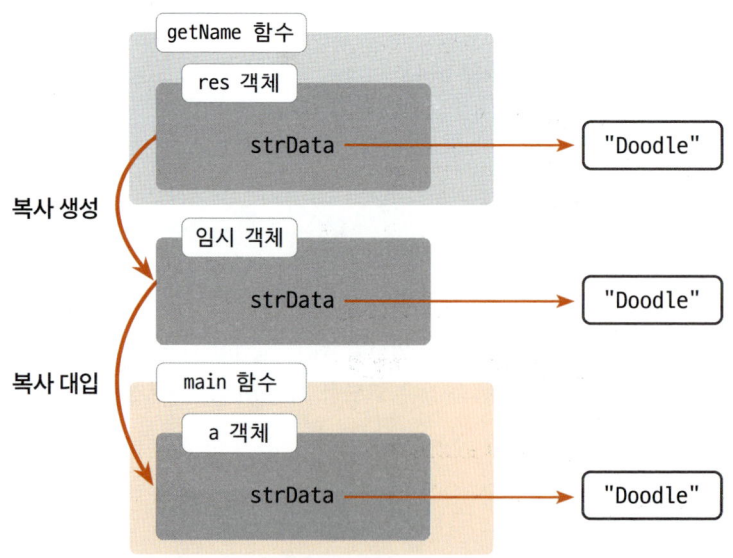

그림 11.12 getName 함수의 res 객체가 main 함수의 a로 복사되는 과정

그러면 이 과정에서 객체의 복사는 총 몇 번 일어날까요? res에서 임시 객체로 한 번, 임시 객체에서 a로 한 번, 총 두 번이 일어납니다. 또 복사 생성자와 복사 대입 연산자를 정의해 놓았으므로 두 복사 모두 깊은 복사가 일어난다는 것을 알 수 있습니다. 깊은 복사가 되는 것 자체에는 문제가 없지만, 중요한 것은 그럴 필요가 없다는 것입니다.

정말 그럴까요? 이때 등장하는 개념이 바로 C++11에 등장한 '이동 시맨틱'(move sematics)입니다. "이동"이라는 말에서 알 수 있듯이, 이동이 일어나면 객체가 가리키는 데이터가 복사되지 않고 단순히 이동합니다. 이게 무슨 말일까요? 우선 복사 생성자와 대입 연산자에 대해 알아볼 때 나왔던 그림을 다시 한번 보겠습니다.

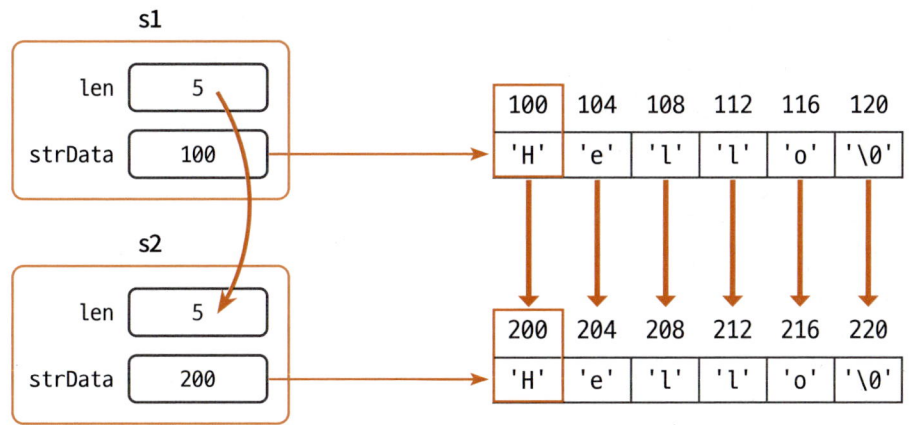

그림 11.13 다시 보는 복사 생성 그림

복사 생성/대입을 한 이후에는 원본 객체(s1)와 대상 객체(s2) 모두 살아 있어야 합니다. 즉 복사 이후에 s1은 s1대로, s2도 s2대로 사용할 수 있어야 한다는 것이죠. 따라서 s1.strData와 s2.strData가 각각 자기만의 데이터를 가리키고 있어야 합니다. 너무 당연한 말인가요? 하지만 방금 전과 같이 어떤 객체가 단순히 리턴되는 상황은 조금 다릅니다. res도 더 이상 쓰이지 않고 사라질 객체이고, 임시 객체도 마찬가지로 a에만 대입되고 나면 사라질 객체입니다. 리턴되기 전에도 데이터는 res.strData가 가리키고 있는 것 하나뿐이고, 리턴된 후에도 단 하나의 데이터만 존재하고, 그걸 a.strData가 가리키고 있으면 되는 것입니다. 차이를 알겠나요? 즉, **원본 객체는 복사 직후에 바로 소멸될 객체이므로 얕은 복사를 해주어도 별문제가 생기지 않습니다.**

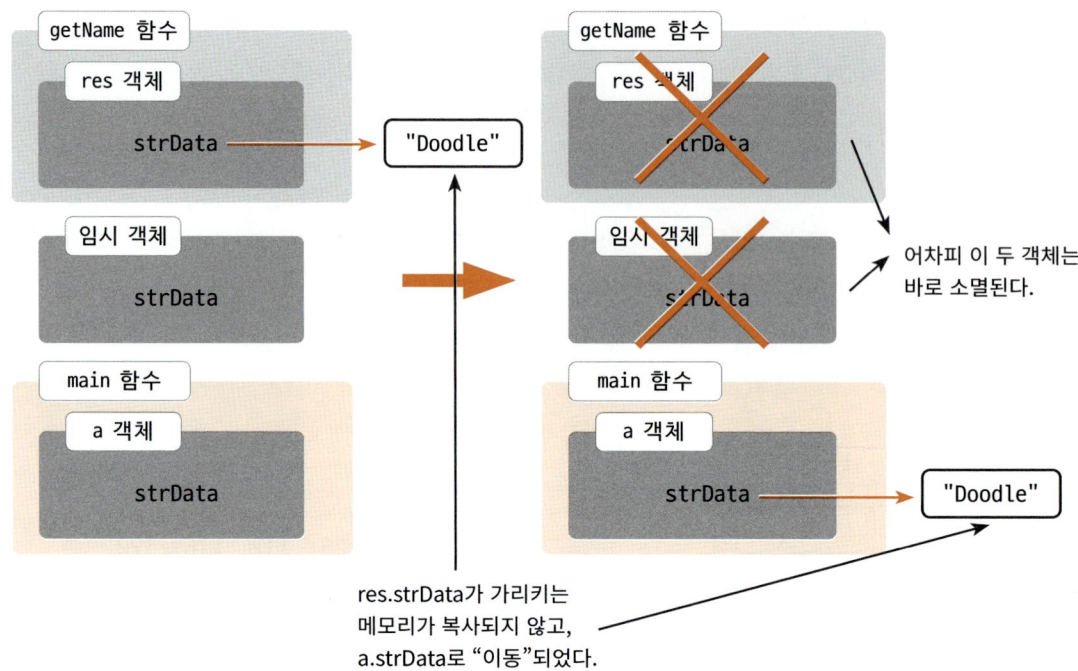

그림 11.14 getName 함수에서 객체가 리턴될 때 이동 생성이 일어나는 상황을 설명한 그림

이런 경우에 **의도적으로** 얕은 복사를 해서 res에서 a로 데이터를 이동시켜 넘겨주기만 하면 깊은 복사에 드는 시간을 2번이나 아낄 수 있습니다. 이렇게 복사 이후에 바로 사라지는 객체에 대해서는 **의도적으로 얕은 복사를 해 데이터를 복사하지 않고 "이동"만 시키도록 하는** 문법을 '이동 시맨틱'이라고 부릅니다.

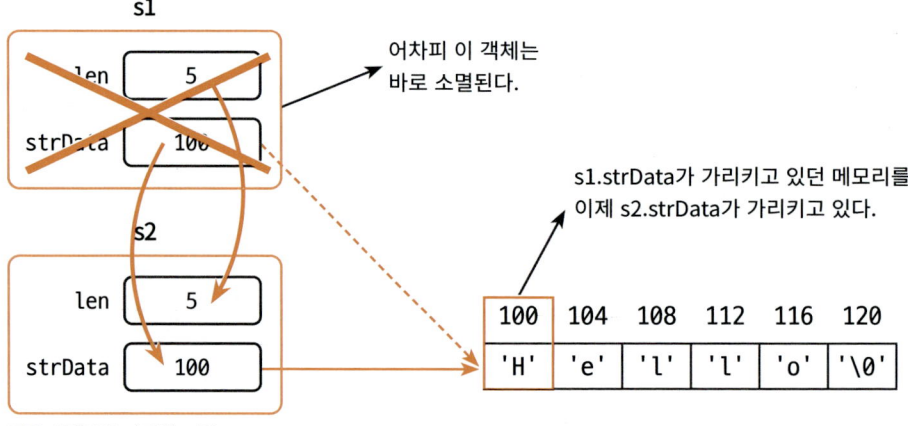

그림 11.15 이동 시맨틱을 나타낸 그림

중요하고 어려운 내용이므로 한 번만 더 정리하겠습니다. 이동 시맨틱이 무엇일까요? 복사가 일어나는 상황에서 만약 원본 객체가 곧 사라질 것이라면 굳이 깊은 복사를 하지 않고 원본 객체가 가지고 있는 데이터를 대상 객체로 얕은 복사, 즉 이동시키는 것입니다. 원본 객체가 사라진다면 깊은 복사를 해줄 의미가 없기 때문입니다.

위 내용이 대략적으로나마 이해된다면, 다음 절에서 이동 시맨틱을 어떻게 구현하는지 알아볼 준비가 된 것입니다.

11.5 이동 생성자와 이동 대입 연산자

이번 절에서는 앞 절에서 만든 String 클래스에 살을 좀 더 붙인 뒤, 거기에 이동 시맨틱을 구현해 깊은 복사가 실제로 없어졌는지 확인해 보겠습니다.

11.5.1 String 클래스 보강하기

뒤에서 이동 시맨틱을 구현한 후 실제로 잘 작동하는지 확인하기 위해 몇 가지 메시지를 출력하는 부분을 추가할 것입니다. 설명할 것이 조금 많아서 코드를 보면서 설명을 같이 해보겠습니다. 결과가 제대로 나오지 않는다면 예제 뒤에 있는 팁 박스를 꼭 읽어보기 바랍니다.

다음 페이지의 예제 11.6에서 굵게 표시한 alloc과 release는 아래 private 영역을 보면 알 수 있지만 새로 만든 멤버 메서드입니다. 이 두 메서드는 별 게 아니라, alloc에서는 len+1칸의 char 배열을 동적 할당하고, 할당했다는 메시지를 띄웁니다. 그러니까 그냥 기존의 동적 할당하는 코드와 똑같은데, 단지 친절하게 메시지를 함께 출력하고, 그 두 줄을 묶어서 alloc이라는 새로운 함수로 뺀 것입니다. release도 마찬가지로 delete 부분을 메시지와 함께 묶어서 실행하는 함수입니다.

또 cout 안에 들어 있는 (void*)strData의 의미도 궁금할 텐데, 이건 strData라는 포인터에 담겨있는 주소를 출력하기 위한 것입니다. 그냥 strData라고만 쓰면 안 되는 이유는 strData가 char 포인터(char*)이기 때문입니다. char 포인터는 char 자료형을 가리키는 포인터이기 이전에, 문자열을 표현할 때도 쓸 수 있다고 한 적이 있었죠? 그래서 cout에서도 char* 자료형의 경우는 포인터가 아닌 문자열로 인식합니다. 이런 현상을 방지하기 위해서 strData 포인터를 void*라는 자료형으로 형변환합니다. void*의 의미는 "주솟값을 담긴 하는데, 그 주소에 어떤 자료형이 들어 있는지는 관심을 가지지 않겠다."라는 뜻입니다. 그렇게 중요한 개념은 아니므로 그냥 strData가 문자열 형태가 아니라 그 주솟값이 그대로 출력되게 하려면 필요하다는 정도만 알면 됩니다.

마지막 main과 getName 함수에서는 번호가 붙여진 칸막이 같은 것을 출력하고 있는데, 각 메시지가 출력되는 시점을 좀 더 보기 편하게 하려고 넣었습니다.

예제 11.6 이동 생성자와 이동 대입 연산자를 구현하지 않았을 때의 작동

```cpp
#include <iostream>
#include <string.h>
using namespace std;

class String {
public:
    String() {
        cout << "String() : " << this << endl;
        strData = NULL;
        len = 0;
    }
    String(const char *str) {
        cout << "String(const char*) : " << this << endl;
        len = strlen(str);
        alloc(len);
        strcpy(strData, str);
    }
    String(const String &rhs) {
        cout << "String(const String&) : " << this << endl;
        len = rhs.len;
        alloc(len);
        strcpy(strData, rhs.strData);
    }

    ~String() {
        cout << "~String() : " << this << endl;
        release();
        strData = NULL;
    }

    String &operator=(const String &rhs) {
        cout << "String &operator=(const String&) : " << this << endl;
        if (this != &rhs) {
```

```cpp
            release();
            len = rhs.len;
            alloc(len);
            strcpy(strData, rhs.strData);
        }
        return *this;
    }

    char* GetStrData() const {
        return strData;
    }
    int GetLen() const {
        return len;
    }
private:
    void alloc(int len) {
        strData = new char[len + 1];
        cout << "strData 할당됨 : " << (void*)strData << endl;
    }
    void release() {
        if (strData) cout << "strData 해제됨 : " << (void*)strData << endl;
        delete[] strData;
    }

    char *strData;
    int len;
};

String getName() {
    cout << "===== 2 =====" << endl;
    String res("Doodle");
    cout << "===== 3 =====" << endl;
    return res;
}

int main() {
    String a;
    cout << "===== 1 =====" << endl;
```

```
    a = getName();
    cout << "===== 4 =====" << endl;
}
```

```
출력 결과(예시)
String() : 00DEFE68
===== 1 =====
===== 2 =====
String(const char*) : 00DEFD58
strData 할당됨 : 010ADFD8
===== 3 =====
String(const String&) : 00DEFD98
strData 할당됨 : 010AE3C8
~String() : 00DEFD58
strData 해제됨 : 010ADFD8
String &operator=(const String&) : 00DEFE68
strData 할당됨 : 010AE358
~String() : 00DEFD98
strData 해제됨 : 010AE3C8
===== 4 =====
~String() : 00DEFE68
strData 해제됨 : 010AE358
```

> **Tip 복사 생략(copy elision)**
>
> 위의 코드를 실행해보면 복사 생성조차도 되지 않는 경우를 볼 수 있습니다. 그 이유는 '복사 생략'이라는 현상 때문입니다. 복사 생략이란 특정한 상황에서 컴파일러가 복사 생성 또는 복사 대입이 필요 없는 상황을 미리 탐지하여 객체의 복사 자체를 말 그대로 생략하는 것입니다. 이게 어떻게 가능한지는 이 책의 범위를 벗어나므로 설명하지 않겠습니다.
>
> 본인의 컴퓨터로 실행한 결과가 위와 다르다면 복사 생성이 일어났다고 생각하면 됩니다. 이때 컴파일러의 종류, 버전과 여러 설정 값들을 이리저리 살펴봐야 하기 때문에 안타깝게도 복사 생략이 일어나지 않도록 바꾸는 방법을 이 책에서 설명하기는 어렵습니다. 하지만 Visual Studio 2019를 사용하고 있고, 프로젝트를 만들 때 책에 소개된 내용대로 했다면 아마도 같은 결과를 볼 수 있을 것입니다.

복사 생성자인 String(const String&)이 한 번, 복사 대입 연산자인 String &operator=(const String&)이 한 번 출력됩니다. 첫 번째 복사가 res에서 임시 객체로의 복사, 두 번째 복사가 임시 객체에서

a로의 복사입니다. 즉, 그림 11.12에 보이는 것과 똑같은 현상이 일어나고 있는 것입니다. 여기서 `strData`가 총 3번 할당되고, 각각 다른 메모리 공간을 가리키고 있다(`010ADFD8`, `010AE3C8`, `010AE358`)는 점에 주목하기 바랍니다.

11.5.2 이동 생성자 및 이동 대입 연산자 오버로딩

그러면 이제 본격적으로 이동 시맨틱을 구현해 보겠습니다. 이동 생성자와 이동 대입 연산자는 각각 다음과 같이 생겼습니다.

```
class String {
public:
    // (생략)
    String(String &&rhs) { }              // 이동 생성자
    String &operator=(String &&rhs) { }   // 이동 대입 연산자
}
```

기억 나시나요? rhs 앞에 &가 2개 붙어있네요. 바로 r-value 참조입니다. 이 개념이 잘 기억나지 않는다면 9.4.2절을 다시 보고 옵시다.

C++에서는 이동 생성 또는 대입이 일어날 수 있을 때 우변을 r-value의 형태로 취급합니다. 임시 객체에서 a로 복사되는 경우, 우변인 임시 객체가 r-value인 것은 쉽게 알 수 있습니다. `a = getName();`에서 `getName()`이 의미하는 게 그 함수의 리턴 값인데, 함수의 리턴 값은 r-value라고 했었죠?

그런데 res에서 임시 객체로 복사되는 경우는 조금 애매합니다. 이때의 우변인 res는 분명 l-value이기 때문입니다. 하지만 이렇게 어떤 객체가 리턴될 때는 그 객체가 r-value로 취급됩니다. (등호 왼쪽에 올 수 있냐 없냐가 r-value와 l-value를 구별하는 절대적인 기준은 아닙니다. 엄밀한 정의는 훨씬 복잡하다고 했었죠?)

중요한 것은, 객체가 리턴되는 순간에 원래는 복사 생성자/대입 연산자가 호출되던 것이 위와 같이 이동 생성자와 이동 대입 연산자를 정의해 놓기만 하면 이동 생성자/대입 연산자가 호출되도록 바뀐다는 점입니다.

잘 생각해보면 생성 또는 대입 연산의 우변이 r-value인 경우에는 항상 이동 시맨틱을 이용할 수 있습니다. r-value는 메모리상에 존재하는 객체가 아닌, 연산의 결괏값이나 함수의 리턴 값처럼 일시적으로 존재했다 사라지는 것이기 때문입니다.

그러면 이제 이동 생성자의 내용물을 작성해 보겠습니다. 이동 생성자에서 해야 할 일은 기본적으로 얕은 복사입니다.

```
String(String &&rhs) {   // 이동 생성자
    cout << "String(String&&) : " << this << endl;
    len = rhs.len;
    strData = rhs.strData;
    rhs.strData = NULL;
}
```

기본적으로는 얕은 복사를 해주는 것입니다. 하지만 굉장히 중요한 작업을 추가로 해야 합니다. 바로 **마지막 줄에서 rhs에 동적 할당된 데이터를 NULL로 바꿔주는 것**입니다. 왜 그래야 할까요? 다음 그림을 같이 보겠습니다.

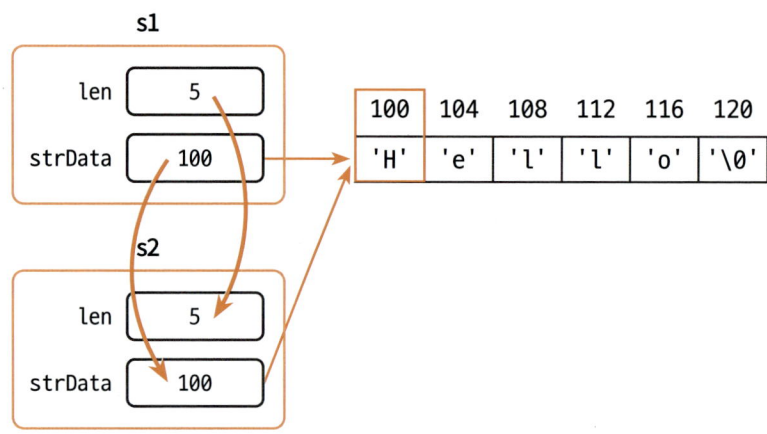

그림 11.16 strData가 얕은 복사되었을 때의 상황

사실 복사 생성자를 배우기 직전에 한번 봤던 그림입니다. 맨 마지막 rhs.strData = NULL;을 뺀다면 정확히 그림과 같은 상황이 됩니다. 이동 생성자가 실행된 직후, 원본 객체인 s1은 소멸되겠죠? 그런데 이렇게 rhs.strData = NULL;을 적지 않은 상황이라면 s1의 소멸자에서는 어떤 일이 일어날까요? 자기 자신의 strData를 해제해줄 것입니다.

```
~String() {   // 소멸자
    cout << "~String() : " << this << endl;
    release();   // s1이 사라지면서 s1.strData 또한 해제된다.
```

```
    strData = NULL;
}
```

그 말은 그림의 100번지에 있는 할당된 공간이 해제된다는 뜻입니다. 그런데 **s2.strData**도 같은 공간을 가리키고 있죠?(얕은 복사니까요.) 그러니까 지금 잘 이동해야 하는 데이터를 중간에 삭제한 꼴이 되는 것입니다. 한 문장 한 문장을 차근차근 이해해보기 바랍니다.

이런 일이 벌어지지 않도록 rhs.strData를 NULL로 바꿔주는 것입니다. 그렇게 하면 s1의 소멸자가 호출되어도, **s1.strData**가 NULL이므로 아무것도 삭제되지 않고 데이터가 보존됩니다. 즉, 앞에서부터 계속 이야기해온 **"이동"**이라는 것이 성공적으로 일어난 것입니다.

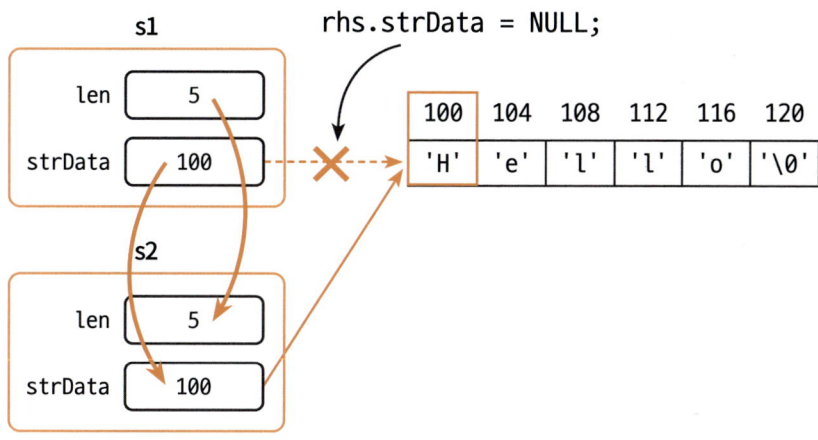

그림 11.17 우변의 strData를 NULL로 바꿔줬을 때를 나타낸 그림

조금만 응용하면 이동 대입 연산자도 쉽게 작성할 수 있습니다. 대신 이동 대입에서는 복사 대입과는 달리 자기 자신에 대입(a = a)하는 경우는 절대 벌어지지 않으므로 따지지 않아도 됩니다. 이동이 일어나고 있다는 것은 우변이 대입 연산 이후 사라진다는 뜻입니다. 그런데 알고 봤더니 우변과 좌변이 같은 객체였다면 그런 상황은 말이 안 되겠죠? 애초에 좌변은 l-value이고, 우변은 r-value이니까요.

```
String &operator=(String &&rhs) {   // 이동 대입 연산자
    cout << "String &operator=(String&&) : " << this << endl;
    len = rhs.len;
    strData = rhs.strData;
    rhs.strData = NULL;
    return *this;
}
```

그 외에는 별다른 설명이 필요하지 않을 것 같네요. 바로 실행까지 해보겠습니다. 다른 생성자와 메서드는 앞에서 구현한 적이 있으므로 생략했습니다.

예제 11.7 이동 생성자와 이동 대입 연산자 구현하기

```cpp
#include <iostream>
#include <string.h>
using namespace std;

class String {
public:
    String() { /*...*/ }
    String(const char *str) { /*...*/ }
    String(const String &rhs) { /*...*/ }
    String(String &&rhs) {   // 이동 생성자
        cout << "String(String&&) : " << this << endl;
        len = rhs.len;
        strData = rhs.strData;
        rhs.strData = NULL;
    }

    ~String() { /*...*/ }

    String &operator=(const String &rhs) { /*...*/ }
    String &operator=(String &&rhs) {   // 이동 대입 연산자
        cout << "String &operator=(String&&) : " << this << endl;
        len = rhs.len;
        strData = rhs.strData;
        rhs.strData = NULL;
        return *this;
    }

    char* GetStrData() const { /*...*/ }
    int GetLen() const { /*...*/ }

private:
    void alloc(int len) { /*...*/ }
    void release() { /*...*/ }
```

```cpp
    char *strData;
    int len;
};

String getName() {
    cout << "===== 2 =====" << endl;
    String res("Doodle");
    cout << "===== 3 =====" << endl;
    return res;
}

int main() {
    String a;
    cout << "===== 1 =====" << endl;
    a = getName();
    cout << "===== 4 =====" << endl;
}
```

> **출력 결과(예시)**
>
> ```
> String() : 00B3F96C
> ===== 1 =====
> ===== 2 =====
> String(const char*) : 00B3F85C
> strData 할당됨 : 00F1E310
> ===== 3 =====
> String(String&&) : 00B3F89C
> ~String() : 00B3F85C
> String &operator=(String&&) : 00B3F96C
> ~String() : 00B3F89C
> ===== 4 =====
> ~String() : 00B3F96C
> strData 해제됨 : 00F1E310
> ```

String(String&&)과 String &operator=(String&&)가 실행된 것을 확인할 수 있고, strData도 새로 할당되거나 복사되지 않고 같은 데이터(00F1E310)가 마지막까지 이동해서 맨 마지막에 해제된 것을 볼 수 있습니다. 원래 어려운 내용이기 때문에 코드가 한 번에 이해되지 않을 수도 있습니다. 이동 시맨틱의 목적과 방법, 그리고 복사 생성자 및 대입 연산자와의 공통점과 차이점을 생각해 보면서 코드를 자세히 연구해 보면 코드를 이해하는 데 도움이 될 것입니다.

이렇게 이동 생성자와 대입 연산자를 구현해서 쓸모없는 깊은 복사를 놀랍게도 2번이나 줄였습니다. 물론 앞에서 잠깐 언급했듯 컴파일러가 최적화를 잘 해준다면 복사 생략이라는 다른 방법으로 이 깊은 복사 문제를 해결할 수 있긴 합니다. 하지만 이동 시맨틱을 알고 있다면 위에서 알아본 상황 외에도 좀 더 유연하게 객체 복사를 관리할 수 있습니다.

11.6 묵시적 형변환

드디어 이번 장의 가장 어려운 부분인 깊은 복사와 얕은 복사를 모두 지나왔습니다. 이번 절에서는 조금 더 쉬운 개념인 묵시적 형변환에 대해 알아보겠습니다.

11.6.1 묵시적 형변환의 개념

사실 용어를 몰랐을 뿐이지, 묵시적 형변환은 아주 초기부터 많이 다루었습니다. 예를 들자면 다음과 같은 것이 있습니다.

```
int a = 5;
double b = a;
```

두 번째 줄에서 등호 우변의 자료형은 `int`, 좌변의 자료형은 `double`입니다. 원래 C/C++에서는 양변의 타입이 다르면 대입 연산이 일어날 수 없습니다. 그런데 어떻게 저런 문장이 정상적으로 실행될까요? 바로 특별히 말해주지 않아도 자동으로 알아서 형변환이 되기 때문입니다. '묵시적 형변환'(implicit conversion)이란 이렇게 특별한 말없이 형변환이 일어나는 것을 말합니다.

반대되는 개념으로 명시적 형변환(explicit conversion)이 있습니다. 다음과 같이 정수형인 `a`를 `double`로 형변환을 한다고 명시적으로 적어준다면 명시적 형변환이 되는 것입니다.

```
double b = (double)a;
```

두 경우 모두 완벽히 똑같이 작동하지만 코드에 쓰여 있느냐, 쓰여 있지 않느냐의 차이가 전부라고 할 수 있습니다.

이번 절에서 중점을 둘 부분은 `int`, `double`과 같은 기본 타입 간의 형변환이 아니라 클래스 간, 또는 클래스와 기본 타입 간의 형변환입니다. 전혀 관련이 없는 타입끼리도 형변환할 수 있으며, 심지어 그것이 묵시적으로 일어나게끔 할 수도 있습니다. 그러면 이제부터 그 방법에 대해 알아보겠습니다.

11.6.2 형변환 생성자 오버로딩

형변환 생성자는 생성자의 새로운 종류가 아닙니다. 상황이나 관점에 따라 형변환 생성자로 볼 수도 있고, 보지 않을 수도 있습니다. 아래 예제에 등장하는 Item이라는 클래스는 어떤 게임에서 아이템의 종류를 저장하는 데 쓰인다고 해보겠습니다. 멤버 변수인 num과 name은 각각 아이템의 고유 번호와 이름을 저장합니다. 코드를 보면 Item 클래스의 생성자 중에 이전에 본 적 없는 새로운 형태의 생성자가 있지는 않습니다. 그래서 코드를 먼저 작성한 뒤 설명하겠습니다.

예제 11.8 형변환 생성자를 만들고 사용하기

```cpp
#include <iostream>
#include <string>
using namespace std;

class Item {
public:
    Item() {
        cout << "Item()" << endl;
    }
    Item(int num) : num(num) {
        cout << "Item(int)" << endl;
    }
    Item(string name) : name(name) {
        cout << "Item(string)" << endl;
    }
    Item(int num, string name) : num(num), name(name) {
        cout << "Item(int, string)" << endl;
    }

private:
    int num;
    string name;
};

int main() {
    cout << "===== A =====" << endl;
    Item a1 = Item(1);
    Item a2(2);
    Item a3 = (Item)3;
```

```
    Item a4 = 4;
    Item a5, a6, a7;
    a5 = Item(5);
    a6 = 6;
    a7 = (Item)7;

    cout << "===== B =====" << endl;
    Item b4 = string("Stone");

    cout << "===== C =====" << endl;
    Item c1 = Item(1, "Stone");
    Item c2(2, "Dirt");
    Item c4 = { 3, "Wood" };
    Item c5, c6;
    c5 = Item(4, "Grass");
    c6 = { 5, "Water" };
}
```

```
===== A =====
Item(int)
Item(int)
Item(int)
Item(int)
Item()
Item()
Item()
Item(int)
Item(int)
Item(int)
===== B =====
(생략)
```

뭔가 많은 일이 벌어지고 있지만, 신경 써야 하는 내용은 많이 없습니다. 우선 A 파트부터 보겠습니다. a1과 a2는 객체를 초기화하는 아주 전형적인 방법입니다. a1과 같은 초기화 방법은 거의 안 썼기 때문에 까먹었을 수 있지만 a1과 a2는 기본적으로 같은 의미라는 것을 10.4.3절에서 설명한 적이 있습니다. 따라서 당연히 출력 결과의 A 파트 1~2번째 줄에서 `Item(int)`가 출력됩니다.

a3부터는 조금 유심히 볼 필요가 있습니다. 3을 Item이라는 타입으로 형변환하고 있네요. 이게 도대체 무슨 말이고, 어떻게 가능할까요? 놀랍게도, C++에서는 보통 (Item)3이라는 말이 Item(3)으로도 해석될 수 있습니다. 즉, **다른 타입에서 어떤 클래스(여기서는 Item)로의 형변환이 그 클래스의 생성자를 통해 가능하다**는 것입니다. 실제로 출력 결과의 A 파트 3번째 줄에서 볼 수 있듯이, a1과 a2처럼 똑같이 item(int) 생성자가 호출된 것을 볼 수 있습니다. 정리하자면, (Item)3과 같이 int형의 값을 Item으로 형변환하려 할 때 실제로 일어나는 일은 (Item)3이 Item(3)으로 해석되어 Item(int) 생성자가 호출되는 것입니다.

a4의 경우도 특이합니다. 이번에는 아무런 형변환 없이 int형의 값이 a4 객체로 들어가고 있습니다. 이것은 두 가지 관점에서 볼 수 있는데, 첫 번째는 a4를 초기화하는 형태가 a2와 같은 형태라고 보는 것입니다. C++에서는 int a = 5;와 int a(5);가 같은 의미라고 했죠? 비슷하게 Item a4 = 4; 또한 Item a4(4);로 보는 것입니다. 그러면 형태가 a2의 경우와 같아지죠? 두 번째 관점은 좀 빙 둘러 가기는 하지만, 더 정확합니다. 4의 타입은 int이고, a4의 타입은 Item입니다. 이런 경우 컴파일러는 자동으로 int에서 Item으로 변환을 시도합니다. 즉 Item a4 = (Item)4;와 같이 만든다는 것입니다. 그러면 a3과 같은 형태가 되겠죠? 어떤 관점에서 보든 Item(int) 생성자가 호출된다는 결과는 같습니다.

그다음 a5, a6, a7을 만들면서 기본 생성자(Item())가 3번 호출되고, a5는 새로운 객체를 만들어서 대입 연산을 하는 경우를 보여줍니다. 이런 경우 우변의 객체(Item(5))가 생성된 후, 대입 연산이 수행됩니다. 우변의 객체는 대입이 끝나면 사라지는 객체이기 때문에 이때의 대입 연산의 종류는 이동 대입입니다. 별로 어렵지 않죠?

a6의 경우가 a4의 두 번째 관점과 비슷합니다. 우변의 타입은 int이고 좌변의 타입은 Item이기 때문에 int에서 Item으로 형변환을 시도하고, 그 과정에서 자동으로 Item(int) 생성자가 호출됩니다.

a7은 a3과 비슷하게 명시적으로 형변환을 하겠다고 적어준 경우입니다. 이런 경우에도 당연히 Item(int) 생성자가 실행됩니다.

여기서 질문입니다. a1~a7 중 묵시적 형변환에 해당되는 것은 무엇일까요? 바로 a4와 a6입니다. 등호의 우변이 Item 타입이 아니지만, 컴파일러가 알아서 변환해준다는 것입니다. 또, 명시적 형변환에 해당하는 것은 무엇일까요? 조금 애매하긴 하지만 좁게 보면 a3와 a7입니다. 이때 호출되는 생성자를 바로 '형변환 생성자'(conversion constructor) 또는 '변환 생성자'라고 합니다. 같은 형태의 생성자라도 상황에 따라 형변환 생성자가 될 수도 있고 안 될 수도 있다고 했던 게 이 말입니다. a1~a7의 경우 모두 Item(int) 생성자가 호출되었지만 그렇다고 해서 항상 변환 생성자로 볼 수는 없는 것입니다. 우변의 타입을 좌변으로 변환하려 할 때만 변환 생성자라고 할 수 있습니다.

B 파트도 A와 비슷하기 때문에 규칙에 맞게 b1~b7을 초기화해보는 것을 과제로 남기겠습니다. 자료형만 int에서 string으로 바꾸면 됩니다. 한 가지 주의해야 할 점은 Item b4 = "Stone";과 같이 쓰면 "Stone"이 string이 아닌 const char* 타입으로 인식되기 때문에 컴파일러가 적절한 변환 생성자를 찾지 못할 수 있습니다. 따라서 그런 경우 위의 예제에서 적은 것과 같이 명시적으로 string으로 만들어야 합니다. (그렇게 중요한 내용은 아닙니다.)

```
===== C =====
Item(int, string)
Item(int, string)
Item(int, string)
Item()
Item()
Item(int, string)
Item(int, string)
```

출력 결과(C 파트)

마지막 C 파트는 C++ 버전마다 관점이 다른데, C++11 이후 버전을 기준으로 설명하겠습니다. 참고로 C++11보다 이전 버전에서는 매개변수 한 개짜리 생성자만 형변환 생성자가 될 수 있었지만, C++11부터는 매개변수의 개수와 상관없이 상황만 적절하다면 변환 생성자로 볼 수 있습니다.

c1과 c2는 설명이 필요 없습니다.

c4는 10.4.3절에서 맛보기로만 알아본 리스트 초기화입니다. 이 경우도 (C++11 이후에 한해서는) 묵시적 형변환에 해당합니다. 우변 자체에 타입이 있는 것은 아니지만, 우변만 가지고는 그 타입이 Item이라는 것을 알아낼 수 없기 때문입니다. 이런 경우에는 중괄호 안의 각 항(3, "Wood")을 인수로 하는 변환 생성자가 묵시적으로 호출됩니다. 따라서 실제로 실행되는 것은 Item c4 = Item(3, "Wood");와 같습니다. c1과 같은 형태가 되었네요.

참고로 c3가 없는 이유는 a3처럼 규칙에 따라 써보면 Item c3 = (Item){ 3, "Wood" };와 같은 형태가 될 텐데, 이렇게 중괄호 안의 내용물을 명시적으로 형변환하는 문법은 존재하지 않기 때문입니다.

c5도 별다른 설명은 필요 없을 것 같고, c6를 보겠습니다. c4와 마찬가지로 우변 자체만 놓고 보면 우변이 Item 타입이라고 할 수는 없습니다. 따라서 실제로는 c6 = Item(5, "Water");와 같이 변환 생성자가 호출됩니다.

11.6.3 형변환 연산자 오버로딩

앞에서는 다른 타입으로부터 우리가 만든 클래스의 타입으로 형변환하는 방법을 알아보았습니다. 그러니까 Item에 다음과 같은 생성자들을 오버로딩하면 그것이 형변환 생성자로 인식되어 int와 string이라는 타입에서 Item 타입으로 형변환할 수 있다는 것을 알아보았습니다.

```
class Item {
public:
    Item(int num);
    Item(string name);
};
```

그런데 이렇게만 하면 Item 타입으로 변환할 수는 있어도 Item 타입에서 다른 타입으로 변환할 수는 없다는 것을 알 수 있습니다.

```
Item a = 5;    // OK(형변환 생성자가 호출되면서 묵시적 형변환이 일어남)
int b = a;     // 에러!
```

그래서 이번에는 거꾸로 어떤 클래스에서 다른 타입으로 형변환할 수 있게 만들어주는 방법을 알아볼 것입니다. 그때 사용할 수 있는 것이 바로 형변환 연산자입니다. 그러니까 연산자 오버로딩을 해주어야 합니다. 연산자 오버로딩이 잘 기억나지 않는다면 10.9절을 다시 보고 오기 바랍니다.

형변환 연산자는 다른 연산자와 달리 형태가 많이 특이하므로 유심히 살펴봅시다.

```
class Item {
public:
  // (생략)

    operator int() const {
        return num;
    }
    operator string() const {
        return name;
    }
private:
```

```
    // (생략)
};
```

굉장히 혼란스러울 텐데요, 우선 + 같은 다른 연산자를 오버로딩했을 때 어떤 형태였는지를 되돌아보겠습니다. const 같은 군더더기는 편의상 제외했습니다.

```
class MyClass {
public:
    MyClass operator+(MyClass other) {
        return ...;
    }
};
```

분해해보면, 클래스 내에서 연산자를 오버로딩할 때는 대부분 다음과 같은 규칙이 있습니다.

```
연산자의_리턴_타입 operator 연산자_이름 (매개변수) {
    // ...
}
```

위의 예시에서는 연산자의 리턴 타입이 MyClass, 연산자의 "이름"이 +인 경우를 보여줍니다. + 연산을 하기 위해서는 좌변과 우변이 필요합니다. 좌변은 그냥 *this이고, 우변을 operator+의 매개변수, 즉 MyClass other로 받는 상황입니다. 연산자 오버로딩의 규칙과 위의 MyClass에서 operator+를 오버로딩한 예시가 매치되나요?

그런데 형변환 연산자는 조금 다르게 생겼습니다. 리턴 타입을 적지 않고, 매개변수도 없습니다.

```
operator 연산자_이름 () {
    // ...
}
```

리턴 타입을 적지 않는 이유를 설명하기 전에, 우선 예를 들어 보겠습니다. 다음과 같은 형변환 연산자를 오버로딩했다고 해보겠습니다.

```
class Item {
public:
```

```
    // (생략)

    operator string() {
        return name;
    }
};
```

그러면 다음 코드의 굵은 부분과 같이 어떤 Item 객체를 string으로 형변환할 수 있게 됩니다. 형변환 연산자에서 name의 값을 리턴하라고 했으니, 이때 형변환된 결과(즉, s에 들어가는 값)는 i.name의 값이겠죠?

```
Item i(1, "Stone");
string s = (string)i;
```

연산자 오버로딩을 처음 배울 때 a + b는 내부적으로 a.operator+(b)와 같은 의미라고 했었죠? 비슷하게 위 코드의 (string)i는 아래와 같은 의미입니다. 즉, i라는 객체의 operator string이라는 이름을 가진 메서드를 호출하는 것이죠.

```
i.operator string()
```

요약하자면 operator string()이라는 연산자를 오버로딩하면 (string)i와 같은 표현이 내부적으로는 i.operator string() 연산자를 호출한 것으로 해석되어 Item 객체를 string으로 형변환하는 것이 가능해집니다.

그렇다면 이 연산자의 리턴 타입은 무엇일까요? 당연히 string일 것입니다. operator string()이라는 것 자체가 string으로 형변환하라는 뜻인데, string으로 형변환한 결과가 string이 아닌 다른 타입이라면 말이 하나도 안 되겠죠? 그래서 형변환 연산자에서는 특별히 리턴 타입을 생략합니다. 연산자의 이름이 어차피 리턴 타입이기 때문입니다. 또, 형변환을 할 때는 자기 자신 외에는 특별히 받을 매개변수도 없습니다. 그러면 이제 형변환 연산자가 왜 아래와 같은 형태가 되는지 알겠나요? const가 붙는 이유는 형변환을 하는 동안 자기 자신이 변하면 안 되기 때문이겠죠?

```
operator string() const {
    return name;
}
```

그러면 마지막으로 int와 string이라는 두 종류의 형변환 연산자를 오버로딩하고 제대로 변환되는지 실행까지 해보겠습니다. main 함수 안에서는 i1 객체가 int와 string으로 각각 묵시적으로 형변환되었음을 확인할 수 있습니다. 명시적으로 변환하고 싶다면 그 옆에 주석 처리된 코드와 같이 적으면 됩니다.

예제 11.9 형변환 연산자 오버로딩

```cpp
#include <iostream>
#include <string>
using namespace std;

class Item {
public:
    Item() { }
    Item(int num) : num(num) { }
    Item(string name) : name(name) { }
    Item(int num, string name) : num(num), name(name) { }

    operator int() const {
        cout << "Item::operator int()" << endl;
        return num;
    }
    operator string() const {
        cout << "Item::operator string()" << endl;
        return name;
    }

private:
    int num;
    string name;
};

int main() {
    Item i1(1, "Stone");
    int inum = i1;       // int inum = (int)i1;
    string iname = i1;   // string iname = (string)i1;

    cout << inum << endl;
    cout << iname << endl;
}
```

```
 출력 결과
Item::operator int()
Item::operator string()
1
Stone
```

11.6.4 explicit 키워드

묵시적 형변환은 편리하지만 항상 좋은 것은 아닙니다. 위의 Item 예제를 보면서 "int나 string을 Item으로 형변환하는 게 좀 이상하지 않나?"라는 생각이 들지 않았나요? 예를 들어 Item에 Item(int)라는 생성자가 있었는데, 이것을 이용해 다음과 같이 묵시적 형변환을 할 수 있었습니다.

```
Item i1 = 5;    // 아이템을 저장하는 객체인데, 거기에 정수를 집어넣는다고? 이상하지 않나?
```

물론 이게 자연스럽다고 생각하는 사람도 있을 것이고, 굉장히 어색하게 느껴지는 사람도 있을 것입니다. (저자는 어색하다고 생각합니다.) 이렇게 어떤 생성자가 형변환의 목적으로 사용되는 상황이 어색하다면 묵시적 형변환이 일어나지 못하도록, 즉 생성자는 놔두면서 위와 같은 표현이 정상적으로 컴파일되는 것만 막을 수 있는 방법이 있습니다. 이때 사용하는 것이 explicit이라는 키워드입니다. 이 키워드가 붙은 생성자는 형변환을 목적으로 하는 생성자가 아니고, 만일이라도 형변환을 한다면 명시적(explicit)인 형변환만 허용됩니다. 예시를 보겠습니다.

```
class Item {
public:
    Item() { }
    explicit Item(int num) : num(num) { }
    explicit Item(string name) : name(name) { }
    explicit Item(int num, string name) : num(num), name(name) { }

private:
    int num;
    string name;
};

int main() {
    // Item i1 = 1;            // 에러! 묵시적 형변환은 할 수 없다.
```

```
        Item i2(2);                  // OK. 이건 형변환이 아니고 생성자만 호출한 것이다.
        Item i3 = (Item)3;           // OK. 3을 명시적으로 Item으로 형변환했다.
        // Item i4 = { 2, "Dirt" };  // 에러! 묵시적 형변환은 할 수 없다.
        Item i5(2, "Dirt");          // OK.
}
```

기본 생성자를 제외한 나머지 3개의 생성자 앞에 explicit이라는 키워드를 붙였습니다. 이렇게 하고 나면 i1과 i4와 같이 묵시적 형변환은 더 이상 사용할 수 없게 됩니다. explicit을 붙인 것이 나은지, 안 붙인 것이 나은지는 오로지 묵시적 형변환이 상식적인지 아닌지에 달려 있기 때문에 개인의 판단에 맡기겠습니다.

C++11부터는 형변환 연산자 앞에도 마찬가지로 explicit 키워드를 붙일 수 있습니다. 이때의 효과도 대충 짐작할 수 있겠죠?

```
class Item {
public:
    Item() { }
    explicit Item(int num) : num(num) { }
    explicit Item(string name) : name(name) { }
    explicit Item(int num, string name) : num(num), name(name) { }

    explicit operator int() const { return num; }
    explicit operator string() const { return name; }

private:
    int num;
    string name;
};

int main() {
    Item i2(2);
    Item i3 = (Item)3;
    Item i5(2, "Dirt");

    // int a = i5;       // 에러! 묵시적 형변환은 할 수 없다.
    int a = (int)i5;     // OK. 명시적 형변환이다.
}
```

① □ 부분에 알맞은 기호를 넣고, 출력 결과를 예측해 보세요.

```cpp
#include <iostream>
using namespace std;

int main() {
    int a = 10, b = 20, c = 30;
    int *p = □a;
    int &r = □b;
    int **pp = □p;     // p라는 포인터를 가리키는 더블 포인터 pp
    int *(&rp) = □p;   // p라는 포인터를 가리키는 레퍼런스 변수 rp

    r = c / □p;
    rp = □c;
    □pp = 40;
    □p = 50;
    *pp = □a;
    □rp = 60;

    cout << a << endl;
    cout << b << endl;
    cout << c << endl;
    cout << *p << endl;
    cout << r << endl;
    cout << **pp << endl;
    cout << *rp << endl;
}
```

② 다음 코드의 Polygon 클래스는 다각형을 표현하는 클래스입니다. nPoints 멤버는 꼭짓점의 수를 저장하고, points 멤버는 각 꼭짓점들의 좌표(타입: Point)들을 저장하는 동적 할당된 배열을 가리킵니다. 코드를 잘 살펴본 후 복사 생성자, 이동 생성자, 복사 대입 연산자, 이동 대입 연산자를 구현하세요. 올바르게 구현한다면 코드의 main 함수의 각 주석에 표시된 대로 복사가 일어나야 합니다.

```cpp
#include <iostream>
using namespace std;

struct Point {
    int x, y;
};
```

```cpp
class Polygon {
public:
    Polygon() {
        nPoints = 0;
        points = NULL;
    }
    Polygon(const int nPoints, const Point *points) : nPoints(nPoints) {
        this->points = new Point[nPoints];
        for (int i = 0; i < nPoints; i++)
            this->points[i] = points[i];
    }
    // 복사 생성자 구현
    // 이동 생성자 구현

    ~Polygon() {
        delete[] points;
    }

    // 복사 대입 연산자 구현
    // 이동 대입 연산자 구현

    int GetNPoints() const {
        return nPoints;
    }

    Point *GetPoints() const {
        if (nPoints == 0) return NULL;
        return points;
    }
private:
    int nPoints;      // 꼭짓점의 개수
    Point *points;    // 꼭짓점의 좌표
};

Polygon getSqare() {
    Point points[4] = { {0, 0}, {1, 0}, {1, 1}, {0, 1} };
    Polygon p(4, points);
    return p;
}
```

```
int main() {
    Polygon a;
    a = getSqare();     // 얕은 객체 복사 2회
    Polygon b = a;      // 깊은 객체 복사 1회
    Polygon c;
    c = a;              // 깊은 객체 복사 1회

    int nPoints = c.GetNPoints();
    Point *points = c.GetPoints();
    for (int i = 0; i < nPoints; i++) {
        cout << "(" << points[i].x << "," << points[i].y << ")" << endl;
    }
}
```

12

상속

여기까지 왔다면 이미 먼 길을 떠나온 것입니다. 앞선 두 장에서 계속해서 객체라는 것에 대해 알아봤지만 그것은 여전히 일부에 불과합니다. 아직 객체지향 프로그래밍에서 가장 핵심이라고 할 만한 부분이 남았습니다. 바로 상속입니다. 알아야 할 것이 굉장히 많죠? 하지만 이번 장이 끝나면 드디어 객체지향 프로그래밍과 관련된 기본 개념은 거의 다 알게 되는 것입니다. 이번 장에서는 상속과 그와 연관된 여러 개념을 배운 뒤, 객체지향 프로그래밍이 과연 무엇인지에 대해 깊이 있게 알아보겠습니다.

12.1 상속 기초

먼저 상속의 기본 개념을 알아보고, 상속을 어떤 식으로 활용할 수 있는지 알아봅시다.

12.1.1 상속의 개념

상속의 개념 자체는 별로 어렵지 않습니다. '상속'(Inheritance)이란 어떤 클래스의 멤버를 다른 클래스에 "물려주는" 것을 말합니다. 이때 멤버를 물려주는 클래스를 '부모 클래스', 물려받는 클래스를 '자식 클래스'라고 부릅니다. 즉, **상속이 일어나면 부모 클래스의 멤버들을 자식 클래스도 가지게 됩니다.** 또, 자식 클래스는 부모에게서 상속받은 멤버뿐만 아니라 **자기 고유의 멤버를 더 가질 수도 있습니다.**

https://youtu.be/yWI8GTLsBR8

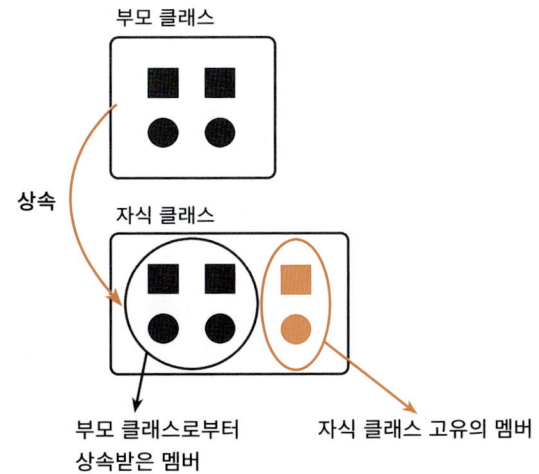

그림 12.1 전형적인 상속 관계를 나타낸 그림

여기서 질문입니다. 부모 클래스가 자식에 포함될까요, 아니면 자식 클래스가 부모에 포함될까요? 언뜻 생각하면 부모 클래스의 멤버들이 자식 클래스에 포함되니까 부모가 자식에 포함된다고 생각할 수 있습니다. 하지만 다음 사례를 봅시다.

"남자"라는 단어와 "총각"이라는 단어를 생각해 보겠습니다. "남자"라는 단어를 정의해 보겠습니다. 물론 남자를 정의하는 것은 굉장히 어렵지만, 여기서는 설명상 편의를 위해 다음 두 조건을 만족하면 남자라고 해 보겠습니다.

01. 사람이어야 한다.
02. Y 염색체를 가지고 있어야 한다.

어느 정도는 동의할 수 있겠죠? 그러면 이제 "총각"도 정의해볼까요? 사전에는 "미혼의 성년 남성"을 총각이라고 정의하고 있습니다. 따라서 총각이 되기 위한 조건을 다음과 같이 적을 수 있습니다.

01. 사람이어야 한다.
02. Y 염색체를 가지고 있어야 한다.
03. 성인이어야 한다.
04. 미혼이어야 한다.

이 예시에서 알 수 있는 점은 남자이기 위한 조건이 총각이기 위한 조건에 포함된다는 것입니다. 하지만 남자와 총각 간의 포함관계는 거꾸로입니다. 총각이 남자에 포함됩니다. 모든 남자가 총각은 아니지만 모든 총각은 남자이기 때문입니다. 그림을 보면 무슨 말인지 이해될 것입니다.

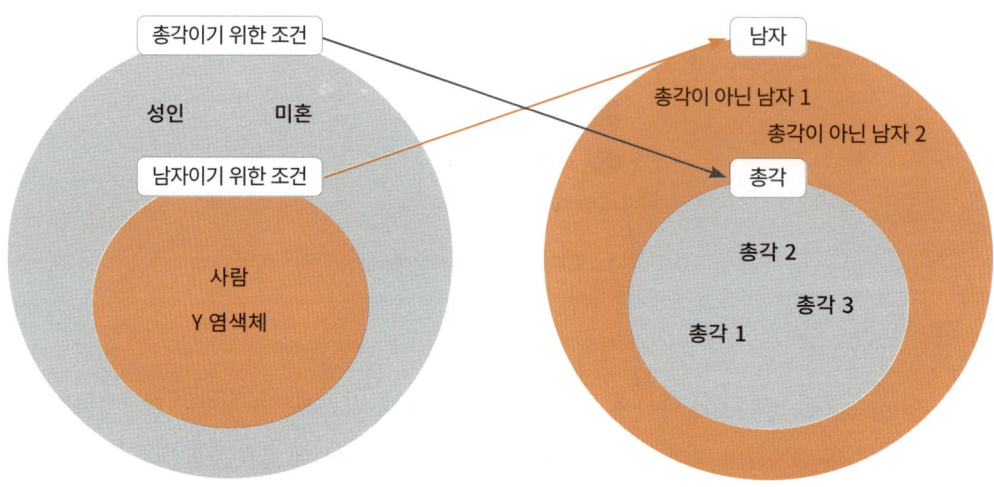

그림 12.2 남자와 총각이 되기 위한 조건의 포함관계와 남자와 총각의 포함관계

일반화하자면, **A가 되기 위한 조건들이 B가 되기 위한 조건에 포함된다면 B가 A에 포함된다**고 할 수 있습니다. 클래스의 멤버들도 그 클래스가 되기 위한 조건의 역할을 합니다. 따라서 만약 A라는 클래스의 멤버들이 B라는 클래스의 멤버들에 포함된다면, 즉 A가 부모 클래스이고 B가 자식 클래스라면 B가 A에 포함됩니다.

지금 이해하기는 어려운 개념이지만 나중에 헷갈릴 때를 대비해서 미리 설명했습니다. 다음과 같이 결론만 알고 있어도 상관없습니다. "**자식 클래스는 부모 클래스에 포함된다.**" 또는 "**자식 클래스는 부모 클래스의 일종이다.**" 헷갈린다면 위의 남자와 총각 예시에 대입해서 잘 생각해보기 바랍니다.

그러면 이제 상속을 어떻게 구현하는지 직접 코드를 통해 알아보겠습니다.

우선 부모 클래스를 먼저 만들어 보겠습니다. 참고로 부모 클래스(Parent class)는 '기본 클래스'(Base class) 또는 '상위 클래스'(Superclass)라고도 부르는데, 여기서는 Base class의 Base를 클래스 이름으로 사용하겠습니다. 모든 멤버는 편의상 `public`으로 지정하겠습니다.

```
class Base {
public:
    void bFunc() {
```

```
        cout << "Hello from base!" << endl;
    }
    int bNum;
};
```

그다음 자식 클래스를 만들어 보겠습니다. 자식 클래스(Child class)는 '파생 클래스'(Derived class) 또는 '하위 클래스'(Subclass)라고도 부릅니다.

```
class Derived : public Base {
public:
    void dFunc() {
        cout << " Hello from derived!" << endl;
    }
    int dNum;
}
```

클래스 이름 옆에 콜론(:)이 있고, 그다음에 public Base라고 적었습니다. 이렇게 적으면 Derived는 Base라는 클래스로부터 상속을 받겠다는 뜻이 됩니다. 거기에 public이 왜 있는지는 잠시 뒤에 설명하겠습니다.

이제 main 함수 안에서 Base와 Derived 타입을 갖는 객체를 하나씩 만든 후, 각 멤버에 접근해 보겠습니다.

```
int main() {
    Base b;
    Derived d;

    b.bFunc();
    b.bNum = 1;

    d.bFunc();
    d.bNum = 2;
    d.dFunc();
    d.dNum = 1;
}
```

중요한 부분은 d겠죠? d의 타입인 Derived 클래스는 Base로부터 상속을 받아왔기 때문에 Base의 멤버인 bFunc와 bNum은 물론, dFunc와 dNum도 사용할 수 있습니다. 실행해봐도 되지만, 실행 결과보다는 상속이 잘 작동한다는 것만 확인해보면 됩니다.

클래스에 부모와 자식 관계를 만들 수 있듯이, 일종의 "손자" 클래스도 만들 수 있습니다. 예를 들어 B가 A의 자식이고 C가 B의 자식이라면, C는 B에 있는 멤버뿐만 아니라 B가 B의 부모인 A로부터 상속받았던 멤버까지 모두 상속받습니다. 따라서 다음과 같은 코드가 있을 때 C에는 a, b, c로 총 세 개의 멤버가 있게 됩니다.

```cpp
class A {
public:
    int a;
};
class B : public A {
public:
    int b;
};
class C : public B {   // "손자" 클래스
public:
    int c;
};
```

12.1.2 상속과 접근 제어

지금까지는 public과 private 두 종류의 접근 제어 지시자에 대해 알아보았습니다. public 속성을 가진 멤버들은 클래스 외부에서도 접근할 수 있고, private 속성을 가진 멤버들은 클래스 내부에서만 접근할 수 있었죠?

상속 관계에서는 protected라는 새로운 접근 제어자가 하나 더 등장합니다. protected 접근 제어자는 private과 비슷하지만 클래스 내부뿐만 아니라 자식 클래스에도 접근을 허용합니다.

표 12.1 접근 제어 지시자 비교

접근 제어자	클래스 외부에서 접근	자식 클래스에서 접근	클래스 내부에서 접근
public	가능	가능	가능
protected	불가능	가능	가능
private	불가능	불가능	가능

다음 예시를 볼까요? Base(부모) 클래스 안에는 bPublic, bProtected, bPrivate이라는 멤버 변수들이 있고, 각자 이름에 맞는 접근 제어를 가지고 있습니다. Base의 자식인 Derived 클래스 안에는 DFunc라는 메서드가 있는데, 이 메서드 안에서는 과연 Base의 어떤 멤버에 접근이 가능한지를 확인해보고 있습니다. 마찬가지로 Base 클래스 외부인 main 함수 안에서도 같은 작업을 하고 있습니다. 주석으로 필요한 설명을 해놓았으니 잘 살펴보기 바랍니다.

```cpp
class Base {
public:
    int bPublic;

protected:
    int bProtected;

private:
    int bPrivate;
};

class Derived : public Base {
public:
    void DFunc() {
        bPublic = 1;       // OK.
        bProtected = 2;    // OK. 부모 클래스의 protected 멤버에도 접근 가능
        bPrivate = 3;      // 에러! 부모 클래스의 private 멤버에는 접근 불가
    }
};

int main() {
    Base b;
    Derived d;

    b.bPublic = 1;      // OK.
    b.bProtected = 2;   // 에러! protected 멤버는 클래스 외부에서 접근 불가
    b.bPrivate = 3;     // 에러! private 멤버에도 당연히 접근 불가
}
```

이해가 되나요? 여기서 한 가지 중요한 사실을 짚고 넘어가겠습니다. 자식 클래스에서는 부모 클래스의 private 멤버에 접근할 수 없다고 했습니다. **그렇다고 부모 클래스의 private 멤버들이 자식 클래스로 상속되지 않는 것은 아닙니다.** 즉, 자식 클래스는 부모 클래스의 private 멤버들까지도 가지고는 있지만, 그 멤버에 접근할 수 없을 뿐입니다.

그러면 이제 class Derived : public Base와 같이 클래스 상속 표시 (:) 옆에 붙였던 public의 의미에 대해 알아보겠습니다. 위와 같이 콜론 뒤에 적는 접근 제어자를 '상속 모드'라고 합니다. (용어는 중요하지 않지만, 이후 설명을 위해 알아둡시다.) 상속 모드의 역할은 부모 클래스로부터 **상속받은 멤버들의 접근 제어를 제한하는 것**입니다. 말이 조금 어려우므로 하나씩 설명해 보겠습니다.

상속 모드가 public인 경우, 부모 클래스 멤버의 접근 제어를 그대로 가져옵니다. 그러니까 부모 클래스의 public 멤버는 자식 클래스에서도 public 속성을 갖고, 부모 클래스의 protected 멤버는 자식 클래스에서도 protected 속성을 갖습니다. 부모 클래스의 private 멤버는 애초에 자식 클래스에서는 접근할 수 없으므로 아예 따질 것이 없습니다.

예를 들어 위의 코드에서 d.bProtected 같은 멤버는 (이번에는 **b**.bProtected 말고 **d**.bProtected를 보는 것입니다.) Derived 클래스에 상속을 받고 나서도 protected 멤버인 것으로 취급됩니다. 따라서 만약 Derived에도 또다시 자식이 있다면 Derived의 자식과 Derived 클래스 안에서는 bProtected라는 멤버에 접근 가능하지만, Derived 외부에서는 접근하지 못하게 됩니다.

```
class Derived : public Base { /*...*/ }

int main() {
    Base b;
    Derived d;

    b.bPublic = 1;      // OK.
    b.bProtected = 2;   // 에러!
    b.bPrivate = 3;     // 에러!

    d.bPublic = 1;      // OK. Base의 public 멤버는 Derived에서도 public 취급.
    d.bProtected = 2;   // 에러! Base의 protected 멤버는 Derived에서도 protected 취급.
    d.bPrivate = 3;     // 에러! 애초부터 Base의 private 멤버임.
}
```

너무 당연한 말이라고요? 그런데 여기서 상속 모드가 엄격해진다면 말이 달라집니다. 다음은 상속 모드가 protected인 경우입니다. 클래스 선언 부분을 public Base가 아닌 protected Base로 바꿔보겠습니다.

```
class Derived : protected Base { /*...*/ }

int main() {
    Base b;
    Derived d;

    b.bPublic = 1;       // OK.
    b.bProtected = 2;    // 에러!
    b.bPrivate = 3;      // 에러!

    d.bPublic = 1;       // 에러! Base의 public 멤버는 Derived에서 protected 취급!!
    d.bProtected = 2;    // 에러! Base의 protected 멤버는 Derived에서도 protected 취급.
    d.bPrivate = 3;      // 에러! 애초부터 Base의 private 멤버임.
}
```

b.bPublic의 속성은 public이 맞습니다. 하지만 **d.bPublic**에는 main에서 접근하지 못합니다. 왜냐하면 Base로부터 상속받은 bPublic 멤버의 속성이 Derived에서는 상속 모드 때문에 protected로 제한되었기 때문입니다. 쉽게 말해, Base의 멤버인 b.bPublic은 public이지만, Derived의 멤버인 d.bPublic은 protected가 됩니다. 이것이 바로 콜론(:) 옆의 protected의 의미입니다. 부모 클래스에 protected보다 "느슨한" 접근 제어(즉, public)를 가진 멤버가 있다면, Derived에서는 그 멤버에 대한 접근 제어를 protected로 바꾸겠다는 것입니다.

마찬가지로, 상속 모드를 private으로 하면 Base에서 상속받은 멤버가 Derived에서는 private 멤버로 취급됩니다. (물론 위와 비슷하게 부모의 private 멤버는 애초에 자식에서는 접근할 수 없습니다.)

헷갈리죠? 그림으로 한번 정리해 보겠습니다. 그림의 X 표시는 상속이 안 된다는 의미가 아니라, 자식 클래스에서 접근할 수 없다는 의미입니다.

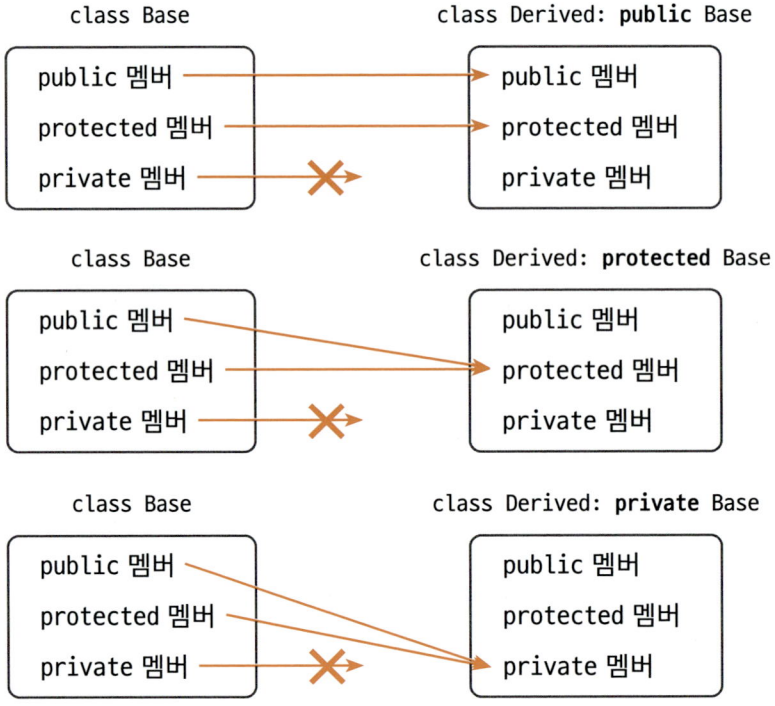

그림 12.3 각 상속 모드를 나타낸 그림

마지막으로 한 가지 더 이야기하자면, 대부분의 경우에는 자식이 부모의 접근 제어를 그대로 가져옵니다. 굳이 부모 클래스보다 접근 제어를 엄격하게 바꿔야 할 상황은 많지 않기 때문입니다. 그래서 상속 모드는 `public`으로 하는 것이 가장 일반적입니다.

12.1.3 상속 예제

계속 이론만 다루면 지루하니까 간단한 예제를 하나 만들어 보고 넘어가겠습니다. 아직 상속을 깊이 배우지는 않았고, 상속이 어떻게 작동하는지 감을 잡는 것이 목적이기 때문에 실용적인 예시보다는 좀 더 비유적인 예시를 볼 것입니다.

먼저 동물을 표현하는 클래스인 `Animal`을 만들어 보겠습니다. 모든 동물은 호흡을 하고(`Breathe`), 또 태어난 지 몇 년이 되었는지를 나타내는 나이(`age`)가 있습니다. 멤버 변수는 편의상 `public`으로 만들겠습니다.

```cpp
class Animal {
public:
    void Breathe() { cout << "숨을 쉰다." << endl; }
    int age;
};
```

그다음으로 강아지(Dog)와 참새(Sparrow)를 표현하는 클래스를 만들 것입니다. 강아지와 참새 모두 동물의 일종이므로 숨을 쉴 수 있고 나이를 갖고 있겠죠? 따라서 Animal 클래스의 자식으로 만들면 이에 해당하는 멤버들을 상속받아 올 수 있습니다.

강아지는 상속받은 멤버인 Breathe와 age 외에도, 걸어다니는(Walk) 능력이 있습니다. 또 참새는 강아지와는 달리 날아다닙니다(Fly).

```cpp
class Animal {
public:
    void Breathe() { cout << "숨을 쉰다." << endl; }
    int age;
};

class Dog : public Animal {   // Animal로부터 상속
public:
    void Walk() { cout << "걷는다." << endl; }
};

class Sparrow : public Animal {   // Animal로부터 상속
public:
    void Fly() { cout << "난다." << endl; }
};
```

결론적으로 Dog에는 Breathe, Walk라는 멤버 메서드와 age라는 멤버 변수가 있을 것이고, Sparrow에는 Breathe, Fly라는 멤버 메서드와 age라는 멤버 변수가 있을 것입니다.

그림으로 나타낸다면 다음과 같이 되겠죠?

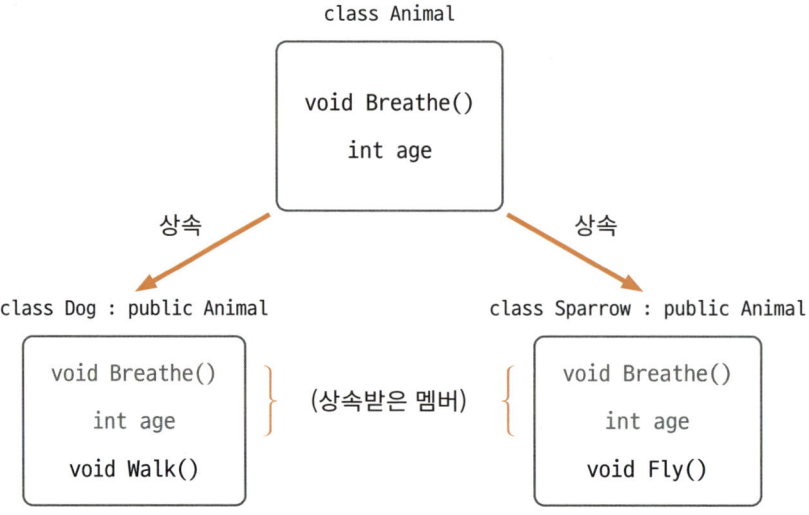

그림 12.4 Animal, Dog, Sparrow 클래스 간의 관계

이제 main 함수에서 실제로 각 클래스에 이렇게 멤버들이 들어가 있는지 확인해 보겠습니다. 바로 전체 코드를 볼까요?

예제 12.1 Animal, Dog, Sparrow 클래스 상속 예제

```
#include <iostream>
using namespace std;

class Animal {
public:
    void Breathe() { cout << "숨을 쉰다." << endl; }
    int age;
};

class Dog : public Animal {
public:
    void Walk() { cout << "걷는다." << endl; }
};

class Sparrow : public Animal {
public:
    void Fly() { cout << "난다." << endl; }
};
```

```
int main() {
    Dog d;
    d.age = 7;
    d.Breathe();
    d.Walk();
    cout << d.age << endl;

    Sparrow s;
    s.age = 2;
    s.Breathe();
    s.Fly();
    cout << s.age << endl;
}
```

```
출력 결과
숨을 쉰다.
걷는다.
7
숨을 쉰다.
난다.
2
```

모든 멤버가 정상적으로 상속된 것을 볼 수 있습니다.

12.2 상속 관계에서의 생성/소멸자

어떤 클래스가 다른 클래스로부터 상속을 받아오면 그러지 않았을 때보다 생성자와 소멸자의 작동이 복잡해집니다. 이번 절에서는 상속 관계에서 생성자와 소멸자가 어떤 방식과 순서로 실행되는지에 대해 알아보겠습니다.

우선 상속 관계에서는 **자식 클래스의 생성자가 호출된다면 반드시 부모 클래스의 생성자도 호출되어야 합니다**. 따로 적어주지 않을 경우, 부모 클래스의 기본 생성자(매개변수가 없는 생성자)가 호출됩니다.

다음과 같은 간단한 예제를 실행해 보겠습니다. Derived 타입의 객체를 만들면 Derived의 기본 생성자가 호출됩니다. 하지만 Derived는 Base의 자식이기 때문에 Base의 생성자가 먼저 실행된 후, Derived의 생성자가 실행됩니다.

예제 12.2 간단한 상속 관계에서의 생성자 호출

```
#include <iostream>
using namespace std;

class Base {
public:
    Base() {
        cout << "Base()" << endl;
    }
};

class Derived : public Base {
public:
    Derived() {
        cout << "Derived()" << endl;
    }
};

int main() {
    Derived d;
}
```

```
 출력 결과
Base()
Derived()
```

위 예제에서 알 수 있듯이, Derived 생성자에서 특별한 언급을 하지 않으면 Base의 기본 생성자가 자동으로 호출됩니다. 그런데 만약 Base에 기본 생성자가 없다면(즉, Base에 생성자가 하나 이상 선언되었는데 그 중 매개변수를 받지 않는 생성자가 없을 경우. 10.4.3절 참고) 컴파일 에러가 발생합니다.

```
class Base {
public:
    Base(int a) {
        cout << "Base(int)" << endl;
    }
};
```

```
class Derived : public Base {
public:
    Derived() {   // 에러! Base에 기본 생성자가 존재하지 않는다.
        cout << "Derived()" << endl;
    }
};
```

그래서 다음과 같이 Base의 어느 생성자를 호출할지를 반드시 명시해야 합니다. 형태가 10.5절에서 배웠던 생성자 위임과 비슷하죠?

```
class Base {
public:
    Base(int a) {
        cout << "Base(int)" << endl;
    }
};

class Derived : public Base {
public:
    Derived() : Base(0) {   // Base(int) 생성자 호출
        cout << "Derived()" << endl;
    }
};
```

여기까지 이해했다면 생성자의 실행 순서에 조금 더 관심을 가져보겠습니다. 우선 다음 예제를 볼까요? 설명은 바로 뒤에서 하겠지만, 먼저 코드를 천천히 이해한 후, 실행해보기 전에 어떻게 출력될지 예상해보고, 실제 출력 결과와 비교해보면 더 좋을 것 같습니다.

예제 12.3 생성자/소멸자의 실행 순서 확인하기

```
#include <iostream>
using namespace std;

class Ice {
public:
    Ice() { cout << "Ice()" << endl; }
    ~Ice() { cout << "~Ice()" << endl; }
```

```cpp
};

class Pat {
public:
    Pat() { cout << "Pat()" << endl; }
    ~Pat() { cout << "~Pat()" << endl; }
};

class Bingsoo {
public:
    Bingsoo() { cout << "Bingsoo()" << endl; }
    ~Bingsoo() { cout << "~Bingsoo()" << endl; }

private:
    Ice ice;
};

class PatBingsoo : public Bingsoo {
public:
    PatBingsoo() { cout << "PatBingsoo()" << endl; }
    ~PatBingsoo() { cout << "~PatBingsoo()" << endl; }

private:
    Pat pat;
};

int main() {
    cout << "===== 1 =====" << endl;
    PatBingsoo *p = new PatBingsoo;
    cout << "===== 2 =====" << endl;
    delete p;
    cout << "===== 3 =====" << endl;
}
```

```
===== 1 =====
Ice()
Bingsoo()
Pat()
PatBingsoo()
===== 2 =====
~PatBingsoo()
~Pat()
~Bingsoo()
~Ice()
===== 3 =====
```

생성자의 호출 순서를 보니 Ice, Bingsoo, Pat, PatBingsoo 순서대로 출력되었네요. 또 소멸자의 실행 순서는 생성자와 반대라는 것을 알 수 있습니다. 이러한 순서가 얼마나 직관적으로 다가올지는 모르겠지만 왜 그러한 순서대로 실행되었을 때 가장 말이 되는지를 설명해 보겠습니다.

생성자를 먼저 보겠습니다. 우선 부모 클래스(Bingsoo)의 생성자가 자식(PatBingsoo)보다 먼저 실행되는 이유는 무엇일까요? 상속은 어떤 본체에 곁다리를 추가하는 것이라고 생각할 수 있습니다. 이 예제에서는 본체가 빙수(Bingsoo)에 해당하고, 곁다리가 팥(Pat)에 해당합니다. 추상적인 상속 관계를 음식에 비유하는 것이 이상하긴 하지만 본체에 곁다리를 추가한다는 점에서 비유가 적절하게 느껴질 것입니다. 아무튼 이러한 관점으로 보면 본체를 먼저 만들고, 그다음에 곁다리를 추가하는 것이 좀 더 합리적으로 보입니다.

좀 더 현실적으로 말하자면, 자식 클래스는 부모 클래스를 확장한 것이기 때문에 자식 클래스의 멤버들이 부모 클래스의 상태나 특성에 의존하는 경우가 발생할 수도 있습니다. 그렇기 때문에 부모 클래스의 생성자에서 부모 클래스에 정의된 멤버 변수들이 먼저 초기화된 다음에 자식 클래스의 멤버 변수들을 초기화하는 것이 좀 더 말이 되겠죠? 이해가 되나요?

그다음으로 Bingsoo보다 Ice가, PatBingSoo보다 Pat이 먼저 출력된 이유를 보겠습니다. 단순화를 위해 그냥 부모 클래스인 Bingsoo 타입의 객체를 만들었다고 가정하겠습니다. Bingsoo는 ice라는 멤버 변수를 가지고 있는데, 표면적으로 보기에는 이 멤버 변수가 먼저 생성되고 그다음 Bingsoo 객체가 생성된 것처럼 보입니다. 하지만 출력된 순서만 보고 그렇게 단정 지을 수는 없습니다. 실제로는 ice가 생성되는 시점에는 이미 Bingsoo() 생성자가 호출된 상태입니다. 생성자가 호출되면 방금 알아보았듯이 우선은 자기 부모 클래스의 생성자를 먼저 호출하고, 그다음에 자기 할 일을 합니다. 그 "자기 할 일"이라는 것에는 두 가지가 있는데, 먼저 멤버를 생성(초기화)하고, 그다음 생성자의 본문을 실행하는 것입니다. 멤버 변수들이 생성되지도 않았는데 생성자가 호출된다면 생성자 안에서 멤버 변수를 사용하는 것 자체가 불가능해야겠죠?

따라서 어떤 한 클래스의 생성자가 호출되는 순간, 다음과 같은 순서로 일이 일어난다고 할 수 있습니다.

01. 부모 클래스의 생성자를 먼저 호출한다.
02. 클래스의 모든 멤버 변수가 생성된다. (즉, 멤버 변수들의 생성자가 호출된다.)
03. 생성자의 본문이 실행된다.

이 순서를 위의 예제에 똑같이 적용해 보겠습니다. PatBingsoo의 생성자가 호출되면, 제일 먼저 부모인 Bingsoo의 생성자가 호출됩니다. 만약 Bingsoo에 또 부모가 있었으면 그 부모의 생성자를 또 호출했겠지만, 없으니까 우선 Bingsoo의 멤버인 ice가 초기화되면서 Ice가 출력되고, 그다음으로 Bingsoo 생성자의 본문이 실행되면서 Bingsoo가 출력됩니다. 이제 부모의 생성자가 끝났으므로 PatBingsoo의 멤버인 pat이 초기화되면서 Pat이 출력됩니다. 마지막으로 PatBingsoo의 본문이 실행되면서 PatBingsoo가 출력되는 것입니다. 이제 모두 이해되나요?

이제 소멸자의 경우도 생각해 보겠습니다. 소멸자는 객체가 소멸될 때 호출됩니다. 따라서 어떤 클래스의 소멸자가 호출될 때도 자기 자신의 멤버를 소멸시키고, 부모의 소멸자를 호출합니다. 조금 전에 곁다리가 본체에 의존하는 경우가 있을 수 있다 했죠? 그렇기 때문에 곁다리와 본체 중 본체를 먼저 없애는 것은 좋지 않습니다. 따라서 소멸자에서는 자기 자신의 소멸자 본문이 먼저 실행된 후 부모 클래스의 소멸자가 호출됩니다. 또 소멸자 본문을 실행하기 전에 이미 멤버 변수들이 소멸되어 있다면 그것도 말이 안 되죠? 그렇기 때문에 소멸자 본문을 실행한 후, 멤버들을 소멸시키는 것이 맞습니다. 그래서 모든 순서가 생성자와 소멸자에서 반대로 되는 것입니다.

01. 소멸자의 본문이 실행된다.
02. 클래스의 모든 멤버 변수가 소멸된다. (즉, 멤버 변수들의 소멸자가 호출된다.)
03. 부모 클래스의 소멸자를 마지막에 호출한다.

객체의 생성과 소멸은 조립식 가구 같은 것을 조립했다가 해체하는 과정과도 비슷합니다. 해체할 때는 보통 조립했던 순서와 반대로 해야 편하겠죠? 그것과 같은 원리로 생각하면 편하게 이해할 수 있습니다.

12.3 상속이 필요한 이유(1)

그러면 상속을 실제 예제에 적용해보면서 상속을 사용하면 어떤 점이 좋은지를 한 번 보겠습니다.

https://youtu.be/
nKyJSgODsKo

이번 예제에서는 어떤 메신저 앱에서 메시지를 저장하는 데 사용할 클래스를 설계하고 있다고 해보겠습니다. 메신저 앱에서 지원하는 메시지의 종류는 텍스트를 담는 메시지와 이미지를 담는 메시지 두 가지입니다. 이들을 각각 `TextMessage`와 `ImageMessage`라는 클래스로 표현해 보겠습니다. 안타깝게도 C++ 기본 제공 라이브러리만을 가지고 이미지를 불러오고 표시하는 것은 쉽지 않기 때문에 이미지를 저장할 때 쓰는 타입은 `Image`라는 가상의 클래스를 만들어 대체할 것입니다. 이에 대한 자세한 설명은 뒤에서 다시 하겠습니다.

`TextMessage`와 `ImageMessage`에는 다음과 같은 멤버를 만들 것입니다.

표 12.2 TextMessage 클래스의 멤버 변수

멤버 변수 이름	타입	설명
sendTime	int	메시지를 보낸 날짜와 시각. 실제로 컴퓨터에서 날짜와 시각을 표현하는 데 정수를 쓰기도 함.
sendName	string	메시지를 보낸 사람 이름
text	string	메시지의 내용물(텍스트)

표 12.3 TextMessage 클래스의 멤버 메서드

멤버 메서드 이름	리턴 타입	설명
GetSendTime() const	int	sendTime에 대한 get 함수
GetSendName() const	string	sendName에 대한 get 함수
GetText() const	string	text에 대한 get 함수

표 12.4 ImageMessage 클래스의 멤버 변수

멤버 변수 이름	타입	설명
sendTime	int	메시지를 보낸 날짜와 시각
sendName	string	메시지를 보낸 사람 이름
image	Image *	메시지의 내용물(이미지에 대한 포인터*)

* 포인터인 이유는 Image 객체의 용량이 커질 수 있기 때문에 Image 객체를 이리저리 넘겨 객체 안에 직접 저장하는 것보다는 주솟값만 저장하는 것이 유리할 것이기 때문입니다. 굳이 그렇게 할 필요는 없으나, 이 예제에서는 그런 상황을 가정해 보는 것이니 "왜 포인터여야 하는가"에 너무 집중하지는 말기 바랍니다.

표 12.5 ImageMessage 클래스의 멤버 메서드

멤버 메서드 이름	리턴 타입	설명
GetSendTime() const	int	sendTime에 대한 get 함수
GetSendName() const	string	sendName에 대한 get 함수
GetImage() const	Image *	image에 대한 get 함수

표를 보면 알 수 있듯이, 두 클래스 간에 겹치는 멤버들이 굉장히 많습니다. "이럴 때 상속을 쓰면 되겠네요?"라고 생각했다면 이번 절에서 이야기하고 싶은 내용을 어느 정도 이미 혼자서 깨우친 것입니다. 그래도 우선은 함께 차근차근 클래스를 설계해보겠습니다.

```cpp
class Image {
public:
    operator string() {
        return "사진";
    }
};

class TextMessage {
public:
    TextMessage(int sendTime, string sendName, string text) {
        this->sendTime = sendTime;
        this->sendName = sendName;
        this->text = text;
    }

    int GetSendTime() const { return sendTime; }
    string GetSendName() const { return sendName; }
    string GetText() const { return text; }

private:
    int sendTime;
    string sendName;
    string text;
};
```

```cpp
class ImageMessage {
public:
    ImageMessage(int sendTime, string sendName, Image *image) {
        this->sendTime = sendTime;
        this->sendName = sendName;
        this->image = image;
    }

    int GetSendTime() const { return sendTime; }
    string GetSendName() const { return sendName; }
    Image *GetImage() const { return image; }
private:
    int sendTime;
    string sendName;
    Image *image;
};
```

위 표의 내용을 코드로 구현하고 간단하게 생성자만 구현해 본 것입니다. 맨 위의 **Image** 클래스는 바로 전에 언급했듯이 이미지를 표현하는 가상의 클래스입니다. 우리 수준에서는 **Image** 객체가 맞다는 정도만 확인하기 위해 "사진"이라는 문자열로 변환될 수 있도록 **string**으로 형변환하는 형변환 연산자만 만들어 두었습니다.

이제 간단히 출력만 해볼까요? 생략한 부분은 바로 위 코드를 보고 작성합시다. **dog->GetImage()**를 출력할 때가 조금 복잡한데, 이건 실행을 먼저 해본 후 설명하겠습니다.

예제 12.4 TextMessage와 ImageMessage 클래스 만들기

```cpp
#include <iostream>
#include <string>
using namespace std;

class Image { /* 생략 */ };

class TextMessage { /* 생략 */ };

class ImageMessage { /* 생략 */ };
```

```
int main() {
    Image *dogImage = new Image;    // Image 객체를 미리 만들어 둔다.
    TextMessage *hello = new TextMessage(10, "두들", "안녕");
    // 만들어 둔 객체의 포인터를 생성자의 인수로 집어 넣는다.
    ImageMessage *dog = new ImageMessage(20, "두들", dogImage);

    cout << "보낸 시간 : " << hello->GetSendTime() << endl;
    cout << "보낸 사람 : " << hello->GetSendName() << endl;
    cout << "  내 용   : " << hello->GetText() << endl;
    cout << endl;

    cout << "보낸 시간 : " << dog->GetSendTime() << endl;
    cout << "보낸 사람 : " << dog->GetSendName() << endl;
    cout << "  내 용   : " << (string)*dog->GetImage() << endl;
    cout << endl;

    delete dogImage;
    delete hello;
    delete dog;
}
```

출력 결과

```
보낸 시간 : 10
보낸 사람 : 두들
  내 용   : 안녕

보낸 시간 : 20
보낸 사람 : 두들
  내 용   : 사진
```

(string)*dog->GetImage() 부분에 대해 설명해보겠습니다. 연산자가 덕지덕지 많이 붙어있는데, 하나씩 따져보자면 ->, *, (string) 순으로 연산자가 계산됩니다. 그러니까 dog->GetImage()의 값이 먼저 구해지는데, 이때 GetImage 메서드의 리턴 값은 어떤 Image 객체의 주소가 될 것입니다. (리턴 타입이 Image*였으니까요.) 우리가 원하는 것은 이 주소에 들어 있는 Image 타입의 객체를 cout이 인식할 수 있게 string으로 형변환해서 출력하는 것입니다. 그래서 먼저 그 주소에 들어 있는 객체를 역참조(*)한 후, string으로 형변환한 것입니다.

여기서 상속을 어떻게 이용할 수 있을까요? 앞에서 겹치는 멤버에 대한 이야기를 잠깐 했는데, 만약 겹치는 멤버들을 담는 부모 클래스를 따로 만들고, 그 부모 클래스로부터 TextMessage와 ImageMessage 각각이 상속받게 한 후, 겹치지 않는 멤버만 두 클래스에 남겨놓는다면 어떨까요? 즉, 다음과 같은 모양이 될 것입니다. (get 함수들은 생략하고 멤버 변수들만 그렸습니다.)

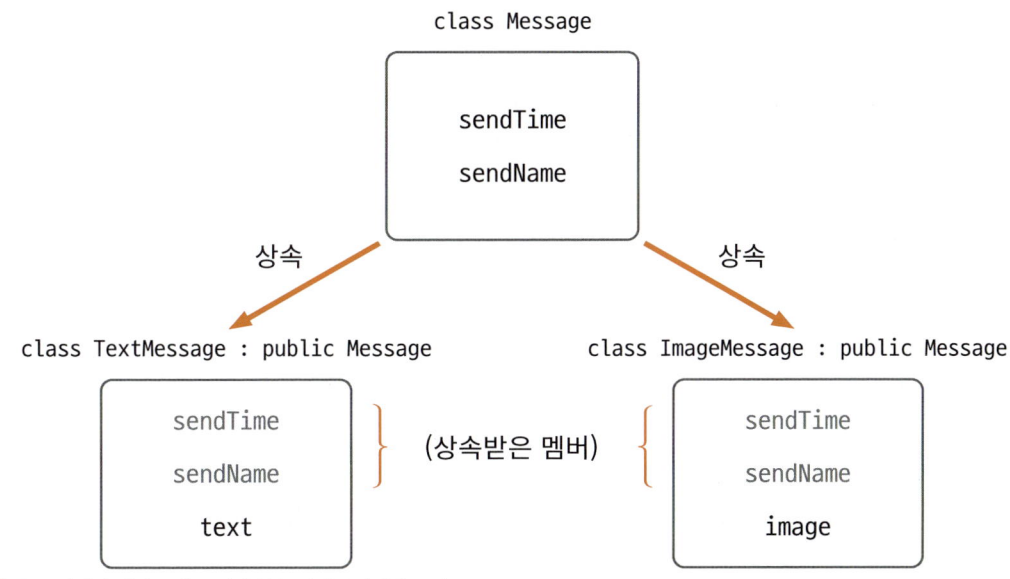

그림 12.5 메시지 저장 클래스 간의 상속 관계를 나타낸 그림

일단 이렇게 해서 나쁠 건 없어 보이죠? 바로 코드로 구현해본 후, 정확히 어떤 점이 좋은지를 이야기해보 겠습니다. 위의 도표를 참고하면 코드가 왜 그런 모양이 되었는지 금방 알 수 있을 겁니다. 우선 예제를 실행해보고 자세히 설명하겠습니다.

예제 12.5 상속을 사용해 고쳐본 메신저 예제

```cpp
#include <iostream>
#include <string>
using namespace std;

class Image {
public:
    operator string() {
        return "사진";
    }
};
```

```cpp
class Message {
public:
    Message(int sendTime, string sendName) {
        this->sendTime = sendTime;
        this->sendName = sendName;
    }

    int GetSendTime() const { return sendTime; }
    string GetSendName() const { return sendName; }

private:   // 자식 클래스에서는 이 변수들에 접근할 일이 없다.
    int sendTime;
    string sendName;
};

class TextMessage : public Message {
public:
    TextMessage(int sendTime, string sendName, string text)
            : Message(sendTime, sendName) {   // 부모 클래스 생성자 호출
        this->text = text;
    }

    string GetText() const { return text; }

private:
    string text;
};

class ImageMessage : public Message {
public:
    ImageMessage(int sendTime, string sendName, Image *image)
            : Message(sendTime, sendName) {   // 부모 클래스 생성자 호출
        this->image = image;
    }

    Image *GetImage() const { return image; }
```

```
private:
    Image *image;
};

int main() {
    Image *dogImage = new Image;
    TextMessage *hello = new TextMessage(10, "두들", "안녕");
    ImageMessage *dog = new ImageMessage(20, "두들", dogImage);

    cout << "보낸 시간 : " << hello->GetSendTime() << endl;
    cout << "보낸 사람 : " << hello->GetSendName() << endl;
    cout << "  내 용  : " << hello->GetText() << endl;
    cout << endl;

    cout << "보낸 시간 : " << dog->GetSendTime() << endl;
    cout << "보낸 사람 : " << dog->GetSendName() << endl;
    cout << "  내 용  : " << (string)*dog->GetImage() << endl;
    cout << endl;

    delete dogImage;
    delete hello;
    delete dog;
}
```

출력 결과는 전과 같으므로 생략합니다. 심지어 main 함수의 내용도 전혀 바뀐 것이 없습니다. 클래스 밖에서 보기엔 형태적으로 달라진 게 없고, 내부 구조만 상속을 사용해서 조금 바꾼 것입니다.

예제 코드에 굵게 표시한 ": Message(sendTime, sendName)" 부분은 앞에서 배웠던 부모 클래스의 생성자를 호출하는 부분입니다. 즉, TextMessage의 생성자가 호출되면 먼저 부모 클래스의 생성자를 호출해서 this->sendTime과 this->sendName을 초기화하고, 부모 클래스의 생성자가 끝난 후 자기 자신의 본문인 this->text를 초기화하게 됩니다. 이렇게 하면 **부모 클래스의 생성자에서는 부모에서 선언된 멤버만 초기화하고, 자식 클래스 생성자에서는 자식의 멤버만 초기화해도 되겠죠?**

이렇게 상속을 사용하면 어떤 점이 좋을까요? sendTime과 관련해 수정해야 할 사항이 생기면 어떻게 될까요? 상속 관계를 사용하지 않았다면 TextMessage와 ImageMessage 클래스 모두 바꿔야 할 것입니다. 하지만 상속을 사용해 공통적인 멤버를 상위 클래스로 묶었기 때문에 이제는 상위 클래스로 가서 해당 부분을 한 번만 고치면 됩니다. 메시지의 종류가 텍스트, 이미지 말고 더 다양할 때는 이런 수고로움의 차이가 더 두드러지겠죠?

또, 클래스 간의 분업이 일어납니다. sendTime과 sendName과 관련된 일들은 Message 클래스 안에서 하면 되고, 그 밖의 text나 image와 관련된 일들은 그 멤버를 가지고 있는 클래스에서 처리하면 됩니다. 그렇기 때문에 Message 클래스 안에서 sendTime과 sendName이 protected가 아닌 private으로 선언되었습니다. 또, 이 두 변수의 초기화도 Message 클래스 내부에서 담당하도록 자식 클래스에서 초기화하지 않고, 부모 클래스의 생성자를 대신 호출한 것입니다.

여기까지만 읽고도 상속을 사용하는 것이 클래스를 관리하는 차원에서 편하다는 것을 어느 정도 느낄 수 있었으면 좋겠습니다. 하지만 지금 배운 것은 상속이 있으면 좋은 이유의 일부에 지나지 않습니다. 그 밖의 이유로 어떤 것이 있는지는 앞으로 차차 밝혀내도록 하겠습니다.

12.4 오버라이딩

오버라이딩(overriding)은 오버로딩(overloading)과 이름은 비슷하지만 다른 개념입니다. 오버로딩은 같은 이름의 함수를 여러 개 만드는 것이었죠? 이번 절에서 알아볼 내용은 오버로딩이 아니라 "오버라이딩"이라는 것입니다.

오버라이딩이 없었다면 상속은 좀 시시한 기능이 되었을지도 모릅니다. 오버라이딩을 사용하면 상속을 훨씬 유연하게 다양한 용도로 활용할 수 있습니다. 이번 절에서는 예시와 함께 오버라이딩 및 그와 관련된 개념을 알아보겠습니다.

12.4.1 멤버 재정의와 정적 바인딩

오버라이딩이 무엇인지 알아보기 전에 필요한 몇 가지 개념을 먼저 알아보겠습니다. 다음 코드를 볼까요?

https://youtu.be/L_fo_ZtMDVQ

```
class Base {
public:
    int a = 10;
};
```

```
class Derived : public Base {
public:
    int a = 20;
};
```

코드를 보면 두 가지 의문이 들 것입니다. 첫 번째는 "멤버 변수에 저렇게 int a = 10;이라고 해줄 수도 있나?"라는 질문일 것입니다. 이러한 문법은 C++11부터 허용되었는데, 그냥 객체가 생성될 때 a라는 멤버를 10으로 초기화하라는 뜻입니다. 원래는 멤버 변수를 초기화하려면 생성자를 써야 하지만 생성자를 쓸 필요 없이 저렇게 멤버 변수의 초깃값을 바로 적어줄 수 있습니다. 직관적이고 편하죠?

두 번째 의문은 "자식 클래스의 멤버가 저렇게 부모 클래스의 멤버와 이름이 겹쳐도 되나?"라는 질문일 것입니다. 결론은 "된다"입니다. 구체적인 건 조금 뒤에 이야기하도록 하고, 다음과 같이 간단한 main 함수를 작성해 실행해 보겠습니다. 실행 전에 어떻게 출력될지 예상해보면 좋습니다.

예제 12.6 부모와 자식에 이름이 같은 멤버 변수가 있는 경우

```
#include <iostream>
using namespace std;

class Base {
public:
    int a = 10;
};

class Derived : public Base {
public:
    int a = 20;
};

int main() {
    Base b;
    Derived d;

    cout << b.a << endl;
    cout << d.a << endl;
}
```

```
   출력 결과
10
20
```

b.a는 당연히 10이 출력될 것이고, d.a는 20이 출력된 것을 볼 수 있습니다. 어떻게 된 일일까요?

우선 한 가지 사실을 알아야 합니다. 자식 클래스인 Derived에는 Base로부터 상속받은 멤버 a와 고유의 멤버 a 두 개가 별개로 있다는 것입니다. 즉, 동명이인의 멤버가 두 개 있는 것입니다! 그런데 왜 에러가 나지 않았을까요? 바로 이렇게 **부모와 자식에 동명이인의 멤버가 있을 때는 자식에서 선언된 멤버가 부모에서 선언된 멤버보다 우선적으로 인식되기 때문입니다.** 그림으로 그려보면 다음과 같습니다.

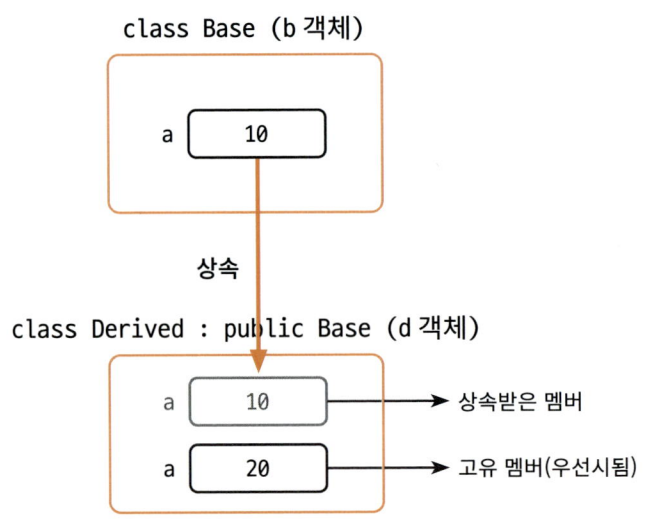

그림 12.6 위와 같은 코드의 의미를 나타낸 그림

객체 d는 Base로부터 상속받은 멤버 a와 고유의 멤버 a를 가지고 있고, 각각 10과 20이 들어가 있는 상황인 것이죠. 이런 상황에서 d.a를 출력하라고 하면 일단은 부모인 Base의 a보다는 자식인 Derived의 a가 우선하기 때문에 Derived에 선언된 고유의 a가 먼저 인식되어 출력되는 것입니다. 이해가 되나요?

이런 상황에서 자식 클래스에서 부모 클래스의 동명이인 멤버에 접근하고 싶다면 다음과 같이 멤버 변수 이름 앞에 네임스페이스 표시를 하면 됩니다. 문법이 조금 특이하죠?

```
cout << d.Base::a << endl;
cout << d.Derived::a << endl;
```

어떤 게 어떤 변수를 의미하는지는 말하지 않아도 알 수 있을 거라 생각합니다. 그래도 그림으로 한 번 더 나타내보면 다음과 같습니다.

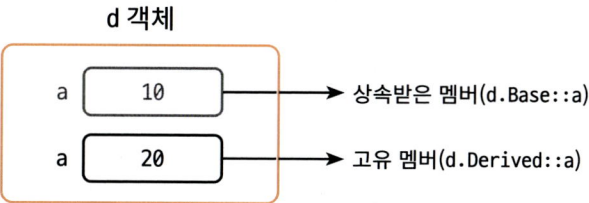

그림 12.7 상속받은 동명이인 멤버 구별하기

실제로 프로그램을 실행해서 각각 10과 20이 출력되는 것을 확인해보면 좋을 것 같습니다.

메서드 또한 같은 원리가 적용됩니다. 다음 예제를 실행해 보겠습니다. 위의 내용을 잘 이해했다면 아래 프로그램의 출력 결과도 무리 없이 예측할 수 있을 것입니다.

예제 12.7 부모와 자식에 이름이 같은 멤버 메서드가 있는 경우

```cpp
#include <iostream>
using namespace std;

class Base {
public:
    void Print() {
        cout << "From Base!" << endl;
    }
};

class Derived : public Base {
public:
    void Print() {
        cout << "From Derived!" << endl;
    }
};

int main() {
    Derived d;

    d.Print();
```

```
    d.Base::Print();
    d.Derived::Print();
}
```

```
출력 결과
From Derived!
From Base!
From Derived!
```

변수에서 했던 것과 완벽히 똑같은 원리이므로 별다른 설명은 하지 않겠습니다.

이렇게 자식 클래스에서 부모 클래스와 똑같은 이름의 멤버를 정의하는 것을 '재정의'(redefinition)라고 합니다. 물론 방금 해본 것과 같이 멤버를 단순히 재정의하는 것은 현명한 선택이 아닙니다. 괜히 동명이인만 만들어서 더 헷갈리기만 할 테니까요.

그런데 아직 할 이야기가 많이 남아있습니다. 흥미로운 것은 지금부터입니다. 한 가지 특이하지만 중요하고 많이 쓰이는 사실을 또 소개해 보겠습니다.

원래 포인터는 자기가 가리킬 수 있는 타입만 가리킬 수 있습니다. 예를 들어 int 포인터는 int만 가리킬 수 있고, double 포인터는 double만 가리킬 수 있습니다. 그런데 다음과 같은 것을 해보겠습니다.

```
class Base {
public:
    void bFunc() {
        cout << "Base::BFunc()" << endl;
    }
};

class Derived {
public:
    void bFunc() {   // 재정의
        cout << "Derived::BFunc()" << endl;
    }
    void dFunc() {
        cout << "Derived::DFunc()" << endl;
    }
};
```

```
Derived d;
Base *b = &d;
```

Base를 가리키는 포인터가 Derived 객체를 가리키고 있는데, 이래도 되는 걸까요? 네, 상관없습니다. 왜 그런지 직관적으로 이해해봅시다. 앞서 남자와 총각 이야기를 한 적이 있습니다. 어떤 총각이 있는데, 그 총각을 남자로 취급해도 될까요? 상관없습니다. 총각은 당연히 남자이기 때문입니다. 남자를 가리키는 포인터는 어떤 남자든지 가리킬 수 있습니다. 그렇기 때문에 총각을 가리킬 수 있습니다. 총각도 남자니까요. 비슷하게, **부모 클래스 타입을 가리키는 포인터가 자식 클래스의 객체를 가리키는 데는 문제가 없습니다**. 자식 클래스를 부모 클래스로 취급해도 된다는 뜻입니다.

다만 거꾸로 자식 클래스 포인터가 부모 클래스 객체를 가리킬 수는 없습니다. 남자를 총각으로 취급할 수 없는 것과 같은 원리입니다.

위 코드에서 포인터 b가 지금 가리키고 있는 객체는 d입니다. 그리고 d의 타입은 Derived입니다. 하지만 그렇다고 해서 다음과 같이 b를 통해서 Derived의 고유의 멤버를 불러올 수 있는 것은 아닙니다.

```
Derived d;
Base *b = &d;
b->dFunc();   // 컴파일 에러!!
```

이러한 코드는 아예 컴파일 에러가 납니다. b는 어디까지나 Derived가 아닌 Base를 가리키는 포인터이고, Base 클래스에는 dFunc라는 멤버가 없기 때문입니다. 물론 위의 코드에서는 누가 봐도 b가 실제로 가리키고 있는 객체의 타입이 Derived인 것을 알 수 있지만, b는 언제든 Derived 이외에도 Base나 Base의 다른 자손(존재한다면)의 타입을 가지는 객체를 가리킬 수 있는 "잠재력"이 있습니다. 그렇기 때문에 b가 현재 가리키는 객체에 들어 있다고 언제나 보장할 수 있는 멤버는 Base의 멤버인 bFunc밖에 없습니다. 따라서 **Base를 가리키는 포인터를 통해 불러올 수 있는 멤버는 Base의 멤버뿐**인 것입니다.

"그래도 위의 코드에 한해서는 b가 현재 Derived를 가리키고 있다는 게 확실한데, 이렇게 확실한 상황에서는 dFunc()를 호출할 수 있게 허용해줄 수도 있는 것 아닌가요?"라고 할 수도 있습니다. 실제로 파이썬 같은 동적 타이핑 언어에서는 마음만 먹는다면 그런 것이 가능합니다. 하지만 C++ 같이 컴파일 타임에 모든 객체의 타입이 정해져야 하는 정적 타이핑 언어에서는 그런 기능을 굳이 만들려면 컴파일러가 많이 똑똑해야 합니다. 그리고 뒤에서 알아볼 동적 바인딩이나 dynamic_cast 같은 개념들을 배우면 이런 것을 굳이 허용해주지 않아도 된다는 것, 그리고 그렇게 했을 때 오히려 더 좋은 코드를 작성할 수 있다는 것을 알 수 있을 것입니다.

> **Tip** **동적 타이핑 언어와 정적 타이핑 언어**
>
> 동적 타이핑 언어란 한 변수의 타입이 정해져 있지 않고 그때그때 바뀔 수 있는 언어를 말합니다. 따라서 실행해보기 전까지는 어떤 변수의 타입이 무엇인지를 알 수 없습니다. 이러한 언어에는 파이썬, 자바스크립트 같은 언어가 포함됩니다.
>
> 반면 정적 타이핑 언어에서는 컴파일러가 반드시 모든 변수의 타입을 알고 있어야 하기 때문에 한 변수는 한 가지 타입만 가질 수 있습니다. 이러한 언어에는 C, C++, 자바 같은 언어가 있습니다.

이렇게 b의 타입이 Base를 가리키는 포인터이기 때문에 **b라는 포인터를 통해 불러올 수 있는 멤버는 오로지 Base에 선언된 멤버뿐**이라는 사실을 기억하기 바랍니다.

그런데 이제 조금 특이한 일이 벌어집니다. 이번에는 d 객체를 동적 할당해서 d와 b라는 포인터를 통해 같은 객체를 가리켜 보겠습니다. 그다음 각 포인터를 통해 bFunc()를 호출하면 어떻게 될까요? (bFunc는 Base의 멤버이므로 두 포인터 모두를 통해 호출할 수 있습니다.)

```
Derived *d = new Derived;
Base *b = d;   // d에 들어있는 주솟값이 b에도 들어가므로, 위에서 동적 할당한
               // 그 객체를 똑같이 가리키라는 뜻
b->bFunc();
d->bFunc();
delete d;  // d와 b가 가리키고 있는 객체는 같은 객체이므로 한 번만 삭제해야 함
```

d->bFunc();의 경우 Derived에서 재정의한 메서드가 호출된다는 것은 앞에서 배운 것을 생각해보면 당연한 것입니다. 여기까지는 이해가 되죠? 그런데 놀랍게도 b->bFunc();는 재정의한 메서드가 아닌 Base에 원래부터 정의되어 있던 메서드가 실행되었습니다. 잘 생각해보면 굉장히 이상할 수도 있는 현상입니다. d와 b는 같은 객체를 가리키고 있는데도 불구하고 다른 메서드가 실행되지 않습니까? 하지만 앞에서 **b라는 포인터를 통해 불러올 수 있는 멤버는 오로지 Base에 선언된 멤버뿐**이라고 이야기했었죠? 즉, Derived에서 재정의된 함수가 아닌 Base의 bFunc가 실행될 수밖에 없는 것입니다.

이러한 현상을 '정적 바인딩'(static binding)이라고 부릅니다. '바인딩'이란, 메서드 호출이 일어났을 때 여러 가능한 메서드 중 어떤 메서드를 실행할지를 결정하는 일을 말합니다. 여기서 "정적"의 의미는 "컴파일 타임에 결정된다"입니다. 위의 예제에서는 컴파일 타임에 d->bFunc()는 Derived::bFunc()이, b->bFunc()는 Base::bFunc()이 실행된다는 것이 완전히 결정됩니다. 각 호출마다 어떤 메서드가 실행될지가 컴파일 타임에 정해졌죠? 그렇기 때문에 정적 바인딩이라고 부릅니다.

12.4.2 가상 함수, 오버라이딩과 동적 바인딩

앞서 멤버 메서드들을 재정의했을 때 정적 바인딩이 일어난다는 사실을 알아보았습니다. 이제부터 알아볼 오버라이딩이라는 것은 재정의와 비슷하게 생겼지만 완전히 다른 방식으로 작동하며, 굉장한 가능성을 지니고 있습니다. 오버라이딩한 함수는 "동적 바인딩"이 일어나기 때문입니다.

'동적 바인딩'(dynamic binding)은 컴파일 타임이 아닌 런타임에, 즉 프로그램 실행 도중에 메서드를 바인딩하는 방법입니다. 이 개념을 자세히 알아보기 위해 우선 간단한 예제를 만들어 보겠습니다. 이번 예제에 등장하는 클래스는 어떤 게임에서 무기의 정보와 무기를 사용하는 메서드를 표현한 클래스의 일부라고 해보겠습니다. 무기의 종류는 칼과 마법 두 가지가 있습니다. 두 종류의 무기 모두 일정한 만큼의 공격을 하는데, 그 공격량을 power라는 멤버 변수로 저장할 것입니다. 또 무기를 사용했을 때 일어나는 일은 Use라는 메서드를 통해 처리할 것입니다. 이 두 멤버는 Weapon이라는 상위 클래스에 만들어 두고, 칼 클래스(Sword)와 마법 클래스(Magic)가 이 클래스로부터 상속을 받아오는 식으로 설계해보겠습니다. 또, 중요한 것은 아니지만 마법 무기들은 마나 소모량이 있기 때문에 Magic 클래스 안에는 이를 나타내는 manaCost라는 고유의 변수가 추가로 존재합니다.

각 무기를 사용했을 때 일어나는 일은 다르기 때문에 Sword와 Magic 클래스에서는 Weapon에 들어 있는 Use 메서드를 재정의해 각자의 일을 하게끔 만들어 줄 것입니다. 지금까지 말한 것을 그대로 코드로 옮겨보겠습니다.

```cpp
class Weapon {
public:
    Weapon(int power) : power(power) {
        cout << "Weapon(int)" << endl;
    }

    void Use() {
        cout << "Weapon::Use()" << endl;
    }

protected:
    int power;
};
```

```cpp
class Sword : public Weapon {
public:
    Sword(int power) : Weapon(power) {
        cout << "Sword(int)" << endl;
    }

    void Use() {   // 재정의
        cout << "Sword::Use()" << endl;
        swing();
    }

private:
    void swing() {   // 이 함수에서 칼 무기를 사용했을 때 일어나는 일들을 처리
        cout << "Swing sword." << endl;
    }
};

class Magic : public Weapon {
public:
    // Weapon(power): 부모 클래스 생성자 호출, manaCost(manaCost): 멤버 초기화 목록
    Magic(int power, int manaCost) : Weapon(power), manaCost(manaCost) {
        cout << "Magic(int, int)" << endl;
    }

    void Use() {   // 재정의
        cout << "Magic::Use()" << endl;
        cast();
    }

private:
    void cast() {   // 이 함수에서 마법 무기를 사용했을 때 일어나는 일들을 처리
        cout << "Cast magic." << endl;
    }

    int manaCost;
};
```

그런 다음에 main 함수에서 다음과 같이 해보면 어떻게 출력될까요?

```
Sword mySword(10);
Magic myMagic(15, 7);

mySword.Use();
myMagic.Use();
```

만약 부모 클래스의 Use가 호출된다고 생각했다면 헷갈린 것입니다. mySword와 myMagic의 타입은 각각 그 냥 자식 클래스들의 타입입니다. 따라서 mySword.Use()나 myMagic.Use()를 호출하면 각 자식 클래스에서 재정의한 메서드가 실행될 것입니다.

본론은 지금부터입니다. 이제 게임에서 다음과 같이 현재 들고 있는 무기를 가리키는 포인터를 만들었다고 해보겠습니다. 이 포인터는 부모 클래스 타입인 Weapon을 가리키는 포인터이기 때문에 mySword와 myMagic 둘 다 가리킬 수 있겠죠?

```
Weapon *currentWeapon;    // 현재 무기를 가리키는 포인터

currentWeapon = &mySword;
currentWeapon->Use();
```

문제는 이때 발생합니다. 우리가 원하는 것은 currentWeapon 포인터가 현재 mySword를 가리키고 있다면 currentWeapon->Use();라고 적었을 때 Sword 클래스에서 재정의한 Use 메서드를 실행하는 것입니다. 하지만 앞에서 정적 바인딩에 대해 배웠던 내용에 의하면 그렇게 되지 않고 부모 클래스인 Weapon에 정의된 Use 메서드가 실행될 것입니다. currentWeapon은 Weapon을 가리키는 포인터니까요.

이런 상황에서 '가상 함수'(virtual function)라는 것을 사용하면 정확히 이 문제를 해결할 수 있습니다. 부모 클래스의 어떤 메서드를 가상 함수로 설정하면 자식이 그 메서드를 재정의했을 때 동적 바인딩이 일어납니다. 무슨 말인지 잘 모르겠다면 다음 예제를 우선 실행해보고 이야기하겠습니다. 가상 함수를 만들려면 다음 예제에서 굵게 표시한 부분과 같이 함수 선언 맨 앞에 virtual이라는 키워드만 붙이면 됩니다.

예제 12.8 가상 함수 사용하기

```
#include <iostream>
using namespace std;
```

```cpp
class Weapon {
public:
    Weapon(int power) : power(power) {
        cout << "Weapon(int)" << endl;
    }

    virtual void Use() {   // 가상 함수!!
        cout << "Weapon::Use()" << endl;
    }

protected:
    int power;
};

class Sword : public Weapon {
public:
    Sword(int power) : Weapon(power) {
        cout << "Sword(int)" << endl;
    }

    void Use() {   // 오버라이딩
        cout << "Sword::Use()" << endl;
        swing();
    }

private:
    void swing() {
        cout << "Swing sword." << endl;
    }
};

class Magic : public Weapon {
public:
    Magic(int power, int manaCost) : Weapon(power), manaCost(manaCost) {
        cout << "Magic(int, int)" << endl;
    }

    void Use() {   // 오버라이딩
```

```cpp
        cout << "Magic::Use()" << endl;
        cast();
    }

private:
    void cast() {
        cout << "Cast magic." << endl;
    }

    int manaCost;
};

int main() {
    Sword mySword(10);
    Magic myMagic(15, 7);

    Weapon *currentWeapon;

    currentWeapon = &mySword;
    currentWeapon->Use();
}
```

```
출력 결과                                              — □ ×
Weapon(int)
Sword(int)
Weapon(int)
Magic(int, int)
Sword::Use()
Swing sword.
```

놀랍지 않나요? 부모 클래스에서 Use 함수 앞에 virtual 키워드를 붙여 가상 함수로 만들었더니 자식 클래스에서 재정의한 Use가 실행된 것을 볼 수 있습니다. 이렇게 부모의 가상 함수를 재정의하는 것을 '오버라이딩'(overriding)이라고 부릅니다.

이게 가능한 이유는 **가상 함수의 바인딩에 대해서는 컴파일러가 신경 쓰지 않기 때문**입니다. 가상 함수가 아닌 경우, 위와 같은 코드에서 컴파일러는 컴파일 시간에 부모 클래스의 메서드를 바인딩합니다. 하지만 가상 함수가 나오면 컴파일 시간에는 어느 메서드를 바인딩할지 결정하지 않고, 실행 도중에 그 포인터가 실제 가리키고 있는 객체의 타입을 알아내 그 타입에서 오버라이딩된 함수가 존재한다면 바로 그 함수를 실행합니다. 바인딩이 런타임에 일어났으므로 이것을 동적 바인딩이라고 부릅니다. 이제 동적 바인딩이 무엇인지 정확히 이해되었나요?

또, 당연히 자식 클래스에서 애초부터 오버라이딩을 하지 않았다면, 그러니까 예를 들어 Sword 클래스에서 Use 함수를 오버라이딩하지 않았다면 이런 경우에는 부모 클래스의 함수가 가상 함수라 하더라도 그냥 실행됩니다.

이름이 왜 가상 함수인지 알겠나요? 가상 함수는 실행이 될 수도 있고, 안 될 수도 있습니다. 부모 클래스에 가상 함수가 있다면 이 함수는 동적으로 바인딩됩니다. 다시 말해 부모 클래스의 포인터를 통해 부모 클래스의 가상 함수를 호출한다면 컴파일 시점에는 어떤 함수가 실행될지 결정되지 않고, 런타임에 실제 객체의 타입에 따라 바인딩하게 된다는 뜻입니다.

누군가는 이런 질문을 할지도 모르겠습니다. "다음과 같이 포인터를 굳이 사용하지 않아도 동적 바인딩이 일어나는 것 아닌가요?"

```
Sword mySword(10);
Weapon myWeapon = mySword;
myWeapon.Use();    // 동적 바인딩?
```

하지만 이런 코드는 애초에 컴파일되지 않습니다. 부모 클래스의 **포인터**가 자식 클래스의 **객체**를 가리키는 것은 아무 문제가 없지만 완전히 다른 타입의 객체를 만들어 거기에 대입하는 것은 기본적으로 가능하지 않습니다. (물론 적절한 변환 생성자를 오버로딩하면 가능하겠죠?) 이런 상황과 위의 예시는 완전히 무관한 것이죠. 두 상황이 구별되나요?

일단 가상 함수를 사용하면 동적 바인딩이 일어난다는 사실만으로도 가상 함수가 굉장히 중요하다는 것을 알 수 있습니다. 가상 함수는 "다형성"이라는 개념과 깊은 관련이 있습니다. 바로 앞에서 부모 클래스 포인터를 통해 가상 함수를 호출하면 부모에 정의된 함수가 아닌, 포인터가 가리키는 실제 객체의 클래스에서 오버라이딩한 메서드가 실행되는 것을 확인했죠? **같은 포인터를 통해 같은 메서드를 호출했는데, 객체의 실제 타입에 따라 다양한 함수가 호출될 수 있습니다.** 바로 이런 상황이 다형성을 이용한 상황입니다. 이 개념에 대해서는 뒤에서 자세히 다루도록 하고, 지금은 용어만 대강 알아두고 넘어갑시다.

12.4.3 가상 소멸자

가상 소멸자를 이해하는 것은 크게 어렵지 않기 때문에 짧게 언급하고 지나갈 것입니다. 하지만 잊어서는 안 되는 내용이니 잘 숙지하기 바랍니다.

소멸자에서는 메모리 해제 같이 객체가 소멸되면서 해야 할 마무리 작업이 이루어집니다. 그렇기 때문에 소멸자는 흠 없이 만들어 놓았어도 소멸자가 제대로 호출되지 않는다면 메모리 누수가 일어날 수 있습니다. 소멸자가 제대로 호출되지 않는다니요? 모든 객체는 항상 소멸할 때 소멸자가 호출되지 않나요? 그런데 조금 예외적인 사항이 있습니다. 바로 다음과 같은 경우입니다. 굵게 표시한 부분이 실행될 때 어느 클래스의 소멸자가 호출될까요? (Bingsoo는 PatBingsoo의 부모 클래스입니다.)

```
Bingsoo *p = new PatBingsoo;
delete p;
```

실행해보면 알겠지만 **PatBingsoo의 소멸자는 호출되지 않고, Bingsoo의 소멸자만 호출되는 것을 볼 수 있습니다.** 동적 할당의 비직관적인 부분 중 하나입니다. 동적 할당된 객체는 생성될 때는 생성되는 객체의 정확한 타입을 알지만 소멸될 때는 그렇지 못하다는 비대칭성이 있습니다. 그 이유는 문법에 있습니다. 할당할 때는 "**new 클래스이름**"과 같이 생성할 객체의 정확한 타입을 적습니다. 하지만 해제할 때는 그러지 않습니다. 해제는 객체를 가리키는 포인터를 통해서 하기 때문에 컴파일러가 굵게 표시한 부분을 만나는 순간에 객체의 실제 타입을 정확히 알 수는 없습니다. 그래서 실제로 이런 경우에는 PatBingsoo의 소멸자는 호출되지 않고 Bingsoo의 소멸자만 호출됩니다. 즉, 소멸자도 정적 바인딩이 일어납니다.

이런 현상을 막기 위해 소멸자 또한 가상으로 만들 수 있습니다. 소멸자를 가상으로 만들겠다는 이야기는 소멸자의 바인딩도 동적으로 하겠다는 뜻이겠죠? 그렇기 때문에 여타 가상 함수에서 일어나는 일과 똑같이 소멸자도 컴파일 시간에는 바인딩되지 않고, 런타임에 실제 객체의 타입에 따라 올바른 소멸자가 실행될 것입니다.

그래서 가상 소멸자는 언제 만들어야 할까요? 바로 오버라이딩이 일어날 가능성이 있다면 전부 가상 소멸자를 만들어야 합니다. 즉 **가상 함수가 하나라도 포함된 클래스라면 거의 항상 소멸자도 가상으로 만들어야 합니다.** 왜냐하면 오버라이딩을 사용하겠다는 것은 다형성을 사용하겠다는 뜻이고, 그런 경우에 위와 같이 부모 클래스의 포인터를 통해 자식 클래스의 객체를 해제하려는 상황이 벌어질 가능성이 매우 높기 때문입니다. 매우 중요한 법칙입니다. 소멸자를 가상으로 만드는 방법만 간단히 살펴보겠습니다. 실제로 소멸자 앞에 virtual만 붙이고 다시 실행해보면 PatBingsoo와 Bingsoo의 소멸자가 모두 실행되는 것을 확인할 수 있습니다.

```
class Bingsoo {
public:
    Bingsoo() { cout << "Bingsoo()" << endl; }
    virtual ~Bingsoo() { cout << "~Bingsoo()" << endl; }

private:
    Ice ice;
};

class PatBingsoo : public Bingsoo {
public:
    PatBingsoo() { cout << "PatBingsoo()" << endl; }
    ~PatBingsoo() { cout << "~PatBingsoo()" << endl; }

private:
    Pat pat;
};
```

가상 함수가 하나라도 있는 클래스는 다형성을 사용하는 클래스이므로 거의 무조건 가상 소멸자를 만들어 주어야 한다는 사실을 기억합시다.

12.5 상속이 필요한 이유(2)

이번에는 12.3절에서 만들었던 메시지 예제로 다시 돌아가 보겠습니다. 거기서 작성했던 코드를 그대로 가져오면 됩니다. 이 코드에서 한 가지 고치고 싶은 점이 있다면 main 함수 안에서 메시지의 내용물을 출력하는 코드가 다음과 같이 반복되기 때문에 이 작업을 수행하는 함수를 따로 만들면 좋겠다는 점일 것입니다.

https://youtu.be/
OuDGvbv7PwQ

```
cout << "보낸 시간 : " << hello->GetSendTime() << endl;
cout << "보낸 사람 : " << hello->GetSendName() << endl;
cout << "  내 용  : " << hello->GetText() << endl;
cout << endl;

cout << "보낸 시간 : " << dog->GetSendTime() << endl;
cout << "보낸 사람 : " << dog->GetSendName() << endl;
cout << "  내 용  : " << (string)*dog->GetImage() << endl;
cout << endl;
```

하지만 메시지의 종류가 다양하기 때문에 만약 그런 함수를 만든다면 각 메시지 종류별로 일일이 함수를 만들거나(이런 것을 오버로딩이라 부른다고 했었죠?)

```
void printMessage(TextMessage *m) {
    // 메시지 내용 출력...
}
void printMessage(ImageMessage *m) {
    // 메시지 내용 출력...
}
```

아니면 다음과 같이 상위 클래스인 Message 타입을 가리키는 포인터를 매개변수로 받는 방법이 있을 것입니다. 그렇게 하면 TextMessage와 ImageMessage 모두 매개변수로 받을 수 있을 테니까요.

```
void printMessage(Message *m) {
    // 메시지 내용 출력...
}
```

물론 후자가 훨씬 편한 방법입니다. 전자의 방법을 택한다면 메신저 앱에서 메시지의 종류가 새로 추가되어(예를 들어 VideoMessage) 그것을 표현하는 클래스를 새로 만든다면 그 클래스 타입에 대한 포인터를 받는 함수(void printMessage(VideoMessage *m))를 또 새로 추가해야 할 것이기 때문입니다. 이것은 귀찮다는 이유도 있을뿐더러 설계상 좋지 않은 방법입니다.

후자의 방법이 가능하기만 하다면 무조건 후자의 방법을 사용하는 것이 유리합니다. 새로운 종류의 메시지가 나타나더라도 printMessage 함수 측에서는 따로 손볼 것이 존재하지 않을 테니까요. 아직은 무슨 말인지 잘 와닿지 않죠?

그러면 일단 무작정 함수의 내용물을 작성해 보겠습니다. 메시지를 보낸 시간과 보낸 사람을 출력하는 것까지는 문제가 없습니다.

```
void printMessage(Message *m) {
    cout << "보낸 시간 : " << m->GetSendTime() << endl;
    cout << "보낸 사람 : " << m->GetSendName() << endl;
    cout << endl;
}
```

하지만 이제 문제가 생겼습니다. m의 내용물(텍스트든 이미지든)을 출력해야 하는데, 지금 상황에서는 m이 Message를 가리키는 포인터이기 때문에 TextMessage와 ImageMessage의 고유 멤버인 GetText()와 GetImage()에는 접근할 수 없어 출력도 할 수가 없기 때문입니다. 이 문제를 어떻게 해결할 수 있을까요? 우선 m의 타입을 바꾸지 않고서 이 문제를 해결하는 방법은 하나밖에 없습니다. 바로 Message 클래스에 어떤 멤버 메서드를 만들어서 메시지의 내용물을 가져올 수 있게 하는 것입니다. 이 메서드를 GetContent라고 하겠습니다. 이 멤버는 TextMessage일 때와 ImageMessage일 때 각각 다른 식으로 작동해야 합니다. 따라서 메서드를 virtual로 만들고, TextMessage와 ImageMessage에서 각각 오버라이딩하면 되겠죠?

그런데 이 함수는 경우에 따라 서로 다른 타입을 리턴해야 합니다. (텍스트를 리턴해야 할 때는 string, 이미지를 리턴해야 할 때는 Image*) 따라서 이 함수의 리턴 타입을 하나로 정할 수가 없겠네요. 실전에서는 메시지의 내용물을 저장할 수 있는 또 하나의 클래스를 새로 만들어 이것저것 작업을 했겠지만 이 예제에서는 GetContent 메서드가 메시지의 내용물을 문자열(string)의 형태로 리턴한다고 하겠습니다. 텍스트의 경우 그 텍스트 자체를 리턴하고, 이미지일 경우 Image 클래스에 들어 있던 (string) 형변환 연산자를 이용해 string으로 변환한 결과를 리턴하면 됩니다.

물론 부모 클래스인 Message 안의 GetContent에서는 해야 할 일이 없으므로 그냥 빈 문자열을 리턴하겠습니다. 또 TextMessage와 ImageMessage 각각에 들어 있던 GetText와 GetImage 메서드는 다음과 같이 모두 Message의 GetContent를 오버라이딩하는 형식으로 고치겠습니다.

그리고 가상 함수를 만들었으면 무엇을 해야 한다고 했죠? 소멸자도 가상으로 만들어야 합니다. Message에 가상 소멸자도 추가하겠습니다.

```
class Message {
    // (나머지 멤버는 생략)
    virtual ~Message() {}   // 가상 소멸자
    virtual string GetContent() const { return ""; }
};
class TextMessage : public Message {
    // (나머지 멤버는 생략)
    string GetContent() const { return text; }
};

class ImageMessage : public Message {
public:
    // (나머지 멤버는 생략)
```

```cpp
    string GetImage() const { return (string)*image; }  // image가 가리키는 객체를
                                                         // string으로 형변환하여 리턴
};
```

전체 코드를 살펴보고, 실행도 해보겠습니다. 굵게 표시된 부분을 집중적으로 보면 좋을 것 같습니다.

예제 12.9 가상 함수를 활용하여 간단하게 바꾼 메신저 예제

```cpp
#include <iostream>
#include <string>
using namespace std;

class Image {
public:
    operator string() {
        return "사진";
    }
};

class Message {
public:
    Message(int sendTime, string sendName) {
        this->sendTime = sendTime;
        this->sendName = sendName;
    }
    virtual ~Message() {}  // 가상 소멸자

    int GetSendTime() const { return sendTime; }
    string GetSendName() const { return sendName; }
    virtual string GetContent() const { return ""; }

private:
    int sendTime;
    string sendName;
};

class TextMessage : public Message {
public:
    TextMessage(int sendTime, string sendName, string text)
```

```cpp
        : Message(sendTime, sendName) {
        this->text = text;
    }

    string GetContent() const { return text; }   // 오버라이딩

private:
    string text;
};

class ImageMessage : public Message {
public:
    ImageMessage(int sendTime, string sendName, Image *image)
        : Message(sendTime, sendName) {
        this->image = image;
    }

    string GetContent() const { return (string)*image; }   // 오버라이딩

private:
    Image *image;
};

void printMessage(Message *m) {
    cout << "보낸 시간 : " << m->GetSendTime() << endl;
    cout << "보낸 사람 : " << m->GetSendName() << endl;
    cout << "  내 용  : " << m->GetContent() << endl;   // 가상 함수이므로
                                                         // 동적 바인딩이 일어난다.
    cout << endl;
}

int main() {
    Image *dogImage = new Image;
    TextMessage *hello = new TextMessage(10, "두들", "안녕");
    ImageMessage *dog = new ImageMessage(20, "두들", dogImage);

    printMessage(hello);
    printMessage(dog);

    delete dogImage;
```

```
    delete hello;
    delete dog;
}
```

```
출력 결과                                              -  □  ×
보낸 시간 : 10
보낸 사람 : 두들
  내 용  : 안녕

보낸 시간 : 20
보낸 사람 : 두들
  내 용  : 사진
```

이렇게 부모를 가리키는 `Message *m`이라는 **똑같은 포인터를 가지고 똑같은 함수를 호출해서** 텍스트 메시지와 이미지 메시지일 때 **각각 다른 것이 출력될 수 있게 했습니다**. 이것이 바로 가상 함수를 사용하는 이유입니다. 가상 함수를 사용했으므로 동적 바인딩이 일어날 것이고, 그 사실을 이용해서 `printMessage` 함수를 만든 사람은 **메시지의 종류에 상관없이** 똑같은 `GetContent`라는 함수를 호출해 메시지의 내용물을 가져올 수 있게 된 것입니다. 가상 함수가 없었다면 이렇게 간단하게 해결할 수 있는 문제가 아니었을 것입니다. 대단하지 않나요?

참고로 함수에 객체를 넘겨줄 때 다음과 같이 레퍼런스 타입으로 받을 수도 있습니다. 이렇게 포인터가 아닌 레퍼런스에도 자식 클래스 타입의 객체를 넘겨줄 수 있습니다. 덤으로 `const`도 붙일 수 있겠네요.

```
void printMessage(const Message &m) {
    cout << "보낸 시간 : " << m.GetSendTime() << endl;
    cout << "보낸 사람 : " << m.GetSendName() << endl;
    cout << "  내 용  : " << m.GetContent() << endl;
    cout << endl;
}
```

실제로 이렇게 했을 때도 포인터의 경우와 똑같이 동적 바인딩이 일어납니다. 따라서 `main` 함수에서는 call-by-reference가 일어날 수 있도록 포인터(`hello`)가 아닌 포인터를 역참조한 객체 자체(`*hello`)를 넣으면 됩니다. 잘 이해되지 않는다면 `*hello`의 타입이 무엇인지, 그리고 call-by-reference를 할 때 어떤 식으로 한다고 했었는지 잘 생각해 보세요.

```
printMessage(*hello);
```

이렇게 하면 최소한 printMessage 함수 안에서는 포인터에 대한 걱정을 하지 않아도 되기 때문에 생각할 거리가 조금은 줄어들겠죠?

이렇게 설계했을 때 유용한 점을 한 가지 더 보여드리겠습니다. 상속 관계를 조금만 더 활용하면 다음과 같이 서로 다른 메시지 타입들을 담는 배열도 만들 수 있습니다. 물론 C++에서 배열에 여러 가지 타입을 담을 수 있는 것은 아닙니다. 그런데 Message 포인터가 TextMessage와 ImageMessage 둘 다 가리킬 수 있다는 사실을 이용해서 Message 포인터들의 배열을 만들어 보는 것은 어떨까요? 이렇게 하면 배열 각 칸이 Message를 가리키는 포인터이므로 각 칸이 TextMessage 또는 ImageMessage를 가리킬 수 있겠죠? 포인터 배열이 무엇인지 기억이 잘 안 난다면 5.9절을 잠깐 훑어보고 오기 바랍니다.

```
Message *messages[] = {    // 포인터 배열
    new TextMessage(10, "두들", "안녕"),
    new ImageMessage(20, "두들", dogImage),
    new TextMessage(30, "두들", "잘가")
};
```

위와 같이 쓰는 것이 조금 익숙하지 않을 것입니다. 배열의 각 칸에 초기화되는 내용을 보면 new ...와 같은 식으로 생겼습니다. 즉, 동적 할당한 객체들의 주솟값이 배열의 각 칸에 들어가는 것입니다. 그림으로 그려보면 다음과 같은 상황이 될 것입니다.

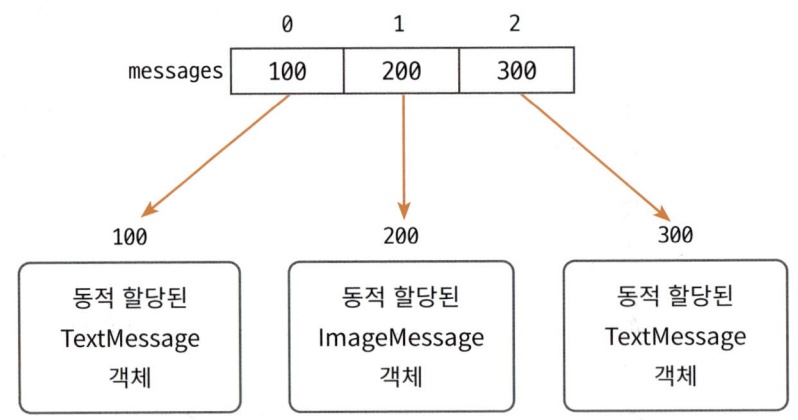

그림 12.8 위의 코드와 같이 포인터 배열을 만든 상황을 나타낸 그림

이제 메시지가 여러 종류가 있더라도 같은 배열에 "담을" 수 있게 되었습니다. 그러면 앞에서 했던 것같이 배열의 각 칸이 가리키는 객체에 대해 printContent를 호출해볼까요? 범위 기반 for문을 사용할 텐데, 다음 코드를 보고도 무엇인지 잘 기억이 안 난다면 돌아가서 복습하고 오도록 합시다.

```
for (Message *m : messages) {
    printMessage(*m);
}
```

그다음에 배열의 각 칸이 동적 할당된 객체를 가리키고 있으므로 메모리 해제도 다음과 같이 배열의 각 칸에 대해서 해야 합니다.

```
for (Message *m : messages) {
    delete m;
}
```

그러면 전체 코드를 실행해 보겠습니다. Image, Message, TextMessage, ImageMessage 클래스의 정의는 이전과 같으므로 생략하겠습니다.

예제 12.10 여러 메시지 타입을 한 번에 담을 수 있는 Message 포인터 배열 만들기

```cpp
#include <iostream>
#include <string>
using namespace std;

void printMessage(const Message &m) {
    cout << "보낸 시간 : " << m.GetSendTime() << endl;
    cout << "보낸 사람 : " << m.GetSendName() << endl;
    cout << "  내 용  : " << m.GetContent() << endl;
    cout << endl;
}

int main() {
    Image *dogImage = new Image;

    Message *messages[] = {
        new TextMessage(10, "두들", "안녕"),
        new ImageMessage(20, "두들", dogImage),
        new TextMessage(30, "두들", "잘가")
    };

    // 범위 기반 for문
    for (Message *m : messages) {
```

```
        printMessage(*m);
    }

    // 배열의 각 칸마다 동적 할당된 객체를 가리키고 있으므로 각각 해제한다.
    for (Message *m : messages) {
        delete m;
    }
    delete dogImage;
}
```

> **출력 결과**
> ```
> 보낸 시간 : 10
> 보낸 사람 : 두들
>  내 용   : 안녕
>
> 보낸 시간 : 20
> 보낸 사람 : 두들
>  내 용   : 사진
>
> 보낸 시간 : 30
> 보낸 사람 : 두들
>  내 용   : 잘가
> ```

여기까지 읽고, "상속과 오버라이딩을 잘 사용하면 정말 편하겠구나!"라는 생각이 들었으면 좋겠습니다.

12.6 순수 가상 함수와 추상 클래스

이름에서 알 수 있듯이, '순수 가상 함수'(pure virtual function)는 순수하게 가상인 함수입니다. 순수 가상 함수에는 함수의 실체가 없습니다. 이런 종류의 함수가 왜 있냐고요? 예제를 먼저 보겠습니다.

이번에는 원과 직사각형, 이렇게 두 가지 도형을 각각 표현하는 클래스를 만들 것입니다. 원을 표현하기 위해서는 반지름이 필요하고, 직사각형을 표현하기 위해서는 가로, 세로 길이가 필요합니다. 이 값들을 각 클래스에 멤버 변수로 넣어줄 것입니다. 또, 두 클래스 모두에 두 가지 기능이 있는데, 첫 번째 기능은 도형의 넓이를 구하는 것(GetArea)입니다. 두 번째 기능은 factor라는 배율만큼 도형을 확대하거나 축소하는 것

(Resize)입니다. factor가 2이면 2배 확대하고, 0.5이면 절반으로 축소하는 식입니다. 이렇게 두 클래스 모두에 중복되는 멤버가 있을 때 부모 클래스를 만들면 좋겠죠? 그래서 "도형"을 뜻하는 클래스 Shape를 만들고, 그로부터 원과 직사각형을 상속받는 식으로 설계해보겠습니다. 지금까지 이야기한 내용을 코드로 옮겨보면 다음과 같습니다.

```cpp
const double PI = 3.141592653589793;   // 원주율 값을 상수로 저장

class Shape {
public:
    virtual ~Shape() {}
    virtual double GetArea() const {
        // ???
    }
    virtual void Resize(double factor) {
        // ???
    }
};

class Circle : public Shape {
public:
    Circle(double r) : r(r) {}

    double GetArea() const {
        return r * r * PI;   // 원의 넓이 = 반지름 * 반지름 * 원주율
    }

    void Resize(double factor) {
        r *= factor;   // 반지름을 factor배만큼 확대/축소
    }

private:
    double r;
};

class Rectangle : public Shape {
public:
    Rectangle(double a, double b) : a(a), b(b) {}
```

```
    double GetArea() const {
        return a * b;   // 직사각형의 넓이 = 가로 * 세로
    }

    void Resize(double factor) {
        a *= factor;   // 가로, 세로를 각각 factor배만큼 확대/축소
        b *= factor;
    }

private:
    double a, b;
};
```

앞에서 설명한 내용을 참고해서 코드를 자세히 읽어보면 이해가 안 되는 부분은 없을 것입니다. 그런데 Shape 클래스 자체는 실제 도형으로서의 의미를 가지지 않기 때문에 Shape 클래스 내부의 GetArea와 Resize 함수의 본문을 무엇으로 채워야 하는지가 애매합니다. 물론 이 클래스 내에서는 특별히 해야 하는 일이 없으므로 아무것도 넣어주지 않을 수도 있을 것입니다. (GetArea는 void가 아니어서 어떤 값을 리턴해야 하기 때문에 0 같이 아무 의미 없는 값이라도 리턴하기는 해야 할 것입니다.) 하지만 그것보다 좀 더 근본적인 생각을 해보겠습니다.

애초에 Shape 클래스가 존재하는 이유가 무엇일까요? Shape 타입의 객체를 만드는 것은 아무 의미가 없습니다. 실질적으로 원이나 직사각형 같은 어떤 도형을 뜻하지는 않으니까요. Shape 클래스는 단지 여러 도형을 가리키는 상위 클래스의 용도로 쓰이면서 "도형이라면 이러이러한 것들이 가능해야 한다"라는 것을 알려주기 위한 것입니다. 그렇기 때문에 Shape 클래스 자체의 인스턴스(객체와 같은 말입니다)를 만들어봤자 아무 의미가 없는 것이 당연한 것이죠.

이럴 때 사용하면 딱 좋은 것이 바로 순수 가상 함수입니다. 앞서 이야기했듯이 순수 가상 함수는 가상 함수와 비슷하지만 실체, 즉 함수 본문이 없습니다. 순수 가상 함수 자체는 본문이 없지만 순수 가상 함수를 만들어 놓으면 **자식 클래스에서 그것을 오버라이딩하는 동시에 원하는 본문을 채워 넣어**(이 작업을 '구현'이라고 합니다.) 자식 클래스에서 사용할 수는 있습니다.

우선 Shape 클래스의 메서드들을 순수 가상 함수로 바꿔보겠습니다. 문법이 조금 특이할 수 있는데, 함수를 선언하고 "= 0"을 붙이면 됩니다. "= 0"이라는 표현에도 나름대로 의미는 있지만 그냥 문법이니까 이상하더라도 받아들입시다. 그리고 순수 가상 함수에는 본문이 없다고 했으므로 중괄호와 그 안의 내용물 대신 세미콜론으로 선언을 마칩니다.

```cpp
class Shape {
public:
    virtual ~Shape() {}
    virtual double GetArea() const = 0;      // 순수 가상 함수
    virtual void Resize(double factor) = 0;  // 순수 가상 함수
};
```

그러고 나서 Circle과 Rectangle에서 이 함수들을 오버라이딩한 것이 바로 구현에 해당합니다. 부모 클래스에는 없는 본문을 자식 클래스에서 구현해 새로 만들어준 셈입니다.

```cpp
class Circle : public Shape {
public:
    Circle(double r) : r(r) {}
    double GetArea() const {      // 오버라이딩(구현)
        return r * r * PI;
    }
    void Resize(double factor) {  // 오버라이딩(구현)
        r *= factor;
    }
private:
    double r;
};
```

순수 가상 함수가 하나라도 있는 클래스는 '추상 클래스'(abstract class)라고 합니다. 추상 클래스라는 특별한 명칭이 붙는 이유는 **추상 클래스를 가지고는 인스턴스(객체)를 만들 수 없기 때문입니다.** 왜냐하면 추상 클래스에는 본문이 없는 순수 가상 함수가 최소 하나 있고, 그 함수를 호출하는 것 자체가 말이 안 되니까요. **하지만 그런 제한 사항이 오히려 Shape 클래스의 존재 목적과 잘 부합합니다.** Shape 클래스는 여러 종류의 도형을 가리키는 용도로만 사용할 뿐, 어차피 그런 타입을 가진 객체를 만드는 것은 아무런 실질적인 의미가 없으니까요. 무엇인가 맞아떨어지는 게 느껴지나요?

그러면 지금까지 설명한 코드를 예제로 정리해보고, main 함수 안에서 간단히 잘 작동하는지 확인해보겠습니다.

예제 12.11 순수 가상 함수를 사용해 추상 클래스 만들기

```cpp
#include <iostream>
using namespace std;

const double PI = 3.141592653589793;

class Shape {
public:
    virtual ~Shape() {}
    virtual double GetArea() const = 0;
    virtual void Resize(double factor) = 0;
};

class Circle : public Shape {
public:
    Circle(double r) : r(r) {}

    double GetArea() const {
        return r * r * PI;
    }

    void Resize(double factor) {
        r *= factor;
    }

private:
    double r;
};

class Rectangle : public Shape {
public:
    Rectangle(double a, double b) : a(a), b(b) {}

    double GetArea() const {
        return a * b;
    }

    void Resize(double factor) {
        a *= factor;
```

```cpp
        b *= factor;
    }

private:
    double a, b;
};

int main() {
    // Shape를 가리키는 포인터 배열을 통해 두 종류의 도형을 배열에 한꺼번에 담을 수 있다.
    Shape *shapes[] = { new Circle(1), new Rectangle(1, 2) };

    for (Shape *s : shapes) {
        s->Resize(2);    // 각 도형을 2배씩 확대한다.
    }

    for (Shape *s : shapes) {
        cout << s->GetArea() << endl;    // 각 도형의 넓이를 출력한다.
    }

    for (Shape *s : shapes) {
        delete s;
    }
}
```

```
출력 결과
12.5664
8
```

이렇게 Shape 예제와 같이 어떤 부모 클래스가 그 자체로는 쓸모가 없고 자식 클래스들을 가리키는 용도로만 사용될 경우 추상 클래스로 만들면 유리하다는 것까지 알아보았습니다.

12.7 상속 관계에서의 형변환

이번 절에서는 상속 관계에서 일어날 수 있는 특별한 형변환인 업캐스팅과 다운캐스팅에 대해 알아보겠습니다.

12.7.1 업캐스팅

'업캐스팅'(Upcasting)은 자식 클래스 타입에 대한 참조(포인터 또는 레퍼런스)를 부모 타입에 대한 것으로 형변환하는 것을 말합니다. 말이 조금 어려울 수 있지만 사실 별것은 아닙니다. 이미 이 기능을 몇 번 사용한 적이 있습니다.

```
Base *b = new Derived;
```

물론 언제나 그랬듯이 Base는 Derived의 부모 클래스입니다. 아무런 형변환이 없는 것처럼 보이나요? 자세히 보면 등호 우변의 타입이 Derived*이고 좌변의 타입은 Base*입니다. 11.6.1절에서 등호 양변의 타입이 다를 때는 기본적으로 대입 연산이 이루어질 수 없다고 했습니다. 그런데도 불구하고 에러가 나지 않는 이유는 Derived*에서 Base*로 묵시적 형변환이 일어났기 때문입니다. 실제로 **모든 업캐스팅은 묵시적으로 일어날 수 있습니다.** 어렵지 않죠?

포인터뿐만 아니라 좌변이 부모 클래스를 가리키는 레퍼런스일 때도 업캐스팅이 일어납니다.

```
Derived d;
Base &b = d;
```

보통 위와 같이 단순히 가리키게 하는 경우보다는 다음과 같이 call-by-reference를 할 때 이러한 업캐스팅이 많이 발생합니다.

```
void f(Base &b) {
    // ...
}

int main() {
    Derived d;
    f(d);
}
```

물론 다음과 같이 포인터나 레퍼런스를 사용하지 않고 객체 자체끼리 대입하려고 하는 것은 업캐스팅이 **아니며**, 아예 컴파일 오류가 납니다.

```
Derived d;
Base b = d;   // 에러!! 이건 업캐스팅이 아니다.
```

사실 업캐스팅의 개념에 대해서는 여기까지만 설명해도 충분합니다. 하지만 이렇게 끝나면 조금 아쉬우니까 업캐스팅을 사용할 때 조심해야 할 점을 하나 짚고 넘어가겠습니다.

다음 코드에는 동물을 표현하는 클래스인 Animal과 파생 클래스인 FlyingAnimal이 있습니다. Animal은 x, y좌표를 가지고 있고, FlyingAnimal은 날아다니는 동물이므로 추가적으로 z좌표가 있습니다. (간단한 예시이므로 클래스의 의미에 너무 집중하지는 말기 바랍니다.) printAnimals 함수에서는 Animal로 이루어진 배열을 받아 각 동물의 x, y좌표를 출력합니다. 또 main 함수에서는 FlyingAnimal로 이루어진 배열을 동적 할당해 printAnimals 함수로 넘겨주고 있는 상황이네요. 얼핏 보기엔 이상하지만 문법적으로는 아무 문제가 없습니다. 그 이유는 함수로 배열을 넘길 때는 포인터가 넘어가기 때문입니다. main에서 printAnimals 함수를 호출할 때는 FlyingAnimal을 가리키는 포인터를 넘겨주는 것이고, printAnimals는 Animal을 가리키는 포인터를 받습니다. 이 말이 이해가 안 된다면 5.6절을 다시 읽어보고 오기 바랍니다. 부모 클래스 포인터로 자식 클래스를 가리키는 포인터를 넘기는 것은 업캐스팅이므로 아무 문제가 없겠죠?

우선 문법적으로 문제가 없기 때문에 각 동물의 x, y좌표인 (1, 2)가 정상적으로 다섯 번 출력된다고 생각할 것입니다. 그런데 실행해보면 그렇지 않다는 것을 알 수 있습니다.

예제 12.12 배열에서 업캐스팅을 잘못 이용한 사례

```
#include <iostream>
using namespace std;

struct Animal {
    float xpos = 1;
    float ypos = 2;
};

struct FlyingAnimal : public Animal {
    float zpos = 3;
};

void printAnimals(Animal *a, int n) {   // Animal *a는 Animal a[]와 같다.
    for (int i = 0; i < n; i++) {
        cout << "(" << a[i].xpos << ", " << a[i].ypos << ")" << endl;
    }
}

int main() {
```

```
    FlyingAnimal *arr = new FlyingAnimal[5];

    printAnimals(arr, 5);
    delete[] arr;
}
```

```
(1, 2)
(3, 1)
(2, 3)
(1, 2)
(3, 1)
```

이게 어떻게 된 일일까요? 문제는 `printAnimals` 함수 안에서 배열의 `i`번째 칸, 즉 `a[i]`의 주소를 알아내는 과정에서 일어납니다. 우선 각 타입의 크기를 보면 `Animal`은 8바이트, `FlyingAnimal`은 12바이트입니다. 각각 `float`가 2개, 3개 선언되어 있으니까요. `a[i]`는 `*(a+i)`와 같은 말인데, 여기서 `a`의 타입은 `FlyingAnimal`을 가리키는 포인터가 아닌 `Animal`을 가리키는 포인터입니다. `a`가 가리키는 주소가 100번지라면 `a+1`은 얼마일까요? `a`는 `Animal`을 가리키는 포인터이기 때문에 1이 더해질 때마다 `Animal`의 크기인 8바이트씩 증가합니다. (이 말이 이해가 안 된다면 역시 5.6절을 다시 읽어보고 오기 바랍니다.) 문제점이 보이나요? 배열에 실제로 들어 있는 객체는 12바이트짜리 `FlyingAnimal` 타입의 객체들인데, 그 배열을 `Animal*`로 받아버리는 바람에 배열 한 칸이 마치 8바이트짜리인 것처럼 잘못 인식되어버린 것입니다. 그렇게 되면 다음 그림처럼 배열의 구조가 틀어지게 됩니다.

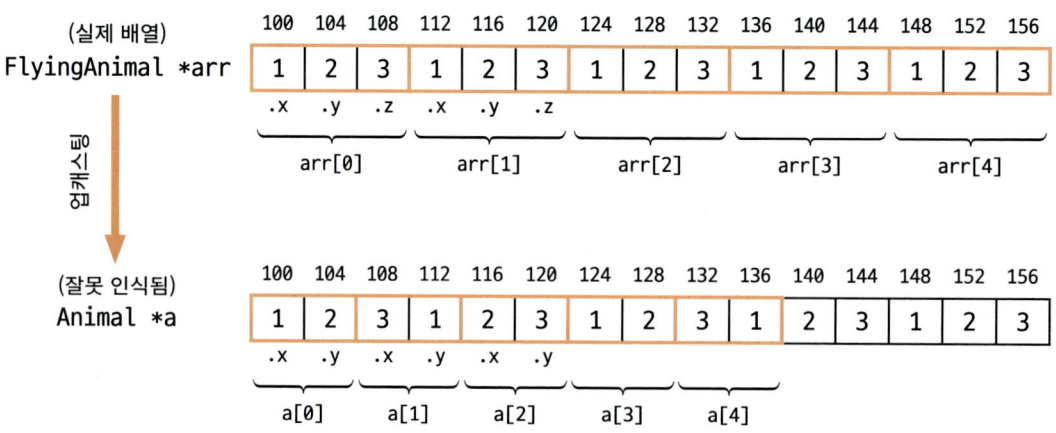

그림 12.9 위 코드를 실행했을 때의 배열의 인식 방식을 나타낸 그림

그러면 이제 (1, 2), (3, 1), (2, 3), …과 같은 식으로 출력되는 이유가 설명됩니다. 문법적으로는 업캐스팅이 묵시적으로 일어났기에 아무 문제가 없는 것처럼 보였지만 이건 사실 업캐스팅을 잘못 사용한 사례입니다.

이 상황을 어떻게 해결할 수 있을까요? 문제의 근본적인 원인은 배열의 각 칸에서 다형성이 실현되지 않았기 때문입니다. 따라서 배열의 각 칸을 전부 Animal을 가리키는 포인터로 만들어야 합니다. 더블 포인터를 써야 해서 헷갈리고 불편하겠지만 지금으로서 할 수 있는 최선의 해결책은 이것밖에 없습니다. (그만큼 C/C++에서 포인터가 중요하다는 뜻이기도 합니다.)

왜 더블 포인터냐고요? **배열의 각 칸의 타입이 T인 배열을 동적 할당하려면 T를 가리키는 포인터가 필요합니다.** 그렇다면 각 칸의 타입이 포인터인 배열을 할당하려면 포인터를 가리키는 포인터, 즉 더블 포인터가 필요하겠죠? 이 말이 이해가 안 된다면 아래 코드를 보고, 그래도 이해가 안 되는 부분이 있다면 배열과 포인터, 그리고 배열의 동적 할당을 다시 공부하고 오기 바랍니다.

```
Animal **a = new Animal*[5];    // 동적 할당되는 배열의 각 칸의 타입은 Animal*이다.
```

이제 각 칸이 Animal을 가리키는 포인터인 포인터 배열을 만든 셈입니다. 하지만 위와 같이 적는다고 객체가 생성되는 것은 아닙니다. 위와 같이 배열을 동적 할당하면 Animal을 가리키는 포인터로 이루어진 배열이 생성될 뿐 어떠한 Animal 타입의 객체도 만들어지지 않기 때문입니다. 객체를 생성하는 것은 따로 해야 합니다. 각 대입 연산에서 좌변인 a[i]의 타입은 Animal*이고, 우변의 타입은 FlyingAnimal*이라는 것을 기억하세요.

```
for (int i = 0; i < 5; i++) {
    a[i] = new FlyingAnimal;
}
```

지금 하는 것이 어렵다면 지금까지 한 것을 그림으로 정리하면 훨씬 더 잘 이해될 것입니다.

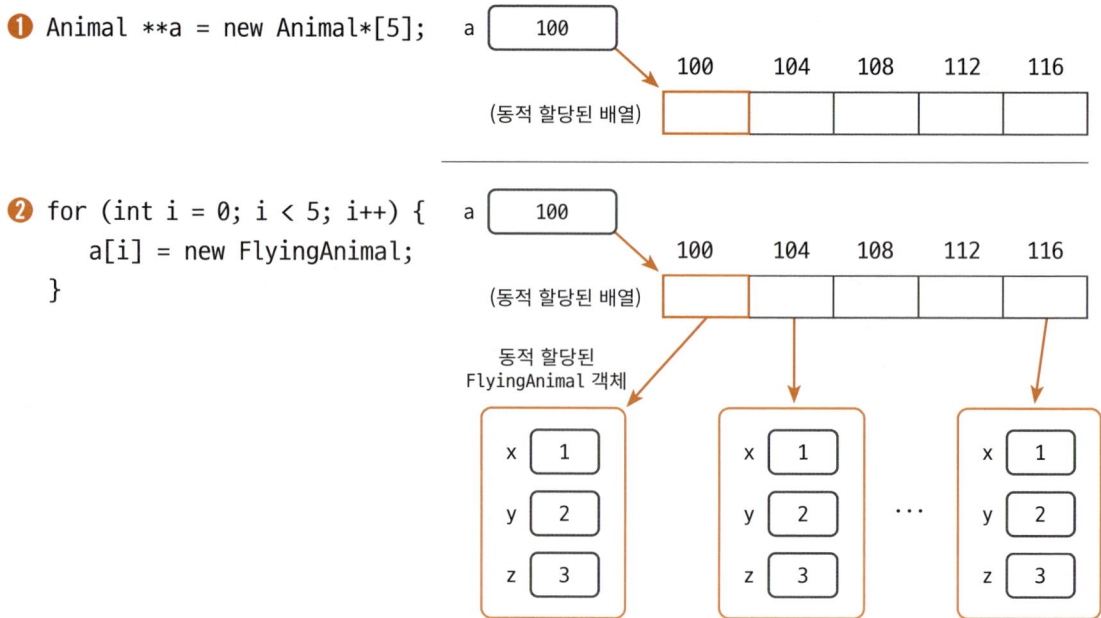

그림 12.10 위 코드의 작동 과정을 나타낸 그림

이제 전체적인 과정이 이해되나요? 정리하자면, 다형성은 배열의 각 칸마다 일어나야 하기 때문에 배열의 각 칸을 Animal을 가리키는 포인터(Animal*)로 만들고, 각각 FlyingAnimal 객체를 가리키게 한 것입니다.

여기서 또 빼먹지 말아야 할 것이 있습니다. 이전에는 배열 자체에 객체가 들어 있었기 때문에 배열만 delete해도 되었지만 지금은 각 칸마다 새로 할당된 객체를 가리키고 있죠? 따라서 해제할 때도 각 칸마다 해제해야 합니다. 이 작업은 배열이 해제되기 전에 일어나야 합니다. 배열이 먼저 해제된다면 객체들을 가리키고 있는 각 칸에 접근할 수가 없어지겠죠?

```
for (int i = 0; i < 5; i++) {
    delete a[i];   // 각 칸마다 할당된 객체가 있으므로 각 칸마다 해제한다.
}
delete[] a;   // 그러고 나서 배열을 해제한다.
```

그리고 다형성을 사용할 것이므로 Animal 클래스에도 가상 소멸자를 추가해야 합니다.

```
struct Animal {
    float xpos = 1;
    float ypos = 2;
```

```
    virtual ~Animal() {}
};
```

그러고 나서 printAnimals 함수도 고쳐보겠습니다. 이번에는 printAnimals 함수가 그냥 포인터가 아니라 더블 포인터를 받습니다. Animal **a는 Animal *a[]처럼 생각해도 되겠죠?

```
void printAnimals(Animal **a, int n)
```

그러면 이런 상황에서 a[i]의 타입은 무엇일까요? 정답은 Animal*입니다. (이 질문의 답이 빨리 나오지 않는다면 아직 배열과 포인터의 관계를 잘 모르고 있는 것입니다.) 그러니까 a의 각 칸은 Animal(또는 그 자식)의 객체를 가리키고 있을 것입니다. 따라서 for문 안의 코드는 다음과 같이 수정하면 되겠죠?

```
for (int i = 0; i < n; i++) {
    cout << "(" << a[i]->xpos << ", " << a[i]->ypos << ")" << endl;
}
```

이러면 모든 문제가 해결됩니다. 전체 코드를 실행해볼까요?

예제 12.13 배열에서 업캐스팅을 제대로 사용한 사례

```cpp
#include <iostream>
using namespace std;

struct Animal {
    float xpos = 1;
    float ypos = 2;
    virtual ~Animal() {}
};

struct FlyingAnimal : public Animal {
    float zpos = 3;
};

void printAnimals(Animal **a, int n) {
    for (int i = 0; i < n; i++) {
        cout << "(" << a[i]->xpos << ", " << a[i]->ypos << ")" << endl;
    }
}
```

```
int main() {
    Animal **a = new Animal*[5];
    for (int i = 0; i < 5; i++) {
        a[i] = new FlyingAnimal;
    }

    printAnimals(a, 5);

    for (int i = 0; i < 5; i++) {
        delete a[i];    // 각 칸마다 할당된 객체가 있으므로 각 칸마다 해제한다.
    }
    delete[] a;         // 포인터 배열을 삭제한다.
}
```

출력 결과
```
(1, 2)
(1, 2)
(1, 2)
(1, 2)
(1, 2)
```

이번 절 뒷부분의 내용이 잘 이해되지 않는다면 배열과 포인터의 관계를 헷갈리고 있을 가능성이 큽니다. C/C++를 마스터하려면 포인터를 제대로 사용할 줄 아는 것이 필수적입니다. 그러니 꼭 5장을 다시 공부하고 오기 바랍니다.

12.7.2 다운캐스팅

'다운캐스팅'(downcasting)의 개념은 말하지 않아도 유추할 수 있을 것입니다. 바로 부모에서 자식으로 형변환하는 것이겠죠? 그런데 업캐스팅과는 달리 다운캐스팅을 할 때는 조심해야 합니다. 다운캐스팅이 언제나 성립하지는 않기 때문입니다. 어떤 남자는 총각일 수도 있지만 어떤 남자는 그렇지 않을 수 있는 것과 같은 이치입니다. 따라서 확실히 총각인 남자들만 총각으로 취급해야 합니다.

좀 더 구체적으로 이야기해보겠습니다. 다음과 같이 Base로부터 상속받은 두 개의 클래스 Drv1과 Drv2가 있고, Drv1에는 float, Drv2에는 int 타입의 고유 멤버가 있습니다. 이번에도 예제를 간단하게 하기 위해

struct를 쓰겠습니다. 사실 struct에서는 상속 모드(상속을 표시할 때 부모 클래스 이름 옆에 적는 접근 제어자)를 생략해도 public이 되므로 그냥 : Base라고만 적겠습니다.

```
struct Base {
    int a = 1;
    virtual ~Base() {}
};
struct Drv1 : Base {    // public Base와 같음
    float x = 3.14;
};
struct Drv2 : Base {
    int y = 3;
};
```

이때 main 함수에서는 다음과 같이 Base 포인터를 이용해 Drv1 객체를 가리키게 할 수 있습니다.

```
Base *b = new Drv1;
```

그러면 b가 가리키는 대상이 이 이후로부터 절대 바뀌지 않는다고 가정했을 때 우리는 b가 실제 가리키고 있는 객체가 Drv1이고, 거기에 x라는 멤버가 들어 있다는 것도 확신할 수 있죠? 하지만 b를 통해 Drv1의 고유 멤버인 x에 접근하는 것은 문법적으로 허용되지 않는다고 앞에서 말했습니다.

```
cout << b->x << endl;    // 에러!!
```

b를 통해 x에 접근하지 못하게 하는 것은 일종의 안전장치입니다. b가 알고 봤더니 Drv1가 아닌 Drv2 같이 다른 타입의 객체를 가리키고 있을 수도 있기 때문입니다. 하지만 이렇게 너무나도 당연하고 확실한 상황에서 이런 안전장치는 오히려 걸림돌이 될 때가 있습니다.

이런 문제를 가장 근본적으로 해결해줄 방법은 그냥 b의 타입을 Base*가 아니라 Drv1*로 만드는 것입니다.

```
Drv1 *b = new Drv1;
```

하지만 가끔은 이런 식으로 바꿨을 때 코드의 다른 곳에서 문제가 생길 수도 있고, 상황에 따라서는 애초에 b의 타입을 바꾸기가 힘들 때도 있습니다. 이럴 때 다운캐스팅을 사용하면 됩니다.

다운캐스팅은 위험하기 때문에 묵시적으로 일어날 수 없습니다.

```
Base *b = new Drv1;
Drv1 *d1 = b;   // 에러!! 다운캐스팅은 묵시적으로 일어날 수 없다.
```

따라서 항상 형변환을 하겠다고 명시적으로 적어야 합니다. 물론 다음과 같이 적어도 되지만

```
Drv1 *d1 = (Drv1*)b;   // 다운캐스팅(강제 형변환)
```

C++에는 좀 더 "고상한" 방법이 있습니다. 위와 같이 적는 것은 C 스타일의 강제 형변환입니다. C++에서는 형변환에도 여러 종류가 있어서 상황마다 알맞은 형변환의 종류를 선택할 수 있습니다. 그중 지금 사용할 것은 static_cast입니다.

```
Drv1 *d1 = static_cast<Drv1*>(b);   // 다운캐스팅
```

보다시피 문법이 조금 특이하죠? static_cast라고 적은 뒤 꺾쇠 표시 안에 어떤 타입으로 변환할지를 적습니다. 지금은 Drv1*로 변환해야 하므로 Drv1*을 적었습니다. 그리고 나서 소괄호 안에 형변환할 대상(지금 상황에서는 b)을 적으면 됩니다.

이러면 b가 가리키던 그 객체를 d1도 가리키게 되는데, 이번에는 d1의 타입이 Drv1*이므로 d1을 통해 우리가 원하던 x 멤버에 접근할 수 있습니다.

```
cout << d1->x << endl;
```

static_cast와 대조되는 dynamic_cast도 있는데, 이 둘의 차이는 바로 뒤에서 자세히 알아보기로 하고, 지금은 다운캐스팅을 하기 위해 static_cast를 사용한다는 것만 알아둡시다.

다음 예제에서는 위에서 했던 게 잘 작동하는지만 간단히 따져보겠습니다.

예제 12.14 간단한 다운캐스팅
```
#include <iostream>
using namespace std;

struct Base {
    int a = 1;
```

```cpp
    virtual ~Base() {}
};
struct Drv1 : Base {
    float x = 3.14;
};
struct Drv2 : Base {
    int y = 3;
};

int main() {
    Base *b = new Drv1;
    Drv1 *d1 = static_cast<Drv1*>(b);

    cout << d1->x << endl;
    delete b;
}
```

```
출력 결과
3.14
```

그런데 중요한 것은 지금부터입니다. 만약 다음과 같이 static_cast를 잘못 사용했다면 어떻게 될까요?

```cpp
Base *b = new Drv1;
Drv2 *d2 = static_cast<Drv2*>(b);
```

이러면 이제 진짜로 큰일이 날 수도 있습니다. 컴파일러는 static_cast를 잘못 사용해서 일어나는 일에 대해서는 책임지지 않습니다. static_cast를 사용하겠다는 것 자체가 이미 다운캐스팅의 위험성을 알고 그것이 잘못되었을 때 벌어지는 일을 감수하겠다는 의미이기 때문입니다. 심지어 다운캐스팅이 잘못되었는지 아닌지, 즉 형변환하려는 타입(무슨 타입으로 형변환하려고 하는지)이 실제 객체의 타입이 맞는지는 실행해봐야 아는 일입니다. 그래서 컴파일러가 static_cast가 올바른지 아닌지에 대해 검사할 수 있는 최선은 "부모 클래스를 자식 클래스로 캐스팅하고 있는지"뿐입니다. 예를 들어 상속 관계가 아닌 두 타입 간의 변환은 당연히 허용되지 않는다는 것을 컴파일러도 알 수 있으므로 그런 변환은 컴파일 에러가 납니다. 하지만 "다운캐스팅이 올바른지 아닌지"는 컴파일러도 알 수 없습니다.

중요한 것은, 그렇기 때문에 **현재 하려는 다운캐스팅이 정말 유효한지를 잘 따져서 사용하는 것이 개발자의 몫이고, 정말 유효하다는 확신이 있을 때만 static_cast를 사용해야 한다**는 것입니다.

우선 잘못된 다운캐스팅이 절대 벌어지지 않게끔 하자는 것까지는 알았습니다. 그런데 잘못된 다운캐스팅이 벌어지면 어떻게 되는지도 한번 알아보겠습니다. 우선 그러기 위해 위 예제에 코드를 조금 더 추가해보겠습니다. 코드가 어떤 의미인지는 그냥 읽어보면 알 수 있을 테니 특별한 설명은 하지 않겠습니다. 코드를 다 작성한 후, 실행 결과를 예측해본 다음에 실행해보기 바랍니다. 한 가지 힌트는 어떠한 에러도 나지 않고 실행은 잘 된다는 것입니다.

예제 12.15 다운캐스팅을 잘못 이용한 사례

```cpp
#include <iostream>
using namespace std;

struct Base {
    int a = 1;
    virtual ~Base() {}
};
struct Drv1 : Base {
    void f() {
        cout << "Drv1::f()" << endl;
        cout << x << endl;
    }
    float x = 3.14;
};
struct Drv2 : Base {
    void f() {
        cout << "Drv2::f() " << endl;
        cout << y << endl;
    }
    int y = 3;
};

int main() {
    Base *b = new Drv1;
    Drv1 *d1 = static_cast<Drv1*>(b);   // 올바른 다운캐스팅
    Drv2 *d2 = static_cast<Drv2*>(b);   // 잘못된 다운캐스팅
```

```
    d1->f();
    d2->f();

    delete b;
}
```

```
C:\  출력 결과                                    —  □  ×
Drv1::f()
3.14
Drv2::f()
1078523331
```

d1->f를 호출했을 때는 아무 문제 없이 예상대로 Drv1::f()가 출력되고, x의 값인 3.14가 출력됩니다. 그런데 d2->f를 호출했을 때는 실제 객체의 타입은 Drv1인데도 Drv2::f()가 출력되었고, 1078523331이라는 이상한 숫자가 출력되었네요. 많고 많은 숫자 중에 굳이 이 숫자가 출력되는 데도 이유가 있는데, 그건 곧 알아볼 것입니다.

앞서 계속 강조했듯이, **컴파일러가 static_cast를 만나면 그것이 올바른 다운캐스팅이 맞다고 믿고 그냥 형변환을 강행하게 됩니다**. 실제 객체의 타입이 Drv2가 아닌 Drv1이었다 해도 컴파일러는 그런 것에 대해 신경 쓰지 않고, 실제 가리키는 객체의 타입이 Drv2가 맞다고 생각하고 모든 명령을 수행하게 되는 것입니다. 이 사실을 기반으로 위의 코드에서 b를 Drv2* 타입으로 형변환했을 때 어떤 일이 벌어지는지를 살펴보겠습니다.

static_cast가 이루어지고 나면 다음과 같은 상황이 됩니다.

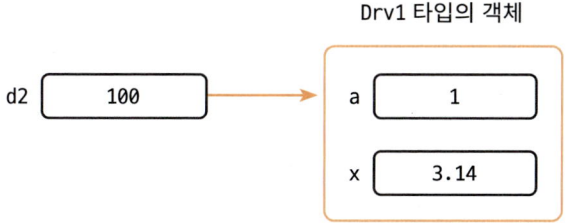

그림 12.11 Drv2로의 static_cast가 이루어진 다음의 모습

이 그림을 메모리 구조에 조금 더 충실히 표현해보면 다음과 같은 그림이 됩니다.

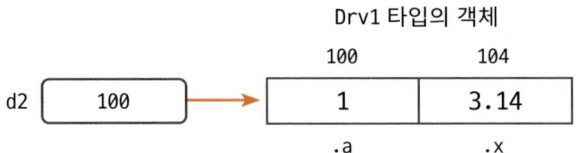

그림 12.12 위의 그림을 메모리 구조상으로 나타낸 그림

실제 객체의 타입은 Drv1이므로 안에는 a와 x라는 멤버가 있습니다. 그리고 x에는 3.14가 어떤 4바이트짜리 이진수의 형태로 바뀌어서 저장되어 있을 것입니다. 하지만 아까 올바르지 않은 다운캐스팅이 일어나서 d2는 자기가 가리키고 있는 객체의 타입이 Drv2라고 착각하고 있는 상황입니다.

d2의 생각대로 객체의 실제 타입이 Drv2 타입이었다면 같은 메모리 공간의 구조가 다음과 같이 a와 y로 이루어져 있을 것입니다.

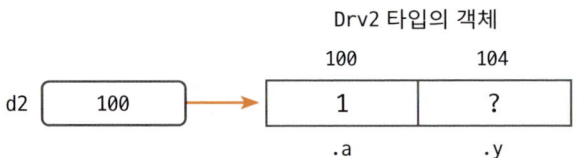

그림 12.13 d2의 관점에서 보는 같은 메모리 공간

즉, a 다음의 공간인 104번지가 실제로는 x를 저장하는 공간인데, d2의 착각 속에서는 그 공간이 y를 저장하는 공간으로 보이는 것입니다. 이런 상황에서 d2->f를 호출해 y의 값을 출력합니다. 정말로 저 객체가 Drv2 타입이었다면 y의 값이 들어 있는 104번지로 들어가 잘 출력되었겠지만, 실제로는 Drv1 타입이기 때문에 y가 있어야 할 자리에 x의 값인 3.14가 들어 있습니다. 실제로는 3.14라는 실수가 이진법의 형태로 변환되어 저장되어 있겠죠? 하지만 d2의 눈에는 그 같은 이진수가 int로 보입니다. 왜냐하면 d2의 착각 속에서는 그 공간에는 y의 값이 저장되어 있어야 하고, y는 int이기 때문입니다. 이해가 되나요?

실제로 3.14를 IEEE에서 정한 규칙(2.2.4절 참조)에 따라 표현하면 01000000 01001000 11110101 11000011이라는 비트열이 되는데, 이것을 다시 int로 해석하면 놀랍게도 정확히 앞에서 본 1078523331이라는 숫자가 됩니다.

굉장히 많은 일이 벌어져서 머리가 아플 수 있습니다. 잘 이해가 안 된다면 내용을 천천히 다시 읽어보면 이해될 것입니다.

이렇게 static_cast를 사용해서 다운캐스팅할 때는 대상이 되는 객체의 실제 타입이 무엇인지에 대한 확신이 있어야 합니다. 하지만 그렇지 않고 정말로 어떤 객체를 가리키고 있을지 모르는 경우도 많이 생길 것입니다. 이럴 때는 어떻게 해야 할까요? 그 해답이 바로 다음 절에 나오는 dynamic_cast입니다.

12.7.3 RTTI와 dynamic_cast

여기서 헷갈리지 말아야 할 것은 static_cast와 dynamic_cast는 형변환의 방향이 아닌 방식을 말하는 단어라는 것입니다. static_cast와 dynamic_cast 모두 업캐스팅과 다운 캐스팅이 가능합니다. 두 캐스팅을 사용할 경우에 형변환이 일어나는 방법이 다른 것이지, 방향과는 상관이 없습니다.

dynamic_cast라는 이름에서부터 유추할 수 있듯이 static_cast와 dynamic_cast를 구분 짓는 가장 큰 특징은 바로 dynamic_cast는 말 그대로 동적으로 일어난다는 것입니다. 여기서 "동적"이라는 말은 "동적 바인딩"의 동적과 같은 의미입니다. 즉, 프로그램 실행 도중에 다운캐스팅을 하겠다는 것입니다.

이 말이 무슨 말이냐면 dynamic_cast에서는 런타임에 올바른 캐스팅인지 아닌지를 직접 검사하고, 올바른 경우에만 성공적으로 캐스팅합니다. 중요한 것은 **이 모든 검사가 런타임에 일어나기 때문에 객체의 실제 타입에 대한 정보를 얻어올 수 있다**는 것입니다!

아쉽게도, 모든 타입에 dynamic_cast를 사용할 수 있는 것은 아닙니다. dynamic_cast를 사용할 수 있는 타입은 '다형적 클래스'(polymorphic class)끼리만입니다. 다형적 클래스란 가상 소멸자 또는 가상 함수가 하나라도 있는 클래스를 말합니다. 다형적 클래스에서 가상 함수를 통해 동적 바인딩을 실현할 수 있는 이유는 사실 가상 함수가 'RTTI'(Run-Time Type Information/Identification)라는 메커니즘에 의해 작동하기 때문입니다. RTTI는 말 그대로 런타임에 타입에 대한 정보를 가져올 수 있는 기능을 말합니다. RTTI의 원리는 복잡하지만 간략히 설명하자면, 다형적 클래스의 타입을 가지는 객체를 만들면 그림 12.14와 같이 그 객체의 실제 타입에 관한 정보를 가리키는 포인터가 암묵적으로 그 객체에 같이 들어갑니다. 이 객체의 가상 함수가 호출되면 런타임에 이 암묵적인 포인터가 가리키고 있는 곳으로 가서 그 객체가 실제로 어떤 타입인지를 알아냅니다. 객체의 타입을 알았으니 이제 올바른 함수를 바인딩할 수 있겠죠?

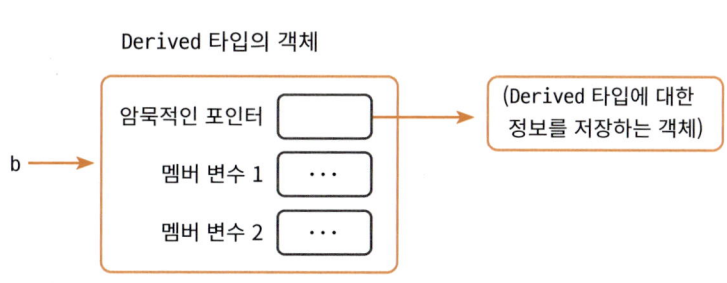

그림 12.14 RTTI의 작동 과정을 나타낸 그림

RTTI는 가상 함수를 동적 바인딩하는 데도 사용되지만 dynamic_cast를 할 때도 사용됩니다. 그게 바로 다형적 클래스만 dynamic_cast가 가능한 이유입니다.

결론은 dynamic_cast는 런타임에 RTTI를 사용해야만 일어날 수 있기 때문에 다형적 클래스에서만 사용할 수 있다는 것입니다. 그리고 정확히 이 목적을 위해 존재하는 형변환 방식입니다.

그러면 다시 본론으로 돌아와서, 예제를 보면서 dynamic_cast가 정확히 어떤 형변환인지를 알아봅시다.

아래 코드는 12.6절에서 살펴본 도형 클래스 예제입니다. 그런데 이번에는 Rectangle 클래스에 대각선의 길이를 구하는 GetDiag 메서드를 하나 더 추가할 것입니다. 직사각형의 대각선의 길이는 $\sqrt{a^2+b^2}$로 구할 수 있는데, 루트를 계산하기 위해 math.h를 인클루드하고, 거기에 들어 있는 sqrt(square root)라는 함수를 사용할 것입니다. 나머지 코드는 모두 12.6절과 똑같으므로 지금은 Rectangle 클래스만 다시 나타내 보겠습니다.

```cpp
class Rectangle : public Shape {
public:
    Rectangle(double a, double b) : a(a), b(b) {}
    double GetArea() const {
        return a * b;
    }
    void Resize(double factor) {
        a *= factor;
        b *= factor;
    }
    double GetDiag() const {   // 대각선의 길이 리턴
        return sqrt(a * a + b * b);
    }

private:
    double a, b;
};
```

이런 상황에서 main에서 다음과 같이 Shape를 가리키는 포인터들을 담는 배열이 있고, for문을 통해 각 도형의 정보를 출력하고 싶다고 해보겠습니다. 우선 각 도형의 넓이를 출력하고, 도형이 직사각형일 경우 대각선의 길이까지도 출력하고 싶은 것입니다. 넓이를 출력하는 것은 어렵지 않으며 다음 코드에 이미 구현되어 있습니다.

```
Shape *shapes[] = { new Circle(1), new Rectangle(1, 2) };

for (int i = 0; i < 2; i++) {
    cout << "도형의 넓이 : " << shapes[i]->GetArea() << endl;
    // 직사각형일 경우 대각선의 길이도 출력?
}

for (int i = 0; i < 2; i++) {
    delete shapes[i];
}
```

직사각형인지 아닌지는 어떻게 알까요? 이때 사용하면 좋은 것이 dynamic_cast입니다. shape[i]가 현재 가리키는 객체가 Rectangle인지 아닌지 모르기 때문에 dynamic_cast를 통해 Rectangle로 형변환을 "시도"할 것입니다. "시도"라고 하는 이유는 dynamic_cast는 성공할 수도 있고, 실패할 수도 있기 때문입니다. dynamic_cast는 캐스팅하려고 하는 타입과 실제 타입이 맞아떨어진다면 성공적으로 형변환이 되고, 아니라면 형변환의 결과로 NULL 포인터를 돌려줍니다. 이것이 바로 dynamic_cast가 필요한 이유입니다. shape[i]가 Rectangle인지 아닌지 실행해보기 전까지는 모르기 때문에, 결정은 런타임에 맡기고 성공적으로 형변환되었을 때만 특정 작업을 해주게끔 코드를 작성하면 됩니다.

지금은 직사각형일 때만 어떠한 작업을 하고 싶은 것이므로 shape[i]를 Rectangle*로 dynamic_cast를 시도해보면 됩니다. 성공적으로 형변환되었는지 아닌지는 NULL인지 아닌지로 판별하면 되겠죠?

```
for (int i = 0; i < 2; i++) {
    cout << "도형의 넓이 : " << shapes[i]->GetArea() << endl;
    Rectangle *r = dynamic_cast<Rectangle*>(shapes[i]);
    if (r != NULL) {   // 성공적으로 형변환되었다면(즉, shapes[i]가 직사각형이라면)
        cout << "대각선의 길이 : " << r->GetDiag() << endl;
    }
}
```

대충 어떤 것인지 감이 오나요? 이제 전체 코드를 실행해보겠습니다.

예제 12.16 dynamic_cast를 사용해서 직사각형일 때만 대각선의 길이 출력하기

```
#include <iostream>
#include <math.h>
using namespace std;
```

```cpp
const double PI = 3.141592653589793;

class Shape {
public:
    virtual ~Shape() {}
    virtual double GetArea() const = 0;
    virtual void Resize(double factor) = 0;
};

class Circle : public Shape {
public:
    Circle(double r) : r(r) {}
    double GetArea() const {
        return r * r * PI;
    }
    void Resize(double factor) {
        r *= factor;
    }

private:
    double r;
};

class Rectangle : public Shape {
public:
    Rectangle(double a, double b) : a(a), b(b) {}
    double GetArea() const {
        return a * b;
    }
    void Resize(double factor) {
        a *= factor;
        b *= factor;
    }
    double GetDiag() const {
        return sqrt(a * a + b * b);
    }
```

```cpp
private:
    double a, b;
};

int main() {
    Shape *shapes[] = { new Circle(1), new Rectangle(1, 2) };
    
    for (int i = 0; i < 2; i++) {
        cout << "도형의 넓이 : " << shapes[i]->GetArea() << endl;
        Rectangle *r = dynamic_cast<Rectangle*>(shapes[i]);
        if (r != NULL) {  // 성공적으로 형변환되었다면
            cout << "대각선의 길이 : " << r->GetDiag() << endl;
        }
    }
    
    for (int i = 0; i < 2; i++) {
        delete shapes[i];
    }
}
```

```
출력 결과
도형의 넓이 : 3.14159
도형의 넓이 : 2
대각선의 길이 : 2.23607
```

굉장히 편리한 기능이지만 dynamic_cast는 프로그램의 성능 차원에서는 별로 좋지 않습니다. 그렇기 때문에 웬만해서는 dynamic_cast를 쓰지 않는 것이 좋습니다. 사실 가상 함수를 활용해서 클래스를 잘 설계한다면 dynamic_cast의 사용을 피할 수 있는 경우가 많습니다. 위 예제의 경우에는 클래스를 어떻게 고쳐야 dynamic_cast를 없앨 수 있을까요? 한번 생각해보기 바랍니다. 힌트를 주자면, 도형의 모든 정보(넓이, 대각선 길이 등)를 string 형태로 리턴하는 순수 가상 함수를 Shape에 만들어놓고, 각 자식 클래스에서 적절히 오버라이딩하는 것입니다.

아무튼 dynamic_cast를 사용하면 성능이 떨어지므로 웬만하면 사용하지 않는 것이 좋고, 클래스 설계를 잘해서 dynamic_cast가 일어날 수 있는 상황을 최대한 만들지 않는 것이 좋습니다. 하지만 불가피하게 사용해야 할 때는 사용할 줄도 알아야겠죠?

12.8 객체지향 프로그래밍의 4대 원리

지금까지 여러 장에 걸쳐 객체지향 프로그래밍이라는 굉장히 방대한 주제에 대해 예제와 사례를 중심으로 알아보았습니다. 이제 이번 절에서는 이 내용을 "객체지향 프로그래밍의 4대 원리"라는 이론으로 정리해보 겠습니다. 새로운 용어가 등장하지만 결국은 앞에서 배운 내용을 개념적으로 정리하는 것이므로 별로 어렵지는 않을 것입니다.

12.8.1 캡슐화

'캡슐화'(Encapsulation)란 "데이터"와 "기능"을 하나의 단위로 묶어 놓는 것을 말합니다. 데이터는 멤버 변수의 형태로 표현되고, 기능은 메서드의 형태로 표현될 수 있다고 했습니다. 애초에 객체의 정의가 이것이었죠?

또, 캡슐화의 개념에 '데이터 은닉'(data hiding)이라는 것을 포함시키기도 합니다. 데이터 은닉이란 데이터를 보이지 않게 가리고, 데이터에 접근하기 위한 메서드만을 노출하는 것을 말합니다.

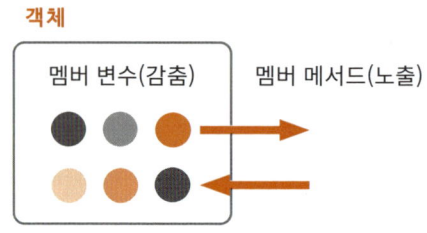

그림 12.15 캡슐화를 나타낸 그림

이렇게 했을 때 좋은 점이 무엇일까요? 두 가지로 생각해볼 수 있습니다. 클래스를 사용하는 사람은 클래스 내부 구조에 대한 이해 없이 클래스를 사용하는 법만 알면 클래스를 사용할 수 있습니다. 클래스의 내부 구조는 클래스를 만든 사람만 알고 있으면 됩니다. 그리고 사용자는 노출된 메서드들을 사용하는 법만 알고 있으면 클래스의 기능을 사용할 수 있습니다.

두 번째로, 데이터 은닉을 하고 메서드 사용을 장려한다면 사용자가 객체의 데이터를 실수로 잘못 바꾸는 것도 방지할 수도 있습니다. 클래스에 대해 처음 배울 때 TV 클래스에서도 그랬었죠? 볼륨의 값을 직접 바꾸지 않고 메서드를 통해서 바꾸면 이상한 값이 매개변수로 들어오더라도 실제 볼륨이 이상하게 바뀌지 않게 처리할 수 있습니다. 기억 나나요?

이 내용을 자동차에 비유할 수도 있습니다. 자동차를 운전하는 사람은 자동차의 구조를 이해하지 않아도 핸들, 페달, 기어 변속기 등만 사용할 수 있으면 차를 몰 수 있습니다. 또, 자동차의 내부 구조를 어설프게 알고 있는 사용자가 차 내부를 건드렸다가는 자동차에 심각한 문제가 생길 수 있습니다. 이것이 바로 캡슐화를 하는 이유입니다.

캡슐화는 객체를 사용하는 가장 기본적인 목적입니다. 클래스에 멤버 변수와 멤버 메서드를 선언하고, 접근 제어를 함으로써 캡슐화를 실현할 수 있습니다.

12.8.2 상속성

상속은 이미 배웠으니 상속성도 무슨 뜻인지 짐작할 수 있을 것입니다. '상속성'(inheritance)이란 부모 클래스의 멤버를 재사용해서 자식 클래스에서도 사용할 수 있는 것을 말합니다.

상속은 언제 쓰면 좋을까요? 자식 클래스가 부모 클래스의 일종이라면(총각과 남자 같은 관계에 있다면) 이것이 바로 상속을 사용하기 아주 좋은 상황입니다. 보통 이런 클래스 간의 관계를 "A가 B의 일종이다(A is a B)"라고 표현합니다. 조금 더 엄밀히는 부모 클래스에서 할 수 있는 일이면 그것이 자식 클래스에서도 가능해야 합니다. 이러한 법칙을 리스코프 치환 원칙이라고 부르는데, 이 개념에 대해 깊게 들어가지는 않겠습니다.

상속을 사용하는 이유는 앞에서 여러 가지 알아보았지만, 그중에서 상속성에 직접 해당하는 것은 바로 코드 재사용입니다. 여러 클래스가 공통된 기능을 가지고 있다면 그것을 클래스마다 각자 선언하지 말고 부모 클래스에 한 번만 선언한 뒤 상속을 통해 받아오는 것입니다. 12.3절에서 `TextMessage`와 `ImageMessage`에 공통적인 멤버가 있는 것을 `Message`라는 상위 클래스로 옮겨버렸던 것이 그러한 예입니다.

"상속을 사용하는 이유가 이것 말고도 더 있다고 하지 않았나요?"라고 질문한다면, 맞습니다. 바로 뒤에 나올 다형성과 추상화도 상속으로 인해 가능합니다. 하지만 "상속성"이라는 개념에서 중점을 두는 포인트는 딱 부모 클래스로부터 상속을 받아 코드를 재사용할 수 있다는 것까지입니다.

12.8.3 다형성

'다형성'(polymorphism)은 한 클래스가 그로부터 파생된 다양한 형태를 지닐 수 있다는 개념입니다. 그보다 중요한 것은, 이렇게 했을 때 부모 클래스 타입의 포인터를 통해 자식 클래스의 객체를 가리킬 수 있다는 점입니다. 이것이 다형성의 핵심입니다. 바로 한 포인터가 여러 가지 자식 타입을 가리킬 수 있는 능력이 있다는 것이죠. 그렇게 했을 때 자식 클래스에 오버라이딩된 함수가 있다면 또 동적 바인딩이 일어날 것입니다. 이렇게 오버라이딩과 가상 함수를 사용하는 상황이라면 다형성을 사용한 상황이라고 할 수 있습니다.

별로 중요하진 않지만 다형성을 동적 다형성과 정적 다형성이라는 두 가지로 나눠서 보는 관점도 있습니다. 이런 관점에서는 앞에서 말한 것이 바로 동적 다형성에 해당합니다. 그리고 정적 다형성이란 함수 오버로딩과 뒤에서 배울 템플릿을 사용해서 함수 자체가 다양한 형태를 가질 수 있게 하는 것입니다. 하지만 정적 다형성은 객체와는 직접적인 관련이 없기 때문에 일반적으로 다형성이라고 하면 동적 다형성만을 의미합니다.

다형성을 사용하는 이유는 같은 함수라도 자식 클래스에서 하고 싶은 일들이 부모 클래스에서와 다를 수 있기 때문입니다. 이것을 실현하기 위해서 가상 함수를 만들고 오버라이딩을 하는 것입니다. 이 주제에 대해서는 12.4절에서 충분히 이야기했으므로 여기서는 이 정도로만 언급하겠습니다.

12.8.4 추상화

'추상화'(abstraction)는 컴퓨터 과학 분야 전반에서 자주 볼 수 있는 개념입니다. 객체지향 프로그래밍에서의 추상화는 추상 클래스를 만들고 그것을 파생 클래스에서 오버라이딩(구현)하는 것을 의미합니다. 부모 클래스에서는 클래스가 구현해야 할 기능만 명시(순수 가상 함수)하고, 실제 구현은 자식 클래스에서 합니다. 이러한 관계를 "A는 B할 수 있다(A is able to B)"라고 표현합니다.

예를 들어 Shape 예제 같은 것이 그렇습니다. Shape는 추상 클래스로, GetArea와 Resize라는 기능만이 명시되어 있습니다. 즉 "도형이라면 이런 작업들이 가능해야 한다."라는 것만 적는 것입니다. 이들을 구체적으로 어떻게 구현할 것인가는 부모에서 따지지 않고, 자식인 Rectangle과 Circle에서 따로따로 구현하죠? 이렇게 했을 때 같은 Shape를 가리키는 포인터를 통해 Shape가 가리키는 객체의 종류와 상관없이 도형의 넓이를 구하거나 도형의 크기를 변경할 수 있습니다.

따라서 "A is able to B"라는 관계를 정리하자면, B에 들어 있는 순수 가상 함수는 "A는 어떤 능력을 갖추고 있어야 하는가"를 말해주고, A에서 실제 구현하는 내용물은 "그 능력을 어떻게 실현할 수 있는가"를 말해주는 것입니다. B가 하는 역할은 오로지 그 능력을 명시하는 것뿐입니다.

추상화도 자동차에 비유할 수 있습니다. 모든 자동차에는 운전대와 페달, 변속기와 같은 부품이 있습니다. 이렇게 자동차를 운전하기 위해 노출된 기능을 인터페이스라고 부릅니다. 자동차의 종류마다 각 부품의 내부적인 작동 원리는 다를 수 있습니다. 하지만 우리가 "자동차"라고 하면 거기에는 운전대, 페달과 같은 부품(기능)이 들어 있어야 한다는 사실과 각 부품을 어떻게 조작했을 때 자동차가 결과적으로 어떻게 움직이는지를 알고 있습니다. 이렇게 여러 인터페이스가 제공되기 때문에 우리는 자동차의 종류에 상관없이 자동차를 운전할 수 있습니다. 자동차가 추상 클래스에 해당하고, 운전대, 페달, 변속기가 순수 가상 함수에 해당합니다.

12.9 객체지향 프로그래밍의 문제점

드디어 객체지향 프로그래밍이라는 커다란 개념에 대해 알아보는 기나긴 시간도 막을 내릴 때가 되었습니다. 하지만 아직도 상속에 대해 못다한 이야기가 있습니다. 객체지향 프로그래밍은 정말 좋은 개념이지만 완벽하지는 않기에 객체를 설계하는 과정에서 주의하지 않으면 나중에 문제가 생길 수 있습니다. 이번 절에서는 그런 문제 중 몇 가지를 간단히 짚고 넘어가겠습니다.

12.9.1 다중 상속과 다이아몬드 문제

다중 상속은 한 클래스가 여러 클래스로부터 상속을 받는 경우, 즉 한 클래스가 여러 부모를 두는 경우를 말합니다. 그러면 자식 클래스는 부모들의 멤버를 모두 물려받게 됩니다. 문법도 직관적입니다. 다음 예제를 바로 볼까요?

https://youtu.be/
32JMPbqcSe0

예제 12.17 다중 상속 예제

```cpp
#include <iostream>
using namespace std;

struct Mom {
    int a = 1;
};
struct Dad {
    int b = 2;
};
struct Child : Mom, Dad {   // Mom과 Dad라는 두 클래스로부터 상속
    int c = 3;
};

int main() {
    Child ch;

    cout << ch.a << endl;
    cout << ch.b << endl;
    cout << ch.c << endl;
}
```

```
출력 결과
1
2
3
```

별다른 설명도 필요 없어 보입니다. 좋은 기능인 것 같은데 뭐가 문제가 된다는 것일까요?

이번에는 다른 코드를 볼까요?

```
struct Person {
    int a;
};
struct Mom : Person {
    Mom() {
        a = 1;
    }
};
struct Dad : Person {
    Dad() {
        a = 2;
    }
};
struct Child : Mom, Dad {
    int c;
};
```

우선 질문입니다. Child ch라는 객체를 만들고 ch.a를 출력하면 어떤 값이 나올까요? 사실은 컴파일 에러가 납니다. Child의 두 부모인 Mom과 Dad에 모두 a라는 멤버가 존재하기 때문입니다. 이런 경우 다음과 같이 네임스페이스 표시를 통해 어느 부모의 것인지를 명시하면 됩니다. 이제는 이런 표기가 낯설지 않죠?

```
Child ch;
cout << ch.Mom::a << endl;
cout << ch.Dad::a << endl;
cout << ch.c << endl;
```

중요한 것은 ch에는 a가 총 2개 있다는 점입니다. Mom에도 a가, Dad에도 a가 들어 있으니 그냥 둘 다 가져오는 것이죠. 그것이 다중 상속이 작동하는 방식입니다. 실제로 위 코드를 실행해보면 Mom::a는 1이, Dad::a는 2가 출력되는 것을 볼 수 있습니다.

"뭐, 그런가 보다" 하고 넘어갈 일이라고 생각할 수도 있지만 다음 예제를 보면 이것이 정상적인 상황이 아니라는 것을 알 수 있습니다.

```cpp
struct Person {
    int age;  // 나이
    void Eat() {
        cout << "먹는다..." << endl;
    }
};
struct Student : Person {
    void Study() {
        cout << "공부한다..." << endl;
    }
};
struct Worker : Person {
    void Work() {
        cout << "일한다..." << endl;
    }
};
struct Researcher : Student, Worker {

};
```

연구원(Researcher)은 (안타깝게도) 공부도 하고 일도 하기 때문에 Student와 Worker라는 두 클래스 모두로부터 상속받습니다. 그런데 연구원 R씨(Researcher r)의 나이를 초기화하려고 하면 컴파일 에러가 납니다. Student로부터 상속받은 age와 Worker로부터 상속받은 age를 모두 갖고 있기 때문입니다.

```cpp
Researcher r;
r.age = 10;   // 에러!!
```

그렇다고 다음과 같이 부모 클래스별로 따로따로 나이를 초기화하는 것도 굉장히 웃깁니다.

```
r.Student::age = 20;
r.Worker::age  = 20;
```

R씨가 식사를 할 때도 마찬가지입니다. 밥을 그냥은 먹을 수 없고, 매번 먹을 때마다 학생으로서의 식사를 할 것인지, 직장인으로서의 식사를 할 것인지를 골라야 합니다.

```
r.Eat();   // 에러!!
r.Student::Eat();
r.Worker::Eat();
```

또, (Person을 다형적 클래스로 만들었다는 가정하에) Person을 가리키는 포인터를 통해 Researcher 객체를 가리킬 수 없습니다. 그 이유는 단순합니다. Person에는 Eat() 메서드가 하나만 있지만 Researcher에는 Student에서 온 것과 Worker에서 온 것 두 가지가 있기 때문입니다. 다음과 같은 상황에서 p->Eat()를 호출하는 것은 말이 안 되겠죠?

```
Person *p = new Researcher;
p->Eat();   // ???
```

설계에는 딱히 문제가 없어 보입니다. 모든 사람(Person)은 나이(age)가 있고, 밥을 먹습니다(Eat). 학생(Student)과 직장인(Worker)은 모두 사람의 일종(A is a B)이고, 연구원(Researcher)이 이 두 클래스로부터 모든 멤버를 상속받아 오는 것도 자연스럽습니다.

그런데도 터무니없는 일이 계속되고 있죠? 이 상황을 그림으로 나타내면 다음과 같습니다. 그림이 다이아몬드(마름모) 모양처럼 생겼다고 해서 이런 문제를 다이아몬드 문제라고 부릅니다.

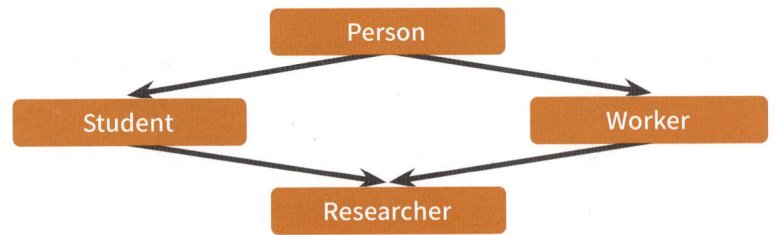

그림 12.16 다이아몬드 문제

이런 골치 아픈 문제 때문에 실제로 자바나 C# 같은 다른 언어에서는 특수한 경우를 제외하면 다중 상속 자체를 아예 문법적으로 막아버리는 것으로 이 문제를 해결(?)했습니다.

그런데 C++에는 이 문제를 해결하기 위한 또 다른 수단이 있습니다. 바로 '가상 상속'이라는 것입니다. 앞에서 본 일반 다이아몬드식 상속에서는 Researcher가 Person의 멤버를 두 번씩 상속받게 되었습니다. 하지만 상속의 중간 단계에 있는 Student와 Worker 같은 클래스에서 가상 상속을 사용하게 되면, Researcher 같은 클래스에서 Person을 한 번만 상속받을 수 있게 해줍니다. 즉, 더 이상 age와 Eat를 부모인 Student와 Worker라는 중간 단계로부터 간접적으로 받아오는 것이 아니라 Person으로부터 직접 상속받아올 수 있게 되는 것입니다.

그렇기 때문에 Researcher는 Person으로부터 직접적으로 상속받은 age와 Eat라는 멤버를 가지게 됩니다. 다음 예제를 통해 확인해 볼까요? 가상 상속을 사용하려면 상속받아 오려는 클래스 이름 앞에 virtual 키워드를 붙여주면 됩니다.

예제 12.18 가상 상속 사용하기

```cpp
#include <iostream>
using namespace std;

struct Person {
    int age;   // 나이
    virtual ~Person() {}   // 다형적 클래스로 만들어주기 위한 가상 소멸자
    void Eat() {
        cout << "먹는다..." << endl;
    }
};
struct Student : virtual Person {   // 가상 상속
    void Study() {
        cout << "공부한다..." << endl;
    }
};
struct Worker : virtual Person {   // 가상 상속
    void Work() {
        cout << "일한다..." << endl;
    }
};
struct Researcher : Student, Worker {

};
```

```
int main() {
    Researcher r;
    r.age = 20;

    cout << r.age << endl;
    cout << r.Student::age << endl;
    cout << r.Worker::age << endl;
    cout << r.Person::age << endl;

    r.Eat();
}
```

```
출력 결과 1(예시)
20
20
20
20
먹는다...
```

이제 확실히 r.age는 하나만 존재한다는 것을 알 수 있습니다. 또 R씨가 학생으로서 먹어야 할지, 직장인으로서 먹어야 할지와 같은 말도 안 되는 것을 결정해줄 필요가 없습니다. 또, 이 멤버들은 Student나 Worker가 아닌 Person으로부터 직접 상속받아 온 것이기 때문에 이제 다음과 같이 접근할 수도 있습니다.

```
Person *p = new Researcher;
p->age = 20;
p->Eat();
delete p;
```

우선 가장 중요한 문제는 해결되었습니다. 하지만 가상 상속도 한계가 있습니다. 다음과 같이 Eat가 가상 함수였는데 그것을 Student와 Researcher에서 모두 오버라이딩해야 하는 상황이 벌어진다면 가상 상속의 효과가 무력해지기 때문에 다시 문제의 원점으로 돌아와 버립니다.

```
struct Person {
    int age;
    virtual ~Person() {}
    virtual void Eat() {   // 가상 함수
```

```cpp
        cout << "먹는다..." << endl;
    }
};
struct Student : virtual Person {
    void Eat() {  // 오버라이딩
        cout << "냠냠..." << endl;
    }
    void Study() {
        cout << "공부한다..." << endl;
    }
};
struct Worker : virtual Person {
    void Eat() {  // 오버라이딩
        cout << "쩝쩝..." << endl;
    }
    void Work() {
        cout << "일한다..." << endl;
    }
};
```

이런 식으로 되기 시작하면 코드가 끝도 없이 꼬여버리기 때문에 다중 상속을 제대로 사용하기 위해서는 다음과 같은 약속을 해야 합니다.

"다중 상속은 인터페이스로부터만 받는다."

여기서 말하는 인터페이스란 모든 메서드가 순수 가상 함수이고, 멤버 변수는 없는 클래스를 의미합니다. 순수 가상 함수가 하나라도 존재하는 클래스인 추상 클래스와 헷갈리면 안 됩니다.

다음 코드는 Person, Student, Worker를 모두 인터페이스로 만들어버린 예제입니다. 통상적으로 인터페이스는 인터페이스라는 것을 알아보기 쉽게 하기 위해 이름 앞에 I를 붙입니다. (문법적인 기능은 없습니다.) 이제 Eat는 실체가 없는 순수 가상 함수입니다. 만약 IStudent와 IWorker에서 Eat가 구현되어 있었다면 다중 상속을 받을 때 IStudent의 것인지 IWorker의 것인지 따져야만 합니다. 그런데 이렇게 Eat를 순수 가상 함수로 만들어버리면 부모 차원에서는 어차피 실체가 없고, 구현이 제일 말단인 Researcher에서야 일어나므로 상속을 받는 시점에서는 누구의 것인지를 따지는 의미가 없습니다.

```
struct IPerson {
    virtual ~IPerson() {}
    virtual void Eat() = 0;
};
struct IStudent : virtual IPerson {
    virtual void Study() = 0;
};
struct IWorker : virtual IPerson {
    virtual void Work() = 0;
};
struct Researcher : IStudent, IWorker {
    void Eat() {     // 구현
        cout << "먹는다..." << endl;
    }
    void Study() {   // 구현
        cout << "공부한다..." << endl;
    }
    void Work() {    // 구현
        cout << "일한다..." << endl;
    }
};
```

그러면 main 함수에서는 다음 두 가지가 모두 가능해집니다.

```
Researcher r;
r.Eat();   // OK
```

```
IPerson *p = new Researcher;
p->Eat();   // OK
delete p;
```

하지만 아직 age를 어떻게 처리해야 할지가 의문이네요. 인터페이스에는 멤버 변수가 있으면 안 되기 때문에 Person 안에는 age 멤버를 집어넣을 수 없기 때문입니다.

이 문제의 해결책은 객체지향 프로그래밍의 4대 원리 중 상속성에는 조금 빗나가지만 age 변수를 Researcher 클래스에 넣는 것입니다. 이렇게 했을 때는 또 다른 문제점이 생깁니다. 예를 들어 다음과 같이

IPerson을 가리키는 포인터가 Researcher 객체를 가리키고 있다면 age에 접근하는 것이 불가능하기 때문입니다. 그렇다고 age를 IPerson으로 올려보낼 수도 없는 노릇이지 않습니까?

```
IPerson *p = new Researcher;
p->age = 20;    // 에러!! IPerson에는 age라는 멤버가 없다.
delete p;
```

이 문제는 IPerson에 age에 대한 set 함수와 get 함수를 만들면 깔끔히 해결됩니다. 대신 이들을 순수 가상 함수로 만들고, 함수 구현은 Researcher에게 떠맡기는 것입니다. 예제를 보면 무슨 말인지 알 것입니다. 덤으로 struct였던 클래스들을 class 형태의 선언으로 바꾸어 보았습니다.

예제 12.19 인터페이스와 다중 상속

```cpp
#include <iostream>
using namespace std;

class IPerson {
public:
    virtual ~IPerson() {}
    virtual void Eat() = 0;
    virtual void SetAge(int age) = 0;
    virtual int GetAge() = 0;
};
class IStudent : public virtual IPerson {
public:
    virtual void Study() = 0;
};
class IWorker : public virtual IPerson {
public:
    virtual void Work() = 0;
};
class Researcher : public IStudent, public IWorker {
public:
    void Eat() {
        cout << "먹는다..." << endl;
    }
    void Study() {
```

```
        cout << "공부한다..." << endl;
    }
    void Work() {
        cout << "일한다..." << endl;
    }
    void SetAge(int age) { this->age = age; }
    int GetAge() { return age; }
private:
    int age;
};

int main() {
    Researcher r;
    r.SetAge(20);
    cout << r.GetAge() << endl;

    IPerson *p = new Researcher;
    p->SetAge(20);
    cout << p->GetAge() << endl;
    delete p;
}
```

출력 결과
```
20
20
```

이러한 형태가 인터페이스와 다중 상속을 사용한 가장 정석의 예라고 할 수 있습니다. (물론 예제 12.17과 같은 형태도 잘못된 코드는 전혀 아닙니다.) 굉장히 복잡하죠? 다중 상속은 겉보기에는 좋은 기능 같지만, 잘못 사용했다가는 이렇게 코드를 복잡하게 만드는 원인이 되기도 합니다. 그러므로 다중 상속은 안 하는 것이 최선이고, 정말 필요하다고 생각될 때도 신중히 처리해야 합니다.

12.9.2 정사각형과 직사각형 문제

객체지향 프로그래밍에 대한 비판으로 또 자주 등장하는 것이 바로 이 정사각형-직사각형 문제, 또는 원-타원 문제라고도 하는 문제입니다.

정사각형과 직사각형을 나타내는 클래스가 각각 있다고 해보겠습니다. 정사각형을 표현하기 위해서는 한 변의 길이를 나타내는 변수가 있어야 하고, 직사각형을 표현하기 위해서는 가로와 세로 길이를 나타내는 변수 2개가 필요합니다. 뒤에서 설명할 내용을 위해 정사각형 클래스를 직사각형 클래스 아래에 놓겠습니다.

```cpp
class Rectangle {   // 직사각형
public:
    Rectangle(double a, double b) : a(a), b(b) {}
private:
    double a, b;
};

class Square {   // 정사각형
public:
    Square(double a) : a(a) {}
private:
    double a;
};
```

수학적으로 정사각형은 직사각형의 일종입니다. 왜냐하면 직사각형이라면 갖추어야 할 모든 성질을 정사각형도 가지고 있기 때문입니다. 정사각형이기 위해서는 우선 직사각형이어야 하고, 거기다 가로와 세로의 길이도 같아야 합니다. 이렇게 정사각형과 직사각형은 A is a B 관계를 만족하기 때문에 정사각형을 직사각형의 자식 클래스로 만들 수 있습니다. 하지만 이렇게 설계하려고 하면 문제가 생깁니다. Square 클래스는 Rectangle로부터 a, b를 모두 상속받아야 하는데, 정사각형은 a 하나만 있어도 충분하기 때문입니다. 자식 클래스는 부모 클래스보다 멤버 개수가 많거나 같아야 하는데, 위의 경우를 상속 관계로 바꾸려고 하니 모순이 생겼습니다.

이러한 문제는 다음과 같이 피해갈 수 있습니다. 정사각형은 직사각형에서 a, b의 길이가 같은 특수한 경우이므로 a, b 모두 상속을 받아오되, 두 변수의 값을 같게 설정하는 것입니다.

```cpp
class Rectangle {
public:
    Rectangle(double a, double b) : a(a), b(b) {}
private:
    double a, b;
};
```

```
class Square : public Rectangle {
public:
    Square(double a) : Rectangle(a, a) {}
};
```

Square 클래스에도 Rectangle과 마찬가지로 a, b라는 두 개의 변수가 있습니다. 하지만 생성자는 한 변의 길이를 나타내는 값 하나만 받습니다. 그리고 Square의 생성자에서 부모인 Rectangle의 생성자를 호출할 때는 두 매개변수에 모두 a를 넣어줍니다. 예를 들어 생성자가 Square(5)와 같이 호출되었다면 들어온 a 값이 5이므로 Rectangle(5, 5)가 호출되니까 a, b에 모두 5가 들어가겠죠?

하지만 이런 방법은 비효율적입니다. 정사각형을 표현하기 위해서는 double 한 개만 있어도 되는데, 굳이 상속 관계를 만들어주기 위해서는 하나를 더 사용해야 하기 때문입니다. double 하나가 8바이트이므로 정사각형 100만 개를 저장하려면 800만 바이트, 약 8메가바이트만 있으면 될 것을 16메가바이트를 사용하게 됩니다. 무려 8메가바이트가 낭비된 셈입니다.

더 큰 문제는 다음과 같은 경우에 발생합니다. Shape 예제를 설명할 때 만들었던 Resize 함수가 기억 나나요? 이번에는 Resize가 각 축별로 가능하게 해보겠습니다. 즉, a와 b의 길이를 따로따로 바꿀 수 있게 말입니다.

```
class Rectangle {
public:
    Rectangle(double a, double b) : a(a), b(b) {}
    void ResizeX(double factor) { a *= factor; }
    void ResizeY(double factor) { b *= factor; }
private:
    double a, b;
};
```

Square 클래스도 마찬가지로 ResizeX와 ResizeY를 상속받아 올 텐데, Square 타입의 객체를 가지고 이 메서드들을 호출하게 되면 이 객체는 더 이상 정사각형이 아니게 되어버립니다.

```
class Rectangle {
public:
    Rectangle(double a, double b) : a(a), b(b) {}
    void ResizeX(double factor) { a *= factor; }
    void ResizeY(double factor) { b *= factor; }
```

```
private:
    double a, b;
};
class Square : public Rectangle {
public:
    Square(double a) : Rectangle(a, a) {}
};

int main() {
    Square mySquare(5);
    mySquare.ResizeX(2);    // 더 이상 정사각형이 아니다!!
}
```

여기에는 객체지향 프로그래밍에는 어긋나지만 매우 C++적인 해결책이 있습니다. 부모로부터 상속받은 함수를 삭제하는 것입니다. Square에서 ResizeX, ResizeY 함수를 삭제해버리면 Square 타입의 객체를 통해서는 이 메서드를 호출할 수 없습니다. 그러고 나서 Square 전용의 ResizeXY라는 함수를 만들어서 x축과 y축상의 길이를 한꺼번에 변환하게 하면 되겠죠? 참고로 이렇게 메서드를 삭제하는 문법은 C++11 이후부터만 가능합니다.

```
class Rectangle {
public:
    Rectangle(double a, double b) : a(a), b(b) {}
    void ResizeX(double factor) { a *= factor; }
    void ResizeY(double factor) { b *= factor; }
private:
    double a, b;
};
class Square : public Rectangle {
public:
    Square(double a) : Rectangle(a, a) {}
    void ResizeX(double factor) = delete;   // 함수 삭제! (C++11 이후)
    void ResizeY(double factor) = delete;   // 함수 삭제! (C++11 이후)
    void ResizeXY(double factor) {
        Rectangle::ResizeX(factor);   // x축 길이 변환
        Rectangle::ResizeY(factor);   // y축 길이 변환
    }
};
```

main 함수 안에서 Square 객체를 만들면 ResizeX와 ResizeY는 호출할 수 없고, ResizeXY만 호출할 수 있습니다. 그러면 mySquare가 직사각형이 되어버리는 사고는 벌어지지 않겠죠?

```
Square mySquare(5);
mySquare.ResizeX(2);    // 에러!!
mySquare.ResizeXY(2);   // OK
```

그럴 줄 알았지만, 다음과 같이 다형성을 사용하면 이러한 함수 삭제를 무색하게 해버립니다.

```
Rectangle *r = new Square(5);
r->ResizeX(2);   // 가능!!
```

또 다른 해결책은 두 클래스를 불변으로 고쳐주는 것입니다. 클래스가 '불변'(immutable)이라는 것은 한 번 생성된 후에는 멤버 변수가 변하지 않는다는 뜻입니다. 모든 멤버 변수 앞에 const가 붙어 있으면 불변 클래스라고 할 수 있습니다.

그러면 Resize는 어떻게 실현할 수 있을까요? 객체 자체는 가만히 놔두고, 변경 사항이 적용된 새로운 객체를 만들어서 리턴하는 것입니다.

```
class Rectangle {
public:
    Rectangle(double a, double b) : a(a), b(b) {}
    Rectangle ResizeX(double factor) const { return Rectangle(a * factor, b); }
    Rectangle ResizeY(double factor) const { return Rectangle(a, b * factor); }
private:
    const double a, b;
};
```

이렇게 하면 Square 클래스에서 ResizeX와 ResizeY를 호출해도 객체 자체는 변하지 않고 함수의 리턴 결과를 통해 크기를 변경한 결과를 저장할 수 있으므로 상관이 없습니다.

```
class Rectangle { /* ... */ }
class Square : public Rectangle {
public:
```

```
    Square(double a) : Rectangle(a, a) {}
};

int main() {
    Square mySquare(5);
    Rectangle resized = mySquare.ResizeX(2);   // mySquare는 변하지 않는다.
}
```

꽤 괜찮은 해결법이죠? 그러나 여전히 정사각형을 표현하기 위해 변수 2개(a, b)를 사용하는 것은 꺼림칙합니다.

상식을 부정하고 다음과 같이 상속 관계를 거꾸로 만들어버리면 어떨까요?

```
class Square {
public:
    Square(double a) : a(a) {}
private:
    double a;
};
class Rectangle : public Square {
public:
    Rectangle(double a, double b) : Square(a), b(b) {}
private:
    double b;
};
```

이것도 그럴싸한 해결책입니다. 하지만 is-a 관계를 위반하기 때문에 클래스를 사용하는 사람 입장에서는 논리적으로 헷갈릴 수 있으므로 그리 현명한 선택은 아닙니다.

이 밖에도 정말 많은 해결책이 제시되었지만 깔끔하게 해결할 수 있는 방법은 존재하지 않습니다. 그냥 이런 문제 사항을 객체지향 프로그래밍의 한계로 받아들이고, 상황에 맞게 그나마 제일 깔끔한 방식을 골라 설계하는 것이 최선입니다.

종·합·문·제

① 다음 코드를 보고, main 함수 안에서 일어나는 8개의 메서드 호출 중 컴파일 에러가 나는 것을 모두 찾고, 적절한 형변환을 사용해 올바르게 고쳐보고, 고쳤을 때의 실행 결과를 예측해 보세요.

```cpp
#include <iostream>
using namespace std;

class A {
public:
    virtual int f() { return x; }
    virtual ~A() {}
private:
    int x = 10;
};

class B : public A {
public:
    int f() { return x; }
    virtual int g() { return A::f(); }
private:
    int x = 20;
};

class C : public B {
public:
    int f() { return x; }
    int g() { return B::f(); }
    virtual int h() { return B::g(); }
private:
    int x = 30;
};

int main() {
    A *a = new B;
    A *b = new C;
    B *c = new C;
    C *d = new C;

    cout << a->f() << endl;
    cout << a->g() << endl;
    cout << b->f() << endl;
    cout << b->g() << endl;
    cout << c->f() << endl;
```

```
        cout << c->g() << endl;
        cout << d->g() << endl;
        cout << d->h() << endl;

        delete a;
        delete b;
        delete c;
        delete d;
    }
```

② 다음 코드는 예제 12.16의 코드를 거의 그대로 가져온 것입니다. 현재 코드에서는 dynamic_cast를 사용해 도형이 직사각형인지 아닌지를 판별한 후, 직사각형일 때만 대각선의 길이를 출력하고 있습니다. Shape 클래스에 적절한 가상 함수를 추가하고 Circle, Rectangle 클래스에서 오버라이딩해서 dynamic_cast 없이도 프로그램이 똑같이 작동할 수 있게 만들어 보세요.

```
#include <iostream>
using namespace std;

const double PI = 3.141592653589793;

class Shape {
public:
    virtual ~Shape() {}
    virtual double GetArea() const = 0;
    virtual void Resize(double factor) = 0;
};

class Circle : public Shape {
public:
    Circle(double r) : r(r) {}

    double GetArea() const {
        return r * r * PI;
    }
    void Resize(double factor) {
        r *= factor;
    }
private:
    double r;
};
```

```cpp
class Rectangle : public Shape {
public:
    Rectangle(double a, double b) : a(a), b(b) {}

    double GetArea() const {
        return a * b;
    }
    void Resize(double factor) {
        a *= factor;
        b *= factor;
    }

    double GetDiag() const {
        return sqrt(a * a + b * b);
    }

private:
    double a, b;
};

int main() {
    Shape *shapes[] = { new Circle(1), new Rectangle(1, 2) };

    for (Shape *s : shapes) {
        cout << "도형의 넓이 : " << s->GetArea() << endl;
        Rectangle *r = dynamic_cast<Rectangle*>(s);
        if (r != NULL) {
            cout << "대각선의 길이 : " << r->GetDiag() << endl;
        }
    }

    for (Shape *s : shapes) {
        delete s;
    }
}
```

13

C++ 고급 기능

이제 C++ 파트도 막바지에 이르렀습니다. 이번 장에서는 객체지향 외에도 C++의 유용하고 많이 쓰이는 몇 가지 기능을 간단히 살펴보겠습니다.

13.1 템플릿

앞서 간략히 말했듯이 템플릿은 정적 다형성을 실현하는 수단 중 하나입니다. PPT나 문서를 작성할 때 템플릿을 내려받아 사용해본 적이 있나요? 템플릿이란 무언가를 만들 때 바탕으로 사용할 수 있는 양식이라고 할 수 있습니다. C++에서의 '템플릿'(template)은 함수나 클래스를 생성해 주는 "양식"입니다. 이렇게만 말하면 템플릿이 무엇인지 감이 잘 안 오죠? 예제를 먼저 보겠습니다.

13.1.1 함수 템플릿

다음 코드는 int 배열의 각 원소의 합을 구하는 함수를 만든 것입니다. 조금 특이한 점이 있다면 뒤에서 설명할 문제 때문에 sum을 0으로 초기화하지 않고, arr의 첫 원소인 arr[0]을 미리 집어넣어 둔 뒤, arr[1]부터 하나씩 누적시킬 것입니다.

또, 혹시 배열의 원본 내용물이 바뀌는 상황이 벌어지는 것을 방지하기 위해서 const int arr[]의 형태로 받겠습니다. 말 그대로 배열의 각 칸이 const여야 합니다. 즉 바뀌면 안 된다는 소리입니다.

```
int getArraySum(const int arr[], int n) {  // arr: 합을 구할 배열, n: 배열의 원소 수
    int sum = arr[0];   // arr의 첫 원소로 초기화
    for (int i = 1; i < n; i++) {  // arr[0]은 이미 누적되었으므로 arr[1]부터 누적시킨다.
```

```
        sum += arr[i];
    }
    return sum;
}
```

그러다가 나중에 float를 저장하는 배열의 합도 구해야 하는 상황이 벌어져 float 배열을 받는 getArraySum 함수를 오버로딩했다고 해보겠습니다. 이때는 arr의 타입, 합을 저장하는 sum의 타입, 그리고 리턴하는 타입을 모두 float로 고쳐야 합니다.

```
float getArraySum(const float arr[], int n) {
    float sum = arr[0];
    for (int i = 1; i < n; i++) {
        sum += arr[i];
    }
    return sum;
}
```

벌써 어떤 문제가 생길지 예상되나요? 어떤 타입의 배열이 들어올지 모르기 때문에 가능한 모든 타입으로 메서드를 만들어야 합니다.

```
int    getArraySum(const int    arr[], int n) { /* ... */ }
float  getArraySum(const float  arr[], int n) { /* ... */ }
double getArraySum(const double arr[], int n) { /* ... */ }
char   getArraySum(const char   arr[], int n) { /* ... */ }
// ...
```

이것을 C++에 기본으로 내장되어 있는 수치형(숫자를 저장하는) 타입(char, short, long, int, long long, float, double 정도가 있겠죠?)에 대해서만 오버로딩하더라도 상당히 귀찮은 일일 수 있습니다. 그런데 문제는 여기서 끝이 아닙니다. 혹시 10.9절에서 Vector2라는 클래스를 만들어서 덧셈, 뺄셈 등의 연산자를 오버로딩했던 게 기억나나요? 이렇게 사용자가 만들었지만 + 연산이 가능한 타입들까지도 함수를 다 오버로딩하려면 정말 끝도 없겠죠?

이런 문제를 한 번에 해결해주는 것이 바로 템플릿입니다.

템플릿의 일차적인 기능은 함수나 클래스에 **임의의 타입**이라는 개념을 상정하게 해주는 것입니다. 템플릿은 '타입 파라미터'라는 매개변수 같은 것을 받습니다. template이라고 쓴 뒤에 꺾쇠 안에 typename이라는 키워드를 적고, 그 뒤에 그 임의의 타입을 뭐라고 부를 것인지를 적습니다. 아래 예시는 임의의 타입을 T라고 부르겠다는 뜻입니다. 이 T가 바로 타입 파라미터입니다.

```
template<typename T>
```

그 뒤, 함수를 정의할 때 이 T라는 가상의 타입을 사용해서 만들면 됩니다. 임의의 타입 이름을 T라고 하기로 했다는 것을 기억하기 바랍니다. 그렇다면 배열의 타입, 합을 저장하는 sum의 타입, 그리고 리턴 타입이 각각 이 임의의 타입인 T가 되어야겠죠? 잘 이해되지 않는다면 앞에서 float용 getArraySum을 오버로딩할 때 어느 부분의 int를 float로 고쳤는지를 생각해보기 바랍니다.

```
template<typename T>
T getArraySum(const T arr[], int n) {
    T sum = arr[0];
    for (int i = 1; i < n; i++) {
        sum += arr[i];
    }
    return sum;
}
```

이렇게 만든 것은 함수처럼 생겼지만, 함수는 아닙니다. 이런 것을 '함수 템플릿'이라고 부릅니다. 함수 템플릿 자체는 함수가 아니라 템플릿입니다. 필요에 따라 함수를 생성해주는 틀일 뿐입니다. 따라서 **함수 템플릿을 만들었다고 해서 아직 함수가 만들어진 것은 아닙니다.** main에서 다음과 같이 **특정 타입**에 대한 getArraySum을 호출하는 순간, 비로소 컴파일러는 이 틀을 가지고 그 타입에 대한 getArraySum이라는 함수를 찍어냅니다.

```
int arr[5] = { 3, 1, 4, 1, 5 };
int sum = getArraySum<int>(arr, 5);   // getArraySum<int> 함수 생성!!
```

getArraySum은 함수 템플릿이라고 했습니다. 이렇게 **getArraySum<int>**라고 호출하면 앞에서 만든 **템플릿의 타입 파라미터인 T에 int라는 타입을 넣어 새로운 함수를 찍어냅니다.** 따라서 템플릿을 통해 다음과 같은 새로운 함수가 자동으로 찍혀 나오고, 이를 호출할 수 있게 됩니다. 이때 이렇게 int처럼 T에 넣는 실질적인 타입을 '템플릿 인수'(template argument)라고 부릅니다.

```cpp
int getArraySum(const int arr[], int n) {
    int sum = arr[0];
    for (int i = 1; i < n; i++) {
        sum += arr[i];
    }
    return sum;
}
```

타입 파라미터에 어떤 타입을 넣어도 상관은 없기 때문에 double로 이루어진 배열의 합도 같은 방법으로 구할 수 있습니다.

```cpp
double arr[5] = { 3.5, 1.2, 4.3, 1.1, 5.7 };
double sum = getArraySum<double>(arr, 5);
```

그러면 이번에는 T에 double을 대입한, 또 다른 getArraySum 함수가 찍혀 나오게 됩니다.

타입 파라미터는 기본 타입 외에도 사용자가 정의한 타입도 받을 수 있습니다. 하지만 '+=' 연산을 지원하지 않는 타입을 타입 파라미터로 넣으면 **함수를 찍어내는 과정에서** 컴파일 오류가 발생합니다. 함수 템플릿 안에 쓰여 있듯이 sum += arr[i];라는 구문을 실행하기 위해서는 sum에 += 연산이 반드시 가능해야 하는데, sum의 타입이 T이기 때문입니다.

이것이 템플릿의 묘미입니다. 템플릿을 만드는 입장에서는 T라는 임의의 타입에 += 연산이 가능한지는 중요하지 않습니다. 찍어내기 전에는 실질적인 함수가 존재하지 않기 때문입니다. 템플릿을 통해 함수를 찍어낼 때, 즉 T에 어떤 특정한 실질적인 타입이 대입되는 순간에 그 타입에 += 연산이 가능하기만 하면 됩니다.

예를 들기 위해 이전에 만든 Vector2 클래스를 가져와 보겠습니다. 불필요한 부분은 지웠습니다.

```cpp
class Vector2 {
public:
    Vector2() : x(0), y(0) {}
    Vector2(float x, float y) : x(x), y(y) {}
    float GetX() const { return x; }
    float GetY() const { return y; }
    Vector2 operator+(const Vector2 other) const {
        return Vector2(x + other.x, y + other.y);
    }
```

```
    Vector2 operator-(const Vector2 other) const {
        return Vector2(x - other.x, y - other.y);
    }

private:
    float x, y;
};
```

Vector2 클래스는 아직 += 연산이 불가능하기 때문에 Vector2를 getArraySum 함수 템플릿의 타입 파라미터로 넣기 위해서는 += 연산자를 오버로딩해야 합니다. 연산자 오버로딩을 제대로 이해하고 있다면 이해하는 데 크게 어려움은 없을 것입니다. 한 가지 특이한 점은 +=와 같은 복합 대입 연산자들은 보통 자기 자신(*this)을 레퍼런스의 형태로 리턴한다는 점입니다. 따라서 += 연산자의 리턴 타입은 Vector2&이며, 맨 마지막에 *this를 리턴합니다. 덤으로 -= 연산자도 오버로딩해보겠습니다.

```
class Vector2 {
public:
    /* 윗부분은 생략 */

    Vector2 &operator+=(const Vector2 other) {
        x += other.x;
        y += other.y;
        return *this;
    }
    Vector2 &operator-=(const Vector2 other) {
        x -= other.x;
        y -= other.y;
        return *this;
    }
private:
    float x, y;
};
```

이제 Vector2 클래스를 가지고 +=을 수행할 수 있기 때문에 다음과 같이 getArraySum<Vector2>도 호출할 수 있습니다. 너무 편한 기능 아닌가요?

```
Vector2 arr[3] = { Vector2(1, 2), Vector2(3, 4), Vector2(5, 6) };
Vector2 sum = getArraySum<Vector2>(arr, 3);
```

더 편한 것은 타입을 컴파일러가 알아서 유추할 수 있을 때는 함수를 호출할 때 꺾쇠 표시를 생략해도 된다는 것입니다. 아래와 같은 경우, arr의 타입이 Vector2[]라는 것을 컴파일러도 알고 있으므로 컴파일러가 알아서 타입을 추론해서 자동으로 T에 Vector2가 들어간 함수를 생성해줍니다.

```
Vector2 arr[3] = { Vector2(1, 2), Vector2(3, 4), Vector2(5, 6) };
Vector2 sum = getArraySum(arr, 3);    // arr의 타입이 Vector2[]임을 알고 있으므로 타입 유추 가능
```

따라서 getArraySum이라는 함수 템플릿 하나만 가지고 있어도 마치 다양한 타입을 받는 함수들을 오버로딩한 것과 같은 효과를 낼 수 있습니다. 대단하지 않나요?

지금까지 설명한 내용을 하나의 예제로 정리해 보겠습니다. 또, C++에서 제공하는 string 타입에도 += 연산자가 오버로딩되어 있기 때문에 getArraySum 함수에 넣을 수 있습니다. 덤으로 string으로도 배열을 만들어서 넣어보겠습니다. ssum이 어떤 값일지는 충분히 예상할 수 있을 것입니다. 참고로 아래 예제에서는 getArraySum<int>, getArraySum<double>, getArraySum<Vector2>, getArraySum<string>으로 총 4개의 함수가 함수 템플릿으로부터 찍혀 나와 존재한다고 생각하면 됩니다.

예제 13.1 함수 템플릿 사용하기

```cpp
#include <iostream>
#include <string>
using namespace std;

class Vector2 {
public:
    Vector2() : x(0), y(0) {}
    Vector2(float x, float y) : x(x), y(y) {}
    float GetX() const { return x; }
    float GetY() const { return y; }
    Vector2 operator+(const Vector2 other) const {
        return Vector2(x + other.x, y + other.y);
    }
    Vector2 operator-(const Vector2 other) const {
        return Vector2(x - other.x, y - other.y);
    }
```

```cpp
    Vector2 &operator+=(const Vector2 other) {
        x += other.x;
        y += other.y;
        return *this;
    }
    Vector2 &operator-=(const Vector2 other) {
        x -= other.x;
        y -= other.y;
        return *this;
    }

private:
    float x, y;
};

template<typename T>
T getArraySum(const T arr[], int n) {
    T sum = arr[0];
    for (int i = 1; i < n; i++) {
        sum += arr[i];
    }
    return sum;
}

int main() {
    int     iarr[5] = { 3, 1, 4, 1, 5 };
    double  darr[5] = { 3.5, 1.2, 4.3, 1.1, 5.7 };
    Vector2 varr[3] = { Vector2(1, 2), Vector2(3, 4), Vector2(5, 6) };
    string  sarr[3] = { "hello", "world", "doodle" };

    int     isum = getArraySum<int>(iarr, 5);      // 템플릿 인수 명시(타입 유추 안 함)
    double  dsum = getArraySum<double>(darr, 5);
    Vector2 vsum = getArraySum(varr, 3);            // 템플릿 인수 생략(타입 유추)
    string  ssum = getArraySum(sarr, 3);

    cout << isum << endl;
    cout << dsum << endl;
    cout << vsum.GetX() << ", " << vsum.GetY() << endl;
```

```
        cout << ssum << endl;
}
```

```
 C:\  출력 결과                                                      —  □  ×
14
15.8
9, 12
helloworlddoodle
```

이제 getArrarySum 함수(템플릿) 안에서 sum을 0으로 초기화하지 않은 이유를 알려드리겠습니다. sum을 0으로 초기화하면 T에 또 다른 제약 사항이 하나 더 붙기 때문입니다.

```
T sum = 0;
```

T가 int나 double일 때는 문제가 없습니다.

```
int sum = 0;
// double sum = 0;
```

하지만 T가 Vector2 혹은 string 같은 타입일 때는 sum에 0을 대입할 수 없습니다.

```
Vector2 sum = 0;   // 에러!!
// string sum = 0;   // 에러!!
```

따라서 0이라는 int가 T로 묵시적 형변환이 가능해야만 함수를 찍어낼 수 있다는 제약이 또 붙게 됩니다. 이를 피해가기 위해서 처음부터 sum을 특정한 상수가 아니라 배열의 첫 번째 값으로 초기화한 것입니다. 어차피 sum과 arr[0]은 무조건 T로 같은 타입이니까요.

템플릿에는 다음과 같이 타입 파라미터를 여러 개 줄 수도 있습니다.

```
template<typename T, typename U>
void something(T t, U u) {
    // ...
}
```

그러고 나서 다음과 같이 적으면 T에는 int가, U에는 double이 들어간 함수가 생성됩니다.

```
something<int, double>(7, 3.14);
```

물론 타입 파라미터가 여러 개일 때도 타입 표시를 생략할 수 있습니다. 첫 번째 인수는 타입이 int이고, 두 번째 인수는 타입이 double이기 때문에 타입 유추를 통해 마찬가지로 T에는 int가, U에는 double이 알아서 들어가겠죠?

```
something(7, 3.14);
```

13.1.2 클래스 템플릿

함수 템플릿이 함수를 찍어내는 틀이라면 클래스 템플릿은 클래스를 찍어내는 틀이라고 할 수 있습니다. 앞에서 클래스가 객체를 찍어내는 틀이라고 말해서 헷갈릴지도 모르겠는데, 그것과는 전혀 별개의 개념입니다.

이번에도 역시 앞서 사용했던 Vector2 클래스를 사용할 것입니다. 이 Vector2 클래스에서는 x, y 성분을 저장하기 위해서 float를 사용했습니다. 그러다가 어느 날 정밀도를 높이기 위해 x, y를 double로 바꾼 새로운 클래스를 또 만들어야 하는 상황이 벌어졌다고 해보겠습니다. 클래스를 "오버로딩"하는 방법은 없기 때문에 float를 사용하는 Vector2와는 이름을 구별하기 위해 Vector2 뒤에 double의 첫 글자를 붙인 Vector2d라는 새로운 클래스를 만든 것입니다.

```
class Vector2d {
/* 생략 */
private:
    double x, y;
};
```

그러다가 또 각 성분이 정수인 새로운 Vector2i 같은 클래스를 만들고… 이렇게 되면 함수 템플릿을 만들기 전과 똑같은 시나리오가 연출되고 말겠네요. 이 문제점도 클래스 템플릿을 활용하면 쉽게 고칠 수 있습니다. 클래스를 템플릿 형태로 고치고, 모든 float를 T로 고쳐주기만 하면 됩니다.

```
template<typename T>
class Vector2 {
public:
    Vector2() : x(0), y(0) {}
```

```cpp
    Vector2(T x, T y) : x(x), y(y) {}
    T GetX() const { return x; }
    T GetY() const { return y; }
    Vector2 operator+(const Vector2 other) const {
        return Vector2(x + other.x, y + other.y);
    }
    Vector2 operator-(const Vector2 other) const {
        return Vector2(x - other.x, y - other.y);
    }
    Vector2 &operator+=(const Vector2 other) {
        x += other.x;
        y += other.y;
        return *this;
    }
    Vector2 &operator-=(const Vector2 other) {
        x -= other.x;
        y -= other.y;
        return *this;
    }
private:
    T x, y;
};
```

지금 이 상태도 템플릿만 선언한 상태이기 때문에 아무런 클래스도 존재하지 않습니다. 함수 템플릿으로부터 함수를 찍어내려면 함수를 호출했어야 했죠? 이와 비슷하게 클래스를 찍어내려면 객체를 선언해야 합니다. 문법은 다음과 같이 템플릿 이름 바로 다음에 꺾쇠 기호를 넣고 타입 인수를 적으면 됩니다.

```cpp
Vector2<int> v1(1, 3);   // 각 성분이 int인 벡터
```

C++17부터는 모호성이 없다면 클래스 템플릿 인수도 생략할 수 있긴 합니다. 생성자에 들어가는 인수의 타입으로 T에 들어가야 할 타입을 유추할 수 있기 때문에 다음과 같이 <int>를 생략해도 알아서 T가 int로 유추됩니다.

```cpp
Vector2 v1(1, 3);
```

하지만 이런 방식은 오히려 객체의 타입이 Vector2<int>인지, Vector2<double>인지 등을 알기 어렵게 만들기 때문에 한 번 호출하고 끝인 함수에서와는 달리 클래스 템플릿을 사용해 객체를 선언할 때는 타입 파라미터에 들어갈 타입을 직접 명시하는 편이 좋습니다.

실제로 Vector2<int>와 Vector2<double>처럼 타입 파라미터만 달라도 서로 다른 타입입니다. 아래 코드를 통해 정말로 그렇다는 것을 간접적으로 알 수 있습니다. 같은 타입이라면 최소한 크기는 같아야 하는데, 벌써 크기부터가 다르죠?

```
Vector2<int> v1(1, 3);
Vector2<double> v2(1.5, 3.5);
cout << sizeof(v1) << endl;   // 8 출력
cout << sizeof(v2) << endl;   // 16 출력
```

그러면 간단한 예제로 클래스 템플릿이 잘 작동하는지만 확인해보겠습니다.

예제 13.2 클래스 템플릿 만들어 보기

```cpp
#include <iostream>
using namespace std;

template<typename T>
class Vector2 {
public:
    Vector2() : x(0), y(0) {}
    Vector2(T x, T y) : x(x), y(y) {}
    T GetX() const { return x; }
    T GetY() const { return y; }
    Vector2 operator+(const Vector2 other) const {
        return Vector2(x + other.x, y + other.y);
    }
    Vector2 operator-(const Vector2 other) const {
        return Vector2(x - other.x, y - other.y);
    }
    Vector2 &operator+=(const Vector2 other) {
        x += other.x;
        y += other.y;
        return *this;
    }
```

```
    Vector2 &operator-=(const Vector2 other) {
        x -= other.x;
        y -= other.y;
        return *this;
    }
private:
    T x, y;
};

int main() {
    Vector2<int> v1(1, 3);
    Vector2<double> v2(1.5, 3.5);
    cout << v1.GetX() << ", " << v1.GetY() << endl;
    cout << v2.GetX() << ", " << v2.GetY() << endl;
}
```

```
출력 결과
1, 3
1.5, 3.5
```

13.1.3 템플릿 특수화

앞에서 다음과 같이 getArraySum 함수에 string으로 이루어진 배열도 넣어 보았습니다.

```
string sarr[3] = { "hello", "world", "doodle" };
string ssum = getArraySum(sarr, 3);
cout << ssum << endl;
```

그런데 이때 출력해보면 모든 단어가 붙어 나와 조금 불만족스러웠지도 모르겠습니다. 템플릿 인수가 string일 때는 각 원소 사이에 공백도 넣어주면 좋지 않을까요?

정확히 이 문제를 해결하기 위해 있는 것이 바로 템플릿 특수화입니다. '템플릿 특수화'(template specialization)란 어떤 특수한 인수가 들어왔을 때 원래 템플릿의 정의를 따르지 않고, 예외적으로 그 인수에 대한 정의를 따로 할 수 있게 하는 것을 말합니다. 다음 코드는 getArraySum 함수를 string 타입에 대해 특수화한 것을 보여줍니다.

```
template<typename T>    // 기존 템플릿
T getArraySum(const T arr[], int n) {
    T sum = arr[0];
    for (int i = 1; i < n; i++) {
        sum += arr[i];
    }
    return sum;
}

template<>    // 특수화
string getArraySum<string>(const string arr[], int n) {
    string sum = arr[0];
    for (int i = 1; i < n; i++) {
        sum += " " + arr[i];    // 단어 사이에 공백도 넣어준다.
    }
    return sum;
}
```

템플릿 특수화는 어떤 임의의 타입이 아닌 특정한 타입에 대해 정의하는 것이므로 "임의의 타입을 T라고 하겠다."와 같은 선언이 필요 없습니다. 따라서 template 키워드 뒤의 꺾쇠 안은 비워 놓습니다. 대신 어떤 타입에 대해 특수화할 것인지를 함수 또는 클래스 이름 뒤에 붙여 줍니다. 위의 경우 string에 대해서 특수화할 것이므로 string을 적었습니다.

다음과 같이 특수화할 때 함수 이름 뒤에 <string>을 생략해도 알아서 타입 유추가 됩니다.

```
template<>
string getArraySum(const string arr[], int n) {
    /* ... */
}
```

이제 타입 파라미터로 string이 들어오면 템플릿을 통해 함수가 만들어지지 않고, 다음의 특수화된 함수가 실행됩니다. 정말 그런지는 예제로 확인해볼까요?

예제 13.3 템플릿 특수화 사용해보기

```cpp
#include <iostream>
#include <string>
using namespace std;

template<typename T>
T getArraySum(const T arr[], int n) {
    T sum = arr[0];
    for (int i = 1; i < n; i++) {
        sum += arr[i];
    }
    return sum;
}

template<>  // 특수화
string getArraySum(const string arr[], int n) {
    string sum = arr[0];
    for (int i = 1; i < n; i++) {
        sum += " "  + arr[i];
    }
    return sum;
}

int main() {
    int     iarr[5] = { 3, 1, 4, 1, 5 };
    string  sarr[3] = { "hello", "world", "doodle" };

    int     isum = getArraySum(iarr, 5);   // 템플릿으로부터 생성된 함수 실행
    string  ssum = getArraySum(sarr, 3);   // 특수화된 함수 실행

    cout << isum << endl;
    cout << ssum << endl;
}
```

▣ 출력 결과
```
14
hello world doodle
```

13.1.4 비타입 파라미터

템플릿이 받을 수 있는 파라미터는 놀랍게도 타입뿐만이 아닙니다. 정수나 포인터 등도 파라미터로 받을 수 있습니다. 유용할 때가 굉장히 많은 기능이지만 여기서는 정수를 받는 파라미터만 잠깐 언급하겠습니다.

앞서 Vector2 클래스를 만들어 보았는데, 3차원, 4차원, 그리고 임의의 차원을 저장하는 벡터를 만들고 싶다고 해보겠습니다. n차원 벡터는 성분이 n개입니다. 그런데 이 성분의 개수를 나타내는 n이 얼마인지가 정해져 있지 않기 때문에 머리를 좀 써야 합니다.

가장 처음 생각할 수 있는 방법은 바로 각 성분은 배열의 형태로 동적 할당하고, 배열을 몇 칸으로 할지(즉, 몇 차원 벡터일지)를 멤버 변수로 저장하고, 객체를 만들 때 생성자의 인수로 집어넣는 것입니다. 코드를 천천히 보면 이해될 것입니다.

```cpp
template<typename T>
class Vector {   // 임의의 차원을 나타낼 수 있는 벡터
public:
    Vector(int n) {   // n: 차원
        this->n = n;
        components = new T[n];
    }
    ~Vector() {
        delete[] components;
    }
    T GetComponent(int i) {   // i번째 성분을 리턴
        return components[i];
    }
    void SetComponent(int i, T val) {   // i번째 성분을 val로 설정
        components[i] = val;
    }
    Vector operator+(const Vector other) const {
        // ??
    }
    /* ... */

private:
    int n;   // 차원
    T *components;   // 각 성분을 저장하는 배열
};
```

그런데 이 방법도 문제가 있습니다. 바로 operator+ 같은 곳에서 양변의 차원이 다를 수 있다는 점입니다. 차원이 다른 벡터끼리는 원래 더할 수 없는데, 어차피 둘 다 Vector<T> 타입이기 때문에 (타입 인수가 양변이 모두 T로 같다고 가정한다면) 양변의 차원이 다른 채로 + 연산자가 호출된다면 아무 에러도 나지 않을 것입니다. 더할 수 없는 두 대상을 더했는데도 에러가 나지 않는다면 이건 문제입니다. 물론 뒤에서 배울 예외 처리를 사용하면 양변의 차원을 검사해 다르면 예외를 발생시키게끔 만들 수는 있습니다. 하지만 이보다 더 C++적이고 근본적인 해결 방법이 있습니다.

바로 차원이 같은 벡터들을 아예 다른 타입으로 만들어 버리는 것입니다. 비타입 파라미터를 사용하면 이것이 가능해집니다. 비타입 파라미터는 클래스 내에서 마치 어떤 상수인 것처럼 사용할 수 있습니다.

```cpp
template<typename T, int n>    // 비타입 파라미터
class Vector {   // 임의의 차원을 나타낼 수 있는 벡터
public:
    Vector() {
        components = new T[n];
    }
    ~Vector() {
        delete[] components;
    }
    T GetComponent(int i) {   // i번째 성분을 리턴
        return components[i];
    }
    void SetComponent(int i, T val) {   // i번째 성분을 val로 설정
        components[i] = val;
    }
    Vector operator+(const Vector other) const {
        // ...
    }
private:
    T *components;    // 각 성분을 저장하는 배열
};
```

그리고 나서 다른 타입 파라미터(들)와 함께 정수를 비타입 파라미터로 넘기면 됩니다.

```cpp
Vector<int, 3> v1;    // n에 3이 들어가므로 3차원 벡터 생성
```

앞에서 Vector2<int>와 Vector<double>과 같이 같은 클래스 템플릿을 통해 생성된 클래스여도 타입 인수가 다르면 다른 클래스라고 했죠? 마찬가지로 비타입 파라미터가 달라도 서로 아예 다른 타입이 되어버립니다. 따라서 위의 v1과 아래의 v2는 서로 다른 타입입니다.

```
Vector<int, 2> v2;    // 2차원 벡터
```

따라서 v1 + v1 같이 같은 차원의 벡터를 더하는 것은 양변이 같은 타입이기 때문에 가능하지만 v1 + v2는 가능하지 않습니다. 양변의 타입이 달라 양변을 더하는 것이 컴파일 시간에 원천 차단되는 것입니다. 대단하지 않나요?

```
v1 + v1;    // OK
v1 + v2;    // 에러!!
```

하지만 아직 조심해야 할 것이 있습니다. 클래스의 생성자에서 메모리를 동적 할당했기 때문에, 복사 생성자와 복사 대입 연산자를 오버로딩하지 않으면 객체가 복사될 때 얕은 복사가 일어나므로 문제가 됩니다. 그런데 비타입 파라미터는 클래스 내에서 상수인 것처럼 사용할 수 있다고 했죠? 그렇기 때문에 더 이상 배열을 동적 할당할 필요 없이 components 멤버 자체를 배열로 만들어버리는 방법이 있습니다. 동적 할당이 없으므로 깊은 복사가 일어날 것이고, 메모리에 대해 전혀 신경 쓸 필요가 없겠죠?

```
template<typename T, int n>
class Vector {
public:
    T GetComponent(int i) {   // i번째 성분을 리턴
        return components[i];
    }
    void SetComponent(int i, T val) {   // i번째 성분을 val로 설정
        components[i] = val;
    }
    Vector operator+(const Vector other) const {
        // ...
    }
private:
    T components[n];    // 각 성분을 저장하는 배열
};
```

이런 상황에서 만약 Vector<float, 2> 타입의 객체를 만들면 그 객체의 components라는 멤버는 float 2칸짜리 배열일 것이고, Vector<float, 3> 타입의 객체를 만들면 components가 float 3칸짜리 배열일 것입니다.

13.2 예외 처리

C++가 다른 주류 언어에 비해 아쉬운 점을 하나 꼽자면 예외 처리가 언어 자체에 잘 녹아 들어 있지는 않다는 느낌이 든다는 점입니다. 프로그램의 효율을 최대화하기 위해서일 수도 있고, 어쩌면 예외 처리 관련 문법이 아예 존재하지 않는 C와의 호환성을 위해서일지도 모르겠습니다. 그렇지만 C++에 존재하는 기능이고, 잘 사용하면 좋은 기능이므로 간단히 소개하겠습니다.

프로그램이 실행되다 보면 어떤 작업이 원하는 대로 실행되지 않는 상황이 생기기 마련입니다. 예를 들어, 파일을 열려고 했는데 파일이 열리지 않는다거나, 함수에 잘못된 인수가 들어오는 등의 상황이 여기에 해당합니다. 이런 경우에는 그 이후의 명령을 제대로 수행할 수 없기 때문에 재시도하거나 사용자 입력을 다시 받거나 혹은 최소한 런타임 에러가 나는 것은 피하고 프로그램을 안전하게 종료시킬 수 있도록 하는 등의 적절한 처리가 필요합니다.

예외 처리를 사용해보기 전에, 6.7절에서 했던 팩토리얼 함수를 다시 가져와 보겠습니다. 이 함수는 n이 0 이하일 때는 무한 재귀 호출에 빠지게 됩니다. 이를 방지하기 위해 범위에 맞지 않는 n이 입력으로 들어오는지를 먼저 if로 확인한 후, 범위에 맞을 때만 팩토리얼 함수를 실행하고 아닐 경우에는 에러 메시지를 출력합니다.

예제 13.4 `if문을 사용한 팩토리얼 범위 확인`

```cpp
#include <iostream>
using namespace std;

int fact(int n) {
    if (n == 1) return 1;
    return n * fact(n - 1);
}

int main() {
    int n;
```

```
    cout << "자연수를 입력하세요 : ";
    cin >> n;
    if (n >= 1) {   // n이 자연수일 때만 팩토리얼 계산
        cout << n << "! = " << fact(n) << endl;
    }
    else {          // 아니면 에러 메시지 출력
        cout << n << ": 자연수가 아닙니다." << endl;
    }
}
```

```
입출력 예 1
자연수를 입력하세요 : 3 ↵
3! = 6
```

```
입출력 예 2
자연수를 입력하세요 : -9 ↵
-9: 자연수가 아닙니다.
```

두 번째 입출력 예와 같이 의도하지 않은 수가 입력되었을 때가 바로 예외라고 할 수 있습니다. 이런 상황을 좀 더 체계적으로 처리하기 위해 탄생한 것이 바로 예외 처리입니다.

예외 처리는 항상 try, throw, catch라는 3개의 키워드를 통해 작동합니다. try문 안에서 예외를 발생시키면, 또는 "던지면"(throw), 그 예외를 "받아"(catch) 적절한 처리를 합니다. 예외는 변수나 객체이기만 하면 됩니다. 따라서 정수를 던질 수도 있고, 포인터를 던질 수도 있고, 아무 클래스나 만들어서 그 타입의 객체를 던져도 됩니다. 이렇게 던져진 '예외 객체'는 try문과 연결된 적절한 catch문을 찾아가 catch문의 소괄호 안에 선언된 매개변수 비슷한 것으로 대입된 후, catch문 안의 내용이 실행됩니다.

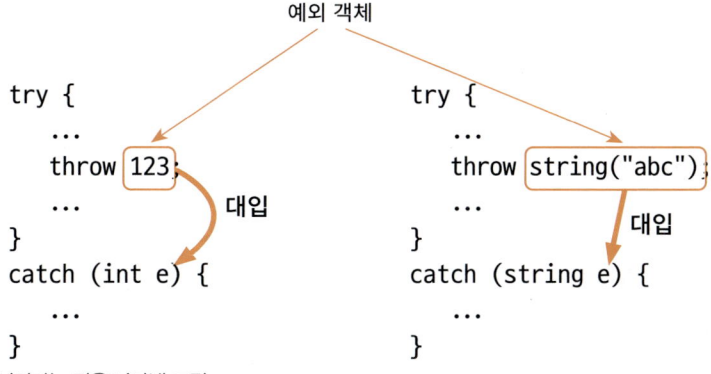

그림 13.1 예외 객체가 넘어가는 것을 나타낸 그림

따라서 try 안의 내용물은 끝까지 성공적으로 실행될 수도 있고, 중간에 실행되다 말 수도 있습니다. try문 안의 내용물을 실행하는 도중 예외가 하나라도 발생한다면 하던 일을 멈추고 catch문을 찾아가 그 내용물을 실행합니다. 반대로 try문을 끝까지 실행했는데도 예외가 발생하지 않는다면 catch문을 실행하지 않고 다음 코드로 넘어갑니다.

방금 설명한 예제를 이번에는 예외 처리 문법을 사용해 수정해 보겠습니다. try문 안에서 n의 범위를 확인하고, 자연수가 아니면 예외를 발생시킵니다. 이때 예외 객체로는 입력된 수 자체를 사용할 것입니다.

예제 13.5 예외 처리를 통해 작성한 팩토리얼 코드

```cpp
#include <iostream>
using namespace std;

int fact(int n) {
    if (n == 1) return 1;
    return n * fact(n - 1);
}

int main() {
    int n;

    try {
        cout << "자연수를 입력하세요 : ";
        cin >> n;
        if (n <= 0) {
            throw n;   // 예외 발생
        }
        // 예외가 발생하지 않았을 때의 코드
        cout << n << "! = " << fact(n) << endl;
    }
    catch (int e) {   // 예외 받기
        cout << e << ": 자연수가 아닙니다." << endl;   // 적절한 처리
    }
}
```

입출력 예 1

```
자연수를 입력하세요 : 3 ↵
3! = 6
```

```
C:\   입출력 예 2                                              ─ ☐ ✕
자연수를 입력하세요 : -9 ⏎
-9: 자연수가 아닙니다.
```

이번에는 예외 객체를 string으로 만들어 보겠습니다. 이 string에는 에러 메시지 전체("~: 자연수가 아닙니다.")를 담아 보겠습니다. 그러기 위해서는 입력된 정수를 string으로 변환해야 하는데, to_string이라는 함수를 사용하면 편리하게 할 수 있습니다.

```cpp
if (n <= 0) {
    throw to_string(n) + ": 자연수가 아닙니다.";   // to_string(n): n을 string으로 변환
}
```

그리고 나서 catch문의 매개변수 같은 것의 타입도 string으로 고쳐야 하겠죠? 이때 string이 복사 생성되는 것을 막기 위해 const 레퍼런스로 만들어 보겠습니다.

```cpp
catch (const string &e) {
    cout << e << endl;   // e는 에러 메시지를 담고 있다.
}
```

코드가 더 복잡해지기만 했다고요? 맞는 말입니다. 하지만 예외 처리의 또 다른 장점을 아직 말하지 않았기 때문에 그렇게 보이는 것뿐입니다.

다음과 같이 main 함수 안에서 팩토리얼의 계산이 여러 번 일어난다고 해보겠습니다. (물론 아래의 예시는 코드를 극단적으로 비효율적으로 짠 경우이긴 하지만 무슨 말을 하려는지는 이해할 수 있을 거라 생각합니다.) 그러면 이렇게 팩토리얼 계산을 할 때마다 하나하나 검사해서 예외를 발생시켜야 할까요?

```cpp
try {
    cout << "자연수 2개 입력: ";
    cin >> n >> r;

    if (n <= 0) throw to_string(n) + ": 자연수가 아닙니다.";
    int a = fact(n);

    if (r <= 0) throw to_string(r) + ": 자연수가 아닙니다.";
    int b = fact(r);
```

```
        if (n - r <= 0) throw to_string(n - r) + ": 자연수가 아닙니다.";
        int c = fact(n - r);

        int result = a / b / c;
        cout << result << endl;
    }
    catch (const string &e) {
        cout << e << endl;
    }
```

정말로 이 방법이 최선이었다면 오히려 if문만 사용하는 방법이 더 깔끔했겠죠? 하지만 그렇지 않습니다. 바로 예외는 함수 간에도 전달될 수 있다는 사실 때문입니다.

어떤 함수에서 예외를 던졌다고 해서 그 함수에서 예외를 처리할 필요는 없습니다. 그러면 이 예외는 그 함수를 호출했던 함수로 "떠넘겨집니다". 예를 들어 보겠습니다. 우선 fact 함수에서는 n이 1보다 작을 경우 예외를 발생시킵니다. 하지만 이 예외를 받기 위한 try-catch문은 작성하지 않고, 그냥 throw만 합니다.

```
int fact(int n) {
    if (n < 1) throw to_string(n) + ": 자연수가 아닙니다.";
    if (n == 1) return 1;
    return n * fact(n - 1);
}
```

fact 함수 안에서 이 예외를 catch하지 않으면 예외 처리의 의무는 이제 main 함수로 떠넘겨집니다. 그리고 나서 main에서 예외를 처리하게끔 해줄 수 있습니다. 이렇게 하면 세 개의 fact 함수를 호출해서 실행 중 한 번이라도 예외가 발생하면 맨 밑의 catch로 들어가게 됩니다.

우선 바로 전체 코드를 본 후, 실행해보겠습니다.

예제 13.6 예외 떠넘기기

```
#include <iostream>
#include <string>
using namespace std;

int fact(int n) {
    if (n < 1) throw to_string(n) + ": 자연수가 아닙니다.";
    if (n == 1) return 1;
```

```cpp
        return n * fact(n - 1);
}

int main() {
    int n, r;
    try {
        cout << "자연수 2개 입력: ";
        cin >> n >> r;

        int a = fact(n);        //
        int b = fact(r);        // 셋 중 한 군데서라도 예외 발생 시 catch로 이동
        int c = fact(n - r);    //

        int result = a / b / c;
        cout << result << endl;
    }
    catch (const string &e) {
        cout << e << endl;
    }
}
```

```
입출력 예 1
자연수 2개 입력: 6 2 ↵
15
```

```
입출력 예 2
자연수 2개 입력: 6 -2 ↵
-2: 자연수가 아닙니다.
```

```
입출력 예 3
자연수 2개 입력: 6 8 ↵
-2: 자연수가 아닙니다.
```

참고로 입출력 예 3에서는 c를 구할 때 n-r의 값이 −2로 자연수가 아니었기 때문에 에러 메시지가 출력됩니다.

여기서의 핵심은 **예외를 던지는 부분도 하나밖에 없고, 예외를 처리하는 부분도 하나밖에 없다**는 것입니다. 물론 if만 가지고도 비슷한 효과를 낼 수 있지만(이 방법도 궁금하면 해보기 바랍니다.) 예외 처리를 사용한 방법이 더 깔끔합니다.

여러 함수에 걸쳐서도 예외를 떠넘길 수 있습니다. 다음 코드를 보면 main은 comb를 호출하고, comb는 fact를 호출합니다. 이때 fact에서 예외가 발생하면 comb로 예외가 떠넘겨집니다. 하지만 comb에도 예외를 받을 수 있는 부분이 없기 때문에 또다시 그 예외가 main으로 떠넘겨집니다. 마지막으로 main에서는 try-catch 구문이 있기 때문에 예외를 받을 수 있습니다.

```cpp
int fact(int n) {
    if (n < 1) throw to_string(n) + ": 자연수가 아닙니다.";
    if (n == 1) return 1;
    return n * fact(n - 1);
}

int comb(int n, int r) {
    int a = fact(n);
    int b = fact(r);
    int c = fact(n - r);
    return a / b / c;
}

int main() {

    int n, r;
    try {
        cout << "자연수 2개 입력: ";
        cin >> n >> r;
        cout << comb(n, r) << endl;
    }
    catch (const string &e) {
        cout << e << endl;
    }
}
```

이번에는 사용자가 comb(n, r) 값을 여러 번 계산할 수 있게 무한 루프 안에 넣어보겠습니다. 이때 try 안에 반복문을 넣어야 할까요, 반복문 안에 try-catch를 넣어야 할까요? 둘 다 가능합니다. 하지만 중요한 차이가 있습니다. 실행해보기 전에 반드시 결과를 예측해보기 바랍니다. main 함수를 제외한 부분은 앞 예제와 모두 같기 때문에 예제 코드는 main 함수만 나타냈습니다.

예제 13.7 try문 안에 반복문이 있는 경우

```cpp
int main() {
    int n, r;

    try {
        while (true) {
            cout << "자연수 2개 입력: ";
            cin >> n >> r;
            cout << comb(n, r) << endl;
        }
    }
    catch (const string &e) {
        cout << e << endl;
    }
}
```

```
입출력 예                                              — □ ×
자연수 2개 입력: 6 2 ↵
15
자연수 2개 입력: 6 3 ↵
20
자연수 2개 입력: 6 -2 ↵
-2: 자연수가 아닙니다.
```

예제 13.8 반복문 안에 try-catch문이 있는 경우

```cpp
int main() {
    int n, r;

    while (true) {
        try {
            cout << "자연수 2개 입력: ";
            cin >> n >> r;
            cout << comb(n, r) << endl;
        }
        catch (const string &e) {
            cout << e << endl;
```

```
        }
    }
}
```

```
입출력 예                                                    — □ ×
자연수 2개 입력: 6 2 ↵
15
자연수 2개 입력: 6 3 ↵
20
자연수 2개 입력: 6 -2 ↵
-2: 자연수가 아닙니다.
자연수 2개 입력: 6 4 ↵
15
자연수 2개 입력:
(...)
```

두 예제의 차이는 예외가 발생했을 때 루프를 빠져나가느냐 아니냐의 차이입니다. try 안에 루프가 있다면 루프 내에서 한 번이라도 예외가 발생하면 catch로 넘어가므로 루프를 빠져나가게 됩니다. 하지만 루프 안에 try-catch문 전체를 포함시킨다면 한 번 catch로 넘어간다고 해서 루프가 끝나지는 않습니다. 차이를 알겠죠? 잘못된 입력이 들어왔을 때 에러 메시지를 출력한 후 종료되는 것과 다시 반복하는 것, 둘 모두 말이 되는 시나리오이므로 의도에 맞게 선택해서 코드를 작성하면 되겠죠?

예외의 타입이 여러 가지라면 catch문을 여러 개 만들 수도 있습니다. 예를 들어, 123을 throw하면 int를 받는 catch문이 실행되고, string("abc")를 throw하면 string을 받는 catch문이 실행되는 식입니다. (명시적으로 string 객체를 던지지 않고 그냥 "abc"를 throw하면 const char*를 받는 catch문이 실행됩니다.)

```cpp
int main() {
    int n;

    try {
        cin >> n;
        if (n == 1)
            throw 123;      // 첫 번째 catch문 실행
        if (n == 2)
            throw string("abc");  // 두 번째 catch문 실행
```

```
    }
    catch (int e) {
        cout << e << endl;
    }
    catch (const string &e) {
        cout << e << endl;
    }
}
```

보통 각 예외의 종류에 해당하는 클래스를 상속을 사용해서 계층적으로 만들고 나서 종류별로 다르게 처리하고 싶을 때 이런 기능을 많이 사용합니다. 이 내용에 대해서는 깊게 들어가지는 않겠습니다.

어떠한 catch문에도 해당하는 타입이 없다면 예외가 받아지지 않고 바깥 함수(현재 함수를 호출했던 함수)로 떠넘겨집니다. 하지만 main에서는 더 이상 떠넘길 바깥 함수가 없기 때문에 이렇게 예외를 받을 수 있는 catch문이 없는 경우에는 런타임 에러가 납니다.

```
int main() {
    int n;

    try {
        cin >> n;
        if (n == 1)
            throw 123;    // 첫 번째 catch문 실행
        if (n == 2)
            throw string("abc");   // 두 번째 catch문 실행
        if (n == 3)
            throw 3.14;    // double을 받는 catch문은 없으므로 런타임 에러
    }
    catch (int e) {
        cout << e << endl;
    }
    catch (const string &e) {
        cout << e << endl;
    }
}
```

또, catch(...)라는 특별한 구문을 사용하면 catch문을 통해 잡히지 않은 예외도 잡을 수 있습니다.

```cpp
int main() {
    int n;

    try {
        cin >> n;
        if (n == 1)
            throw 123;    // 첫 번째 catch문 실행
        if (n == 2)
            throw string("abc");   // 두 번째 catch문 실행
        if (n == 3)
            throw 3.14;   // 세 번째 catch문 실행
    }
    catch (int e) {
        cout << e << endl;
    }
    catch (const string &e) {
        cout << e << endl;
    }
    catch (...) {
        cout << "알 수 없는 예외 발생" << endl;
    }
}
```

13.3 auto

auto는 우변의 타입을 분명히 알아낼 수 있을 때 좌변의 타입을 말 그대로 자동으로(auto) 정해주는 키워드입니다. 이 기능은 C++11 이후에서만 작동합니다. 타입을 적으려면 복잡하거나 우변의 타입이 나중에 바뀌어서 귀찮아지는 것을 막기 위해 사용하면 좋습니다.

극단적인 예를 들기 위해 다음 코드를 보겠습니다. 형태만 보고, 코드의 의미는 어차피 배우지 않은 것이므로 생각하지 말기 바랍니다. v의 타입은 vector<pair<string, int>>라는, 실제로 C++ 표준 라이브러리를 가지고 만들 수 있는 타입인데, 이 객체의 메서드인 v.begin()의 리턴 타입은 다음 굵게 표시한 부분과 같습니다.

```
vector<pair<string, int>>::iterator it = v.begin();
```

복잡하죠? v.begin()의 값을 얻어올 때마다 이렇게 긴 코드를 적는다면 조금 불편할 것입니다. 물론 **typedef**로 저 타입에 대한 별명을 따로 붙여줘도 되긴 하지만, 다음과 같이 **auto**를 써서 타입을 컴파일러가 자동으로 채우게 할 수 있습니다.

```
auto it = v.begin();
```

범위 기반 for문에서도 auto를 쓸 수 있는데, 유용할 때가 많습니다.

```
int arr[7] = { 3, 1, 4, 1, 5, 9, 2 };
for (auto i : arr) {
    cout << i << endl;
}
```

하지만 항상 auto를 쓸 수 있는 것은 아닙니다. 양변의 타입을 의도적으로 다르게 하는 경우도 있기 때문입니다. 예를 들어 다음과 같은 코드에서(Base의 자식이 Derived입니다.) b를 auto로 선언하면 우변이 Derived를 가리키는 포인터가 되어버리는데, 그러면 당연히 안 되겠죠?

```
Derived d;
Base *b = &d;
```

또 auto를 너무 많이 사용하면 코드를 읽는 사람이 각 변수의 타입이 무엇인지 알기 어려워지므로 남용하지 않는 것이 좋습니다. 하지만 위의 사례들처럼 auto를 쓰는 것이 유용할 것 같을 때는 적극적으로 사용합시다.

13.4 함수 포인터, 함수 객체와 람다식

함수를 변수에 담을 수 있다고 하면 믿을 수 있나요? 놀랍게도 비슷한 것을 가능하게 하는 문법이 C와 C++에 존재합니다. 함수 포인터, 함수 객체, 람다식이 바로 그것입니다. 이 개념을 제대로 알려면 내용이 굉장히 복잡해지기 때문에 여기서는 각 개념의 가장 기본적인 사용법에 대해서만 알아보고 넘어가겠습니다.

13.4.1 함수 포인터

'함수 포인터'(function pointer)는 말 그대로 함수를 가리키는 포인터입니다. 함수도 메모리상 어딘가에 저장되기 때문에 주솟값을 가지고 있고, 이 주솟값을 함수 포인터에 저장할 수 있습니다. 사실 함수 포인터는 C에도 있는 기능이지만, 문법이 복잡해서 앞쪽에서는 설명을 생략했습니다. 함수 포인터를 선언하기 위해서는 가리킬 함수가 받는 매개변수의 타입과 리턴 타입을 명시해야 합니다. 함수 포인터의 예시를 하나 보겠습니다.

```
bool (*fp)(int, int);
```

이렇게 쓰면 이것은 int 2개를 매개변수로 받고 bool을 리턴하는 함수를 가리키는 포인터를 만들고, 그 포인터의 이름을 fp라 하겠다는 뜻입니다.

다음과 같이 *fp 양쪽에 괄호를 쓰지 않으면 int 2개를 받고 bool을 가리키는 포인터를 리턴하는 함수의 프로토타입을 만드는 꼴이 되기 때문에 반드시 괄호가 필요합니다.

```
bool *fp(int, int);
```

배열 포인터와 포인터 배열의 차이와 같은 원리라고도 할 수 있습니다.

```
int (*arrPtr)[10];      // 배열(을 가리키는) 포인터
int *ptrArr[10];        // 포인터(로 이루어진) 배열
bool (*fp)(int, int);   // 함수(를 가리키는) 포인터
bool *fp(int, int);     // 포인터를 리턴하는 함수
```

함수 포인터에 어떤 함수의 주소를 집어넣으려면 우변에 함수의 주소를 쓰면 됩니다. 함수의 주소를 가져오려면 함수 이름 앞에 &를 쓰면 되는데, 사실 &를 생략하고 그냥 함수의 이름만 써도 됩니다. 둘 다 같은 의미이기 때문에 보통 쓰지 않는 경우가 많습니다.

```
bool compare(int a, int b) {
    return (a == b);   // a와 b가 같으면 true, 아니면 false 리턴
}

int main() {
    bool (*fp)(int, int);
```

```
    fp = &compare;   // OK
    fp = compare;    // OK. 윗줄과 같은 의미.
}
```

그리고 함수 포인터가 가리키는 함수를 실행하려면 함수 포인터를 역참조한 후, () 속에 원하는 인수를 집어넣으면 됩니다. 이때도 마찬가지로 역참조를 생략할 수 있습니다.

```
bool res1 = (*fp)(1, 3);    // OK
bool res2 = fp(1, 3);       // OK
```

*를 명시적으로 붙일 때 다음과 같이 괄호를 쓰지 않으면 fp(1, 3)을 먼저 호출한 후 그 리턴 값을 역참조하라는 뜻이 됩니다. 하지만 지금은 fp(1, 3)의 리턴 값이 포인터가 아니어서 역참조할 수 없으므로 에러가 납니다.

```
bool res3 = *fp(1, 3);    // 에러!! fp(1, 3)의 리턴 값을 역참조하라는 뜻이다!
```

이것 역시 배열 포인터와 포인터 배열 사이의 관계와 비슷한 점이 보일 것입니다.

```
(*arrPtr)[1];    // arrPtr(배열 포인터)가 가리키는 배열의 1번 칸
*ptrArr[1];      // ptrArr(포인터 배열)의 1번 칸이 가리키는 것
```

우선 조금 복잡하지만 문법부터 알아보았습니다. 그러면 이제 실용적인 예제를 하나 보겠습니다.

다음은 배열의 최솟값을 찾고 리턴하는 함수입니다. 5.2.2절에서 거의 똑같은 알고리즘을 본 적이 있기 때문에 별다른 설명은 하지 않겠습니다.

```
int arrMin(const int arr[], int n) {
    int min = arr[0];
    for (int i = 1; i < n; i++) {
        if (min > arr[i]) min = arr[i];
    }
    return min;
}
```

그런데 이번에는 배열의 각 원소를 제곱한 것들 중의 최솟값을 찾고 싶다면 어떻게 할까요? 물론 그냥 다음과 같이 바로 그 목적을 실현하는 새로운 함수를 만들 수도 있습니다.

```
int arrSquareMin(const int arr[], int n) {
    // 각 원소를 제곱한 것들 중 최소를 찾는다.
    int min = arr[0] * arr[0];
    for (int i = 1; i < n; i++) {
        if (min > arr[i] * arr[i]) min = arr[i] * arr[i];
    }
    return min;
}
```

하지만 나중에 세제곱의 최솟값이나 더 이상한 함수에 대한 최소를 찾는 함수가 필요해질 수도 있습니다. 실제로 인공지능 분야에서는 어떤 복잡한 함수가 있을 때 그 함수에 여러 값을 집어넣어 보고, 그 결과 중 가장 작은 값을 알아내야 하는 경우가 많습니다. 이럴 때마다 그것을 구하는 새로운 함수를 만든다면 상당히 비효율적일 것입니다.

함수 포인터를 배웠으니 좀 더 일반적인 방법을 생각해볼 수 있습니다. 바로 그 임의의 함수가 무엇인지를 함수 포인터의 형태로 매개변수로 넘기는 것입니다.

예를 들어 어떤 수의 제곱을 리턴하는 함수가 있다고 합시다.

```
int square(int n) { return n * n; }   // n의 제곱을 리턴
```

그리고 arrFnMin이라는 함수를 만들고, 다음과 같이 임의의 함수(int를 입력하면 int가 나오는 함수)를 가리키는 포인터를 매개변수로 받게끔 만들 것입니다.

```
int arrFnMin(const int arr[], int n, int (*f)(int)) {
    int min = f(arr[0]);
    for (int i = 1; i < n; i++) {
        if (min > f(arr[i])) min = f(arr[i]);
    }
    return min;
}
```

이렇게 하면 f가 어떤 함수를 가리킬지는 몰라도 그 함수에 arr[i]의 값을 모두 넣어본 뒤 그중 가장 작았던 값이 리턴될 것이라는 사실은 알 수가 있습니다. f가 square를 가리키고 있다면 제곱의 최소가 리턴될 것이고, 다른 함수를 가리키고 있다면 그 함수에 해당하는 최소가 리턴될 것입니다. 이해되나요?

이렇게 하면 이론적으로 아무 함수나 주어져도 그 함수를 f(x)라 하면 f(arr[i])의 최솟값을 한 가지 함수만을 사용해 찾을 수 있습니다. 대단하지 않나요? 바로 예제를 보겠습니다.

예제 13.9 함수 포인터를 사용해 배열의 각 칸에 임의의 함수를 적용한 값의 최소 찾기

```cpp
#include <iostream>
using namespace std;

int square(int n) { return n * n; }              // n의 제곱을 리턴
int myFunc(int n) { return n * (n - 15) / 2; }   // 어떤 다른 함수

int arrFnMin(const int arr[], int n, int (*f)(int)) {
    int min = f(arr[0]);
    for (int i = 1; i < n; i++) {
        if (min > f(arr[i])) min = f(arr[i]);
    }
    return min;
}

int main() {
    int arr[7] = { 3, 1, -4, 1, 5, 9, -2 };

    cout << arrFnMin(arr, 7, square) << endl;   // 제곱의 최소
    cout << arrFnMin(arr, 7, myFunc) << endl;   // myFunc 함수를 적용한 것의 최소
}
```

출력 결과
```
1
-27
```

13.4.2 함수 객체

'함수 객체'(function object/functor)는 함수처럼 작동하는 객체입니다. 이건 또 무슨 말일까요? 어떤 클래스가 ()라는 연산자를 오버로딩한다면 그 타입의 객체를 만들고, 그 객체를 통해 () 연산자를 호출함으로써 마치 함수인 것처럼 사용할 수 있는 것입니다. 예를 들어 다음과 같은 클래스가 있다고 해보겠습니다.

```cpp
class Equals {
public:
    Equals(int value) : value(value) {}
    bool operator()(int x) const {   // '()' 연산자 오버로딩
        return x == value;
    }
private:
    int value;
};
```

굵게 표시한 부분이 바로 '()' 연산자를 오버로딩한 부분입니다. 물론 const를 붙이는 것은 선택 사항입니다. 이제 Equals라는 타입의 객체를 만들면, 놀랍게도 이 객체를 마치 함수처럼 사용할 수 있습니다.

```cpp
Equals eq(123);
eq(12);   // 오버로딩된 () 연산자 실행!
```

eq는 함수처럼 생겼지만 여전히 객체라는 점을 잊지 맙시다. eq를 초기화할 때 생성자에 123을 넣어줬으니까 eq.value에는 123이 들어 있을 텐데, 위의 eq(12);에서 () 연산자가 호출되면 매개변수인 x에는 12가 들어갑니다. 이 함수는 x와 value가 같은지 아닌지를 리턴하는데, 두 값이 다르므로 false가 리턴되겠네요.

정말 되는지 확인해 볼까요?

예제 13.10 함수 객체 사용해보기

```cpp
#include <iostream>
using namespace std;

class Equals {
public:
    Equals(int value) : value(value) {}
```

```
        bool operator()(int x) const {
            return x == value;
        }
private:
        int value;
};

int main() {
        Equals eq(123);

        cout << eq(12) << endl;
        cout << eq(123) << endl;
}
```

```
출력 결과
0
1
```

eq를 함수처럼 호출했을 때 매개변수에 123이 들어갔을 때만 1, 즉 true가 리턴되는 것을 볼 수 있습니다. 또 다른 객체를 만들고 생성자에 다른 수를 집어넣었다면 그 숫자와도 비교할 수 있을 것입니다.

```
Equals eq2(456);
eq2(456);   // true
```

함수 포인터는 단순히 한 가지 함수만 가리킬 수 있지만, 함수 객체를 사용하면 이렇게 여러 변종의 함수를 만들 수 있습니다. 또, 다음과 같이 여러 함수를 오버로딩할 수도 있습니다.

```
class Equals {
public:
        Equals(int value) : value(value) {}
        bool operator()(int x) const {
            return x == value;
        }
        bool operator()(int x, int y) const {
            return x == value && y == value;
        }
```

```
private:
    int value;
};

int main() {
    Equals eq(123);

    cout << eq(123) << endl;        // eq.operator()(int) 실행
    cout << eq(121, 123) << endl;   // eq.operator()(int, int) 실행
}
```

함수 포인터 하나를 가지고 여러 오버로딩된 함수를 가리킬 수는 없습니다. 함수 포인터를 만들 때는 가리킬 함수의 리턴 타입과 매개변수 목록을 알아야 하기 때문입니다. 하지만 함수 객체를 사용하면 한 가지 이름(eq)만을 사용해 여러 오버로딩된 함수를 실행할 수도 있다는 장점이 있습니다.

이번에는 연습 삼아 예제 13.9를 함수 객체를 사용해 바꿔 보겠습니다. 우선 다음과 같이 square와 myFunc 함수를, ()를 오버로딩하는 클래스 형태로 바꿉니다.

```
struct Square {    // n의 제곱을 나타내는 클래스
    int operator()(int n) const { return n * n; }
};
struct MyFunc {    // 어떤 다른 함수를 나타내는 클래스
    int operator()(int n) const { return n * (n - 15) / 2; }
};
```

그리고 나서 main 안에서 다음과 같이 함수 객체를 만들고, 매개변수로 넘겨주면 되겠죠?

```
int arr[7] = { 3, 1, -4, 1, 5, 9, -2 };
Square square;
MyFunc myFunc;
cout << arrFnMin(arr, 7, square) << endl;
cout << arrFnMin(arr, 7, myFunc) << endl;
```

하지만 문제가 생겼습니다. square 객체와 myFunc 객체를 동시에 받아줄 수 있는 타입이 없기 때문입니다. 여기서 "부모 클래스를 만들어 주면 되지 않을까?"라고 생각했다면 아주 좋습니다. 정확히는 추상 클래스로 만들어 놓고, 자식인 Square와 MyFunc에서 operator() 함수를 오버라이딩하는 방법입니다.

```
struct Func {              // 함수를 나타내는 상위 추상 클래스
    virtual int operator()(int n) const = 0;
};
struct Square : Func {    // n의 제곱을 나타내는 클래스
    int operator()(int n) const { return n * n; }
};
struct MyFunc : Func {    // 어떤 다른 함수를 나타내는 클래스
    int operator()(int n) const { return n * (n - 15) / 2; }
};
```

이제 추상화를 실현하려면 부모 클래스 포인터가 자식을 가리키도록 해야 하지만, 혹시 레퍼런스도 사용할 수 있다는 것 기억 나나요?

```
Square square;
const Func &f = square;
```

함수 객체들의 주솟값을 넘기면 조금 복잡해질 수 있으니 함수 객체를 const 레퍼런스로 넘기는 방법을 택하겠습니다.

```
int arrFnMin(const int arr[], int n, const Func &f) {
    // ...
}
```

전체 코드를 보겠습니다. 출력 결과는 전과 같으므로 생략합니다.

예제 13.11 함수 객체를 사용해 바꿔본 예제 13.9

```
#include <iostream>
using namespace std;

struct Func {
    virtual int operator()(int n) const = 0;
};
struct Square : Func {
    int operator()(int n) const { return n * n; }
};
struct MyFunc : Func {
```

```
    int operator()(int n) const { return n * (n - 15) / 2; }
};

int arrFnMin(const int arr[], int n, const Func &f) {
    int min = f(arr[0]);
    for (int i = 1; i < n; i++) {
        if (min > f(arr[i])) min = f(arr[i]);
    }
    return min;
}

int main() {
    int arr[7] = { 3, 1, -4, 1, 5, 9, -2 };

    Square square;
    MyFunc myFunc;
    cout << arrFnMin(arr, 7, square) << endl;
    cout << arrFnMin(arr, 7, myFunc) << endl;
}
```

문제가 있는 코드는 아닙니다. 그런데 사실은 C++11부터는 이렇게 여러 함수 클래스를 가리키기 위한 function이라는 내장 클래스 템플릿이 존재합니다. 다음과 같이 function<int(int)>라는 타입을 만들면 int를 받고 int를 리턴하는 어떤 함수 객체든지 이 타입을 가지고 받을 수 있습니다. 그러면 애초에 Func라는 부모 클래스를 만들 필요가 없겠죠?

```
#include <functional>    // function을 사용하기 위해 필요

int arrFnMin(const int arr[], int n, const function<int(int)> &f) {
    // ...
}
```

심지어 함수 포인터도 function<int(int)> 타입의 객체로 넘길 수 있습니다.

```
struct Square {
    int operator()(int n) const { return n * n; }
};
```

```
int square_fn(int n) {
    return n * n;
}

int arrFnMin(const int arr[], int n, const function<int(int)> &f) {
    // ...
}

int main() {
    int arr[7] = { 3, 1, -4, 1, 5, 9, -2 };
    Square square_ob;

    cout << arrFnMin(arr, 7, square_ob) << endl;   // 함수 객체
    cout << arrFnMin(arr, 7, square_fn) << endl;   // 함수 포인터
}
```

굉장히 좋은 기능처럼 보이지만 성능상으로는 그리 좋지 않아서 쓰지 않는 것이 좋다고 합니다. 대신 아래 코드와 같이 다양한 타입의 함수 객체를 받을 때는 함수 자체를 템플릿으로 만드는 것을 권장합니다. 참고로 아래 코드에서 Fn_t가 타입 파라미터의 이름입니다.

```
template<typename Fn_t>
int arrFnMin(const int arr[], int n, const Fn_t &f) {
    // ...
}
```

같은 문제를 두고 세 가지 해결책을 보았습니다. 첫째는 부모 클래스를 직접 만들어 동적 다형성을 이용하는 방법, 둘째는 function 클래스 템플릿을 이용하는 방법, 셋째는 템플릿으로 정적 다형성을 사용한 방법입니다. 첫째 방법에서 "동적"이라는 말은 RTTI가 동반된다는 말일 테니, 모든 타입 검사가 컴파일 타임에 끝나는 "정적" 해결책인 템플릿보다 느릴 수밖에 없겠지요?

13.4.3 람다식

'람다식'(lambda expression)은 '익명 함수'(anonymous function)라고도 합니다. 익명이라는 말에서 알 수 있듯이 람다식은 특별히 붙여진 이름 없이 본문만 존재하는 함수입니다. 그렇기 때문에 바로 등호의 좌변으로 대입되거나 함수의 인수로 넘겨져야만 사용할 수 있습니다. 람다식도 C++11에서 새로 등장했습니다.

앞에서 함수 포인터와 함수 객체를 사용할 때 불편한 점으로 어떤 함수를 나타내기 위해서는 이름 있는 함수나, 함수 객체와 그것을 만들기 위한 클래스를 만들어야 한다는 것이 있었습니다. 다음 코드에서 굵게 표시한 부분이 바로 그것입니다.

```
struct Square {
    int operator()(int n) const { return n * n; }
};
int square_fn(int n) {
    return n * n;
}

int arrFnMin(const int arr[], int n, const function<int(int)> &f) {
    // ...
}

int main() {
    int arr[7] = { 3, 1, -4, 1, 5, 9, -2 };
    Square square_ob;

    cout << arrFnMin(arr, 7, square_ob) << endl;   // 함수 객체
    cout << arrFnMin(arr, 7, square_fn) << endl;   // 함수 포인터
}
```

딱 한 번만 사용하고 말 것들인데, 그것을 위해서 함수든 클래스든 뭔가를 많이 적어야 하기 때문에 배보다 배꼽이 더 큰 느낌입니다. 그냥 "이런 일을 하는 함수 객체를 넘길게."라고만 하면 참 좋을 것을 "square_fn이라는 함수가 있고, 그 함수는 이런 일을 해. 그러면 이제 square_fn 함수를 넘길게."라고 빙 둘러 얘기하는 셈이죠. 이럴 때 람다식을 사용하면 함수 본문을 **그 자리에서** 적을 수 있습니다.

```
cout << arrFnMin(arr, 7, [](int n) -> int { return n * n; }) << endl;
```

코드에서 굵게 표시한 부분이 바로 람다식입니다. 수학에서 함수를 나타낼 때 $f : n \mapsto n^2$처럼 쓰는 표기를 본 적이 있나요? 그것과 형태가 닮아 있습니다. 물론 익명 함수이므로 함수의 이름인 f는 제외하고 $n \mapsto n^2$만 남은 것이죠. 어쨌든 위와 같이 쓰면 int n을 매개변수로 받고 리턴 타입이 int인 n * n을 리턴하는 익명 함수를 의미하게 됩니다.

람다식의 일반적인 형태는 다음과 같습니다.

> [캡처](매개변수_목록) -> 리턴_타입 { 함수_본문 }

람다식의 맨 앞의 대괄호 안에는 '캡처'(capture)라는 것을 적습니다. (캡처가 없을 때는 비워 둡니다.) 캡처는 함수 객체의 멤버 변수 같은 존재로, 람다식이 정의된 외부 환경을 람다식 안에서 사용하고 싶을 때 사용합니다. 람다식에 캡처가 등장하는 순간 부수적으로 알아야 할 내용이 많아지기 때문에 이 책에서는 캡처에 대한 내용은 과감히 생략하고, 캡처를 사용하지 않는 람다식에 대해서만 다룹니다.

람다식의 타입은 함수 객체 타입입니다. 분명 타입이 있지만 이름이 없기 때문에 그 타입 자체를 "이거다"라고 얘기할 수는 없습니다. 따라서 람다식을 어딘가에 대입할 때는 그 람다식이 변환될 수 있는 다른 타입을 사용하거나 auto 키워드를 사용해야 합니다. 또, 람다식은 function 타입이나 함수 포인터로도 변환될 수 있습니다. (단, 함수 포인터로 변환되기 위해서는 캡처가 없어야 합니다.) 따라서 다음 표현 모두 올바른 표현입니다.

```cpp
function<int(int)> fa = [](int n) -> int { return n * n; };   // function 타입 객체
int (*fb)(int)        = [](int n) -> int { return n * n; };   // 함수 포인터
auto fc               = [](int n) -> int { return n * n; };   // auto
```

그러면 람다식을 사용해서 예제 13.9를 다시 고쳐보겠습니다. 새로운 함수를 정의하지도, 새로운 클래스를 만들지도 않기 때문에 코드 분량이 많이 줄어들었죠? 출력 결과는 생략하겠습니다.

예제 13.12 람다식을 사용해 고쳐본 예제 13.9

```cpp
#include <iostream>
using namespace std;

int arrFnMin(const int arr[], int n, int(*f)(int)) {
    int min = f(arr[0]);
    for (int i = 1; i < n; i++) {
        if (min > f(arr[i])) min = f(arr[i]);
    }
    return min;
}

int main() {
    int arr[7] = { 3, 1, -4, 1, 5, 9, -2 };
```

```
    cout << arrFnMin(arr, 7, [](int n) -> int { return n * n; }) << endl;
    cout << arrFnMin(arr, 7, [](int n) -> int { return n * (n - 15) / 2; }) << endl;
}
```

물론 기존의 명시적 함수 객체(13.4.2절에서 배웠던 것)와의 호환성까지 생각한다면 arrFnMin 함수를 템플릿으로 만드는 방법도 고려해볼 만합니다. 앞서 이야기했듯이 이 방법이 조금 더 권장됩니다.

```
template<typename Fn_t>
int arrFnMin(const int arr[], int n, Fn_t f) {
    int min = f(arr[0]);
    for (int i = 1; i < n; i++) {
        if (min > f(arr[i])) min = f(arr[i]);
    }
    return min;
}
```

13.5 friend

상속이 클래스 간의 부모 관계라면 C++에는 친구 관계도 있습니다. 객체지향적인 관점에서는 바람직하지 않지만 어쨌든 C++에 존재하는 개념이고 종종 사용하면 편리한 기능이므로 간단히 개념만 알아보겠습니다.

클래스에서 사용할 수 있는 세 가지 접근 제어가 기억 나나요? public, protected, private이 있습니다. 이 세 가지 접근 제어자 중 적절한 것을 골라서 사용해야 한다고 앞에서 말했죠? 그런데 friend를 사용하면 이런 접근 제어를 무시하고 현재 클래스의 모든 멤버를 특정 대상에게 모두 공개할 수 있습니다. 이때 공개할 대상은 다른 클래스가 될 수도 있고, 함수가 될 수도 있습니다.

예를 들어 다음과 같은 상황을 보겠습니다. class의 기본 접근 제어는 private이므로 B::fb() 메서드에서 a.fa()를 호출하려고 하면 에러가 납니다.

```
class A {
    void fa() {}
};

class B {
    void fb() {
```

```
        A a;
        a.fa();    // 에러!!
    }
};
```

하지만 특별히 B에서만 A의 멤버에 접근하는 것을 허용하고 싶다면 A에 다음과 같이 적으면 됩니다.

```
class A {
    friend class B;    // B에서 내 멤버에 접근하는 것은 허용하겠다.
    void fa() {}
};

class B {
    void fb() {
        A a;
        a.fa();    // OK
    }
};
```

물론 당연히 이렇게 해도 B를 제외한 다른 곳에서는 fa에 접근하지 못합니다.

또, 다른 함수에게도 접근을 허용할 수도 있습니다. 예를 들어 A 안에 다음과 같이 적으면 fg라는 함수에서 A의 멤버에 접근하는 것이 허용됩니다.

```
class A {
    friend void fg();
    void fa() {}
};

void fg() {
    A a;
    a.fa();    // OK
}
```

클래스의 멤버 메서드나 생성자, 소멸자 등도 일종의 함수이기 때문에 이들에게도 친구를 설정해줄 수 있습니다. 하지만 문법적으로 조금 까다로운 부분이 있어 구체적인 내용은 생략합니다.

13.6 메모리 소유권과 스마트 포인터

https://youtu.be/
DYSEulQoj8Q

동적 할당을 한 후 객체를 모두 사용하고 나면 반드시 delete해야 한다는 사실을 기억하고 있을 것입니다. 그런데 매번 이렇게 delete하는 것을 까먹을 수도 있고, 꼼꼼히 해주자니 복잡하고 번거로울 수도 있습니다. 최소한 C++11이 나오기 전까지는 그랬습니다. 하지만 C++11부터는 스마트 포인터가 구세주 같은 존재로 등장했습니다. 스마트 포인터는 메모리 해제를 자동으로 해주기 때문입니다.

하지만 스마트 포인터를 쓴다고 해서 일반 포인터가 쓸모 없어지는 것은 아닙니다. 스마트 포인터는 오로지 동적 할당된 객체에 대한 메모리 해제를 자동으로 해주기 위해 등장했을 뿐입니다. 그 외의 경우에는 일반 포인터를 쓰는 방법밖에 없습니다.

13.6.1 메모리 소유권

스마트 포인터 이야기를 하자니 '메모리 소유권'(memory ownership)이라는 주제에 대해 이야기하지 않을 수가 없습니다. 메모리 소유권은 어떤 문법적인 것이 아니라 의미론적인 개념입니다. 다음 코드를 보겠습니다.

```
int *a, *b;
a = new int(5);
b = a;
cout << *b << endl;
delete a;
```

a라는 포인터에게는 어떤 동적 할당된 객체의 주솟값을 받아서 단순히 가리키는 역할뿐만 아니라 특정 시기가 될 때까지 객체를 가리키는 상태를 유지하다가 객체를 다 사용하고 나면 안전하게 소멸시킬 의무가 있습니다. 이럴 때 a가 객체를 소유하고 있다고 말합니다.

반면 b는 객체를 "소유"하고 있나요? 아닙니다. b는 단지 그 객체를 참조하기만 했을 뿐, b가 객체의 생성과 소멸에 관여하지 않는 상황이고, 관여해서도 안 됩니다. 그렇기 때문에 delete b;를 하면 오히려 안 되는 것입니다.

필요에 따라서는 소유권을 "이전"해야 할 수도 있습니다. 다음 코드가 소유권을 이전한 경우의 예시입니다.

```
int *a, *b;
a = new int(5);
b = a;   // b에게 소유권을 이전
cout << *b << endl;
delete b;
```

a가 메모리를 관리하고 있다가 b에게 소유권을 이전했습니다. 그랬기 때문에 더 이상 a는 객체의 소멸에는 관여하지 않고, 오히려 b를 통해서 객체를 소멸시켜 주는 것입니다.

똑같이 b = a;를 수행했는데, 전자는 소유권을 이전하지 않았고, 후자는 소유권을 이전했다니, 이게 무슨 말일까요? 소유권은 의미론적인 개념이라는 것이 바로 이 뜻입니다. 문자적으로는 같은 코드일지라도 프로그래머의 의도에 따라 소유권이 결정됩니다. 달리 말하면 **어떤 포인터가 객체를 소유하고 있는지는 오로지 그 코드를 짠 사람만 알고 있다**는 뜻이기도 합니다.

스마트 포인터를 사용하면 이런 소유권에 대한 문제를 일반 포인터보다 체계적으로 관리하고, 문법적인 차원에서 다룰 수 있습니다. 스마트 포인터에는 unique_ptr, shared_ptr, weak_ptr이라는 세 가지 종류가 있는데, 이 중에서 상황에 가장 알맞은 종류를 골라 사용해야 합니다. 그럼 각 종류의 포인터가 어떻게 다른지 알아볼까요?

13.6.2 unique_ptr

다음과 같은 상황을 보겠습니다.

```
int *p1 = new int(5);
int *p2 = p1;
// ...
delete p1;
delete p2;
```

무엇이 잘못되었는지 보이나요? 바로 같은 메모리를 두 번 해제하려고 했다는 것입니다. p1과 p2 모두 동적 할당된 메모리를 가리키고 있기 때문에 p1도 해제하고 p2도 해제해야 한다고 착각하기 쉽습니다. 하지만 둘은 같은 객체를 가리키고 있으므로 p1을 이용해서 한번 해제했으면 p2는 이미 해제된 영역을 가리키고 있을 것입니다. 이때 p2를 또 해제한다면 문제가 생기겠죠?

이 문제도 소유권과 관련이 있습니다. 한 객체를 두 포인터가 소유하고 있기 때문에 벌어진 일입니다.

이런 복잡함을 해결하기 위해 등장한 것이 바로 unique_ptr입니다. unique(유일한)라는 단어의 뜻에서 알 수 있듯이 한 객체를 가리키는 unique_ptr은 무슨 일이 있어도 하나만 존재해야 합니다. 이런 규칙을 만족시키기 위해서는 애초에 포인터가 복사되는 것을 방지해야 합니다. 따라서 unique_ptr에는 복사 생성자나 복사 대입 연산자를 사용할 수 없습니다.

우선 unique_ptr을 사용해 동적 할당하는 법부터 알아보겠습니다. unique_ptr<int>는 int를 가리키는 포인터를 만들겠다는 뜻이고, 생성자의 인수로는 new를 통해 객체를 직접 동적 할당해서 넘기면 됩니다.

```
unique_ptr<int> a(new int(5));
```

unique_ptr의 생성자는 explicit으로 설정되어 있기 때문에 안타깝게도 다음과 같이 쓰면 에러가 납니다. (11.6.4절 참조)

```
unique_ptr<int> a = new int(5);    // 에러! 변환 생성자가 explicit이다!
```

이제 a는 어떤 int 객체를 가리키고 있고, 다음과 같이 일반 포인터와 비슷하게 사용할 수 있습니다. unique_ptr에 * 연산자가 오버로딩되어 있기 때문입니다. a가 구조체나 클래스 타입을 가리키고 있다면 -> 연산자도 사용할 수 있습니다.

```
cout << *a << endl;
```

하지만 a 자체에 새로운 무언가를 대입하거나 a를 다른 포인터에 대입할 수는 없습니다. a가 가리키는 객체는 반드시 a만 가리켜야 하기 때문입니다. 그게 바로 unique_ptr을 사용할 때의 약속입니다. 따라서 아래 세 줄은 모두 에러가 납니다.

```
int *b = a;              // 에러! unique_ptr은 다른 곳에 대입할 수 없다.
unique_ptr<int> c = a;   // 에러! 좌변이 unique_ptr이라 할지라도 대입할 수 없다.
a = new int(7);          // 에러! unique_ptr에 새로운 주솟값을 대입할 수는 없다.
```

하지만 unique_ptr에서도 소유권을 이전할 수 있는 방법은 존재합니다. 바로 release라는 메서드를 쓰는 것입니다. 다음 코드가 바로 a가 가지고 있던 소유권을 b에게 이전한 경우입니다. 그러면 a는 더 이상 객체를 가리키지 않게 되고, 오직 b만이 그 객체를 가리키게 됩니다.

```
unique_ptr<int> a(new int(5));
unique_ptr<int> b(a.release());   // a가 가지고 있던 소유권을 b에게 이전
```

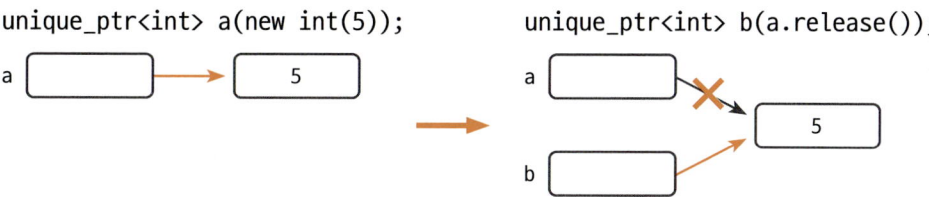

그림 13.2 release 메서드를 사용했을 때의 작동

이와 비슷하게 이동 생성과 이동 대입도 허용됩니다. (복사 생성과 복사 대입은 앞에서 말했듯이 허용되지 않습니다.) 어차피 이동 시맨틱은 우변의 객체가 임시 객체여서 곧 사라질 때만 발동하기 때문입니다. 이동 생성이나 이동 대입은 대입이 수행된 이후 우변의 포인터는 사라질 것이고, 좌변만이 그 객체를 가리키게 되니까 결과적으로 한 포인터만 객체를 가리켜야 한다는 조건을 계속해서 만족시킬 수 있겠죠? 그래서 허용됩니다. 이런 경우가 unique_ptr에서 소유권을 이전한 경우에 해당됩니다.

a가 선언된 스코프가 끝나든지 해서 a가 소멸되면 a가 가리키는 객체는 알아서 소멸됩니다. unique_ptr의 소멸자에 그 포인터가 가리키는 메모리를 해제하라는 코드가 들어 있기 때문입니다.

reset이라는 메서드를 사용하면 a가 가리키는 객체를 중간에 바꿀 수도 있습니다. 예를 들어 다음과 같이 쓰면 a가 **원래 가리키고 있던 객체의 메모리를 해제한 후** 새로 할당된 객체를 가리키게 됩니다.

```
a.reset(new int(7));
```

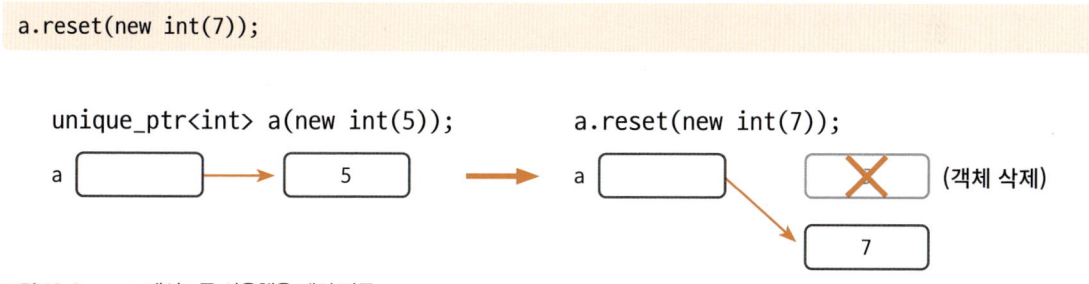

그림 13.3 reset 메서드를 사용했을 때의 작동

reset에 NULL 포인터를 넘겨주거나 아예 인수를 넣어주지 않으면 a가 아무 객체도 가리키지 않는, 즉 NULL 포인터인 상태가 됩니다.

```
a.reset(NULL);
a.reset();
```

예제를 한번 볼까요? 생성과 소멸이 제대로 되는지를 확인해보기 위해 새로운 클래스를 만들었습니다. 그리고 unique_ptr을 비롯한 스마트 포인터를 사용하려면 #include <memory>를 써야 합니다.

예제 13.13 unique_ptr 사용하기

```cpp
#include <iostream>
#include <memory>   // 스마트 포인터가 선언된 라이브러리
using namespace std;

class MyClass {
public:
    MyClass(int x) : x(x) {
        cout << "MyClass(int)" << endl;
    }
    ~MyClass() {
        cout << "~MyClass()" << endl;
    }
    int GetX() const { return x; }

private:
    int x;
};

int main() {
    unique_ptr<MyClass> a(new MyClass(5));
    cout << a->GetX() << endl;
    cout << "===== 1 =====" << endl;
    a.reset(new MyClass(7));
    cout << a->GetX() << endl;
    cout << "===== 2 =====" << endl;
    a.reset();   // a가 가리키던 객체만 해제하고 아무것도 새로 가리키지는 않음
    cout << "===== 3 =====" << endl;
    a.reset(new MyClass(9));
    cout << "===== 4 =====" << endl;
}
```

```
G:\ 출력 결과                                          —  □  ×
MyClass(int)
5
===== 1 =====
MyClass(int)
~MyClass()
7
===== 2 =====
~MyClass()
===== 3 =====
MyClass(int)
===== 4 =====
~MyClass()
```

1번과 2번 칸막이 사이에서는 원래 가리키고 있던 5를 담고 있던 객체가 소멸된 것을 볼 수 있습니다. 객체 생성이 먼저 일어나는 이유는 `new MyClass(7)`을 통해 먼저 객체가 만들어진 후에 reset 메서드가 실행되기 때문입니다. 2번과 3번 칸막이 사이에서는 객체가 소멸되기만 했고, a는 아무것도 가리키지 않는 상태가 됩니다. 그다음에 reset이 한 번 더 일어나 a가 새로운 객체를 가리키게 됐고, 마지막 4번 칸막이 이후에는 a의 스코프가 끝나 a의 소멸자가 실행되면서 a가 마지막으로 가리키고 있던 객체도 소멸된 것을 확인할 수 있습니다.

unique_ptr을 사용했더니 해제만 안 해도 될 뿐인데, 코드를 작성할 때 생각할 거리가 많이 줄어들었죠?

13.6.3 shared_ptr

shared_ptr은 unique_ptr과 다르게 여러 포인터가 한 객체를 가리킬 수 있습니다. 즉, 한 객체를 여러 포인터가 공유(share)할 수 있습니다. 현재 정확히 몇 개의 포인터가 그 객체를 가리키고 있는지를 내부에서 추가적으로 기록하고 있기 때문입니다. 포인터가 소멸될 때도 객체를 가리키는 포인터가 그 외에 하나라도 남아있다면 객체를 소멸시키지 않고, 그 객체를 가리키는 마지막 포인터까지 소멸되고 나서야 그 객체도 소멸됩니다. 따라서 shared_ptr 역시 delete를 해야 할지 말지 걱정하지 않아도 됩니다.

shared_ptr의 핵심은 소유권이 한 포인터에 한정되어 있지 않다는 것입니다. 일반 포인터를 사용한다면 많은 포인터 중 정확히 한 포인터가 반드시 메모리 해제를 담당해야 하기 때문에 그 임무를 담당할 포인터가 그중 어떤 것인지를 잘 정해야 합니다. 하지만 shared_ptr을 사용하면 객체를 가리키는 포인터가 하나도 남지 않는 순간을 탐지하여 자동으로 객체를 삭제하므로 누가 객체 삭제를 담당할 것인지를 처음부터 정할 필요가 없게 됩니다.

다음은 shared_ptr을 사용한 간단한 예제입니다. use_count라는 메서드를 쓰면 현재 몇 개의 포인터가 그 객체를 가리키는지를 알 수 있는데, 이 메서드를 사용할 것입니다.

예제 13.14 shared_ptr 사용해 보기

```cpp
#include <iostream>
#include <memory>
using namespace std;

class MyClass {
public:
    MyClass(int x) : x(x) {
        cout << "MyClass(int)" << endl;
    }
    ~MyClass() {
        cout << "~MyClass()" << endl;
    }
    int GetX() const { return x; }

private:
    int x;
};

int main() {
    shared_ptr<MyClass> a(new MyClass(5));
    {
        shared_ptr<MyClass> b = a;
        cout << a->GetX() << endl;
        cout << b->GetX() << endl;
        cout << a.use_count() << endl;
        cout << b.use_count() << endl;
    }
    cout << a->GetX() << endl;
    cout << a.use_count() << endl;
}
```

```
C:\ 출력 결과                                              —  □  ×
MyClass(int)
5
5
2
2
5
1
~MyClass()
```

b가 선언된 스코프 안에서는 use_count의 값이 2이고, 스코프가 끝나고 나서는 b도 소멸되어 use_count의 값이 1로 줄어든 것을 볼 수 있습니다. 또, MyClass의 소멸자가 실행된 위치를 보면 b가 사라질 때는 호출되지 않고, a가 사라질 때 호출된 것을 볼 수 있습니다. 즉, b가 사라진다 하더라도 그 객체를 다른 포인터인 a도 가리키고 있으므로 삭제하지 않는 것입니다.

shared_ptr에서도 reset 메서드를 사용할 수 있습니다. shared_ptr을 리셋하면 그 포인터는 더 이상 객체를 가리키지 않게 되고, 당연히 use_count도 1 감소합니다. 다음 예제는 위 예제에서 main 함수의 내용물만 바꿔본 것입니다. a.reset()을 호출하고 나면 객체를 가리키는 포인터는 b밖에 없으니까 1이 출력되겠죠? 또, a가 리셋된 상황에서 b의 스코프 또한 끝나버리면 더 이상 아무 포인터도 객체를 가리키지 않게 되므로 객체가 소멸될 것입니다. 따라서 2번 칸막이와 3번 칸막이 사이에서 소멸자가 실행되겠죠?

예제 13.15 shared_ptr에서 reset 메서드 사용하기

```cpp
int main() {
    shared_ptr<MyClass> a(new MyClass(5));
    cout << "===== 1 =====" << endl;
    {
        shared_ptr<MyClass> b = a;
        cout << b.use_count() << endl;
        a.reset();
        cout << b.use_count() << endl;
        cout << "===== 2 =====" << endl;
    }
    cout << "===== 3 =====" << endl;
}
```

```
출력 결과
MyClass(int)
===== 1 =====
2
1
===== 2 =====
~MyClass()
===== 3 =====
```

shared_ptr은 여러 포인터가 객체를 가리키지만 어느 포인터가 그 객체를 소유해야 할지 애매할 경우에 사용하면 좋습니다.

13.6.4 weak_ptr

weak_ptr은 shared_ptr이 가리키는 객체를 똑같이 가리킬 수는 있지만 소유하지는 않는 포인터입니다. 소유하지 않는다는 말은 소멸에 관여하지 않는다는 뜻이고, 따라서 weak_ptr이 어떤 객체를 가리켜도 그 객체를 참조하기만 할 뿐 use_count의 값이 바뀌지는 않습니다. 다음 코드를 실행해보면 알 수 있듯이 weak_ptr인 b가 a와 같은 객체를 가리키고 있는데도 b는 use_count의 값에 기여하지 않기 때문에 1이 출력됩니다.

```
shared_ptr<int> a(new int(5));
weak_ptr<int> b = a;
cout << a.use_count() << endl;   // 1 출력
cout << b.use_count() << endl;   // 1 출력
```

weak_ptr은 객체에 대한 소유권이 없기 때문에 지금 가리키는 대상이 이미 소멸되었을 가능성이 있습니다. 다음 코드가 그러한 예입니다.

```
shared_ptr<int> a(new int(5));
weak_ptr<int> b = a;
cout << b.use_count() << endl;   // 1 출력
a.reset();   // 객체가 소멸됨
cout << b.use_count() << endl;   // 0 출력
```

그렇기 때문에 weak_ptr이 현재 가리키고 있는 객체가 이미 소멸되었는지 아닌지 확인해야 할 수도 있습니다. 이 작업은 expired라는 메서드를 통해 가능합니다. 이 메서드는 weak_ptr이 가리키는 객체가 소멸되었는지 아닌지를 true 또는 false 형태로 리턴합니다.

```
shared_ptr<int> a(new int(5));
weak_ptr<int> b = a;
cout << a.use_count() << endl;
a.reset();   // 객체가 소멸됨
cout << b.expired() << endl;   // 1(true) 출력
```

또 그렇기 때문에 weak_ptr을 바로 역참조할 수는 없고, 역참조하려면 우선 lock이라는 메서드를 통해 객체에 대한 참조를 가져와야 합니다. lock은 객체가 존재할 때는 그 객체에 대한 shared_ptr을, 존재하지 않을 때는 NULL을 가리키는 shared_ptr을 리턴합니다. 조금 복잡하죠?

따라서 다음의 경우에는 정상적으로 5가 출력됩니다.

```
shared_ptr<int> a(new int(5));
weak_ptr<int> b = a;
if (!b.expired()) {
    cout << *b.lock() << endl;
}
else {
    cout << "객체가 이미 소멸되었다!" << endl;
}
```

하지만 다음과 같이 도중에 객체가 소멸된 경우에는 else문 안쪽이 실행됩니다.

```
shared_ptr<int> a(new int(5));
weak_ptr<int> b = a;
a.reset();   // 객체 소멸
if (!b.expired()) {
    cout << *b.lock() << endl;
}
else {
    cout << "객체가 이미 소멸되었다!" << endl;
}
```

weak_ptr은 객체를 가리키고는 싶지만 소유권은 필요 없을 때 사용합니다. 보통 이런 경우는 현재 가리키는 대상이 weak_ptr을 통해 역참조하는 것보다 늦게 사라진다는 것이 보장되는 상황입니다. 말은 어렵지만 아래 코드와 같은 상황을 말하는 것입니다. 최소한 print 함수가 실행되는 동안은 x가 가리키는 객체가 살아있다는 것이 보장되죠? (물론 애초부터 a가 아무것도 가리키지 않고 있었다면 그렇지 않겠지만요.) 이럴 때는 weak_ptr을 써도 아무 문제가 없습니다.

```cpp
void print(weak_ptr<int> x) {
    cout << *x.lock() << endl;
}

int main() {
    shared_ptr<int> a(new int(5));
    print(a);
}
```

13.7 STL

STL은 Standard Template Library(표준 템플릿 라이브러리)의 약자입니다. STL에는 프로그래밍을 편하게 해주기 위한 여러 클래스와 함수가 있습니다. 이름에서 알 수 있듯이, STL의 근간은 템플릿입니다. 그래서 STL에서 템플릿을 어떤 식으로 활용하는지에 주목하면 덤으로 템플릿을 공부하는 기회가 될 수 있을 것입니다.

사실 STL만 다루는 강좌를 만들어도 될 정도로 STL에는 다양한 기능이 있습니다. 그렇기 때문에 이번 절에서 모든 기능을 다 알아볼 수는 없고, 가장 많이 쓰이는 몇 가지 기능만 맛보기 식으로 알아보겠습니다.

STL은 컨테이너, 알고리즘, 이터레이터 등으로 이루어져 있는데, 이 중에서 컨테이너의 일부인 vector, pair, map, 그리고 알고리즘의 한 종류인 sort에 대해 알아보겠습니다.

13.7.1 vector

가장 처음 알아볼 것은 vector라는 클래스 템플릿입니다. 수학에서의 벡터와는 조금 다릅니다. vector는 배열과 비슷하지만, 배열과는 다르게 칸수가 고정되어 있지 않습니다. 배열은 한번 만들면 칸수가 끝까지 고정되어 있을 수밖에 없죠? 그런데 vector는 필요에 따라 칸수가 자동으로 늘어나거나 줄어듭니다. (그게 가능한 이유는 더 큰 공간이 필요하면 그에 해당하는 공간을 새로 할당하기 때문입니다.)

벡터를 사용하려면 우선 다음과 같은 파일을 인클루드해야 합니다.

```
#include <vector>
```

그런 후에 예를 들어 다음과 같이 쓰면 int를 저장하는 vector를 만들 수 있습니다.

```
vector<int> vec;
```

벡터를 처음 만들면 비어 있습니다. 새로운 값을 벡터에 집어넣으려면 push_back 메서드를 실행하면 됩니다. 이 메서드는 벡터의 맨 끝에 새로운 원소를 추가하는 메서드입니다. 따라서 다음과 같이 쓰고 나면 vec에 1, 2, 3이 차례대로 들어가 있겠죠?

```
vec.push_back(1);
vec.push_back(2);
vec.push_back(3);
```

C++11부터는 벡터를 처음 만들 때부터 초기화 리스트를 사용해 여러 원소를 배열처럼 한꺼번에 초기화할 수 있습니다. 예를 들어 다음과 같이 쓰면 vec을 초기화하고 나서 vec 안에 1, 2, 3이 차례로 들어가 있을 것입니다.

```
vector<int> vec = { 1, 2, 3 };
```

벡터에는 [] 연산자가 오버로딩되어 있기 때문에 벡터를 사용할 때는 배열과 같은 방법으로 사용할 수 있습니다. 간편하죠?

```
cout << vec[0] << endl;    // 값 가져오기
vec[1] = 5;                // 새로운 값 대입
```

배열과 마찬가지로 벡터에서도 범위 기반 for문을 사용할 수 있습니다.

```
for (int vi : vec) {
    cout << vi << endl;
}
```

벡터를 포함한 STL 컨테이너의 특징은 깊은 복사가 가능하다는 것입니다. 예를 들어 다음과 같이 쓰면 벡터의 모든 내용물이 깊은 복사가 됩니다.

```
vector<int> vec2 = vec;
```

벡터 안의 내용물이 많을수록 깊은 복사를 하는 데 시간이 오래 걸리겠죠? 그렇기 때문에 벡터를 다른 함수로 넘겨줄 때 레퍼런스로 넘겨주는 것이 가능하다면 반드시 그렇게 해주는 것이 좋습니다.

```
void print(const vector<int> &v) {
    for (int vi : v) {
        cout << vi << endl;
    }
}

int main() {
    vector<int> vec = { 1, 2, 3 };
    print(vec);
}
```

이 밖에도 정말 많은 기능이 있지만, 이 정도만 설명하고 넘어가겠습니다.

13.7.2 pair

pair는 두 값을 순서쌍처럼 묶어놓을 수 있는 컨테이너입니다. 이때 두 값의 타입이 달라도 됩니다.

pair를 사용하려면 다음과 같은 헤더 파일을 인클루드해야 합니다.

```
#include <utility>
```

예를 들어 다음과 같이 쓰면 int와 string을 묶은 pair를 만들고, 거기에 각각 123과 "abc"라는 문자열을 집어넣으라는 뜻이 됩니다.

```
pair<int, string> a = { 123, "abc" };
```

a의 앞쪽 원소를 의미할 때는 a.first, 뒤쪽 원소를 의미할 때는 a.second라고 적으면 됩니다. 값을 가져오거나 새로운 값을 집어넣을 수도 있습니다.

```
cout << a.first << endl;   // 123 출력
a.second = "def";   // 새로운 값 집어넣기
```

세 값 이상을 묶을 때 사용할 수 있는 컨테이너도 있지만, 여기서는 생략하겠습니다.

13.7.3 map

map도 유용한 기능 중 하나입니다. map은 다른 언어에서는 보통 사전(dictionary)으로 알려져 있는 기능입니다. 온라인 사전에서 찾아보고 싶은 단어를 넣으면 그에 해당하는 뜻이 나오죠? (책으로 된 사전도 기본적인 원리는 같습니다.) map도 마찬가지로 어떤 값을 넣으면 그것에 해당하는 다른 값을 돌려줍니다. 이때 넣는 값을 키(key)라고 부르고, 키를 넣었을 때 나오는 값을 밸류(value)라고 부릅니다. 즉, 맵은 키와 밸류의 쌍으로 이루어진 집합이라고도 할 수 있습니다.

맵에서 밸류는 중복될 수 있지만, 키는 중복될 수 없습니다. 키를 넣었을 때 키에 해당하는 밸류를 돌려준다는 맵의 특성을 생각해 보면 당연한 이야기죠? 또, 키끼리는 크기 비교가 가능해야 합니다. 즉, 키를 가지고 '<' 연산이 가능해야 합니다. 그렇지 않은 경우에도 unordered_map이라는 것을 사용할 수도 있지만, 여기서는 map만 다루겠습니다.

map은 활용도가 상당히 높은데, 다음 예시를 보겠습니다.

예를 들어, 과일 가게에 각 과일이 몇 개 있는지를 저장하고 싶다고 해보겠습니다. 물론 과일별로 0, 1, … 처럼 일련번호를 지정해서 사과의 개수는 0번 칸에, 귤의 개수는 1번 칸에 넣는 식으로 배열에 저장할 수도 있을 것입니다. 하지만 가독성을 높이기 위해 과일의 이름을 키로, 과일의 개수를 밸류로 지정해 보겠습니다.

우선 맵을 만들어 보겠습니다. 맵을 사용하려면 map이라는 헤더를 인클루드해야 합니다.

```
#include <map>
```

템플릿 파라미터는 보통 두 개인데, 앞쪽에는 키의 타입, 뒤쪽에는 밸류의 타입을 적습니다. 키가 과일 이름, 밸류가 개수니까 어떤 자료형을 선택해야 할지는 명확하죠?

```
map<string, int> fruitCnt;
```

새로운 키를 추가하고 싶다면 단순히 새로운 키에 새로운 밸류를 넣으면 됩니다. 문법은 배열과 비슷한데, 인덱스 대신 키를 넣으면 됩니다.

```
fruitCnt["apple"] = 7;
```

이렇게 하면 "apple"이라는 새로운 키와 그에 해당하는 밸류인 7의 쌍이 맵으로 들어갑니다.

비슷하게 원소를 몇 개 더 추가해 보겠습니다.

```
fruitCnt["banana"] = 4;
fruitCnt["orange"] = 10;
```

이제 예를 들어 바나나의 개수가 알고 싶다면 다음과 같이 배열의 원소를 가져오듯이 쓰면 됩니다.

```
cout << fruitCnt["banana"] << endl;   // 바나나의 개수 출력
```

하지만 없는 키에 대한 밸류를 검색하려고 하면 에러가 납니다. 없는 키와 그에 해당하는 밸류 쌍을 삽입하려고 하는 것은 괜찮지만, 없는 키에 해당하는 밸류를 가져오려고 하는 것은 당연히 불가능하겠죠?

```
cout << fruitCnt["grape"] << endl;   // 에러! "grape"라는 키가 맵에 없다!
```

맵의 모든 원소를 범위 기반 for문으로 훑을 수도 있습니다. 이때는 키의 크기 순서대로 훑어집니다. 놀랍게도 string도 크기를 비교할 수 있는데, 이때는 사전순으로 앞서는 것이 더 작습니다. 따라서 범위 기반 for문을 사용하면 과일의 이름을 사전순으로 나열한 순서대로 나오겠죠?

이때 사용되는 자료형은 pair입니다. 각 원소마다 키와 밸류를 묶은 쌍이 범위 기반 for문의 원소가 됩니다. 따라서 fi.first는 과일의 이름, fi.second는 과일의 개수겠죠?

```
for (pair<string, int> fi : fruitCnt) {
    cout << fi.first << ": " << fi.second << "개" << endl;
}
```

13.7.4 sort

sort는 배열 따위의 원소들을 크기순으로 정렬하는 함수입니다. 수를 정렬하는 것은 컴퓨터 과학 분야에서 중요하기 때문에 굉장히 다양한 방법이 연구되어 왔습니다. 각 방법마다 효율도 제각각이고, 어떤 정렬 방법을 사용할지는 컴파일러에게 달려있는데, 일단은 일반인이 생각해낼 수 있는 수준 이상으로 빨리 정렬된다고는 이야기할 수 있습니다. 그러니 정렬이 필요할 때 적극적으로 사용하면 좋습니다.

sort 함수를 사용하려면 다음과 같은 헤더를 인클루드해야 합니다.

```
#include <algorithm>
```

배열을 정렬하기 위해서는 sort 함수에 배열의 시작을 가리키는 포인터와 끝을 가리키는 포인터를 넣습니다. 이때 끝을 가리키는 포인터는 가장 마지막 원소를 가리키는 포인터보다 하나 더 커야 합니다. 이 값은 (배열의 시작 포인터) + (원소 개수)와 같습니다. 즉, 배열의 원소 개수가 7개라서 마지막 원소가 arr[6]라면, arr + 6이 아닌 arr + 7이 되어야 합니다.

```
int arr[7] = { 3, 1, 4, 1, 5, 9, 2 };
sort(arr, arr + 7);
for (int ai : arr) {
    cout << ai << endl;   // 1, 1, 2, 3, 4, 5, 9 출력
}
```

벡터도 정렬할 수 있습니다. 이때는 begin과 end라는 메서드를 사용해 벡터의 시작과 끝을 가리키는 포인터(비슷한 것)를 표현할 수 있습니다.

```
vector<int> vec = { 3, 1, 4, 1, 5, 9, 2 };
sort(vec.begin(), vec.end());
for (int vi : vec) {
    cout << vi << endl;   // 1, 1, 2, 3, 4, 5, 9 출력
}
```

종·합·문·제

1. 다음 코드에는 double을 받아 double을 리턴하는 함수 f1과 int를 받아 double을 리턴하는 함수 f2가 있습니다. printFnVal 함수에서는 "double을 받아 double을 리턴하는 함수" 포인터와 두 개의 정수 st와 en을 받아, 그 함수에 st부터 en까지의 정수를 순서대로 대입한 결과를 각각 출력합니다. 하지만 f2와 같이 "int를 받아 double을 리턴하는 함수" 포인터는 받을 수 없는 상황입니다. 이 문제를 템플릿을 사용해 해결해 보세요.

```
#include <iostream>
using namespace std;

double f1(double x) {
    return x * x / 10;
}
double f2(int n) {
    return (double)n * n / 10;
}

void printFnVal(double (*f)(double), int st, int en) {
    for (int i = st; i <= en; i++) {
        cout << f(i) << endl;
    }
}

int main() {
    printFnVal(f1, 0, 10);
    printFnVal(f2, 0, 10);
}
```

2. 다음 코드는 연산의 종류(0: 덧셈, 1: 뺄셈, 2: 곱셈, 3: 나눗셈)와 정수 두 개를 입력받아 연산을 수행하는 프로그램입니다. 현재는 switch-case로 연산의 종류별로 경우를 나눠 각각 다른 함수를 호출하고 있습니다. 이 4개의 함수를 익명 함수로 바꾸고 그것을 함수 포인터 배열(함수 포인터로 이루어진 배열)에 저장해서 switch문 없이도 똑같이 작동하도록 코드를 수정해 보세요. 함수 포인터 배열을 선언하는 방법은 아래 코드에 나와 있습니다.

```
#include <iostream>
using namespace std;

int add(int a, int b) {
    return a + b;
}
```

```cpp
int sub(int a, int b) {
    return a - b;
}
int mul(int a, int b) {
    return a * b;
}
int divi(int a, int b) {
    return a / b;
}

// 함수 포인터 배열
int (*OPS[])(int, int) = {
    // 작성
};

int main() {
    int op;
    int a, b;

    cout << "연산의 종류 입력 (0: 덧셈, 1: 뺄셈, 2: 곱셈, 3: 나눗셈) : ";
    cin >> op;
    cout << "정수 2개 입력 : ";
    cin >> a >> b;

    switch (op) {
    case 0:
        cout << add(a, b) << endl;
        break;
    case 1:
        cout << sub(a, b) << endl;
        break;
    case 2:
        cout << mul(a, b) << endl;
        break;
    case 3:
        cout << divi(a, b) << endl;
        break;
    }
}
```

마치며

이 책의 처음부터 여기까지 다 읽은 여러분에게 진심 어린 박수를 보냅니다. 이제 여러분은 "C와 C++를 배웠다"라고 당당하게 이야기할 수 있습니다. 그런데 과연 무엇을 배웠는지는 막상 잘 기억이 안 날지도 모르겠습니다. 지금까지 어떤 내용을 배웠는지를 돌아볼까요?

C 파트에서는 `printf`를 통해 출력하는 방법을 알아보고, 여러 가지 자료형과 변수를 사용하는 방법과 연산자의 종류에 대해 배운 후, `scanf`를 통해 입력을 받는 방법을 알아보았습니다. 그다음, 조건문인 `if`와 반복문인 `while`과 `for`를 사용하여 프로그램의 흐름을 제어하는 방법을 알아보았습니다. 변수들을 나열한 배열과 문자열, 그리고 변수를 가리키는 포인터를 배운 후, 배열과 포인터의 관계에 대해서도 배웠습니다. 그다음으로 명령어들을 묶어놓은 단위인 함수를 배웠고, 구조체를 통해 여러 타입의 데이터를 묶어 새로운 하나의 타입을 만드는 방법도 보았습니다. 그다음으로 매크로, `enum`, 비트 연산, 파일 입출력 등의 잡다한 C언어의 고급 기능도 살펴보았습니다.

C++ 파트에서는 C와는 다른 C++의 기능에서 출발해 자료를 저장하고 처리하는 단위인 객체와 그 틀인 클래스에 대해 알아보았습니다. 그리고 접근 제어, 생성자와 소멸자, 정적 멤버, 연산자 오버로딩 등의 개념도 배웠습니다. 또, 동적 할당을 하고 메모리를 올바르게 관리하는 방법과 깊은 복사와 얕은 복사, 그리고 객체의 복사와 이동이라는 다소 어렵지만 중요한 주제에 대해서도 알아보았습니다. 그다음 상속, 가상 함수, RTTI와 같은 객체지향 프로그래밍의 핵심 개념을 배웠고, 그때 주축이 되는 원리인 캡슐화, 상속성, 다형성, 추상화에 대해 배웠습니다. 또 객체지향 프로그래밍의 한계점과 발생할 수 있는 문제들에 대해서도 다루었습니다. 마지막으로 템플릿, 예외 처리, 스마트 포인터 등의 C++의 유용한 기능도 살펴보았습니다.

물론 자전거에 대한 이론적인 지식만 가지고 있다고 해서 자전거를 타지는 못하는 것처럼 이 책의 모든 내용을 통달했다고 해서 개발자가 될 수 있는 것은 아닙니다. 실제로 프로그래밍을 해보는 경험이 **훨씬** 더 중요합니다. 토이 프로젝트 같은 간단한 프로그램을 혼자 직접 개발해보면서 C와 C++라는 언어를 몸소 익히고 익숙해지기 바랍니다. 그러면 이 책을 통해 배운 내용보다 훨씬 많은 것을 자연스럽게 배워갈 수 있을 것입니다.

이 책을 읽어가는 동안 도움이 되거나 얻어가는 것이 조금이라도 있었다면 저자는 만족합니다. 읽어주셔서 감사합니다.

부록 A

종합문제 해답

 문제 3.1

```
#include <stdio.h>

int main() {
    double a, b;

    scanf("%lf%lf", &a, &b);
    printf("%g + %g = %g\n", a, b, a + b);
}
```

Tip_ %g를 사용하면 소수점 아래를 깨끗하게 출력할 수 있습니다.

 문제 3.2

```
#include <stdio.h>

int main() {
    double weight, height;   // 체중, 키

    printf("체중(kg) 입력: ");
    scanf("%lf", &weight);
    printf("키(m) 입력: ");
    scanf("%lf", &height);

    printf("BMI: %f\n", weight / (height * height));
}
```

문제 3.3

```c
#include <stdio.h>

int main() {
    char c;

    scanf("%c", &c);
    printf("%c", c + 1);
}
```

문제 4.1

```c
#include <stdio.h>

int main() {
    int score;

    printf("점수 입력 : ");
    scanf("%d", &score);
    if (score < 0 || score > 100) {
        printf("잘못 입력하셨습니다.\n");
    }
    else if (score >= 90) {
        printf("A\n");
    }
    else if (score >= 80) {
        printf("B\n");
    }
    else if (score >= 70) {
        printf("C\n");
    }
    else if (score >= 60) {
        printf("D\n");
    }
    else {
        printf("F\n");
    }
}
```

 문제 4.2

```c
#include <stdio.h>

int main() {
    int n;

    scanf("%d", &n);
    for (int i = 1; i <= n; i++) {
        if (n % i == 0) {
            printf("%d ", i);
        }
    }
}
```

 문제 4.3

```c
#include <stdio.h>

int main() {
    int n;

    scanf("%d", &n);
    for (int i = 1; i <= n; i++) {
        if (i % 10 == 3 || i % 10 == 6 || i % 10 == 9) {
            printf("* ");
        }
        else {
            printf("%d ", i);
        }
    }
}
```

문제 4.4

```c
#include <stdio.h>
```

```c
int main() {
    int n;

    scanf("%d", &n);
    for (int i = 1; i <= n; i++) {
        for (int j = 1; j <= i; j++) {
            printf("%d ", j);
        }
        printf("\n");
    }
}
```

문제 4.5

```c
#include <stdio.h>

int main() {
    int n;

    scanf("%d", &n);
    for (int i = n; i >= 1; i--) {
        for (int j = i; j >= 1; j--) {
            printf("%d ", j);
        }
        printf("\n");
    }
}
```

문제 4.6

```c
#include <stdio.h>

int main() {
    int n;

    scanf("%d", &n);
    for (int i = n; i >= 1; i--) {
```

```
        for (int j = 1; j <= i; j++) {
            printf("%d ", j);
        }
        printf("\n");
    }
}
```

문제 4.7

```
#include <stdio.h>

int main() {
    int n;

    scanf("%d", &n);
    for (int i = 1; i <= 2*n-1; i += 2) {
        for (int j = 1; j <= i; j += 2) {
            printf("%d ", j);
        }
        printf("\n");
    }
}
```

다른 풀이

```
for (int i = 1; i <= n; i++) {
    for (int j = 1; j <= i; j++) {
        printf("%d ", 2*j-1);
    }
    printf("\n");
}
```

문제 4.8

```
#include <stdio.h>

int main() {
    int n;
```

```c
    scanf("%d", &n);
    for (int i = 1; i <= 2*n-1; i += 2) {
        for (int j = 1; j <= i; j++) {
            printf("%d ", j);
        }
        printf("\n");
    }
}
```

다른 풀이

```c
for (int i = 1; i <= n; i++) {
    for (int j = 1; j <= 2*i-1; j++) {
        printf("%d ", j);
    }
    printf("\n");
}
```

문제 5.1

```c
#include <stdio.h>

int main() {
    int n;
    int arr[100];

    printf("숫자의 개수 입력: ");
    scanf("%d", &n);
    for (int i = 0; i < n; i++) {
        scanf("%d", &arr[i]);
    }

    for (int i = 1; i < n; i += 2) {
        printf("%d ", arr[i]);
    }
    printf("\n");
    for (int i = 0; i < n; i += 2) {
```

```
        printf("%d ", arr[i]);
    }
    printf("\n");
}
```

문제 5.2

```
30
10
10
```

문제 5.3

```
100
112 1
116 5
120 9
124 2
```

문제 5.4

```
#include <stdio.h>

int main() {
    int n, m;   // 행 수, 열 수
    int arr[10][10];

    scanf("%d%d", &n, &m);
    for (int i = 0; i < n; i++) {
        for (int j = 0; j < m; j++) {
            scanf("%d", &arr[i][j]);
        }
    }

    for (int i = 0; i < n; i++) {
        int sum = 0;
```

```
        for (int j = 0; j < m; j++) {
            sum += arr[i][j];
        }
        printf("%d\n", sum);
    }
}
```

문제 5.5

```
100
100
100
100
100
0
100
0
```

문제 5.6

```
100
104
112
112
136
```

문제 5.7

*ptr[i][j]를 ptr[i][j]로 고치면 된다.

문제 6.1

```
int parity(int n) {
    if (n % 2 == 0) return 0;
    return 1;
}
```

다른 풀이

```
int parity(int n) {
    return (n % 2 + 2) % 2;
}
```

 문제 6.2

```
슬롯0의 아이템을 1번 썼습니다.
슬롯1의 아이템을 1번 썼습니다.
슬롯2의 아이템을 1번 썼습니다.
슬롯3의 아이템을 0번 썼습니다.
슬롯4의 아이템을 2번 썼습니다.
```

 문제 6.3

```
5432112345
```

 문제 6.4

```
#include <string.h>

void printNoSpace(const char *str) {
    int len = strlen(str);
    for (int i = 0; i < len; i++) {
        if (str[i] != ' ') {
            printf("%c", str[i]);
        }
    }
}
```

 문제 7.1

```
3 3 4
```

문제 7.2

```c
void swapXY(Point* p) {
    int tmp = p->x;
    p->x = p->y;
    p->y = tmp;
}
```

문제 7.3

```c
#include <stdio.h>

struct Point {
    int x, y;

    void swapXY() {
        int tmp = x;
        x = y;
        y = tmp;
    }
};

int main() {
    Point pos = { 3, 4 };

    pos.swapXY();

    printf("(%d, %d)\n", pos.x, pos.y);
}
```

문제 9.1

```cpp
#include <iostream>
#include <string>
using namespace std;

int main() {
    string name;
```

```
    int score;

    cout << "이름 입력: ";
    cin >> name;

    cout << "점수 입력: ";
    cin >> score;

    cout << name << " 님의 점수는 " << score << "점입니다." << endl;
}
```

 문제 9.2

```
Hello, World!
H
```

 문제 9.3

```
#include <iostream>
using namespace std;

int main() {
    int arr[2][3] = { { 1, 2, 3 }, { 4, 5, 6 } };

    for (int (&row)[3] : arr) {   // int 3칸짜리 배열을 가리키는 레퍼런스
        for (int num : row) {
            cout << num << " ";
        }
        cout << endl;
    }
}
```

 문제 9.4

디폴트 매개변수는 뒤에서부터만 지정할 수 있다.

문제 9.5

위의 오버로딩된 함수에서 매개변수 2개가 생략되면 아래 오버로딩된 함수와 구별할 수 없다.

문제 10.1

```
0
10
0
20
```

문제 10.2

```cpp
#include <iostream>
using namespace std;

class GameWindow {
public:
    GameWindow();
    GameWindow(const int, const int);

    int GetWidth() const;
    int GetHeight() const;
    void ResizeWindow(const int, const int);

private:
    int width;
    int height;
};

GameWindow::GameWindow() : width(800), height(600) { }
GameWindow::GameWindow(const int w, const int h) {
    ResizeWindow(w, h);
}

int GameWindow::GetWidth() const { return width; }
int GameWindow::GetHeight() const { return height; }
```

```cpp
void GameWindow::ResizeWindow(const int w, const int h) {
    if (w == 0 && h == 0) {
        width = 800;
        height = 600;
    }
    else {
        if (w < 800) width  = 800;
        else         width  = w;

        if (h < 600) height = 600;
        else         height = h;
    }
}

int main() {
    GameWindow mainWindow;
    mainWindow.ResizeWindow(1366, 768);
    cout << mainWindow.GetWidth() << "x" << mainWindow.GetHeight() << endl;
}
```

문제 10.3

```
Test #1 :
0
1
2
3
4
Test #2 :
0
1
2
3
4
cnt = 5
```

문제 11.1

```cpp
#include <iostream>
using namespace std;

int main() {
    int a = 10, b = 20, c = 30;
    int *p = &a;
    int &r = b;
    int **pp = &p;     // p라는 포인터를 가리키는 더블 포인터 pp
    int *(&rp) = p;    // p라는 포인터를 가리키는 레퍼런스 변수 rp

    r = c / *p;
    rp = &c;
    **pp = 40;
    *p = 50;
    *pp = &a;
    *rp = 60;

    cout << a << endl;
    cout << b << endl;
    cout << c << endl;
    cout << *p << endl;
    cout << r << endl;
    cout << **pp << endl;
    cout << *rp << endl;
}
```

출력 결과

```
60
3
50
60
3
60
60
```

```cpp
#include <iostream>
using namespace std;

struct Point {
    int x, y;
};

class Polygon {
public:
    Polygon() {
        nPoints = 0;
        points = NULL;
    }
    Polygon(const int nPoints, const Point* points) : nPoints(nPoints) {
        this->points = new Point[nPoints];
        for (int i = 0; i < nPoints; i++)
            this->points[i] = points[i];
    }
    // 복사 생성자
    Polygon(const Polygon& rhs) {
        nPoints = rhs.nPoints;
        points = new Point[nPoints];
        for (int i = 0; i < nPoints; i++) {
            points[i] = rhs.points[i];
        }
    }
    // 이동 생성자
    Polygon(Polygon&& rhs) {
        nPoints = rhs.nPoints;
        points = rhs.points;
        rhs.points = NULL;
    }
    ~Polygon() {
        delete[] points;
    }
```

```cpp
        // 복사 대입 연산자
        Polygon& operator=(const Polygon& rhs) {
            if (this != &rhs) {
                nPoints = rhs.nPoints;
                delete[] points;
                points = new Point[nPoints];
                for (int i = 0; i < nPoints; i++) {
                    points[i] = rhs.points[i];
                }
            }
            return *this;
        }
        // 이동 대입 연산자
        Polygon& operator=(Polygon&& rhs) {
            nPoints = rhs.nPoints;
            points = rhs.points;
            rhs.points = NULL;
            return *this;
        }

        int GetNPoints() const {
            return nPoints;
        }

        Point* GetPoints() const {
            if (nPoints == 0) return NULL;
            return points;
        }

private:
    int nPoints;       // 꼭짓점의 개수
    Point* points;     // 꼭짓점의 좌표
};

Polygon getSqare() {
    Point points[4] = { {0, 0}, {1, 0}, {1, 1}, {0, 1} };
    Polygon p(4, points);
    return p;
}
```

```
int main() {
    Polygon a;
    a = getSqare();   // 얕은 객체 복사 2회
    Polygon b = a;    // 깊은 객체 복사 1회
    Polygon c;
    c = a;            // 깊은 객체 복사 1회

    int nPoints = c.GetNPoints();
    Point* points = c.GetPoints();
    for (int i = 0; i < nPoints; i++) {
        cout << "(" << points[i].x << "," << points[i].y << ")" << endl;
    }
}
```

문제 12.1

```
int main() {
    A* a = new B;
    A* b = new C;
    B* c = new C;
    C* d = new C;

    cout << a->f() << endl;
    cout << static_cast<B*>(a)->g() << endl;
    cout << b->f() << endl;
    cout << static_cast<C*>(b)->g() << endl;
    cout << c->f() << endl;
    cout << c->g() << endl;
    cout << d->g() << endl;
    cout << d->h() << endl;

    delete a;
    delete b;
    delete c;
    delete d;
}
```

출력 결과

```
20
10
30
20
30
20
20
10
```

문제 12.2

```cpp
#include <iostream>
#include <string>
using namespace std;

const double PI = 3.141592653589793;

class Shape {
public:
    virtual ~Shape() {}
    virtual double GetArea() const = 0;
    virtual void Resize(double factor) = 0;
    virtual string GetInfo() const {
        return "도형의 넓이 : " + to_string(GetArea());
    }
};

class Circle : public Shape {
public:
    Circle(double r) : r(r) {}

    double GetArea() const {
        return r * r * PI;
    }
    void Resize(double factor) {
        r *= factor;
    }
```

```cpp
private:
    double r;
};

class Rectangle : public Shape {
public:
    Rectangle(double a, double b) : a(a), b(b) {}

    double GetArea() const {
        return a * b;
    }
    void Resize(double factor) {
        a *= factor;
        b *= factor;
    }
    string GetInfo() const {
        return Shape::GetInfo() + "\n대각선의 길이 : " + to_string(GetDiag());
    }

    double GetDiag() const {
        return sqrt(a * a + b * b);
    }

private:
    double a, b;
};

int main() {
    Shape *shapes[] = { new Circle(1), new Rectangle(1, 2) };

    for (Shape *s : shapes) {
        cout << s->GetInfo() << endl;
    }

    for (Shape *s : shapes) {
        delete s;
    }
}
```

문제 13.1

```cpp
template<typename func_t>
void printFnVal(func_t f, int st, int en) {
    for (int i = st; i <= en; i++) {
        cout << f(i) << endl;
    }
}
```

문제 13.2

```cpp
#include <iostream>
using namespace std;

// 함수 포인터 배열
int (*OPS[])(int, int) = {
    [](int a, int b) -> int{ return a + b; },
    [](int a, int b) -> int{ return a - b; },
    [](int a, int b) -> int{ return a * b; },
    [](int a, int b) -> int{ return a / b; }
};

int main() {
    int op;
    int a, b;

    cout << "연산의 종류 입력 (0: 덧셈, 1: 뺄셈, 2: 곱셈, 3: 나눗셈) : ";
    cin >> op;
    cout << "정수 2개 입력 : ";
    cin >> a >> b;

    cout << OPS[op](a, b) << endl;
}
```

부록 B

ASCII 코드표

ASCII 코드		문자	ASCII 코드		문자	ASCII 코드		문자	ASCII 코드		문자
10진법	16진법		10진법	16진법		10진법	16진법		10진법	16진법	
0	00	NUL(\0)	16	10	DLE	32	20	(Space)	48	30	0
1	01	SOH	17	11	DC1	33	21	!	49	31	1
2	02	STX	18	12	DC2	34	22	"	50	32	2
3	03	ETX	19	13	DC3	35	23	#	51	33	3
4	04	EOT	20	14	DC4	36	24	$	52	34	4
5	05	ENQ	21	15	NAK	37	25	%	53	35	5
6	06	ACK	22	16	SYN	38	26	&	54	36	6
7	07	BEL	23	17	ETB	39	27	'	55	37	7
8	08	BS(\b)	24	18	CAN	40	28	(	56	38	8
9	09	HT(\t)	25	19	EM	41	29	)	57	39	9
10	0A	LF(\n)	26	1A	SUB	42	2A	*	58	3A	:
11	0B	VT	27	1B	ESC	43	2B	+	59	3B	;
12	0C	FF	28	1C	FS	44	2C	,	60	3C	<
13	0D	CR(\r)	29	1D	GS	45	2D	-	61	3D	=
14	0E	SO	30	1E	RS	46	2E	.	62	3E	>
15	0F	SI	31	1F	US	47	2F	/	63	3F	?

ASCII 코드		문자	ASCII 코드		문자	ASCII 코드		문자	ASCII 코드		문자
10진법	16진법		10진법	16진법		10진법	16진법		10진법	16진법	
64	40	@	80	50	P	96	60	`	112	70	p
65	41	A	81	51	Q	97	61	a	113	71	q
66	42	B	82	52	R	98	62	b	114	72	r
67	43	C	83	53	S	99	63	c	115	73	s
68	44	D	84	54	T	100	64	d	116	74	t
69	45	E	85	55	U	101	65	e	117	75	u
70	46	F	86	56	V	102	66	f	118	76	v
71	47	G	87	57	W	103	67	g	119	77	w
72	48	H	88	58	X	104	68	h	120	78	x
73	49	I	89	59	Y	105	69	i	121	79	y
74	4A	J	90	5A	Z	106	6A	j	122	7A	z
75	4B	K	91	5B	[	107	6B	k	123	7B	{
76	4C	L	92	5C	\	108	6C	l	124	7C	¦
77	4D	M	93	5D	]	109	6D	m	125	7D	}
78	4E	N	94	5E	^	110	6E	n	126	7E	~
79	4F	O	95	5F	_	111	6F	o	127	7F	DEL

기호

//	27
#define	222, 227
#include	22

A – B

algorithm	547
array	96
ASCII 값	45
auto	516
bit	37
bool	40
break	74, 89
byte	37

C

call-by-address	177
call-by-reference	178
call-by-value	174
case	74
catch	507
char	39
cin	257
const	220
continue	90
cout	255

D

data type	34
default	74
delete	348
double	40
do-while	81
dynamic_cast	463

E – F

else	62
enum	225
EOF	243
exit	253
explicit	393
fclose	241
fgets	245
float	40
fopen	239
for	84
friend	530

G – I

get 함수	295
getchar	244
gets	245
goto	76
IDE	6
if	59
include	22
int	30, 39
iostream	256
is a	469
is able to	470

L – N

long	39
long long	39
map	545
math.h	464
memory	536
namespace	276
new	346
NULL	128
null character	112

P

pair	544
printf	21
private	292
protected	402
pseudo-random	248
public	292
putchar	244
puts	245

R

RAM	29
rand	248
Random Access Memory	29
return	165
RTTI	463
r-value 참조	262

S

scanf	55
set 함수	295
shared_ptr	537
short	39
sizeof	41
sort	547
sprintf	246
sqrt	464
srand	250
sscanf	246
static_cast	458
stdio.h	22
stdlib.h	248
STL	542
strcat	119
strcmp	121
strcpy	117
string	112, 258
string.h	116
strlen	116
strncat	121
strncpy	121
struct	203
switch	72

T – U

this	298
throw	507
time	250
time.h	250
try	507
typedef	199
unique_ptr	534
unordered_map	545
unsigned	39
using	285
utility	544

V – W

vector	542
virtual	431
void	165
weak_ptr	540
while	78

찾·아·보·기

ㄱ

가상 상속	475
가상 소멸자	435
가상 함수	431
값에 의한 호출	174
객체	256, 287
객체지향 프로그래밍	276
구조체	203
구조체 변수	203
구조체 정렬	210
구현	446
기본 생성자	310
기본 클래스	400
깊은 복사	354

ㄴ

널 문자	112
널 포인터	128
네임스페이스	256, 276
논리 연산자	51

ㄷ

다운캐스팅	456
다이아몬드 문제	474
다중 상속	471
다형성	434, 469
다형적 클래스	463
대입	30
대입 연산자	46
더블 포인터	129
데이터 은닉	468
동적 바인딩	429
동적 타이핑 언어	428
동적 할당	346
디폴트 매개변수	271

ㄹ

라이브러리	22
람다식	527
램	29
런타임 에러	6
레이블	76
레퍼런스 변수	261
리스트 초기화	309
리턴 타입	165

ㅁ

매개변수	157
매크로	222
메모리	29
메모리 누수	347
메모리 소유권	532
메서드	291
멤버 메서드	291
멤버 변수	203
멤버 초기화 목록	313
멤버 함수	216
명시적 형변환	384
묵시적 형변환	384
문자열	112

ㅂ

바이트	37
바인딩	428
반환	165
배열	96
배열 포인터	137
밸류	545
버퍼 오버플로	57
범위 기반 for문	263
변수	29
복사 대입 연산자	367

복사 생략	378
복사 생성	362
복사 생성자	362
복합 대입 연산자	48
부동 소수점	40
부동 소수점 오차	36
부모 클래스	398
부호 비트	38
부호 없는 정수	39
부호 있는 정수	39
블록	162
비교 연산자	50
비타입 파라미터	504
비트	37
비트 연산	230

ㅅ

상속	398
상속 모드	404
상속성	469
상수형 문자열	118
상위 클래스	400
생성자	301
생성자 위임	314
서식 지정자	26
선언	30
소멸자	301
소스 코드	5
순수 가상 함수	444
스왑	173
스코프	162
스트림	237
시드	249
시프트 연산자	233

ㅇ

얕은 복사	353
업캐스팅	450
역참조	125
연산자 오버로딩	332
열거형	225
예약어	33
예외	507
오버라이딩	433
오버로딩	267
원-타원 문제	480
이동 대입 연산자	379
이동 생성자	379
이동 시맨틱	373
이진법	37
이차원 배열	108
익명 함수	527
인덱스	133
인수	158
인스턴스	446
인터페이스	477

ㅈ

자료형	34
자식 클래스	398
재귀 함수	184
재정의	426
전역 네임스페이스	278
전역 변수	156
전역 스코프	164
전치 증가 연산	49
접근 제어	292
정사각형-직사각형 문제	480
정수	30
정수형의 크기	40
정의	21, 153
정적 멤버	317

정적 바인딩	428
정적 타이핑 언어	428
정적 할당	346
주석 표시	27
주소에 의한 호출	177
주솟값	122
중첩 if문	67
증감 연산자	48
지역 변수	164

ㅊ

참조	261
참조에 의한 호출	178
초기화	32
추상 클래스	447

ㅋ

캡슐화	298, 468
캡처	529
컴파일	6
컴파일러	6
컴파일 에러	6
클래스	287
키	545

ㅌ

타입	34
타입 파라미터	491
템플릿	489
템플릿 인수	491
템플릿 특수화	500
통합 개발 환경	6

ㅍ

파생 클래스	401
파일 스트림	239
포인터	122
포인터 배열	145
표준 입력 스트림	237
표준 출력 스트림	237
프로토타입	179

ㅎ

하위 클래스	401
함수	152
함수 객체	522
함수 포인터	518
형변환	42
형변환 생성자	387
형변환 연산자	389
호출	153
후치 증가 연산	49